JÚLIO CÉSAR

ESTRATÉGIA, PODER E GLÓRIA NA ROMA ANTIGA

Escultura de Júlio César por Nicolas Coustou.
Museu do Louvre, Paris (Wikimedia Commons).

DAVID POTTER

Professor de História Grega e Romana na Universidade de Michigan, autor de obras sobre o Império Romano e a Antiguidade Clássica

JÚLIO CÉSAR

ESTRATÉGIA, PODER E GLÓRIA NA ROMA ANTIGA

Amarilys

Amarilys é um selo editorial Manole.

Master of Rome: A Life of Julius Caesar, de David Potter

Publicado sob licença da Oxford University Press

Produção editorial: Raquel Siqueira Ramos
Projeto gráfico e diagramação: Deborah Sayuri Takaishi
Capa: Ricardo Yoshiaki Nitta Rodrigues
Imagem da capa: *Portrait Head of Augustus*, J. Paul Getty Museum, Los Angeles (Wikimedia Commons)
Tradução: Departamento Editorial da Editora Manole

CIP-BRASIL. CATALOGAÇÃO NA PUBLICAÇÃO
SINDICATO NACIONAL DOS EDITORES DE LIVROS, RJ

P893j

Potter, David
Júlio César : estratégia, poder e glória na Roma Antiga / David Potter ; tradução Departamento Editorial da Editora Manole. - 1. ed. - Barueri [SP] : Amarilys, 2026.
400 p. : il. ; 23 cm.

Tradução de: Master of Rome : a life of Julius Caesar
Inclui bibliografia e índice
ISBN 9788520470497

1. Cesar, Júlio, 100-44 A.C. 2. Estadistas - Roma - Biografia. 3. Generais - Roma - Biografia. I. Departamento Editorial da Editora Manole. II. Título.

25-101783.0 CDD: 937.05092
CDU: 94(37)

Gabriela Faray Ferreira Lopes - Bibliotecária - CRB-7/6643

Edição – 2026

Editora Manole Ltda.
Alameda Rio Negro, 967 – cj. 717 – Alphaville
06454-000 – Barueri – SP – Brasil
Fone: (11) 4196-6000
www.manole.com.br | https://atendimento.manole.com.br/

Impresso no Brasil | *Printed in Brazil*

Aos Três Grandes

Sumário

O Império Romano em 80 a.C.

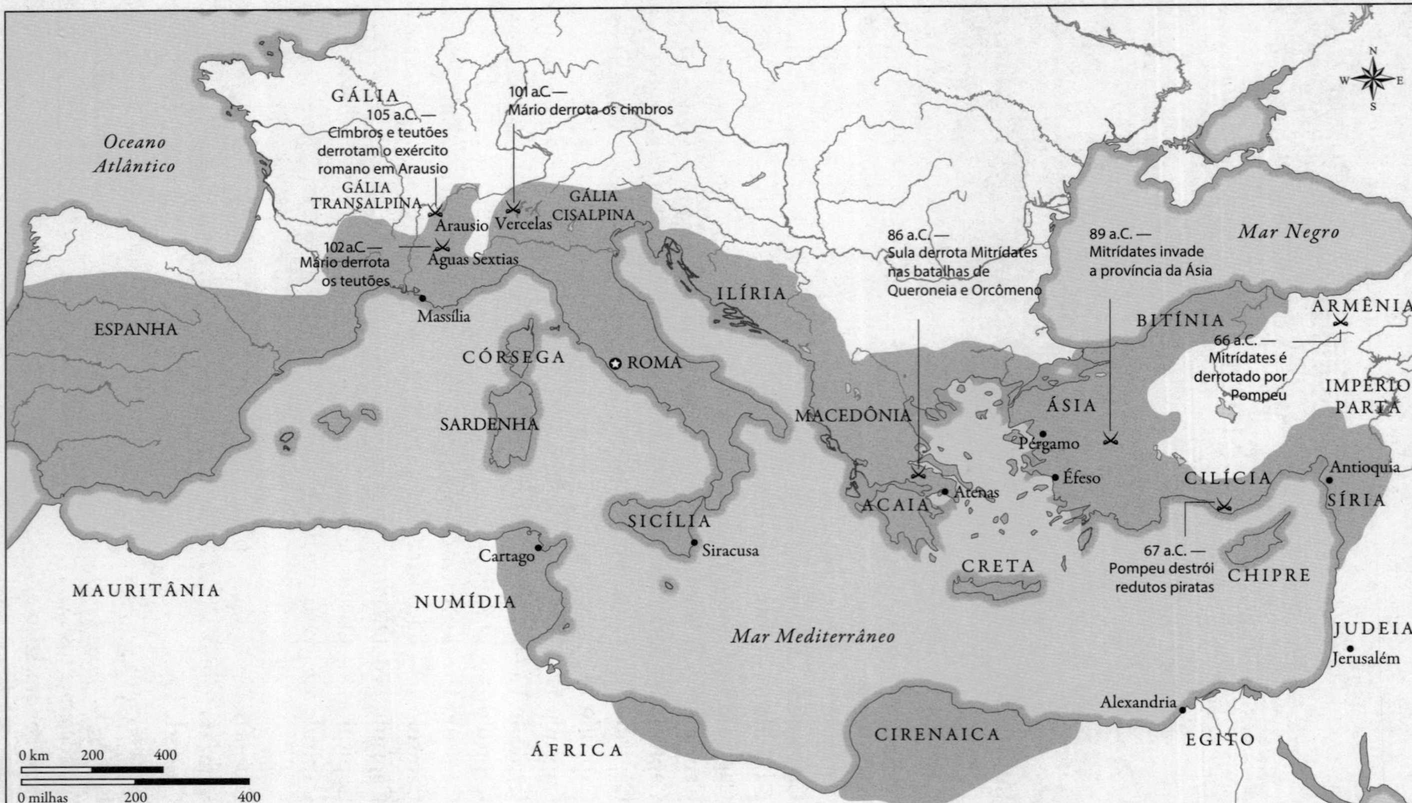

As campanhas de César na Gália

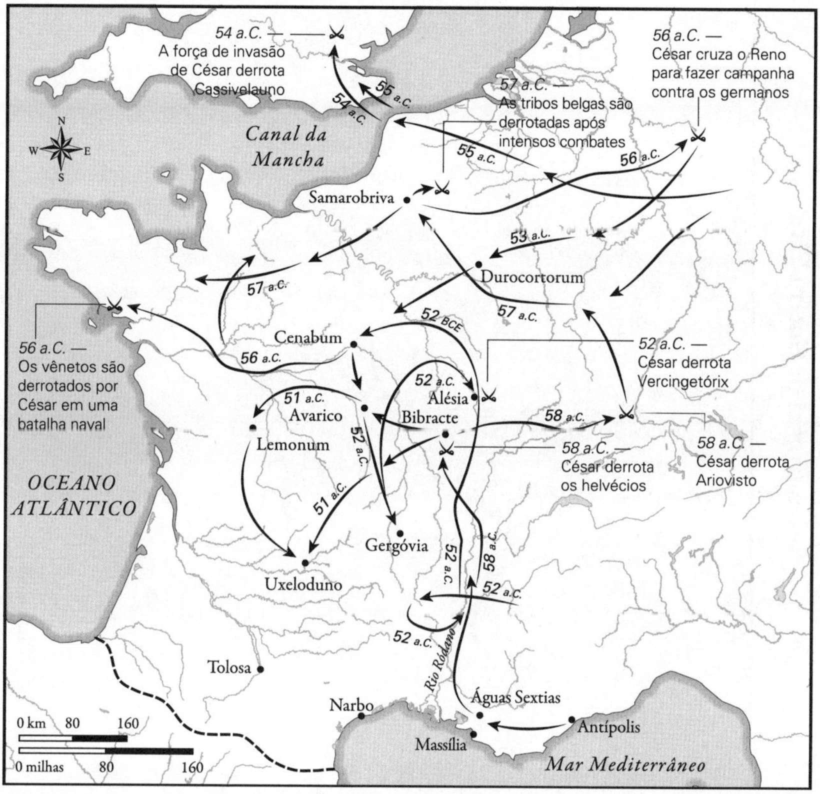

As campanhas da Guerra Civil

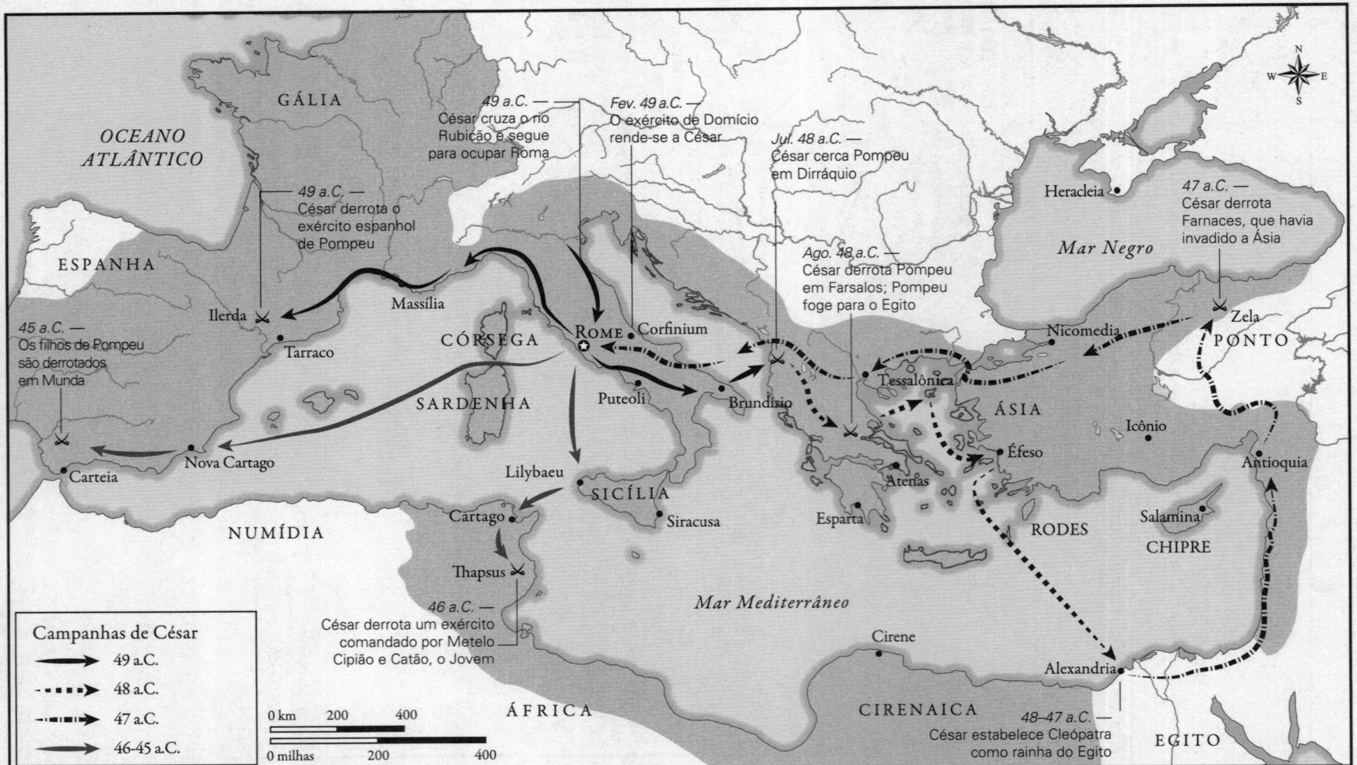

Roma Central em 55

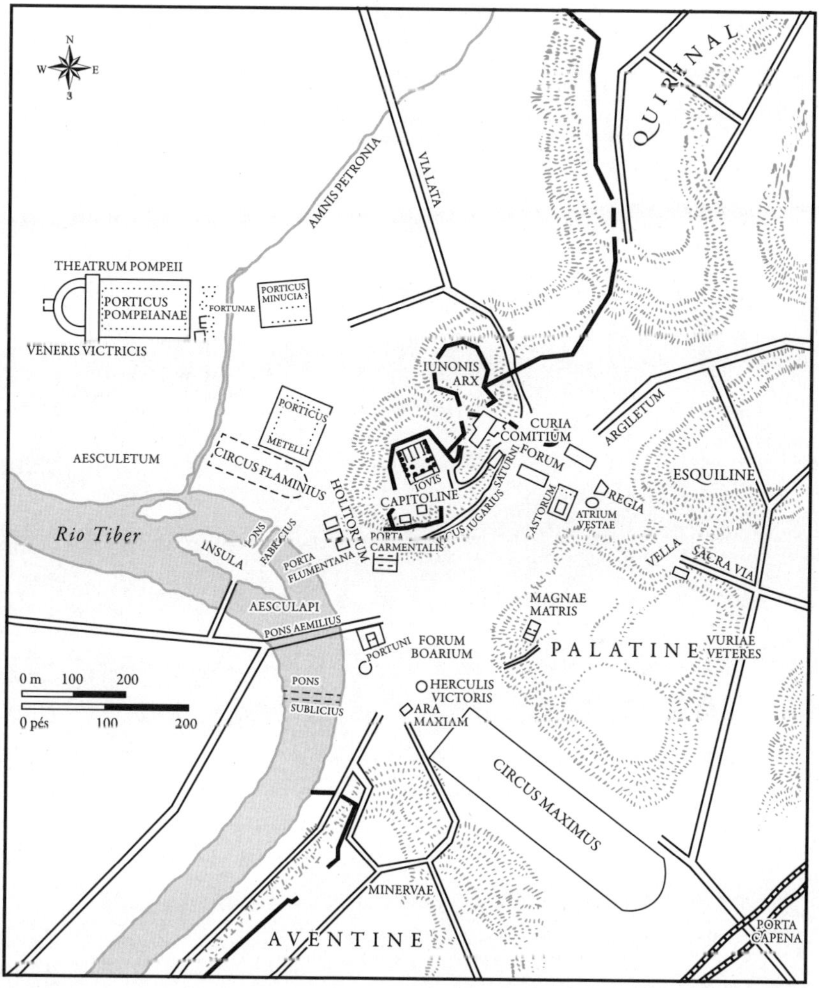

Introdução

"Ele domina o mundo estreito como um colosso." Assim disse Cássio a Bruto – um potencial assassino a outro – sobre César, na peça *Júlio César*, de Shakespeare. Assim como em Shakespeare, também em outros lugares vemos que a imagem de César é complicada. Muitas vezes, ele parece um gênio imperfeito. Um gênio que dominou sua geração e que, sendo imperfeito, foi assassinado pela maneira como o fez.

César mudou Roma, destruindo a forma republicana de governo secular baseada em magistrados eleitos anualmente. Ele também mudou a forma da Europa ao anexar a França ao mundo mediterrâneo. Não está claro se o governo falido de Roma no século I a.C. teria conseguido algo assim por conta própria. A conquista da Gália exigiu a visão de um homem que operava fora dos limites da constituição romana e a habilidade de uma das maiores mentes militares da História.

As questões fundamentais que a carreira de César levanta estão relacionadas à natureza das instituições democráticas. Essas instituições podem funcionar de forma eficaz e consistente no interesse da maioria de seus cidadãos, proporcionando os benefícios de uma sociedade ordenada de maneira equitativa? Ou tais instituições são inerentemente falhas, permitindo que atores com interesses próprios assumam o controle de seu funcionamento e, portanto, condenadas ao fracasso quando os cidadãos se cansam da não entrega dos benefícios que esperam? Quando as instituições democráticas vacilam, os cidadãos de uma democracia se voltam inevitavelmente para um homem forte que promete entregar o que outros falharam em entregar? César é um modelo para outros ou é uma figura política única, cuja poderosa inteligência e capacidade organizacional o diferenciam não apenas de seus contemporâneos, mas de gerações de possíveis sucessores?

Ser César não era fácil. Era preciso ter paciência e capacidade de ouvir. Mesmo aqueles que não gostavam dele admitiam que César era um homem excepcionalmente brilhante e altamente culto, com a capacidade de conquistar os outros para o seu lado através do poder de seus argumentos. Essas não são qualidades que muitos aspirantes a ditadores possuem. Embora César não fosse um democrata, ele se importava genuinamente com as pessoas menos afortunadas do que ele e com o bem-estar dos indivíduos que o serviam. Em seus escritos, ele deixa muito claro que seu pensamento durante a campanha incluía a consideração pelo bem-estar de seus homens, e ele inspirava lealdade genuína entre aqueles que estavam mais próximos dele.

Embora César estivesse absolutamente convencido de que as instituições democráticas da República Romana eram ineficientes e não podiam proporcionar um governo eficaz para o império que Roma havia adquirido, sua compreensão de como resolver a situação mudou com as circunstâncias. Foi a capacidade de se ajustar que permitiu a César se tornar o colosso de Cássio.

Este livro é um estudo sobre liderança, um relato de como César conduzia as coisas como político e general. Minha posição essencial é que podemos conhecer César melhor do que praticamente qualquer outra figura anterior a Agostinho, com exceção de seu contemporâneo Cícero, através de uma leitura atenta de suas próprias obras. Ao trabalhar com César, estou particularmente interessado no que ele tem a dizer sobre si mesmo e seus princípios de administração. Ele tem muito a nos dizer sobre como entendia seu papel como general, sobre o papel da política no planejamento estratégico, sobre a gestão de uma organização e sobre a enorme atenção aos detalhes necessária para que um líder seja bem-sucedido. A organização que César construiu na década em que esteve na Gália era mais forte do que o Estado que ele ostensivamente servia. Ele utilizou essa organização para transformar aquele Estado. Grande parte deste livro trata do que César pode nos dizer sobre como ser um líder bom e eficaz.

César apresentava-se como um homem dedicado a melhorar a condição da pessoa comum. Ele definia um bom governo como aquele que servia aos interesses do povo como um todo. Ele desprezava os sistemas políticos nos quais a pessoa comum era mantida em servidão ao poder e aos interesses próprios dos aristocratas. Em sua visão do propósito do governo, ele poderia ser considerado um "populista", de acordo com as definições romana e moderna – mas um populista não precisa ser, e muitas vezes não é, um democrata. César também desprezava a ineficiência, e a democracia romana na qual ele cresceu estava em ruínas. A cena política era dominada por aristocratas ricos que viam o aumento de sua riqueza pessoal e a influência de suas famílias como o propósito do governo. O romano médio tirava poucos benefícios do sistema. Se tal pessoa se ligasse aos interesses do político certo, poderia obter algum benefício pessoal, mas havia pouca liberdade de escolha. Um homem (somente os homens podiam votar) poderia votar em um programa que parecesse ajudá-lo ou à sua família, mas raramente esse programa era implementado da maneira como havia sido anunciado. Podemos julgar, pela conduta do povo romano, que eles tinham pouco apreço pelo seu sistema de governo.

César se colocou em posição de alcançar um cargo importante quando adotou uma postura anti-*establishment*. Mas sua visão do que o governo deveria fazer pela pessoa comum e de como ele poderia exercer melhor o poder não se encaixava nas instituições da democracia romana. Sua inclinação, mesmo antes de adquirir seu exército, era ditatorial. Foi como ditador que ele finalmente cumpriu suas promessas ao povo romano. Por ter feito isso, o povo romano apoiou o jovem que seria o herdeiro dos bens de César, e esse apoio levou ao estabelecimento de um sistema monárquico de governo que duraria séculos.

Ao recorrer tão intensamente às obras de César neste livro, ofereço uma interpretação sobre ele que difere de muitas outras que foram apresentadas no passado, embora esteja muito ciente da dívida que tenho para com meus antecessores, começando por Theodor Mommsen. Escrita na esteira das revoluções de 1848, *A história de Roma*, de Mommsen, apresentou César como o culminar da história da República Romana. Foi César quem realizou a visão dos políticos romanos de esquerda que esperavam garantir o bem-estar do povo romano. Ele era o representante máximo do "partido popular". Não há necessidade de levar a história de César até sua conclusão – *A história de Roma* de Mommsen termina com a grande reestruturação da sociedade política romana por César em 46, mais de um ano antes de sua morte.

A compreensão de Mommsen sobre César foi contestada em 1918 por Eduard Meyer em *O principado de Pompeu e a monarquia de César*, que continua sendo uma das análises mais importantes e detalhadas das fontes sobre sua vida. Na opinião de Meyer, os assassinos impediram César de realizar a verdadeira monarquia à qual ele aspirava, o que o autor considerou lamentável. Augusto se contentou em restaurar a República seguindo o modelo de domínio pessoal de Pompeu sobre o sistema, seu principado.

O contemporâneo mais jovem de Meyer, Matthias Gelzer, levou César numa direção completamente diferente em sua obra *César: político e estadista*, de 1921. Como o título sugere, seu César começou como político (o que não era algo positivo) e terminou a vida como estadista. Em 1939, Sir Ronald Syme mudou a direção dos estudos históricos romanos com sua brilhante obra *A revolução romana*, na qual apresentou César como o líder de uma facção aristocrática bem-sucedida que lançou as bases para a ascensão de Augusto e o surgimento da monarquia romana. Desde então, César tem tendido a ser apresentado como um fenômeno de um modelo ou outro da política romana. No que se segue, ficará claro para os colegas estudiosos que meu modelo é significativamente influenciado tanto por Syme quanto por *A população em Roma na República tardia*, de Sir Fergus Millar, cuja ênfase no aspecto público da política romana é fundamental para compreender a carreira de César. A Roma de Millar é aquela em que César trilhou seu caminho convencendo os cidadãos que participavam da vida pública de que ele tinha seus interesses em mente. César aparecerá nestas páginas como um homem que emergiu das disputas que dominaram Roma em sua juventude – disputas que, apesar da enorme quantidade de violência empregada nos esforços para resolvê-las, permaneceram sem solução – para oferecer um novo caminho a seguir.

Este é um livro sobre um homem que destruiu uma democracia. É também um livro sobre como um sistema político pode falhar e como pode ser vítima de uma conspiração bem organizada. Um dos fatos notáveis da carreira de César é que ele não escondeu seu interesse em se tornar o homem mais poderoso de Roma. Ele não precisava fazer isso. Essa era uma ambição que ele compartilhava com muitos outros membros da sociedade, como um veículo para seu próprio avanço. Muito antes da ascensão de César à proeminência, a democracia romana havia se separado dos princípios sobre os quais havia sido fundada.

1
Descendente de Vênus

Começaremos em Roma. É julho. Está calor. O lixo se acumula. O cheiro é ruim. Estamos em 100 a.C.

Era preciso ser rico para escapar do mau cheiro. Se você fosse rico, teria uma casa com uma entrada generosa, de modo que ficaria bem longe da rua, sentado em um jardim interno. Provavelmente teria um pouco de incenso queimando. Isso melhora a atmosfera. Cheiros agradáveis são associados aos deuses, e as pessoas ricas estão mais próximas dos deuses do que as outras.

Se você fosse rico, também poderia sair da cidade quando as coisas ficassem ruins. E foi isso que o pai aristocrático do menino em que estamos interessados, um menino que nasceria em 12 de julho de 100 a.C., fez. Talvez ele tenha ido para a região da atual San Marino, antiga Bovillae, a sede da família. Ou, possivelmente, para algum lugar próximo à baía de Nápoles. Esse era o refúgio preferido dos membros da classe governante de Roma, pessoas cujos familiares ocupavam cargos públicos e, portanto, estavam qualificados para ser membros do Senado, o conselho governamental do estado.[1]

Caio Júlio César, pois é deste cavalheiro aristocrático que estamos falando, provavelmente estaria na casa, mas não no quarto, quando sua esposa, Aurélia, deu à luz. O parto era perigoso e difícil, não havia anestesia e era uma tarefa das mulheres. Toda a ajuda que Aurélia receberia viria de uma parteira e das três assistentes da parteira, além da ajuda divina canalizada através dos amuletos que ela, como outras mulheres romanas, teria usado para garantir essa proteção. Para dar à luz, ela provavelmente se sentou no banco da parteira, em forma de lua crescente.

A história de que essa criança nasceu de cesariana, que aparece em algumas biografias antigas, é um mito para explicar o nome da família.[2] O absurdo da história é revelado pelo fato de que o nome da família já tinha séculos quando o jovem Caio César nasceu.

O ano em que César nasceu teria recebido o nome dos magistrados principais do ano, os dois cônsules, Caio Mário e Lúcio Valério Flaccus. Caio Mário era o homem mais famoso da época e era casado com a tia de César, Júlia. Ele devia sua fama à sua habilidade como general. Apenas um ano antes do nascimento de César, o exército que ele comandava havia destruído o segundo de dois grandes grupos migratórios que antes ameaçavam invadir a Itália. Seu exército havia aniquilado o outro no ano anterior.

Embora Mário fosse importante para o jovem César, nenhuma de nossas fontes nos dá detalhes sobre os encontros que César teve com o grande homem, e qualquer que tenha sido, provavelmente foi para um abraço e uma história de guerra, e não para qualquer assunto sério. Mário não era um homem jovem e morreria quando César tivesse treze anos.

A história de Mário, que veremos com mais detalhes no próximo capítulo, foi notável não apenas porque ele era um soldado brilhante, mas porque ascendeu ao auge da sociedade política romana sem ter nenhum antepassado que tivesse ocupado cargos públicos em Roma. Ele era de uma família rica da cidade de Arpinum, na Itália central, hoje Arpino, onde é lembrado até hoje com uma estátua que domina a praça da cidade.

A descendência de uma longa linhagem de detentores de cargos públicos era normalmente um fator crítico na carreira política. O Estado romano já havia restringido o exercício de cargos públicos aos membros de famílias muito aristocráticas, conhecidas como patrícios, e excluído todos os outros, os plebeus, dessas oportunidades. Essas restrições foram eliminadas em meados do século IV a.C., justamente quando Roma iniciou uma série de conquistas que a levaria à posição dominante na Itália no final do primeiro quarto do século III. Na época de Mário, as famílias importantes eram conhecidas como *nobiles*, "os notáveis", enquanto pessoas como Mário eram *novi*, "os novos".

Fazia sentido que o status derivasse da escolha eleitoral do povo romano. Afinal, o Estado romano era a *res publica populi Romani*, a "posse pública do povo romano". A carreira pública era conhecida como *cursus honorum*, ou "caminho das honras". Um homem (as mulheres não podiam ocupar cargos públicos) que escolhesse seguir esse caminho avançaria por uma série de cargos na casa dos trinta e quarenta anos.

* * *

O casamento de Júlia com Mário, que teria parecido uma união brilhante em 100, não teria parecido assim quando aconteceu, em algum momento entre 115 e 110.[3] O fato de ter acontecido é um ponto curioso na história do clã Júlio. Embora os Júlios afirmassem ser de grande antiguidade, a família não parece ter tido boas conexões com a aristocracia dominante que ocupava cargos públicos. A história da família antes do século II existia principalmente no mundo dos mitos.

Talvez a informação mais importante sobre os Júlios do século II venha de um objeto descoberto em San Marino no século XIX. Esse objeto é um altar com uma inscrição que registra a devoção do clã Juliano ao deus Veiovis, uma divindade um tanto obscura que parece ter sido uma versão jovem do deus Júpiter, principal entidade do panteão romano.[4] O significado do texto é que ele estabelece a base da família em San Marino. Como, de acordo com a tradição local, a antiga Bovillae foi fundada por famílias que sobreviveram à destruição de Alba Longa muitas centenas de anos antes, e como Alba Longa foi fundada por Ascânio (também conhecido como Iulo), filho do príncipe troiano Enéas, o altar sugere que, ao se estabelecer em Bovillae, a família estava celebrando sua conexão histórica com Alba Longa.

Alguns aspectos da origem dos Césares intrigavam os romanos posteriores. A história oficial era que o clã Juliano descendia, através de Iulus, de Enéas, filho da deusa Vênus. Mas havia mais de uma linhagem dos Julios, e a conexão com Enéas não explicava o nome adicional da família, ou cognome, César, sobre o qual havia alguma confusão. Algumas pessoas diziam que o nome vinha do fato de que um dos primeiros membros da família havia sido cortado (*caesus*, em latim) do útero de sua mãe, daí nosso termo "cesariana". Outra história é que o bebê Júlio nasceu com uma cabeça cheia de cabelos (*caesaries*, "cabelos esvoaçantes"). Uma terceira era que um Júlio tinha olhos cinzentos – *oculi caesii*, em latim. Outra história, que César parecia acreditar ser verdadeira, era que um antepassado havia matado um elefante – cuja palavra púnica era *caesai* – na primeira guerra de Roma com Cartago, sua grande rival no norte da África (264-241 a.C.). É bem possível que, por essa ser a história contada pela família, César tenha colocado a imagem de um elefante na enorme emissão de moedas que autorizou em 49 a.C. para pagar o exército na guerra civil que iniciou naquele ano, completando sua ascensão ao status de colosso.[5]

A adoração de Veiovis, no entanto, leva-nos numa direção bastante diferente, afastando-nos das derivações latinas do nome, que são todas francamente fantásticas. O nome César é semelhante a vários outros nomes latinos – Caesius, Caesonius, Caesenmus – que derivam de *aisar*, a palavra etrusca para deus.[6] Uma afiliação com a Etrúria encaixa-se com o fato de a família pertencer à tribo Fabiana. Durante a vida de César, o povo romano estava dividido em trinta e cinco tribos. O número trinta e cinco só foi alcançado em meados do século III, mas a tribo Fabiana era uma das primeiras, centrada na fronteira entre o Lácio e a Toscana.[7] Durante a vida de César, qualquer conexão com a Etrúria já havia sido esquecida há muito tempo. A história da família Júlia, que chegou até nós em fragmentos através de biografias posteriores, descende de um livro escrito, durante a vida de César, por seu primo Lúcio. Lúcio explicou que o filho de Enéas, Iulo, cujo nome era Ascânio, recebeu seu novo nome porque, quando jovem, era um excelente arqueiro (a palavra grega para arqueiro é *iobolos* – com o b, ou beta em grego, pronunciado como v) e matou um dos líderes da facção italiana que tentava impedir a colonização dos troianos de Enéas. Outra versão do nome afirmava que Ascânio era conhecido como Iulo, da palavra grega para barba rala. A família Júlia era uma das cinquenta que afirmavam ter ascendência troiana direta.[8]

A história sobre a conexão da família com Enéas não foi uma invenção de Lúcio César. A família vinha afirmando essa conexão há mais de um século e alguns de seus membros, que ocuparam cargos de um ano como supervisores da casa da moeda de Roma – um cargo júnior que as pessoas ocupavam antes de concorrer a cargos no Senado –, anunciavam essa conexão nas moedas que cunhavam. Uma dessas moedas tinha a deusa Roma na frente (anverso) e Vênus, a mãe de Enéas, no verso (reverso). A alegação parece ter incomodado algumas pessoas quando os membros da família começaram a ganhar destaque na política romana e foi questionada abertamente por Marco Pórcio Catão, cujo bisneto seria um desafio para César ao longo de sua vida. Este Catão mais velho tinha sido uma figura política imensamente proeminente e foi a primeira pessoa a escrever uma história de Roma em latim – as poucas histórias anteriores tinham sido todas redigidas em grego. Na sua história, Catão escreveu que estava oferecendo um relato preciso, em vez das histórias falsas que eram transmitidas sobre as famílias em banquetes. Ele também escreveu que Ascânio não tinha descendentes.[9]

O comentário de Catão sugere que a antipatia entre seu descendente e César foi herdada. Mas também aponta para um fato bastante desagradável sobre a história da família Júlio. Ela foi inventada no final do século III. A noção de que a família de Enéas teve um papel na fundação de Roma parece não ter sido estabelecida até o final do século IV, quando um historiador grego admitiu que Rômulo, o fundador de Roma, era descendente de Enéas. Durante a vida de César, a maioria dos romanos, apesar dos esforços de Catão, provavelmente acreditava em alguma versão dessa história de que Enéas era o ancestral de Rômulo. Mas levou muito tempo para que a história se estabelecesse, e Catão estava certo em duvidar dela – e não apenas porque envolvia personagens míticos que nunca existiram (Catão realmente acreditava que a maioria dos mitos era história). O principal problema é que Iulo não aparecia em nenhuma das primeiras histórias gregas sobre a fundação de Roma, e Enéas parece ter sido mais popular na Etrúria do que no Lácio nos primeiros séculos da existência de Roma. Sua adoração como divindade fundadora do Lácio parece não ter se tornado importante até o século V a.C. E isso não significa que Iulus já tivesse um lugar na história, embora seja impressionante que seu nome apareça em conexão com um ramo anterior dos Julianos, um ramo que ocupou cargos no século V. Os membros desse clã usavam o cognome Iullus. Nenhum Iulius Iullus é atestado após 379, e nenhum outro membro do clã Juliano é conhecido por ter ocupado cargos públicos até 267 (ele era um Júlio Libão). Não é impossível que, à medida que a criação de histórias familiares se tornou mais importante no século III, um Iulus mítico tenha nascido do cognome Iullus. A ligação entre as tradições antigas de Enéas e a Etrúria aponta na mesma direção que a derivação do nome César. Antes de se estabelecer em Bovillae, o clã Juliano provavelmente residia na Etrúria, e os detalhes da história da família evoluíram à medida que as histórias sobre a história antiga de Roma absorveram a lenda troiana, que já era popular naquela região.[10]

* * *

Apesar da reivindicação do clã Júlio de grande antiguidade, o primeiro Júlio César a aparecer nos registros públicos foi um dos pretores – oficiais um degrau abaixo dos cônsules na ordem política – em 208, durante a segunda guerra com Cartago, que havia começado dez anos antes, quando o general cartaginês Aníbal invadiu a Itália, infligindo perdas terríveis aos exércitos romanos mal liderados. É provável que o avô do pretor tenha sido o primeiro Júlio César, aquele que matou o elefante. O neto do pretor seria o César mais famoso do século II, cônsul em 157. Ele liderou uma embaixada na Grécia em 147, que desencadeou um confronto desastroso entre Roma e uma liga de estados gregos no norte do Peloponeso.[11] Depois disso, nenhum membro da família alcançou distinção política durante as duas gerações seguintes. Então, de repente, na geração do pai de César, os Júlios tornaram-se imensamente proeminentes.

Os Júlios da geração do avô de César ainda eram estranhos ao *establishment*. O seu estatuto reflete-se não só no casamento de Júlia com o ainda relativamente desconhecido Mário, mas também no casamento do avô de César com Marcia, cujo pai seria cônsul em 118, mas que não tinha antepassados consulares para acompanhar uma linhagem que incluía um dos sete reis lendários de Roma, que parece ter sido tão fantasiosa quanto a dos Júlios. Isso mudaria na geração seguinte. O pai e o tio de César se casariam com mulheres de credenciais aristocráticas inquestionáveis.[12]

Caio Júlio César sênior tinha pelo menos trinta anos quando seu filho nasceu, uma conclusão que pode ser tirada do fato de que ele se tornaria pretor em 92 e a idade mínima para um mandatário desse cargo era trinta e oito anos. Sua esposa Aurélia era muito mais jovem. Ela viveu até 54 a.C., e é provável que estivesse na adolescência quando deu à luz o jovem Caio. Vivendo até o início dos sessenta anos, ela teria sido um prodígio. O romano médio que sobrevivia à infância vivia até cerca de cinquenta anos. A longevidade de Aurélia era ainda mais notável pelo fato de que as mulheres, dadas as condições adversas em que davam à luz seus filhos, tinham uma expectativa de vida um pouco menor do que os homens, mesmo que sobrevivessem aos seus anos férteis (final da adolescência e vinte anos).[13]

Dada a diferença de idade entre ela e o marido, Aurélia pode não ter sido sua primeira esposa. O típico homem aristocrático romano casava-se no início dos vinte anos com uma garota alguns anos mais nova que ele. Esses casamentos precisavam ser aprovados pelos pais de ambas as partes. De acordo com a lei romana, o homem mais velho da família, o *paterfamilias*, controlava todos os bens da família, daí seu papel na aprovação do casamento, mesmo que deixasse a escolha do cônjuge a cargo do filho ou da filha. O pai romano que melhor conhecemos, Marco Túlio Cícero, não arranjou nenhum dos casamentos de sua filha e cedeu quando ela insistiu em se casar com um homem de quem ele não gostava muito.[14]

Os fatores que influenciavam a aprovação do paterfamilias de possíveis cônjuges para seus filhos eram variados. Alguns eram políticos – o casamento resultaria em uma aliança aceitável que promoveria a carreira dos pais? Outros eram econômicos. As mulheres aristocráticas traziam dotes substanciais para o casamento. Esperava-se que a nova noiva se sustentasse com o dinheiro da família e ajudasse o marido a seguir sua carreira. Quando o pai morresse, o dote se tornaria propriedade dela e ela poderia fazer o que quisesse com ele. Em teoria, ela precisava ter um tutor masculino, mas os advogados romanos tratavam esse requisito como uma piada.[15]

Na época em que se casou com Aurélia, Caio César estava começando a subir na carreira política. Aurélia lhe trouxe conexões importantes, pois sua linhagem era muito mais bem estabelecida na hierarquia da elite governante do que a dele. Tanto seu pai quanto seu avô haviam ocupado o cargo de cônsul, e todos os seus três irmãos ascenderiam ao topo da ordem política. O que tornava Caio César um partido atraente do ponto de vista político era, presumivelmente, o casamento de sua irmã mais nova com Mário. Depois de 104, com Mário no auge de seu poder, os Júlios tornaram-se repentinamente muito mais interessantes. O casamento com Aurélia reflete isso, e podemos ter certeza de que a primeira esposa do César mais velho não vinha de uma família tão distinta quanto os Aurelii.

É possível, portanto, que as ligações matrimoniais dos Júlios nesta geração fossem resultado da ligação familiar com Mário. Também é possível que isso tivesse a ver com o fato de que, no final do século II, a família havia se tornado extremamente rica. Havia duas maneiras pelas quais uma família podia adquirir uma fortuna em Roma. Uma era através da guerra, mas isso exigia acesso ao alto comando e muita sorte. A outra era através de contratos públicos. Dado que apenas um Júlio César havia ocupado o cargo de cônsul antes do início do século I e que não há registros de conquistas militares relacionadas a nenhum dos Césares, a explicação mais provável para a riqueza da família no final do século II é que ela envolvia contratos. Embora os senadores fossem proibidos de participar diretamente do processo de contratação, nada os impedia de usar suas conexões pessoais para ajudar seus associados e compartilhar seus lucros.

A contratação pública era muito importante, porque o governo romano propriamente dito era praticamente inexistente. Havia alguns profissionais que serviam como assistentes regulares dos magistrados, geralmente como escribas ou lictores (guarda-costas), mas não eram mais do que algumas centenas dessas pessoas. As estradas eram construídas, os exércitos abastecidos e os impostos cobrados por corporações lideradas por "equestres", pessoas cuja riqueza lhes permitiria servir como cavaleiros no exército romano arcaico, mas no primeiro século, um grupo mais bem definido como os ricos que não ocupavam cargos públicos. Os empreiteiros equestres eram conhecidos como *publicani* ou "pessoas envolvidas em negócios do Estado". A cada cinco anos, o povo romano elegia dois magistrados (geralmente ex-cônsules) que atuavam como censores. Sua tarefa, além de realizar uma contagem oficial dos cidadãos romanos, era emitir contratos para obras públicas durante os cinco anos seguintes. Se o contrato para um projeto de construção acabasse valendo mais do que o custo para concluir o projeto, os *publicani* ficavam com a diferença. Se o contrato fosse para a cobrança de impostos provinciais, as corporações apresentavam propostas com base em uma estimativa do valor dos impostos que seriam arrecadados ao longo de cinco anos. A corporação que ganhasse o contrato pagaria então a quantia estimada ao tesouro do Estado. Ela ficaria com qualquer receita excedente que por acaso arrecadasse e também estaria em posição de emitir empréstimos com juros altos para permitir que uma cidade com falta de fundos pagasse seus impostos.[16]

Antes do final do século III, o Estado romano não administrava grandes somas de dinheiro. Isso mudou nas décadas após a derrota de Cartago por Roma em 202 a.C. e as vitórias subsequentes sobre duas das principais potências do Mediterrâneo oriental: os Antigonidas, a casa real que governava a Macedônia, e os Selêucidas, que governavam um reino que se estendia do oeste da Turquia ao leste do Irã e do Cazaquistão e Uzbequistão, no norte, ao Mar Vermelho, norte da Arábia e Israel, no sul. No que hoje é Israel, seu reino fazia fronteira com o terceiro grande reino oriental que havia surgido após a conquista do Império Persa por Alexandre, o Grande, no final do século IV a.C., o dos Ptolomeus, cujo poder estava concentrado no vale do Nilo.

Para Roma, a vitória sobre Cartago trouxe consigo uma indenização de guerra substancial e o controle da Espanha, cujas ricas minas de prata haviam financiado os esforços de guerra cartagineses. Houve também uma indenização substancial dos Antigonidas no início da década de 190 e uma gigantesca dos Selêucidas, que começou a ser paga na década de 180. Essas novas fontes de receita permitiram novos projetos de construção em grande escala e pagamentos extensivos a contratantes militares, que forneciam o que parecem ter sido campanhas deliberadamente ineficientes contra os povos celtas da Ligúria, no norte da Itália. O próximo grande aumento na receita de Roma viria no terceiro quarto do século II, quando o rei de Pérgamo, um estado independente no oeste da Turquia, morreu e deixou seu reino para Roma. O contrato para os impostos dessa nova província, conhecida como Ásia, era o contrato mais lucrativo que uma corporação poderia ganhar.[17]

Embora não possamos ter certeza, é provável que o avô de César tivesse alguma ligação com a fortuna asiática. O pai de César foi governador da província em 91, o que é um sinal de que havia algum tipo de ligação com os interesses da família. Quando morreu, o avô de César havia acumulado uma fortuna que sustentaria extensas carreiras políticas para seus dois filhos, um dos quais, Sexto, seria cônsul em 91. O outro filho era o pai de César. Ele foi pretor em 92 e estaria bem posicionado para concorrer ao consulado em 89, se o caos não tivesse tomado conta do Estado romano. Um primo, Lúcio, foi cônsul em 90. Nenhuma outra família romana foi capaz de sustentar três carreiras como essas na década de 90 e, certamente, os Júlios não tinham sido capazes de fazer isso nas gerações anteriores.

A busca por uma carreira política exigia gastos consideráveis. Não só se esperava que os políticos romanos oferecessem presentes financeiros aos membros de sua tribo antes de uma eleição, mas também se esperava que, se desejassem concorrer ao cargo de pretor, eles tivessem demonstrado generosidade ao passar pelos cargos anteriores do *cursus honorum*. No caso de um patrício, o primeiro cargo eleito seria o de questor (basicamente, um assistente financeiro de magistrados superiores), um cargo para o qual se tornava elegível aos trinta anos de idade. O segundo cargo seria o de edil. Havia quatro edis por ano, dois patrícios e dois plebeus, dos quais se esperava (entre outras tarefas mais práticas) que pagassem por jogos elaborados. Como diria um famoso político romano: o povo romano amava a generosidade pública e desprezava a autoindulgência.[18] Os ex-edis seriam lembrados pelo sucesso desses jogos e não teriam oportunidade de recuperar os custos por meio de um comando provincial subsequente, a menos que fossem eleitos posteriormente para o cargo de pretor.

As tradições da política romana estavam bem estabelecidas na época em que Aurélia deu à luz Caio César. Mas agora a validade do sistema era frequentemente questionada. Cada vez mais, as pessoas em toda a península italiana, pessoas que haviam sido convocadas para lutar nas campanhas de Mário, ressentiam-se do fato de terem sido excluídas do processo político e das recompensas fiscais do império. O romano médio acolhia com agrado as doações na época das eleições, mas ressentia-se cada vez mais da relutância do Senado em alocar recursos para o seu bem-estar. Ao mesmo tempo, os empreiteiros equestres esperavam alguma responsabilidade dos senadores com quem trabalhavam. A questão subjacente era se a aristocracia tradicional continuaria a controlar o Estado ou teria que compartilhar o poder com membros de famílias recém-enriquecidas com os lucros do império romano – famílias cujos interesses poderiam se alinhar com os de outras pessoas em posições econômicas mais baixas, que sentiam que o Estado lhes devia mais do que estavam recebendo.

2
Raiva

A crise que explodiria alguns meses após o nascimento de Caio César vinha se formando há anos. Ela decorria da questão que destacamos no final do último capítulo: quem controlaria o Estado romano? Seria a velha aristocracia ou os membros das classes recém-enriquecidas em aliança com aqueles excluídos da participação direta, exceto pelo voto, na vida política?

Os dois lados desse conflito tendiam a explorar diferentes facetas da constituição de Roma, que eram definidas por diferentes formas de contagem de votos. Os mais altos cargos do Estado – os dois consulados e seis preturas, que davam acesso ao comando das províncias – eram eleitos por meio de uma assembleia baseada na antiga organização do exército romano. Essa assembleia era dividida em 193 centúrias (daí seu nome, assembleia centuriada) e organizada em cinco classes, com oitenta das centúrias na primeira classe, para os romanos mais ricos, e outras vinte na segunda classe. Os romanos mais pobres, os chamados *proletarii*, eram relegados a uma centúria abaixo da quinta classe. Os cargos que não davam acesso aos comandos provinciais eram eleitos por meio de um sistema diferente, organizado de acordo com as trinta e cinco tribos nas quais os romanos também eram divididos. Aqui não havia vantagem para os ricos, e os funcionários mais influentes eleitos por meio desse sistema, os dez tribunos da plebe, podiam apresentar legislação para regulamentar a conduta dos magistrados eleitos pela assembleia centuriada.[1]

Na segunda metade do século II, as maiores gerações da nobreza romana, os homens que derrotaram Aníbal, esmagaram o reino da Macedônia e humilharam os selêucidas, eram uma memória distante. Seus descendentes eram mais conhecidos por sua venalidade, incompetência e brutalidade. Essas qualidades ficaram amplamente evidentes ao longo das duas décadas anteriores a 100 a.C. O ponto de inflexão para a política romana foi o massacre em massa dos partidários do ex-tribuno Caio Graco e o assassinato do próprio Graco. Membro de uma família muito aristocrática, Graco foi motivado em sua abordagem à política pelo assassinato de seu irmão mais velho, Tibério, que havia patrocinado um projeto de lei para alterar a propriedade da terra em toda a Itália. O Estado romano havia adquirido uma grande quantidade de terras de outras comunidades italianas durante a conquista da península nos séculos IV e III e, novamente, durante a reconquista posterior de partes do centro-sul e sul da Itália que haviam passado para o controle de Aníbal entre 218 e 203 a.C. A maior parte dessas terras acabou sob o controle efetivo de indivíduos ricos que as alugavam a agricultores arrendatários.[2]

Tibério Graco propôs que o Estado reassumisse o controle dessas propriedades e as distribuísse em lotes de aproximadamente vinte acres aos membros da população da cidade, um processo que seria regido por um grupo de três comissários eleitos, cujas decisões seriam irrevogáveis. Embora o programa legislativo de Tibério Graco tivesse sido aprovado e ele tivesse conseguido financiá-lo com receitas provenientes da nova província da Ásia, ele foi espancado até a morte por uma multidão liderada por um primo aristocrático perto do final de seu mandato. Embora a figura do tribuno devesse ser imune à violência, o primo de Graco não foi processado por homicídio. Em vez disso, foi-lhe permitido assumir uma embaixada para inspecionar as terras recém-adquiridas por Roma no leste.[3]

Caio tornou-se tribuno uma década após o assassinato de seu irmão. Ele propôs reformas muito mais abrangentes do que as de seu irmão, com o objetivo de criar responsabilidade no governo e melhorar a vida do romano comum. Os elementos de seu programa, adotados por outros políticos durante a vida de César, incluíam legislação que facilitaria a condenação de magistrados corruptos, melhorias na administração provincial, distribuição de grãos subsidiados aos cidadãos mais pobres de Roma, maior redistribuição de terras estatais na Itália e assentamento de romanos em novas cidades onde eles pudessem ter uma chance de maior prosperidade. Os locais escolhidos por Graco para seu programa de colonização no exterior foram Cartago e Corinto, cidades que Roma havia destruído em 146 a.C. A restauração dessas cidades seria o marco simbólico de uma nova ordem.[4]

Graco executou seu programa ocupando o cargo de tribuno por dois anos consecutivos. Isso era algo sem precedentes, e ele foi derrotado quando concorreu a um terceiro mandato. Um dos cônsules eleitos para 121 a.C., Lúcio Opímio, propôs a revogação de algumas das leis de Graco e, quando os partidários de Graco se reuniram para protestar, ele trouxe arqueiros para a cidade para atirar neles. Roma não tinha força policial, e era um princípio básico da sociedade romana que ninguém poderia ser condenado à morte sem um julgamento. Opímio, no entanto, introduziu o novo princípio de que, se o Senado declarasse estado de emergência, o cônsul poderia tomar todas as medidas que considerasse necessárias para proteger o Estado, mesmo que isso significasse matar muitos outros romanos.[5] Alguns meses após o nascimento de César, tal estado de emergência seria declarado e um cônsul supervisionaria novamente o massacre de cidadãos romanos.

A década seguinte ao assassinato de Caio Graco viu o domínio de uma facção conservadora da nobreza liderada por membros do clã Cecílio. A incompetência excepcional demonstrada pelos membros desse grupo acabou por minar o seu controle do Estado e abriu as portas para Caio Mário.[6]

***

O início da carreira política de Mário foi um pouco irregular. Ele havia perdido uma eleição para um cargo local antes de conquistar, em 122, o cargo mais baixo em uma carreira pré-senatorial, o de tribuno militar, o que provavelmente o levou a integrar a equipe de Públio Cornélio Cipião, que na época liderava os exércitos romanos contra a cidade espanhola de Numantia.[7] Essa era uma nomeação privilegiada para um aspirante a aristocrata. O tempo que passou na equipe de Cipião e as conexões que fez lá o ajudaram quando concorreu ao cargo senatorial mais júnior, o de questor, no qual atuou como assistente financeiro de um magistrado sênior. Ele então foi tribuno da plebe em 119 (tendo sofrido uma derrota em uma tentativa anterior de conquistar o cargo). Como tribuno, ele entrou em conflito com os cônsules, a quem ameaçou prender por se oporem ao seu projeto de lei que tornava mais difícil subornar um júri, mas pode ter se redimido aos olhos dos senadores quando se opôs a um projeto de lei ao estilo de Graco para subsidiar grãos para os pobres. O apoio aristocrático teria sido necessário para que ele fosse eleito pretor em 115 e evitasse um julgamento por corrupção eleitoral. No ano seguinte, ele demonstrou sua habilidade como soldado, novamente na Espanha, como governador provincial. E sua carreira provavelmente teria terminado ali, não fossem alguns escândalos impressionantes relacionados a uma pessoa que ele teria conhecido enquanto servia na equipe de Cipião: Jugurta.[8]

Jugurta, filho adotivo do rei Micipsa da Numídia, um reino que se estendia da atual Líbia até a Tunísia e Marrocos, era ambicioso e homicida. Ele garantiu o poder assassinando um meio-irmão e expulsando o outro de seu reino. O Senado romano ordenou que ele devolvesse uma parte do reino ao meio-irmão sobrevivente, mas não tomou nenhuma medida punitiva contra Jugurta, que garantiu sua posição por meio de subornos maciços e observou que, em Roma, tudo estava à venda.[9]

Jugurta conseguiu escapar impune de seu comportamento violento até 112, quando assassinou não apenas seu meio-irmão, mas também os comerciantes italianos que tentaram protegê-lo. Roma declarou guerra e enviou um exército ao norte da África. Essa operação se tornou uma farsa quando o cônsul comandante aceitou um suborno maciço para permitir que Jugurta se "rendesse" e mantivesse seu trono. A indignação que se seguiu em Roma levou, em 110, ao envio de outro exército, que foi tão mal liderado que se rendeu a Jugurta.[10]

Essa rendição não foi o único embaraço durante esses anos. Em 114, um exército comandado pelo cônsul Caio Catão foi duramente derrotado no norte da Grécia por um grupo celta que invadia o sul a partir de sua terra natal na Europa Central. Um ano depois, outro grupo celta que havia começado a migrar para o oeste esmagou um exército romano no sul da França. Em 109, a situação em Roma estava tão tensa que um tribuno aprovou uma moção para formar uma comissão especial para investigar as pessoas que haviam aceitado subornos de Jugurta, ou administrado a guerra contra ele de forma incompetente. Esse não foi um momento tão revolucionário quanto poderia parecer, pois um dos homens nomeados para a comissão era Emílio Scaurus, um parente excepcionalmente poderoso dos Cecílios, então o clã político dominante em Roma. Outro dos Cecílios, Cecílio Metelo, foi eleito cônsul e recebeu o controle da guerra no norte da África, nomeando Mário como seu segundo em comando. A escolha refletia sua crença de que Mário seria um subordinado leal e sua esperança de que um pouco mais de competência, juntamente com expressões teatrais de indignação, acalmariam um público cada vez mais irritado.[11]

O público que preocupava um Cecílio ou um Emílio Escauro não era constituído por pessoas comuns nas ruas de Roma. Em vez disso, consistia em pessoas que, como eles, estavam em grande parte na primeira classe do censo, membros da ordem equestre e outros com propriedades substanciais. Eram pessoas que podiam influenciar uma eleição consular se estivessem suficientemente irritadas, e os fracassos no Norte da África estavam criando uma grande irritação.

A guerra na África do Norte começou a correr melhor quando Metelo (e Mário) assumiram o comando, mas as descrições das batalhas que se seguiram demonstram que o conservadorismo de Metelo não se limitava à política. Dizem que ele organizou seu exército de acordo com um sistema antigo no qual a unidade tática básica do exército romano, a legião, era dividida em *manípulos*, unidades de cerca de cem homens armados de acordo com sua função prevista no campo de batalha – alguns eram soldados de infantaria leve, outros eram homens mais fortemente armados que lutavam com lanças e espadas. A tática preferida envolvia desgastar o inimigo por meio do atrito. Há muito tempo alguns dos generais mais competentes de Roma, incluindo os dois Cipiões, reconheciam que essa não era a melhor maneira de lutar. Eles organizaram suas legiões em dez *coortes*, unidades de cerca de quinhentos homens, todos armados com espadas e escudos para realizar um poderoso ataque frontal, apoiados por unidades de infantaria leve e cavalaria recrutadas entre os súditos provinciais de Roma. Mas não havia uma escola de guerra em Roma, e os generais ainda eram livres para organizar seus exércitos como bem entendessem, então Metelo podia optar pelos antigos manípulos.[12]

Após dezoito meses de sucesso moderado, as pessoas estavam ficando cansadas de Metelo. Não ajudava o fato de ele ser um esnobe intenso que acreditava que apenas pessoas como ele deveriam ocupar altos cargos (ele disse isso a Mário). Mário consultou os membros da ordem equestre para ver se teria apoio caso se candidatasse ao consulado. Ele tinha a reputação de ser um soldado competente, capaz de realizar tarefas se lhe fosse permitido. Recebeu uma resposta encorajadora. Assim, no verão de 108, deixou o exército no norte da África e declarou sua candidatura ao consulado. Ele foi eleito.[13]

Havia uma lei em vigor, aprovada por Caio Graco, exigindo que as províncias que os cônsules receberiam após o término de seus mandatos fossem selecionadas antes da eleição consular. Isso tinha como objetivo impedir que os cônsules selecionassem províncias particularmente lucrativas para si mesmos. Mas Mário, assim que assumiu o cargo, providenciou para que um tribuno aprovasse um projeto de lei transferindo o comando no Norte da África de Metelo para si próprio. Isso foi nada menos que um *golpe de estado* eleitoral.[14]

Mário venceu a guerra contra Jugurta no final de 105. O responsável pela captura de Jugurta foi seu questor, Lúcio Cornélio Sula. Um dos observadores mais interessantes da história política de Roma, e autor de um relato da guerra contra Jugurta, foi Caio Salústio Crispo (doravante Salústio). Ao apresentar Sula, ele escreveu:

> Sula era um nobre de uma família patrícia que quase se extinguiu devido à preguiça de seus ancestrais. Bem educado em literatura latina e grega, brilhante, ávido por prazer e ainda mais por glória, ele nunca se distraiu dos assuntos públicos por causa do prazer, embora pudesse ter tratado sua esposa com mais respeito. Eloquente, sutil, alegre com seus amigos, ele possuía uma habilidade extraordinária para disfarçar suas intenções. Era generoso com a maioria das coisas, especialmente com dinheiro. Embora fosse o homem mais sortudo do mundo antes de sua vitória na guerra civil, a sorte nunca foi maior do que seu esforço, de modo que muitos se perguntaram se ele era mais corajoso ou mais sortudo. Quanto ao que fez após sua vitória, não sei se a discussão é mais vergonhosa ou mais lamentável.[15]

A guerra civil mencionada aqui, e Sula pessoalmente, teriam um impacto profundo na vida de César, como veremos em nosso quarto capítulo. A história que Salústio conta sobre a família de Sula colocará a história da própria família de César em perspectiva, já que ambas as famílias reivindicavam grande antiguidade e haviam emergido da obscuridade enquanto a guerra com Aníbal estava em pleno andamento.

* * *

Mesmo antes de Mário retornar a Roma, estava claro que suas habilidades seriam necessárias novamente. No verão de 105, o cônsul daquele ano havia brigado com o cônsul do ano anterior quando ambos comandavam exércitos no sul da França. Eles deveriam enfrentar um novo movimento do povo que havia destruído um exército romano em 113. Os romanos estavam acampados perto de Arles quando os cônsules se recusaram a cooperar, o que permitiu aos celtas – agora havia dois grupos, os cimbros e os teutões – aniquilar os dois exércitos. A batalha foi a pior derrota sofrida pelos romanos desde que Aníbal destruiu os exércitos comandados por dois cônsules na batalha de Canas, em 216 a.C. Após a derrota, os romanos tiveram sorte que os cimbros e os teutões decidiram invadir o oeste da França e o norte da Espanha, em vez de invadir a Itália.[16]

Mário foi eleito cônsul em 104 e imediatamente começou a reorganizar e treinar seu exército, organizando suas legiões em coortes com novas táticas baseadas em uma nova lança, conhecida como *pilum*, que foi projetada para se cravar e dobrar ao atingir o escudo do inimigo. Quando isso acontecia, o inimigo tinha que largar o escudo, ficando vulnerável ao ataque dos legionários, que seguiam a saraivada de pilums com suas espadas. O processo de reconstrução de um exército, colocando os soldados em excelente forma e treinados nas novas táticas, levou dois anos. Mário reconheceu que um treinamento intenso era necessário para construir a disciplina e o moral de que seus homens precisariam para enfrentar inimigos descritos como enormes, ferozes e invencíveis.[17]

Mário derrotou os teutões, que agora haviam retornado ao sul da França, em 102, e destruiu os cimbros no norte da Itália um ano depois. Um experiente autopromotor, Mário divulgou a ajuda divina que havia recebido, canalizada por uma mulher profética da Síria que o acompanhava na campanha, e enviou relatórios entusiásticos de seus triunfos ao Senado. Na campanha de 101, ele encontrou seu rival em autopromoção em seu colega consular, Lutácio Catulo, que alegaria que ele, e não Mário, havia vencido a batalha contra os cimbros. Para reforçar seu argumento, Catulo ergueu um templo, ainda de pé na área de Roma chamada hoje de Largo Argentina, para *Fortuna Huiusce Diei* (A Fortuna deste Dia). Catulo tinha Sula, que havia decidido se aliar aos rivais aristocráticos de Mário, em sua equipe.[18]

À medida que a situação nas fronteiras caminhava para uma resolução, a situação política em Roma tornava-se mais difícil. O resultado seria um massacre em massa alguns meses após o nascimento de Caio César. Enquanto Mário lidava com os cimbros e os teutões, vários políticos aspirantes continuavam os esforços para acabar com o controle da nobreza sobre o governo. Um dos tribunos de 103, Lúcio Apuleio Saturnino, apresentou um projeto de lei que reescrevia a atual lei de traição para que pudesse ser usada para processar Malio, um dos cônsules responsáveis pelo desastre em Arles, por "diminuir a majestade do povo romano". Ele também propôs um projeto de lei que conferia benefícios de aposentadoria muito generosos aos veteranos da campanha africana de Mário. A teoria que ligava essas duas ações era que o Senado era corrupto e que Mário era uma pessoa cujas necessidades precisavam ser atendidas. Além de seu programa legislativo, Saturnino se envolveu em um pequeno teatro quando convenceu um homem a se passar pelo filho há muito perdido de Caio Graco, como forma de lembrar às pessoas as ações repressivas do Senado no passado. Em 101, outro tribuno, Servílio Gláucia, aprovou um projeto de lei restaurando o controle equestre dos júris para o tribunal de extorsão, a fim de facilitar a condenação de senadores – eles haviam sido substituídos por senadores nesses júris alguns anos antes, quando parecia que estavam muito dispostos a condenar membros do Senado. Gláucia então supervisionou a eleição dos tribunos para o ano seguinte e, quando um dos candidatos foi morto, ele garantiu que Saturnino fosse eleito em seu lugar. Gláucia também foi eleito pretor para o ano 100.[19]

Mário havia retornado a Roma no final de 101 para celebrar um triunfo por suas vitórias. O triunfo, um desfile pelas ruas de Roma à frente das tropas, precedido pela exibição de espólios, prisioneiros e imagens ilustrando as conquistas do comandante, era a maior honra que um senador romano poderia receber. Mário compartilhou essa honra com Catulo a fim de apaziguar seu ego e acalmar as águas turbulentas da política romana. Saturnino tinha outras ideias. Primeiro, ele patrocinou uma série de projetos de lei que eram claramente do interesse de Mário, incluindo concessões de terras para seus veteranos e uma garantia de grãos baratos para o povo de Roma. Ambos os projetos de lei incluíam cláusulas exigindo que os senadores jurassem cumpri-los. Em seguida, Saturnino tentou assumir o controle do governo para o ano seguinte, apoiando Glaucia, então pretor, como candidato ao consulado. Isso era ilegal, pois deveria haver um intervalo de três anos entre o mandato de pretor e a candidatura ao consulado. Enquanto isso, Saturnino também tentou ser reeleito tribuno e fazer com que o falso Graco fosse eleito ao seu lado.[20]

A violência eclodiu nas eleições. O rival de Gláucia para o consulado foi assassinado. O Senado aprovou um "decreto definitivo" ordenando que Mário restaurasse a ordem na cidade. Mário trouxe tropas para Roma, sitiando seus antigos aliados no Monte Capitolino, com vista para o Fórum. Quando eles se renderam, ele os levou para o Fórum, onde foram presos na Casa do Senado para aguardar julgamento. Esse julgamento nunca aconteceu – uma multidão os assassinou primeiro. Gláucia, que havia escapado da primeira rodada de prisões, foi localizado e morto. Isso aconteceu em 9 de dezembro de 101 a.C.[21] César tinha menos de seis meses de idade.

3
Pequeno César

Imediatamente após o nascimento, o bebê César foi examinado para verificar se havia defeitos e recebeu seu primeiro banho. O ideal era que seu corpo fosse esfregado com sal e mel, ou azeite e suco de frutas, para remover a placenta e, em seguida, banhado em água morna para depois ser apresentado ao pai. Não tendo sido encontrado nenhum defeito, seu pai determinou que ele deveria ser criado. No nono dia após o nascimento, o bebê recebeu seu nome.[1]

O bebê teria sido enrolado em cobertores e colocado em um berço. Aurélia pode tê-lo amamentado por um tempo – o que não era incomum para uma senhora aristocrática –, mas a responsabilidade principal por seus cuidados teria recaído sobre uma ama de leite. Por volta dos seis meses, ela o desmamaria gradualmente, passando para uma dieta de pão amolecido, sopa e mingau.[2]

O jovem Caio César era o segundo filho de seus pais. Sua irmã mais velha provavelmente nasceu por volta de 102, e sua irmã mais nova provavelmente nasceu alguns anos depois dele. As duas meninas eram conhecidas simplesmente como Júlia, a mais velha, e Júlia, a mais nova. As mulheres romanas eram identificadas simplesmente pelo nome da família e pela ordem em que nasceram. Essa prática de nomenclatura representava sua subordinação teórica dentro da família. Como a maioria das teorias, essa parecia cada vez mais sem sentido, pois as mulheres da geração de César, embora não pudessem votar e não pudessem ocupar cargos públicos, ainda exerciam enorme influência sobre o curso dos acontecimentos e não se contentavam em ser dominadas por seus parentes do sexo masculino.

Nos primeiros anos de vida de César, sua mãe teria supervisionado sua educação junto com a de suas irmãs. Até completarem cinco anos, César e suas irmãs provavelmente brincavam com as outras crianças da casa. Todas essas crianças eram escravas, pois a maioria dos escravos em Roma crescia na casa em que serviam. Dado o regime demográfico severo da época, devido em grande parte à total ausência de antibióticos, cerca de metade dos primeiros companheiros de brincadeira, mesmo nesta casa rica, provavelmente morreram antes de completar cinco anos. Não sabemos se Caio e as Júlias perderam algum irmão. As tradições biográficas sobreviventes não sugerem que houvesse mais do que as três crianças que cresceram, mas, como veremos, muitas vezes essas tradições não são muito informativas sobre detalhes importantes da infância de César. Muitas vezes, os silêncios nessa tradição revelam tanto quanto qualquer coisa que seja declarada abertamente.

A educação formal para um jovem romano de alta posição social começava aos sete anos de idade. Uma coisa que sabemos sobre Aurélia (curiosamente, a partir de uma fonte que está fora da tradição biográfica direta) é que ela era uma mãe exemplar, dedicada à educação do filho. É bem provável que ela fosse igualmente dedicada à educação de suas filhas e que, em seus primeiros anos, Caio tenha sido educado junto com suas irmãs, que deveriam participar plenamente da vida cultural da elite quando crescessem. Aurélia supervisionava a educação de seus filhos nas mãos de um *paedagogus* (literalmente, "guia infantil").[3]

O *paedagogus* garantia que César e as duas Júlias soubessem as letras e os números. Discussões sobre a educação infantil por teóricos antigos sobre o assunto nos permitem ter uma boa ideia do que o jovem César e suas irmãs passaram. Primeiro, a criança aprendia as letras de A a Z. Havia um debate sobre se elas deveriam aprender a pronunciar as letras antes ou depois de aprender a escrevê-las. Aprender a escrever envolvia traçar as letras que estavam escritas em uma tabuinha de cera, como podemos ver em algumas dessas tabuinhas escolares que sobreviveram. Depois de aprenderem as letras em ordem, elas as aprendiam na ordem inversa, e, em seguida, em diferentes combinações. Elas cantavam uma música do alfabeto e brincavam com jogos de letras; o *paedagogus* podia recompensá-las com pequenos bolinhos em forma de letras.[4]

Depois de aprenderem o alfabeto, as crianças aprendiam a combinar consoantes e vogais em sílabas. Elas não prosseguiam, como as crianças fazem hoje, para aprender palavras reais. Isso porque os gregos e romanos não dividiam as palavras na página escrita. Aprender a ler era aprender quais sílabas se juntavam para formar palavras, de modo que pudessem ser lidas em voz alta. Os teóricos recomendavam que as crianças trabalhassem com longas séries de consoantes para se acostumarem à ideia de lidar com uma página de texto real.[5]

Para um jovem da época e da classe social de César, uma grande questão era se deveria aprender primeiro o grego ou o latim (não havia dúvida de que ambos precisavam ser dominados). A maioria dos teóricos parecia achar que o grego deveria vir primeiro, o que complicaria as coisas para uma criança que estava aprendendo a ler uma língua diferente daquela que ouvia falar todos os dias. Brincadeiras e jogos à parte, a teoria era que quanto mais desafiador fosse o processo de aprendizagem, melhor.[6]

Os rudimentos da leitura eram ensinados junto com alguma aritmética básica. Isso tinha um aspecto prático, pois o sistema monetário romano, como o nosso, exigia um conhecimento básico de multiplicação e divisão. A principal moeda de bronze, o *sestércio*, valia um quarto da principal moeda de prata, o *denário*, e era avaliada em dezesseis *asses* (uma moeda de bronze muito menor). As crianças pequenas aprendiam rimas numéricas semelhantes às rimas do alfabeto que seus *pedagogos* usavam para lhes ensinar as letras – podemos imaginar Caio e as Júlias cantando "um e um são dois, dois e dois são quatro". Dizem que essa rima era ensinada mais tarde, mas é improvável que o ensino da aritmética fosse diferente naquela época.[7]

Quando não estavam na escola, as crianças continuavam a brincar com as outras crianças da casa, embora agora seja provável que os jogos com que brincavam refletissem seus diferentes status e que, mesmo nessa fase muito precoce, as crianças dos aristocratas fossem ensinadas a brincar de dar ordens aos outros. Como os brinquedos das crianças romanas que descobrimos através de escavações arqueológicas mostram que as crianças brincavam com as ocupações que se esperava que exercessem quando crescessem, não é muito fantástico imaginar o jovem César, aos sete anos de idade, brandindo uma espada de madeira e dando ordens aos seus companheiros de brincadeira. Essas crianças escravas também teriam ido à escola, sendo educadas por seus próprios *pedagogos*.[8]

A prática da escravidão em Roma durante a infância de César era radicalmente diferente da experiência americana e caribenha da escravidão. A diferença mais importante entre a escravidão nas Américas e a escravidão em Roma era que o sistema romano não se baseava na raça. Embora os romanos fossem certamente capazes de expressar desprezo por pessoas de diferentes origens (César se valia disso em seus relatórios anuais ao povo romano sobre suas campanhas na Gália), os grupos eram geralmente definidos por seus atributos culturais, e não por sua aparência física. Os romanos certamente podiam comentar sobre o tamanho gigante dos bárbaros celtas seminus, mas quando esses bárbaros aprenderam latim e começaram a participar da cultura romana, eles deixaram de ser bárbaros e sua aparência "bárbara" não valia mais a pena ser comentada.

Uma segunda grande diferença entre a escravidão romana e a americana era que a escravidão romana não era vista como um motor da economia. Apesar da retórica de Tibério Graco, que afirmava que os camponeses da Itália haviam sido expulsos de suas fazendas para dar lugar a gigantescas plantações escravistas, não há evidências de que isso fosse verdade. Como muitos políticos, Graco não se importava em mentir para provar seu ponto. A posse de grandes quantidades de terra era fundamental para a definição do status aristocrático – era preciso ter terras avaliadas em 400.000 sestércios para ser membro da ordem senatorial ou equestre. Essas terras eram geralmente mantidas na forma de grandes propriedades espalhadas pela Itália. A maior parte das terras associadas a essas propriedades era arrendada a agricultores e havia uma casa central com uma equipe de escravos que deveria se sustentar com as terras que não haviam sido arrendadas. Havia também uma casa em Roma com uma grande equipe doméstica para prestar os serviços necessários para manter as aparências.[9]

Outras duas diferenças importantes entre a escravidão romana e a americana eram que muitos escravos romanos esperavam ser libertados se mantivessem a simpatia de seus proprietários, e muitos deles eram criados nas casas em que serviam. É provável que os proprietários decidissem o nível de educação que um escravo receberia antes dos doze anos. Nesse ponto, a educação básica estava completa e a criança passava para uma educação mais avançada em alfabetização e matemática nas mãos do *grammaticus* (gramático; o título é indicativo do fato de que a educação literária era considerada mais importante do que a matemática). As famílias romanas funcionavam com base em relações rígidas de gênero e classe. Os escravos selecionados para o ensino superior se tornavam secretários ou gerentes de negócios de seus proprietários, enquanto outros escravos eram relegados a tarefas mais humildes, como limpar os móveis, vigiar a porta ou servir na cozinha, onde o chefe de cozinha, embora também fosse escravo, era uma pessoa de grande importância. As escravas eram relegadas às tarefas domésticas.[10]

Escravos e escravas formavam relacionamentos, e uma das funções das escravas era procriar a próxima geração de escravos da casa. Se ela fosse libertada, ela e seu parceiro deixariam seus filhos como escravos na casa de seu antigo proprietário. As escravas também estavam sujeitas aos desejos sexuais de seus proprietários. É impossível saber quão comum era o abuso sexual nas casas romanas – certamente era comum o suficiente para ser fonte de algumas piadas amargas nas peças romanas e para fornecer uma corrente subjacente ao único livro da antiguidade escrito por escravos sobre suas experiências. Esse livro era *A vida de Esopo*, e oferece uma noção da sabedoria que os escravos podiam transmitir uns aos outros. Duas das principais preocupações neste livro são o abuso físico e sexual, embora em ambos os casos pareça que havia limites para o que o típico proprietário de escravos podia fazer impunemente. Os homens romanos considerados sexualmente dissolutos (uma acusação que seria feita mais de uma vez contra César) eram pessoas em quem não se podia confiar na vida pública. Da mesma forma, os homens cruéis não eram confiáveis, e as pessoas estavam observando. Isso nem sempre garantia um bom tratamento. Em *A vida de Esopo*, o proprietário é retratado como um idiota que conspira contra Esopo para justificar chicoteá-lo (embora ele seja espancado apenas uma vez na história). Esopo se vinga de seu proprietário tendo um caso com a esposa dele, que havia sido descrita anteriormente como uma pessoa à procura de um jovem escravo que fosse mais interessante do que seu cônjuge.[11]

Na vida real, o homem que melhor conhecemos entre todos os romanos – Cícero – foi aconselhado por seu irmão a lembrar que todos no Fórum perguntariam a seus escravos sobre seu caráter. Também sabemos que ele tinha um escravo, Tiro, a quem acabou libertando, como seu companheiro mais próximo e, em muitos aspectos, seu melhor amigo. Tiro parece ter gostado genuinamente de Cícero, o que não era um sentimento universal entre os conhecidos de Cícero. Tiro passou o resto de sua vida, após o assassinato de Cícero em 43 a.C., publicando as obras completas de seu antigo senhor. Cícero também não faz nenhuma referência em seus escritos a qualquer mulher que possa ter sido sua amante. As coisas podem ter sido um pouco diferentes na casa de César – Aurélia não teve mais filhos depois da jovem Júlia, o que sugere que seu marido, com dois dotes e uma carreira senatorial para pagar, pode ter decidido não ter mais filhos com Aurélia e ter tomado concubinas escravas em seu lugar. Tais arranjos podem ser encontrados em alguns testamentos romanos que sobreviveram.[12]

Os escravos que não eram selecionados para a educação ou que nasciam em áreas rurais tinham vidas mais difíceis. Um esqueleto encontrado em Pompeia, por exemplo – um jovem no final da adolescência ou início dos vinte anos – mostra sinais de trabalho excessivo, com discos comprimidos na coluna vertebral. A sabedoria convencional sustenta que ele era um escravo e, de modo geral, o trabalho árduo para os escravos era considerado um castigo. O tédio, por outro lado, era uma realidade da vida. Escritores romanos discutem sobre pessoas que realizavam jantares elaborados enquanto seus escravos ficavam em pé ao redor observando, tratados como móveis.

A estrutura hierárquica das famílias proprietárias de escravos significava que os escravos podiam ser divididos uns contra os outros. Esopo começou como um servo mudo que trabalhava nos campos do oeste da Turquia. Sua mudez na história é uma metáfora para a condição de qualquer escravo do campo que não tinha como sair de sua situação. Então, por meio de um milagre divino, Esopo recebe o dom da fala, uma metáfora do que seria necessário para alcançar uma posição em que pudesse prosperar. Seu capataz o vende a um comerciante de escravos por medo de que, agora que pode falar, Esopo revele a desonestidade do capataz. Esta é uma afirmação significativa sobre a ausência de solidariedade de classe entre os escravos. Aqueles que estavam em melhor situação não viam como sendo do seu interesse ajudar um escravo menos afortunado. Não se esperava que os senhores fossem mais compassivos. Alguns proprietários expulsavam os escravos mais velhos de suas casas para morrerem de fome nas ruas quando ficavam muito velhos ou doentes para continuar trabalhando.[13]

As punições aos escravos podiam ser brutais e incluíam açoites, tortura com instrumentos aquecidos e crucificação. Os restos mortais de um ex-escravo foram encontrados envoltos em correntes, e algemas de escravos foram descobertas em vários sítios arqueológicos. Mais tarde, o Estado romano tentou intervir para restringir os abusos contra os escravos. Os escravos que fugiam para uma estátua do imperador eram vendidos a novos proprietários se conseguissem provar que eram maltratados em casa, e um texto descoberto em Pozzouli lista as punições brutais que só podiam ser infligidas por um carrasco público – outro esforço para restringir o que podia ser feito dentro da casa. Relatos de uma revolta de escravos na Sicília durante o tribunato de Tibério Graco afirmam explicitamente que a crueldade por parte dos proprietários foi a causa imediata da rebelião, e um relato da revolta de escravos posterior liderada por Espártaco afirma que foram os maus-tratos do gerente do campo de treinamento de gladiadores onde Espártaco foi treinado que provocaram a revolta. A restrição social, que era a única proteção para um escravo, tinha limites; na geração de César, o Senado não estava disposto a aprovar uma legislação que interferisse no poder do proprietário de escravos sobre sua propriedade.[14]

Não sabemos se César formou alguma amizade íntima com algum dos escravos de sua casa, semelhante à que existia entre Cícero e Tiro. Ele trabalhou na velhice com vários secretários que estavam bastante familiarizados com seus hábitos, então não é impossível que algumas conexões tenham sido formadas nessa fase. Esses secretários foram as pessoas que permitiram que César, à medida que crescia, se comunicasse com o mundo exterior, produzindo as versões publicadas de seus discursos e livros. Seus biógrafos também enfatizam que ele era gentil com seus escravos. Tudo isso pode ser um legado de seus primeiros anos.

4
Adolescência

Aos doze anos, o currículo mudou. O *gramático* de César garantiria que ele desenvolvesse um bom domínio da literatura grega e latina para que, aos quinze anos, estivesse pronto para aprender, com a instrução de um retórico, como produzir literatura por conta própria. Este também é o momento da vida de César em que a tradição biográfica antiga nos dá algumas indicações sobre quem, além de Aurélia, estava moldando seu caráter.

Sabemos sobre esse período da vida de César porque, logo após sua morte, dois de seus bons amigos e subordinados, Lúcio Cornélio Balbo e Caio Ópio, escreveram livros sobre ele. Esses livros são a fonte dos relatos praticamente idênticos dos principais eventos da juventude de César preservados na breve história de Roma composta durante o reinado de Tibério (14-37 d.C.) pelo burocrata imperial Veleio Patérculo, bem como nos escritos muito mais conhecidos de Plutarco e Suetônio, contemporâneos próximos que escreveram no final do século I d.C., no caso de Plutarco, e na segunda década do século II, no caso de Suetônio.[1]

Após uma visita a Roma, Plutarco passou a maior parte de sua vida em Queroneia, na Grécia central, onde compôs suas *Vidas paralelas dos gregos e romanos*. O paralelo para César no livro de Plutarco era Alexandre, o Grande. Para Plutarco, eles eram os dois maiores generais e administradores de todos os tempos, sendo César o homem ligeiramente superior, pois não era dado a acessos de raiva alcoólicos e homicidas. Plutarco, no entanto, não via César como o primeiro imperador romano. Além de suas *Vidas paralelas*, ele escreveu um livro sobre os imperadores romanos e, para ele, o primeiro imperador foi Augusto. A última figura republicana nas vidas de Plutarco foi Marco Antônio, cuja falta de autocontrole o arruinou, tornando-o também uma figura cuja carreira poderia ser vista como emblemática de sua época. Suetônio, que provavelmente compôs suas *Vidas dos doze Césares* sob a influência do imperador Trajano (98-117 d.C.), um grande admirador de César, adotou a visão muito controversa de que César foi o primeiro imperador. Voltaremos ao debate que esses escritores exemplificam no final deste livro. Por enquanto, é importante que a versão da juventude de César que esses autores repetem era uma "versão oficial" compilada depois que ele alcançou grande proeminência. O objetivo das histórias que Balbo e Ópio contaram sobre a juventude de César é que a personalidade que seus leitores viram na década de 40 a.C. era consistente com a do jovem – ousado, talentoso e controlador. Seu outro objetivo era refutar as inúmeras calúnias espalhadas pelos inimigos de César nas décadas de 60 e 50. Ao buscarmos a verdade por trás da tradição biográfica que temos, é impressionante que não haja lembranças afetuosas do relacionamento de César com seu pai para acompanhar as de seu relacionamento com Aurélia. No entanto, há dois outros personagens que emergem como muito influentes na vida de César. Um era seu *gramático*, Antônio Gnipho. O outro era seu primo, Caio Júlio César Estrabão Vopisco.

César Estrabão era um poeta e orador talentoso. Ele escreveu três peças sobre temas mitológicos e estava a caminho do consulado quando César o conheceu. Um dos admiradores de Estrabão era Marco Aurélio (Placa 3). A oratória de Estrabão, segundo Aurélio, carecia de força, mas superava a de todos os seus contemporâneos em alegria e sagacidade. Cícero forneceu uma imagem marcante das opiniões de Estrabão sobre o humor em um livro que escreveu sobre a oratória romana. A cena se passa em 91, quando Cícero relata como, em sua juventude, viajou para Tusculum (atual Frascati), onde participou de uma reunião que incluía alguns dos grandes oradores da geração anterior. César Estrabão aparece no segundo dos três livros da obra para discutir o humor. No relato de Cícero, ele é um homem de grande charme e memória prodigiosa, que acredita (apesar do que os teóricos gregos sobre o assunto haviam escrito) que o humor não é algo que pode ser ensinado. Em vez disso, é o resultado da inteligência natural e do domínio da linguagem de uma pessoa. O verdadeiro humor deriva de "um tipo elegante de humor com uma mistura de seriedade e adaptado à oratória, bem como à conversa educada". Cícero faz Estrabão relembrar como, depois de dizer a um homem rico chamado Metelo que ele (Estrabão) não podia servir no exército por causa de sua má visão, Metelo perguntou se ele conseguia ver alguma coisa. Estrabão respondeu que podia ver a enorme mansão de Metelo no campo a partir das muralhas de Roma. Estrabão também conta como um dos heróis da guerra contra Aníbal respondeu ao comandante da guarnição de Tarento, que havia preservado o controle romano da cidadela, embora os cartagineses tivessem tomado o resto da cidade. O comandante queria ser elogiado pelo que havia feito, ao que a resposta foi: "Certamente me lembrarei disso. Nunca teria recapturado a cidade se você não a tivesse perdido".[2]

Em um de seus primeiros processos judiciais, César citou um dos discursos de seu tio, e seus próprios escritos revelam o tipo de ironia que Cícero elogia na obra de Estrabão. Ao inventar um relato de um encontro com um líder inimigo na Gália, ele faz com que o homem inicie seu discurso com as palavras "Não sou um bárbaro tão ignorante" (*non tam ignarus barbarus)* antes de continuar com o que César sabe que seus leitores verão como afirmações ignorantes sobre a natureza da política romana. Ao descrever um de seus rivais menos favoritos na guerra civil de 49, ele escrevia que o homem minava a confiança de suas próprias tropas "quando sua aparência não correspondia às suas palavras". Ao ir para a Espanha mais tarde naquele mesmo ano, ele comentava que iria enfrentar "o exército sem general" e, em seguida, iria atrás do "general sem exército".[3]

A outra grande influência na juventude de César, seu *gramático* Antônio Gnipho, era filho de pais celtas do sul da França, que o abandonaram porque não tinham condições financeiras para criá-lo. Ele foi resgatado por um tal de Antônio, possivelmente membro do clã aristocrático com o qual os Júlios logo desenvolveriam uma importante conexão.[4] Seu salvador inicialmente o tratou como escravo, educou-o, percebeu que ele era excepcionalmente inteligente, libertou-o e enviou-o para Alexandria para completar sua educação superior. Ao retornar a Roma, o primeiro emprego de Gnipho foi como professor de César. Isso aconteceu por volta de 88 a.C.

Naquela época, a educação consistia principalmente em dominar a literatura grega, na qual se baseava a literatura latina, e Gnipho garantiu que César conhecesse as obras fundamentais da literatura grega, incluindo os poemas de Homero, além de várias tragédias e comédias. Gnipho também apresentou ao seu aluno a literatura latina canônica, como o poema épico de Ênio sobre a história de Roma desde sua fundação no início do século II, comédias de Plauto e Terêncio e algumas obras em prosa que o jovem Caio poderia usar como modelo para suas próprias composições. Especificamente para César, Gnipho trazia opiniões definidas sobre a língua latina: ele acreditava que a forma correta das palavras latinas deveria ser determinada por analogia com outras palavras semelhantes. Dado que não havia um dicionário padrão da língua latina ou uma forma consensual de escrevê-la, essa era uma ideia importante, que César endossaria décadas depois em seu próprio livro, *Sobre a analogia*. A decisão de César de escrever um livro defendendo a posição de Gnipho é um sinal do impacto poderoso que seu professor teve sobre ele.[5] Depois de deixar a casa dos Césares, Gnipho fundou sua própria escola, que atraiu alunos que se tornariam algumas das outras figuras literárias e mais importantes de Roma, incluindo Marco Cícero. Embora seu nome signifique "mesquinho" em grego, Gnipho era lembrado com carinho como uma pessoa encantadora, que não cobrava adiantado pelas aulas.[6]

Quando Gnipho começou a ensinar César, o mundo ao seu redor estava em chamas. Uma guerra terrível estava chegando ao fim, e outra ainda mais terrível estava apenas começando. A primeira guerra foi uma espécie de guerra civil dentro da Itália, e sua causa foi o mau tratamento dos italianos que não eram cidadãos romanos por parte daqueles que eram. Na primeira década do século I a.C., a maioria das pessoas que viviam na Itália não eram cidadãos romanos, e a maioria dos italianos nem mesmo falava latim entre si. Eles ainda se comunicavam uns com os outros em suas línguas locais, que incluíam o grego na Baía de Nápoles e em grande parte do sul da Itália em geral, o osco, o umbro e o etrusco na Itália central e o celta na região do vale do Pó. Após a conquista romana da Itália, concluída no início do século III a.C., as diversas comunidades da península foram vinculadas a Roma por tratados, com cada cidade individualmente tendo sua própria relação de tratado com Roma. Esses tratados especificavam as obrigações das várias comunidades para com Roma, que consistiam principalmente em contribuir com tropas para os exércitos romanos. Cerca de metade do exército romano era composto por tropas aliadas italianas que serviam sob seus próprios líderes, sob o comando geral romano. Na última parte do século II, algumas comunidades italianas começaram a se beneficiar muito com sua associação com Roma. Essas áreas prósperas incluíam a Etrúria e as partes da Campânia que faziam fronteira com a Baía de Nápoles.

Outras áreas, no entanto, estavam se saindo muito pior.[7]

Além da desigualdade na divisão dos lucros do império, havia duas outras queixas importantes entre os italianos aliados a Roma. Uma era que suas antigas terras, oficialmente confiscadas por Roma para se tornarem "terras públicas do povo romano", mas na prática deixadas sob o controle das aristocracias locais, estavam agora sendo tomadas para fornecer fazendas aos romanos que se beneficiavam de esquemas de distribuição de terras, como o iniciado por Tibério Graco em 133 a.C. A segunda queixa era que os funcionários romanos podiam se comportar de maneira bastante repugnante quando passavam por uma cidade italiana cujos habitantes não tinham nenhuma das proteções concedidas aos cidadãos romanos. A situação foi exacerbada pelos cônsules de 95 a.C., que aprovaram uma lei ordenando que todos os italianos que então viviam em Roma retornassem aos seus distritos de origem, essencialmente cortando-lhes o acesso à riqueza concentrada em Roma.[8]

* * *

Em 91 a.C., quando os cônsules eram Sexto César, primo do pai de César, e Márcio Filipo, um dos tribunos era um homem chamado Lívio Druso, cujas conexões em geral estavam muito à direita da política romana. Seu pai tinha sido um grande oponente de Caio Graco, e ele era o guardião do jovem Marco Pórcio Catão, que cresceria para se tornar o rival mais acirrado do jovem Júlio César. Como tribuno, no entanto, Druso adotou algumas políticas que a maioria dos romanos consideraria reformistas ou radicais. Alegando que suas ações protegeriam a autoridade do Senado, ele propôs dobrar o tamanho desse órgão e restaurar seu controle sobre os júris em certos casos. Ao mesmo tempo, propôs um novo projeto de lei de distribuição de terras e um projeto de lei que daria cidadania romana aos italianos não cidadãos. O projeto de lei de distribuição de terras e o projeto de lei que ampliava o Senado foram aprovados. Então Druso foi assassinado. Ninguém jamais foi julgado pelo assassinato e Márcio Filipo, que se opôs vigorosamente à legislação de Druso, aprovou um projeto de legislação invalidando suas leis.[9]

Os italianos ficaram indignados com o que consideraram a retirada da igualdade com os romanos que há muito achavam que mereciam. Antes do final do ano, o povo de Asculum (Ascoli Picino), no noroeste da Itália, assassinou todos os romanos residentes em sua cidade e uma liga de estados italianos se formou com o objetivo declarado de destruir Roma. Uma guerra em grande escala eclodiu no ano seguinte, quando um dos cônsules era Lúcio César, outro primo do velho Caio César. (Sexto César, o cônsul do ano anterior, havia obtido algumas vitórias contra os rebeldes no noroeste da Itália antes de morrer em campanha.) Embora Lúcio demonstrasse alguma habilidade como soldado, ele também buscou uma solução política para a crise, aprovando uma lei que concedia a cidadania romana às comunidades italianas que permanecessem leais a Roma e até permitia que generais romanos concedessem cidadania a comunidades específicas após consultar seus assessores. A longo prazo, essa lei provou ser um triunfo diplomático, impedindo que a revolta se espalhasse do leste da Itália para o oeste, mais próspero.[10]

A situação de Roma foi ajudada pelo fato de poder contar com os serviços de homens que haviam ocupado cargos importantes no passado. Um desses homens era Mário. Outro era Sula, cuja carreira parecia ter terminado com sua pretura vários anos antes. Ele voltou ao serviço ativo em 90, servindo primeiro sob Lúcio César e depois sob Mário, antes de obter seu próprio comando em 89. Foi também em 89 que Mário produziu o que talvez tenha sido a melhor frase de sua carreira em resposta a um dos líderes italianos que o desafiou, dizendo: "Se você é um grande general, Mário, desça e lute contra nós". Mário respondeu: "Não, mas se você é um grande general, faça-me lutar quando eu não quiser". Quando decidiu lutar, Mário infligiu uma severa derrota ao seu adversário italiano.[11]

Outra figura importante durante esses anos foi Pompeu Estrabão. Ele possuía muitas terras em Piceno, um distrito do noroeste da Itália, e em 90 a.C., o primeiro ano de combate, provou ser um general competente, o que levou à sua eleição como cônsul para o ano seguinte. Muitos dos jovens oficiais que compunham a equipe de Pompeu eram adolescentes aspirantes ao poder político que teriam destaque na política romana ao longo da geração seguinte. O principal entre esses jovens oficiais era o próprio filho de Estrabão, Cneu (Placa 1). Cneu se tornaria muito mais famoso do que seu pai, e nos referiremos a ele ao longo deste livro simplesmente como Pompeu, a forma do nome

Pompeius mais comum em português. O futuro de Pompeu estaria intimamente ligado ao de César. Outro membro da equipe era Cícero, bem como seu futuro rival, Lúcio Sérgio Catilina. Outros na lista incluíam Caio Rabírio, que mais tarde se tornaria um magnata dos serviços financeiros e amigo de Cícero, e Lúcio Vécio, um personagem totalmente desacreditado, que estaria no centro de alguns escândalos em sua vida posterior. A presença de tantos futuros líderes na órbita de Estrabão ressalta para nós o fato de que a classe governante romana era realmente muito pequena, e seus membros já se conheciam há anos antes de concorrerem a cargos públicos.[12]

Enquanto Pompeu Estrabão fazia campanha no norte da Itália, conquistando a cidade de Asculum, Sula comandava um exército mais ao sul, e seus sucessos militares o levaram à vanguarda política, sendo eleito cônsul para o ano de 88.

Naquele momento, graças a uma combinação de superioridade militar romana e à lei de Lúcio César, a guerra italiana estava chegando ao fim. Mas, mesmo assim, uma nova crise explodiu no exterior, onde um embaixador romano, um ex-cônsul chamado Mânio Aquílio, encorajou o rei da Bitínia – uma região no que hoje é o norte da Turquia, que se estende para o leste ao longo do Mar Negro, desde o Mar de Mármara – a atacar um rei vizinho, Mitrídates, cujo reino do Ponto se estendia mais para o leste ao longo da costa sul do Mar Negro e para o interior através das montanhas até o centro da Turquia. Nicomedes, o rei da Bitínia, tinha um exército ruim e provavelmente não deveria ter seguido o conselho de Aquílio. Mitrídates, por outro lado, era um general altamente competente com um bom exército.[13]

O resultado foi um desastre total para Nicomedes e os romanos. Mitrídates perseguiu Nicomedes de volta ao seu reino, ocupando seu território e forçando Nicomedes a fugir para a Itália. Animado pelo sucesso, Mitrídates decidiu então agir contra os aliados romanos de Nicomedes. Os romanos controlavam duas províncias na região: Ásia, ao longo da costa oeste da atual Turquia, e Cilícia, ao longo da costa sul da Turquia. Ambas as províncias dependiam de milícias locais relativamente fracas para sua defesa. Caio Cássio, governador da Ásia, tentou resistir à invasão de Mitrídates em sua província, mas fracassou e teve que fugir. Caio Ópio, governador da Cilícia, liderou suas forças provinciais na Ásia, onde também foi derrotado por Mitrídates. Mânio Aquílio, o romano cujo conselho havia desencadeado esse desastre, foi capturado e teve uma morte agonizante quando Mitrídates derramou ouro derretido em sua garganta.[14]

Diziam que Mitrídates possuía uma capa que pertencera a Alexandre, o Grande, e agora ele decidiu fazer o contrário de Alexandre, usando suas conquistas orientais como base para tomar a Grécia. Ele enviou um exército à Macedônia e uma frota através do Mar Egeu para ocupar Atenas, prometendo aos gregos o fim da opressão romana e do domínio da política local por fantoches romanos. Enquanto isso, na província romana da Ásia, agora ameaçada, os pobres, os endividados e os insatisfeitos se levantaram em apoio entusiástico à cruzada antirromana de Mitrídates, respondendo ao seu chamado para assassinar todos os italianos em seu meio. Não há uma contagem precisa dos que morreram no massacre que se seguiu. Nossas fontes estimam oitenta mil, mas os números em fontes antigas costumam ser pouco confiáveis e, provavelmente, esse total é simplesmente uma declaração retórica para indicar que muitas pessoas foram assassinadas. Ainda assim, o massacre deve ter sido horrível. Tal atrocidade, juntamente com a perda devastadora das províncias orientais mais importantes de Roma, exigia uma resposta imediata. O cônsul sênior do ano 88 foi designado para lidar com a tarefa.[15]

A senioridade dos cônsules era determinada pela ordem em que cruzavam a linha de chegada eleitoral. Sula tinha sido o primeiro candidato a obter o número necessário de votos para cônsul e tinha sido eleito à frente do outro candidato vencedor, Pompeu Rufo, um parente distante de Estrabão. A política de Pompeu estava alinhada com a de Sula, e sua aliança foi fortalecida no ano anterior ao consulado compartilhado, quando Rufo se casou com a filha de Sula, que mais tarde daria à luz seu único filho antes do final do ano. Nós a encontraremos novamente no capítulo 6.[16]

A eleição consular transcorreu sem problemas, mas a eleição dos tribunos resultou na eleição de Sulpício Rufo, um poderoso orador que era muito próximo de Mário. O caos se instalou. Sulpício propôs uma série de leis, incluindo uma revisão crucial da lei de cidadania de Lúcio César, que aumentava o poder dos novos cidadãos ao integrá-los às trinta e cinco tribos existentes, onde eles superavam em número os cidadãos antigos, e uma lei que transferia o comando contra Mitrídates para Mário.[17]

Sulpício recrutou gangues de bandidos para intimidar os oponentes e garantir a aprovação de suas leis. Não havia nada que os dois cônsules pudessem fazer para impedir a aprovação dos projetos de lei, e Sula, fugindo da multidão, refugiou-se na casa de Mário. A história de Roma teria mudado para sempre se Mário tivesse simplesmente entregado Sula aos seus perseguidores.[18] Em vez disso, ele protegeu seu rival e pagou um preço por sua decência. Sula partiu para Cápua, onde o grande exército que ele comandava na guerra contra os italianos estava atualmente estacionado. Os soldados esperavam partir em breve para lutar contra Mitrídates – uma perspectiva atraente, já que os romanos não tinham grande consideração pelos soldados orientais (apesar das evidências de que as tropas de Mitrídates eram bastante competentes) e Mitrídates era muito rico, então os soldados esperavam que muitas riquezas fossem suas. Quando Sula chegou, explicou aos seus antigos soldados que a sua destituição do comando teria consequências negativas para eles: ficariam presos na Itália, perdendo a oportunidade de travar uma guerra lucrativa no Oriente. Sula também pode ter afirmado que, como cônsul, tinha o dever de reprimir as assembleias revoltosas em Roma. De qualquer forma, ele convenceu seus soldados a marcharem com ele até Roma e pôr um fim às travessuras de Sulpício Rufo. Essa foi a primeira vez na história que um magistrado romano liderou um exército romano contra Roma, e foi um sinal de que os soldados da era de Sula sentiam mais lealdade por seus companheiros e general do que pela própria República.[19]

Com o apoio de seus soldados, Sula ocupou Roma e condenou seus inimigos à morte. Entre esses inimigos estava Mário, que fugiu da cidade e fez uma fuga dramática para o norte da África quando viu o que estava acontecendo. Sulpício foi traído por um escravo, a quem Sula recompensou com sua liberdade e, imediatamente, executou pelo crime de trair seu senhor.[20]

Sula, que se considerava um teórico político, aprovou uma série de leis destinadas a tornar a constituição romana mais funcional. Convocando uma reunião do povo – cuja aquiescência às exigências de Sula era garantida pela ameaça de violência –, ele anunciou que o Estado havia sido dominado por demagogos irresponsáveis durante muito tempo. Ele afirmou que, no passado distante, nenhum projeto de lei podia ser apresentado ao povo sem a aprovação do Senado. Além disso, todas as leis tinham que ser aprovadas pela assembleia centuriada, onde os votos dos ricos tinham maior peso. Essas regras, disse ele, haviam sido criadas pelo antigo rei Sérvio Túlio antes da fundação da República. Agora elas seriam restauradas. Sula também privou os tribunos da plebe da maioria de seus poderes – os principais que restaram foram o poder de interromper os negócios públicos e o poder de proteger um cidadão da ação arbitrária de um magistrado – e reintroduziu a antiga proposta de Lívio Druso de dobrar o tamanho do Senado. Todas as medidas aprovadas por Sulpício Rufo foram declaradas nulas e sem efeito.[21]

A revisão da constituição romana por Sula refletia tanto seu estilo pessoal quanto o pensamento da direita romana. O antigo era bom, a mudança era ruim, e o povo precisava ser mantido na linha e aprender a seguir a liderança de seus superiores sociais e econômicos. O ideal do Estado romano – que, ao contrário das proclamações de Sula, nunca havia realmente existido – era aquele em que não havia tribunos e o Senado controlava tudo.

Sula realizou então eleições consulares para o ano seguinte e obrigou os dois candidatos vencedores, Cneu Otávio e Lúcio Cornélio Cina, a jurar manter a nova ordem constitucional que ele acabara de criar. Cina era um parente distante de Sula, cujo ramo do clã Cornélio tinha estado fora dos holofotes públicos até o pai de Cina se tornar cônsul em 127. A ligação familiar pode ter sido a razão pela qual Sula achou que podia confiar em Cina. Pensando que agora tinha resolvido as questões em Roma a seu favor, Sula levou as suas tropas para o sul, para Brundisium (Brindisi), e desembarcou na Grécia antes do final do ano. Ele estava tão ansioso para partir que ignorou um sinal flagrante de que seu acordo político estava prestes a desmoronar. Trata-se do assassinato de Pompeu Rufo por Pompeu Estrabão, quando este último viajou para o norte da Itália para assumir o comando do exército de Pompeu Estrabão.[22]

* * *

Assim que Sula e seu exército partiram, seu acordo político, baseado em uma interpretação excêntrica das tradições romanas e imposto brutalmente, foi rapidamente desfeito pela violência. Pompeu Estrabão ainda era um operador independente no norte da Itália quando Cina incitou sua própria controvérsia política e tomou o fórum com um bando de homens armados. Embora inicialmente expulso por seu colega cônsul Otávio, ele reuniu tropas de toda a Itália e convidou Mário a retornar da África para apoiá-lo. Ajudados por um pouco de sorte – uma praga atingiu Roma e Pompeu Estrabão, que havia concordado em apoiar Otávio contra Cina, morreu repentinamente –, Mário e Cina conseguiram assumir o controle de Roma após uma breve guerra civil. Otávio foi morto enquanto tentava fugir da cidade, deixando Mário e Cina totalmente no controle.[23]

O conflito selvagem entre os seguidores de Mário e os apoiadores de Sula naturalmente dividiu a aristocracia romana, criando divisões intransponíveis até mesmo dentro de famílias individuais. O pai de Júlio César havia se aliado a seu cunhado Mário, mas seus primos, Caio Júlio César Estrabão e Lúcio Júlio César, não o fizeram, e ambos foram assassinados pela facção mariana vitoriosa. Só podemos imaginar o impacto que o assassinato de Estrabão, em particular, teve sobre o jovem César.[24]

César também tinha outras coisas em que pensar, enquanto a vida doméstica comum seguia sua rotina à sombra de grandes acontecimentos. Pouco depois do início da guerra contra Mitrídates – e da eclosão do conflito civil em Roma –, ele se casou. Ainda não tinha quatorze anos, uma idade muito jovem para se casar, mesmo para um aristocrata romano. Sua noiva era uma moça chamada Cossutia, que vinha de uma família de cavaleiros. Suas irmãs também estavam encontrando seus pares. A mais velha, Júlia casou-se com um Pédio, que provavelmente vinha de uma família equestre rica (nenhum de seus ancestrais havia sido senador). Mais tarde, ela se casaria com um Pinário, membro de uma família surpreendentemente antiga e indolente, que durante séculos não havia feito nada além de administrar o antigo santuário de Hércules perto do Circo Máximo. A mais nova, Júlia, casou-se com um homem chamado Ácio Balbo. Não era um casamento especialmente aristocrático, mas geraria duas filhas, uma das quais se casou com um homem chamado Caio Otávio por volta de 70 a.C.; seu filho, sobrinho-neto de Júlio César, um dia se tornaria seu herdeiro e, como resultado, o primeiro imperador de Roma.[25]

Todos esses arranjos matrimoniais foram feitos pelo pai de César antes de ele morrer (de causas naturais) em 86. Os cônjuges que ele encontrou para seus filhos sugerem que ele não tinha grandes ambições para eles, e isso talvez explique por que ele parece ser uma figura tão secundária na versão oficial da vida do César mais jovem.

Cina, porém, tinha outras ideias. Ele era agora o verdadeiro senhor de Roma. Sula e seu exército ainda estavam no Oriente lutando contra Mitrídates, e Mário havia morrido pouco depois de assumir um sétimo consulado sem precedentes em 87, um ano depois que ele e Cina tomaram a cidade após a partida de Sula. Cina, procurando um marido para sua própria filha Cornélia, deitou os olhos no sobrinho de Mário e decidiu que o jovem deveria ser seu genro. César aparentemente pensava o mesmo, ou talvez Cina não fosse um homem a ser desafiado. César se divorciou de Cossútia e se casou com Cornélia em 84. Aos quinze ou dezesseis anos, César já estava em seu segundo casamento.

Ele também já participava de um aspecto muito importante da vida pública romana, tendo se tornado membro do colégio sacerdotal dos Sálios, cujos membros dançavam em festivais públicos. Agora, Cina propôs que ele assumisse um novo cargo religioso, o de sacerdote de Júpiter. Era uma posição muito antiga que lhe conferiria proeminência, mas também o excluiria de qualquer outro cargo na vida pública. Entre outros tabus que refletiam a antiguidade do cargo como representante de Júpiter na cidade de Roma, o sacerdote não podia deixar a cidade por mais de vinte e quatro horas – uma restrição severa, dado o crescimento do império romano nos séculos desde que o cargo havia sido criado. No final, por razões desconhecidas, César não se tornou sacerdote de Júpiter e ninguém mais quis o cargo, que permaneceu vago pelos próximos oitenta e sete anos.[26]

O ano do segundo casamento de César também foi um ponto de virada na história de Roma. Seu novo sogro, Cina, foi morto em um motim militar. Um dos desafios que ele não conseguiu superar foi a pobreza de sua administração. A Itália estava essencialmente falida após a guerra italiana e os conflitos civis subsequentes. O mesmo não se podia dizer de Sula, que após quatro anos de guerra havia feito um tratado de paz com Mitrídates que permitiria a este último manter seu trono em troca de um pagamento maciço para financiar o retorno prospectivo de Sula à Itália. Sula havia cobrado cinco anos de impostos sobre a província reconquistada da Ásia, a mais rica das possessões ultramarinas de Roma, alegando que as cidades da região deviam essa quantia pelos anos em que foram governadas por Mitrídates. O exemplo dado por Sula como um homem capaz de reunir um exército com melhor financiamento do que o do Estado romano não seria esquecido.[27]

Sula retornou à Itália em 83, obtendo uma série de vitórias sobre os exércitos do Estado e negociando com as comunidades italianas para obter seu apoio. Em 81, ele finalmente lutou para entrar em Roma, recebendo uma ajuda importante do jovem Cneu Pompeu, que havia levantado um exército privado, para apoiar Sula. A pilhagem do pai de Pompeu durante suas operações bem-sucedidas na guerra italiana provavelmente forneceu parte dos fundos para esse exército.[28] O vitorioso Sula não estava inclinado à misericórdia. Ele massacrou os prisioneiros capturados na batalha final fora de Roma em outubro de 81 e imediatamente publicou uma lista de pessoas que seriam sumariamente executadas e suas propriedades confiscadas. O que isso significaria para o sobrinho de Mário e o marido da filha de Cina?[29]

Mais tarde, César espalhou a história de que Sula ordenou que ele se divorciasse de Cornélia, e que ele se recusou. Isso é certamente verdade, bem como é verdade que Sula confiscou o dote de Cornélia. Mas César teve então que se esconder e foi perseguido pelos assassinos de Sula? Ele disse que sim. Ele também contou uma história sobre como, quando foi levado perante Sula, a família de sua mãe, todos apoiadores ferrenhos de Sula, se juntou às Virgens Vestais – as autoridades religiosas mais reverenciadas do Estado romano – para implorar a Sula que poupasse sua vida. Contra seu bom senso, Sula concordou em fazê-lo. "Em César há muito de Mário", ele teria dito, e teria alertado que César destruiria a causa dos "melhores homens", os *optimates.* Essa única palavra, *optimates*, revela que a história é falsa. O termo passou a ser comumente usado após a morte de Sula. Durante a vida de Sula, a palavra usada para designar essas pessoas era *nobiles.* Além disso, Sula não era dado à misericórdia e, se realmente tivesse a opinião que supostamente expressou, é inconcebível que César tivesse sido poupado.[30]

Embora os parentes de Aurélia tenham certamente desempenhado um papel importante na sobrevivência de César, convencer Sula a poupar César pode não ter sido uma tarefa difícil. César ainda não era o homem que viria a ser. A proposta de que ele se tornasse sacerdote de Júpiter sugere que nem mesmo seus próprios parentes acreditavam que o adolescente César tivesse um futuro brilhante na política romana. Outro sinal de que César não era visto como uma ameaça foi o fato de que ele logo seria contratado como oficial de estado-maior por vários tenentes de Sula. Se a opinião geral fosse de que ele era uma ameaça em potencial, é improvável que os próprios apoiadores de Sula o tivessem lançado na carreira política. Outra interpretação das evidências históricas é que Sula via César como um jovem de boa família que desejava atrair para sua órbita. A exigência de que ele se divorciasse e se casasse novamente é muito semelhante à situação enfrentada por Cneu Pompeu, que se divorciou de sua esposa a pedido de Sula.[31] A recusa de César em se divorciar de Cornélia sugere que ele a amava genuinamente. O fato de Sula não ter considerado isso uma falha fatal é evidenciado pelo subsequente emprego de César por Minúcio Termo, governador da Ásia escolhido a dedo por Sula.

5

Primeiras aventuras

Suetônio, que está bem informado sobre esse ponto, afirma que, após seu encontro com Sula, César partiu para a província da Ásia como membro da equipe (*contubernalis*) do novo governador, Minúcio Termo. Ele também sugere que César estava tentando ficar fora do caminho de Sula, uma implicação que se encaixa bem com a tendência geral da tradição biográfica de retratar César como um oponente ferrenho do acordo que Sula estava impondo a Roma. Na verdade, porém, é impossível acreditar nisso. O comandante de César havia sido pretor em 81 e, nitidamente, gozava da confiança de Sula, que teria concordado com uma nomeação tão significativa.[1]

Termo tinha um problema em mãos. Seu antecessor como governador havia iniciado uma nova guerra com Mitrídates. Apesar de afirmar ter obtido uma vitória esmagadora, obrigando o rei a firmar um novo tratado, parece que ele estragou a operação e Mitrídates estava disposto a fazer uma nova paz apenas para poder continuar a reconstruir suas forças enquanto se recuperava da primeira guerra com Roma. Longe de ser derrotado pelo governador anterior, Mitrídates havia, na verdade, demonstrado uma força inesperada. A brutalidade do acordo que Sula impôs às cidades da Ásia após a primeira guerra criou uma onda de apoio ao rei do Ponto durante a segunda guerra. E a cidade de Mitilene (atual Mitilini), na ilha de Lesbos, que se juntara a Mitrídates na primeira guerra, ainda estava em revolta quando a segunda guerra chegou tecnicamente ao fim.[2]

Termo precisava de uma frota para transportar suas forças para a ilha. Alguns dos navios poderiam ser reunidos nas cidades de sua província, mas ele também recorreu ao aliado de Roma, o rei Nicomedes, que agora estava de volta à Bitínia. Ele enviou César para reunir navios adicionais de Nicomedes. Para César, essa era uma oportunidade de ouro para fazer contatos na corte do rei. A posição de um aspirante a político em Roma dependia, em parte, de sua capacidade de construir uma rede de dependentes nas províncias. César não perdeu tempo nessa ocasião, pois parece ter encantado o rei, feito amizade com sua filha e estabelecido outros contatos no reino que o levariam a ser considerado um potencial patrono dos bitínios nos anos seguintes.[3]

Mais tarde, espalhou-se uma história de que a relação de César com Nicomedes tinha um aspecto físico. De acordo com a versão educada, César teria desempenhado o papel de Ganimedes para o Zeus de Nicomedes. Em outras palavras, ele teria se prostituído para o rei. Essa história, amplamente repetida pelos inimigos de César nos anos seguintes, não tem fundamento na realidade. César divulgou voluntariamente suas conexões com a Bitínia durante a década seguinte, o que provavelmente não teria feito se houvesse um escândalo real associado a elas. Muito provavelmente, a história teve origem em um processo judicial alguns anos depois.[4]

Chegaremos ao início da carreira jurídica de César em breve, mas, por enquanto, seguiremos César e os navios da Bitínia que ele obteve de volta à Ásia, onde serviu com distinção no cerco de Mitilene, sob o comando de Licínio Lúculo, outro dos leais tenentes de Sula. No assalto à cidade, César salvou a vida de um companheiro soldado, pelo que Termo lhe concedeu a coroa cívica (*corona civica)*, uma das mais altas honras militares de Roma. A coroa cívica era tecida com folhas de carvalho, e a pessoa que a recebia podia usá-la pelo resto da vida. Quando ele aparecia nos jogos, o Senado se levantava para saudá-lo e, mesmo não sendo senador, ele tinha permissão para sentar-se nas fileiras da frente do teatro, onde os membros do Senado se sentavam (os assentos nos teatros romanos eram baseados na classe social). É muito improvável que Termo tivesse concedido a coroa a César, mesmo que ele a tivesse merecido, se achasse que estaria promovendo a carreira de um futuro inimigo político ou honrando uma pessoa manchada por um escândalo recente.[5]

Depois que Mitilene foi capturada, Termo voltou para Roma. César não. Em vez disso, ele se juntou à equipe de Públio Servílio, que havia sido cônsul em 79 e agora se tornara governador da província da Cilícia, que se estendia por ambos os lados das montanhas Taurus, no sul da Turquia. A região costeira, excluindo a ampla planície ao redor da atual cidade de Antália, não sustentava economias agrícolas robustas, com o resultado de que os povos que viviam ao longo da costa passaram a complementar sua renda saqueando as rotas comerciais que passavam por sua costa. Os regimes agora disfuncionais dos Ptolomeus, que governavam Chipre, e dos Selêucidas na Síria não tinham mais capacidade para patrulhar a região, então a tarefa de reprimir a pirataria coube aos governadores romanos. César serviu na Cilícia por apenas um ano, mas é bem possível que tenha adquirido alguma experiência em guerra naval que lhe foi útil mais tarde na vida. Ele também pode ter conhecido um homem que desempenharia um papel extremamente importante em sua vida, tanto como aliado quanto como rival acirrado. Trata-se de Tito Labieno, sobrinho de um homem que morrera com Saturnino em 100.

Suetônio, o único biógrafo que preserva uma cronologia precisa da vida de César durante esses anos, diz que César voltou a Roma quando soube da morte de Sula. Sula havia sido ditador em 79, renunciando ao poder antes das eleições consulares de 78. A data de sua aposentadoria provavelmente foi em junho. César observaria mais tarde que isso mostrava que Sula não sabia o que estava fazendo, mas apreciava festas e gostava de imaginar que havia reformado com sucesso o Estado romano. Ele acreditava ser o favorito dos deuses, de modo que os massacres que cometeu foram possibilitados pela ajuda deles. No fim das contas, a aposentadoria de Sula não durou muito. Ele se mudou para a região da Baía de Nápoles, continuou a beber muito e passou a apresentar sintomas de um distúrbio intestinal que pode ter sido relacionado ao câncer de cólon. Ele morreu no início de 78.[6]

Quando César voltou a Roma, a cidade estava em caos. Marco Emílio Lépido, um dos cônsules recém-eleitos, tentava reiniciar a guerra civil, ameaçando derrubar a ordem constitucional de Sula. Ele tentou, sem sucesso, impedir a grande celebração em memória de Sula em um funeral financiado com recursos públicos e, em seguida, propôs projetos de lei para restaurar os poderes dos tribunos que Sula havia eliminado, subsidiar a redução dos preços dos grãos para o povo de Roma e restaurar as terras confiscadas por Sula. Ele foi contrariado com sucesso em todas essas questões por seu colega cônsul, Lutácio Catulo, que estava emergindo como um defensor ferrenho das políticas de Sula, mas a oposição de Lépido não terminou aí. Recebendo o comando de um exército no final do ano para suprimir uma revolta na Etrúria, ele se voltou para atacar Roma. Derrotado no campo de batalha por Pompeu, ele se retirou para a Sardenha, onde morreu. Suetônio deixa muito claro (como os primeiros biógrafos de César devem ter feito) que César não queria ter nada a ver com Lépido, apesar de ter sido convidado a se juntar a ele em sua revolta.[7]

César tinha coisas importantes a fazer se quisesse seguir a carreira pública à qual claramente aspirava. Os jovens muitas vezes tentavam ganhar fama como defensores dos oprimidos, processando magistrados seniores por atos criminosos nas províncias. No início de 76, César assumiu a causa do povo da Macedônia, que alegava (provavelmente com razão) que seu último governador, Cornélio Dolabela, os havia oprimido. Em seu julgamento, Dolabela foi defendido por duas das principais figuras da ala conservadora da profissão jurídica romana. Uma delas era o tio de César, Caio Cota. O julgamento se tornou um espetáculo, atraindo aspirantes a oradores para ouvir os procedimentos. César se saiu muito bem, publicando posteriormente seu discurso pela acusação, que conquistou admiradores nos séculos seguintes. Mas ele perdeu o caso e, no decorrer do processo, Dolabela, que fez sua própria defesa, soltou a frase de que César era o "rival da rainha, na metade interna do sofá".[8] Assim nasceu a história sobre César e Nicomedes. Ninguém se importou muito com isso na época, já que César ainda não era visto como uma força significativa na política romana, mesmo que ele provavelmente tenha aparecido usando sua coroa cívica enquanto provava que podia argumentar um caso com o melhor que Roma tinha a oferecer.

Pouco depois da absolvição de Dolabela, o povo da Grécia pediu a César que os representasse em um processo civil contra Caio Antônio Híbrida, uma figura muito menos poderosa do que Dolabela, por sua conduta como tenente de Sula na guerra contra Mitrídates quase uma década antes. O caso era uma ação civil para a recuperação de bens roubados e César argumentou o caso de forma tão eficaz que o pretor, que decidiu o caso por conta própria, uma vez que júris eram necessários apenas em casos criminais, decidiu a favor dos demandantes. Antônio apelou aos tribunos para protegê-lo da sentença, o que eles parecem ter feito. Isso pode ter lhe poupado algum dinheiro, mas o incidente em si não foi esquecido. Seis anos depois, os censores removeram Antônio dos registros do Senado, citando a acusação de César ao fazê-lo. Antônio havia roubado dos provincianos e evitado a sentença do tribunal, mas agora estava tão endividado que não tinha mais bens para se qualificar como senador.[9]

Tendo se tornado famoso e irritado membros poderosos do Senado, César decidiu novamente deixar a cidade, desta vez para estudar em Rodes com o famoso retórico Apolônio Mólon. Durante sua viagem a Rodes, César teve uma aventura que seus biógrafos reescreveram e reinventaram longamente. Ele foi capturado por piratas. A versão mais simples da história, que pode ser extraída das várias versões que chegaram até nós, é que ele foi capturado pelos piratas na ilha de Pharmakussa, perto de Mileto, no que hoje é o oeste da Turquia. Um resgate foi pago e ele foi libertado. A versão completa da história inclui, além desses fatos básicos, a vingança de César contra os piratas, sua correção das exigências de resgate e uma briga com o governador da Ásia sobre como os piratas deveriam ser punidos. O objetivo da história, como um autor deixa explícito, era mostrar que, mesmo nessa fase muito precoce de sua vida, César era "a estrela mais brilhante do céu". Sua futura grandeza foi prevista por sua conduta nessa ocasião.[10]

De acordo com a história ampliada, quando os piratas fixaram o resgate em vinte talentos, César explicou-lhes que valia cinquenta. Enquanto estava cativo, com apenas três servos para lhe fazer companhia, trabalhou na melhoria cultural dos seus captores, lendo-lhes poesia e discursos que tinha escrito, ao mesmo tempo que prometia que os perseguiria e mataria assim que fosse libertado. Após a sua libertação, reuniu uma frota e imediatamente se lançou contra os seus antigos captores. Os piratas que sobreviveram ao ataque foram mantidos na prisão enquanto César abordava o governador, Júnio Junco, exigindo que ele os executasse. Junco viu uma fonte potencial de lucro para si mesmo se permitisse que os piratas fossem resgatados, mas, quando percebeu essa trama, César tirou os piratas de suas celas e os crucificou – embora tenha cortado suas gargantas antes de colocá-los nas cruzes para poupá-los da dor agonizante da crucificação. Em outra versão, César simplesmente mandou decapitar os piratas.[11]

Há muitas coisas aqui que são simplesmente inacreditáveis. Em primeiro lugar, as somas de dinheiro mencionadas teriam sido praticamente impossíveis na província da Ásia naquela época. Sabemos por outras fontes que as cidades da Ásia ficaram praticamente falidas, primeiro pelo pagamento imposto por Sula e, depois, pelos juros sobre as quantias que haviam emprestado de financiadores italianos para pagar o que Sula exigia. Em segundo lugar, César não era um funcionário público, portanto não havia como ele ordenar legalmente uma execução. A visão que temos aqui de César é muito parecida com a do César hipercontrolador que encontramos mais tarde em seus próprios escritos. Era a imagem que César projetava na época em que sua tradição biográfica estava se formando, e fazia sentido retroprojetar esse aspecto de seu caráter em uma história que ele provavelmente vinha divulgando há anos de uma forma ou de outra.[12]

Embora a história descrita acima tenha se tornado uma característica significativa da tradição biográfica oficial, havia também uma versão completamente diferente da história que sobreviveu até o século II d.C., quando foi preservada em uma coleção de estratagemas reunida por um homem chamado Polieno. Nessa versão, César foi capturado pelos piratas perto do Cabo Malea, no Peloponeso. Quando um rico milesiano chamado Epícrates apareceu com o resgate de César, ele também trazia consigo vinho envenenado, que deu aos piratas. Quando eles desmaiaram, ele e César cortaram suas gargantas. Dois aspectos especialmente interessantes dessa história são que Epícrates era uma pessoa real e que, bem depois de sua chegada a Rodes, César serviu brevemente na região onde essa história o coloca.[13]

Outra história que logo começou a circular era que César deixou Rodes na primavera de 73 para reunir milícias locais quando Mitrídates invadiu mais uma vez a província da Ásia. Ficou claro que Nicomedes deixaria seu reino da Bitínia para Roma quando morresse, e Mitrídates desejava impedir qualquer crescimento adicional do poder romano na região. Em 74, Mitrídates fez um tratado com Quinto Sertório, um rebelde romano que liderava, a partir de sua base na Espanha, o que era efetivamente uma continuação da guerra de Cina contra Sula. Reconhecendo a renovada ameaça de Mitrídates que essa aliança representava, o Senado enviou os cônsules de 74, Licínio Lúculo e Aurélio Cota, para o Oriente. Cota assumiu o comando da Bitínia, enquanto Lúculo reuniu tropas da Cilícia e da Ásia. Enquanto os cônsules estavam assim ocupados, Mitrídates explorou uma brecha nas defesas romanas, enviando suas forças para a Ásia. César, como mencionamos, assumiu a responsabilidade de reforçar a posição instável de Roma, reunindo tropas de várias cidades. Reunir forças de cidades provinciais não estava acima do nível salarial de um cidadão romano comum, ao contrário de assassinar um grupo de piratas, então a história pode muito bem ser verdadeira. No entanto, quando os primeiros biógrafos de César começaram seus estudos, havia um paralelo óbvio com um homem ao qual a vida de César logo estaria intimamente ligada. Ao reprimir a pirataria e derrotar as forças de Mitrídates na Ásia, o jovem César estava modelando a conduta que logo tornaria Pompeu o grande homem que ele já afirmava ser – um homem famoso por reprimir a pirataria e finalmente derrotar Mitrídates. Nesse momento, porém, as realizações de Pompeu ainda estavam a alguns anos de distância; na década de 70, Pompeu estava tendo dificuldades para administrar a guerra com Sertório na Espanha.[14]

A última imagem que temos de César nesta fase da sua vida encontra-se num texto em homenagem a alguns empresários romanos, os irmãos Cloatius, em Gytheio, uma cidade na costa sul do Peloponeso. Este texto menciona um legado chamado Caio Júlio, que parece ter servido sob o comando de Marco Antônio (pai de Marco Antônio e marido de Júlia, filha do cônsul de 90). Este Marco Antônio estava em campanha contra os piratas baseados em Creta, então aqui, pelo menos, César pode ter visto alguma ação real na frente pirata antes de retornar a Roma, provavelmente no início de 72. Possivelmente foi também nessa época que ele foi capturado.[15]

6
Tornando-se César

Em breve haveria grandes mudanças na abordagem de César à vida política e em sua situação pessoal. No lado pessoal, Cornélia lhe deu uma filha pouco antes de ele partir para sua temporada com Apolônio Mólon. No lado profissional, ele continuou a aproveitar a publicidade que ganhou com seus dois processos judiciais.

Um sinal de sua boa reputação junto ao *establishment* foi que, quando seu tio Caio Aurélio Cota, com quem ele havia entrado em conflito no processo contra Dolabela, morreu em 73, os colegas de Cota no principal colégio de sacerdotes de Roma, os pontífices, escolheram César para ocupar seu lugar (de acordo com uma lei de Sula, os colégios sacerdotais eram tratados como clubes privados cujos membros escolhiam novos colegas quando os antigos morriam).[1]

Em 72, César concorreu ao seu primeiro cargo eletivo, o de tribuno militar. Havia muitos tribunos militares, mas a maioria era nomeada diretamente pelos comandantes. Ser eleito era um sinal de que um jovem havia alcançado algum reconhecimento público, e César foi eleito com a maioria dos votos. Como as pessoas poderiam deixar de votar em um homem que estava concorrendo a um cargo militar com uma coroa cívica na cabeça?[2] Como tribuno militar, César teria ido direto para a frente de batalha, pois havia uma guerra violenta acontecendo na época em que foi eleito. Era a revolta no interior da Itália iniciada por Espártaco, um gladiador, no início de 73.[3]

Há muito mais ficção do que fatos nas reconstruções modernas da carreira de Espártaco. Entre os marxistas, ele se tornou o primeiro dos "revolucionários e líderes comunitários" da História. Vê-lo como um revolucionário talvez não seja irracional, mas *de quem* ele era líder revolucionário?[4] Parece que a revolta de Espártaco começou porque a pessoa que administrava um campo de treinamento de gladiadores nos arredores de Cápua era um valentão. Os gladiadores normalmente não eram pobres ou oprimidos. Embora o seu fosse um ofício perigoso, não era o único ofício perigoso na indústria do entretenimento romana. Muitos gladiadores eram homens livres que lutavam por prêmios substanciais; gladiadores escravizados eram caros e não eram facilmente dispensáveis. Quando não estavam no ringue, gladiadores de todos os tipos podiam encontrar emprego fora do anfiteatro como guarda-costas de ricos e famosos e como "músculos" essenciais em momentos de tensão política. Portanto, a decisão do diretor da escola perto de Cápua de prender os gladiadores que treinavam lá estava em desacordo com o comportamento padrão.[5] E o que aconteceu a seguir foi que uma disputa trabalhista entre gladiadores se transformou em uma guerra civil em grande escala, quando Espártaco e seus companheiros fugiram da escola de gladiadores.

O que se seguiu ao protesto de Espártaco na escola de gladiadores *não* foi uma revolta de escravizados. O exército de Espártaco era perigoso precisamente porque podia lutar como um exército romano. Nossas fontes deixam claro que seu povo podia enfrentar os legionários romanos de igual para igual. Um gladiador sem treinamento no posicionamento de grandes formações dificilmente teria sido capaz de construir tal exército do nada. Os homens que seguiram Espártaco já deviam ter sido treinados como legionários. Desapossados pelo confisco de terras de Sula – ele tomou as terras de seus proprietários originais como forma de recompensar seus soldados veteranos – e amargurados pela injustiça econômica resultante, essas eram pessoas cujas vidas haviam sido destruídas por mudanças rápidas. O próprio Espártaco devia ser extraordinariamente carismático, mas não era um sargento instrutor.[6]

O sucesso inicial da revolta deveu-se em grande parte ao fato de que os melhores generais de Roma estavam no exterior lutando contra Sertório ou Mitrídates, e seus soldados mais experientes estavam aposentados ou haviam se juntado à revolta. A primeira resposta do Senado foi enviar dois pretores à frente de exércitos formados às pressas, que Espártaco conseguiu evitar ou derrotar com facilidade alarmante.[7]

A guerra continuou no ano seguinte, com os dois cônsules destacados na Itália para combater Espártaco. As forças de Espártaco se dividiram em duas e um dos cônsules, Gélio, conseguiu eliminar uma delas. Mas os esforços romanos para lidar com o próprio Espártaco foram marcados pelo fracasso. Movendo-se da Campânia através dos Apeninos e entrando em Picenum, Espártaco derrotou as forças conjuntas dos dois cônsules e, em seguida, a guarnição da província da "Gália deste lado dos Alpes" (Gália Cisalpina). Se César estava nesses exércitos, não é surpresa que ele não tenha achado que valia a pena mencionar isso mais tarde.

Espártaco voltou-se novamente para o sul, atravessando novamente os Apeninos e devastando a Campânia antes de se dirigir para a Lucânia, onde ocupou a cidade de Thurii, na Calábria. Nesse momento, o comando das forças romanas foi retirado dos cônsules e entregue ao pretor eleito Marco Licínio Crasso (Placa 2), que havia sido recentemente absolvido da acusação de corromper uma Virgem Vestal, uma das seis sacerdotisas encarregadas de manter o lar sagrado da cidade, dedicado à deusa Vesta.[8] Antes disso, Crasso havia servido com Sula e enriquecido muito com especulações imobiliárias em Roma.

Um comandante veterano com experiência na guerra civil contra Cina, Crasso impôs disciplina rígida às suas tropas, mas com um toque desagradavelmente antiquado. Alegando que a prática da decimação – a execução de cada décimo homem de uma unidade derrotada – era sancionada pela tradição antiga, ele passou a infligi-la a partes de seu próprio exército. Em seguida, ele começou a transformar o conflito com Espártaco em uma guerra de posição, o estilo de combate preferido promovido por Sula e efetivamente empregado por Pompeu e Lúculo para derrotar Sertório e Mitrídates. Espártaco respondeu planejando evacuar suas forças para a Sicília, com a ajuda de uma frota pirata da Cilícia. A ameaça foi considerada suficientemente séria para que o governador notoriamente corrupto da Sicília, Caio Verres, tomasse medidas ativas para impedir a travessia. É possível que as conexões pessoais de Verres com esses mesmos piratas tenham facilitado uma negociação que encerrou seus negócios com Espártaco, permitindo assim que Crasso esmagasse o exército de Espártaco em uma grande batalha em Senerchia. Há relatos de que Espártaco morreu lutando.[9]

Após sua vitória, Crasso crucificou seis mil prisioneiros ao longo da Via Ápia, a principal estrada romana que seguia para o sul através da Campânia. Esse foi um ato de brutalidade que, quando considerado juntamente com o tratamento severo que dispensava a seus próprios homens, pode ter feito com que seus compatriotas romanos se dispusessem menos a lhe dar todo o crédito pelo fim da guerra. O crédito foi, em vez disso, para Pompeu, que reuniu alguns dos seguidores de Espártaco antes de retornar a Roma para celebrar um grande triunfo por sua vitória sobre Sertório na Espanha.[10]

O silêncio da tradição biográfica de César sobre seu papel na guerra contra Espártaco é revelador. A revolta foi um constrangimento, ressaltando a estupidez do confisco de terras de Sula, que alimentaram o apoio a Espártaco. O jovem César percebeu isso e mais tarde participaria do desenvolvimento de alguns esquemas muito diferentes para recompensar seus próprios veteranos por seus serviços. Tão ruim quanto isso foi a brutalidade de Crasso. Entre os milhares que ele crucificou, havia muitos camponeses italianos, agora cidadãos romanos. A alegação de que as vítimas de Crasso eram todas pessoas escravizadas era uma mentira inventada para encobrir a realidade da situação. Suas famílias se lembrariam da verdade. A história de que César cortou a garganta dos piratas e as que havia capturado antes de crucificá-los pode ter sido inventada para enfatizar seu desgosto pela brutalidade da punição. Outro ponto sobre o qual a tradição biográfica é nula diz respeito a como César se tornou um colaborador próximo de Crasso, um apoiador imensamente importante ao longo da década seguinte. A explicação mais óbvia para essa omissão é que ela ocorreu durante a campanha que era necessário esquecer.[11]

E agora havia também que se lidar com Pompeu. Ele foi reconhecido como um verdadeiro patriota quando anunciou que dispensaria o exército que trouxera de volta da Espanha. Dada a força dessa tropa e sua crescente popularidade, ele poderia ter marchado sobre Roma, como Sula e Mário haviam feito antes. Em vez disso, se candidataria ao consulado, um ato que, embora menos agressivo do que uma tomada militar do poder, era totalmente ilegal, pois Pompeu não havia ocupado nenhum cargo anteriormente. Crasso, no entanto, anunciou seu apoio a Pompeu, assim como outros que agitavam pelo fim de aspectos do regime de Sula, principalmente a restrição ao poder dos tribunos. Pompeu fez disso o ponto central de sua campanha e anunciou ainda que tomaria medidas para limitar a corrupção do governo provincial. Crasso estava disposto a concordar com isso – e a ignorar o fato de que ele e Pompeu não se davam muito bem – a fim de se tornar co-cônsul de Pompeu.

Após a guerra com Espártaco, ficou claro que a lealdade ferrenha à dispensa de Sula não seria mais a ordem do dia. Cícero disse que o anúncio de Pompeu, após sua eleição, de que restauraria o poder dos tribunos e que os tribunais eram perversos, provocou uma grande ovação de aprovação. Após a vitória de Pompeu, o próprio Cícero assumiu a acusação de Verres, cuja administração de três anos na Sicília foi marcada por seu comportamento abusivo em relação à classe dominante provincial, incompetência e criminalidade. Ele já havia sido questor de Papírio Carbo, que sucedera Cina como líder do regime anti-Sula na década de 80. Mais tarde, ele desertou de Carbo para se juntar a Sula, levando consigo a folha de pagamento do exército, e a partir daí tornou-se um burocrata sulano e, portanto, uma pessoa cujos erros podiam ser ignorados. Mas não mais. A apresentação do caso por Cícero foi tão eficaz que Verres fugiu da cidade antes mesmo de o veredicto ser proferido.[12]

A política de Cícero era geralmente conservadora; mesmo quando enfrentou o regime de Sula para defender um homem que havia sido colocado na lista de proscrição, ele o fez a pedido de membros do regime, amigos da esposa de Sula, que queriam cortar as asas de outro membro do círculo íntimo. Cícero se juntaria a outros com credenciais anteriormente impecáveis como apoiadores do regime de Sula para se distanciar dele. Um deles era outro tio Aureliano de César, Lúcio Aurélio Cota, que proporia um novo projeto de lei reformando os júris para que dois terços de seus membros não fossem mais senadores. Pompeu e Crasso, por sua vez, concordaram em desfazer uma das marcas da constituição de Sula, restaurando os poderes políticos tradicionais dos tribunos. César, agora buscando se aproximar desses dois homens, fez um discurso a favor da lei (que foi aprovada). Outra conquista de Pompeu e Crasso foi a nomeação dos primeiros censores desde 85, quinze anos antes. Os censores, responsáveis por elaborar e manter a lista de cidadãos, punir condutas imorais por parte de funcionários públicos e emitir contratos públicos, deveriam ser nomeados a cada cinco anos. Os censores nomeados para 70 eram os dois cônsules de 72 e, juntos, eles fizeram uma limpeza, expulsando 64 homens do Senado, incluindo Lêntulo Sura, um dos cônsules do ano anterior, e Antônio Híbrida. Esses foram os censores que citaram a acusação de César contra Híbrida para justificar sua expulsão.[13]

Onde toda essa mudança deixou César? Até então, ele havia trilhado seu caminho no mundo como um fiel defensor do *status quo*. E ele se saíra muito bem, como mostra sua posição no colégio dos pontífices. Mas ele também era sobrinho de Mário e genro de Cina. No ano seguinte, ele começaria a estabelecer uma nova identidade.

* * *

Não havia partidos políticos em Roma como os entendemos no mundo moderno. A estrutura formal da vida política romana, que parecia favorecer os ricos em detrimento dos demais, obscurece uma realidade em que as relações comunitárias amplas desempenhavam um papel crucial. Exceto pelo Monte Palatino, não havia nenhum bairro puramente "nobre" em Roma. Muitas anedotas chegaram até nós, presumindo que os romanos ricos viviam em partes da cidade onde residiam pessoas de todas as classes econômicas. Como os visitantes de Pompeia ou Óstia podem observar hoje, as lojas eram construídas nas casas dos ricos ou ocupavam o andar térreo de um prédio, e a comunidade se reunia nas tabernas onde a maioria das pessoas comia. Os grafites que antes cobriam as paredes de Pompeia, dizendo que "os vizinhos" ou grupos de trabalhadores apoiavam uma candidatura ou, inversamente, afirmando que bêbados ou ladrões apoiavam uma determinada pessoa, refletem o papel das pessoas comuns na formação do discurso político da cidade e nos mostram como bairros e esquinas individuais dialogavam sobre uma série de questões. Não bastava ser rico para ter sucesso na vida política, era preciso também ser capaz de se dar bem com as pessoas com quem se convivia diariamente. Um aspirante a político podia marcar posição em um tribunal ou fazendo um discurso em uma reunião pública, mas eram as conversas que se seguiam que definiam o lugar de uma pessoa na sociedade política. Apesar de defender uma visão vertical da vida política, na qual as pessoas pensavam o que seus superiores lhes diziam para pensar, Cícero admitiu que as eleições podiam ser moldadas pela "vizinhança" e que os políticos aprendiam a vontade do povo no teatro e nas assembleias públicas.[14]

Nos grafites que cobrem as paredes de Pompeia, a vida política era determinada pelo consenso da população, não apenas por aqueles que podiam votar. O mesmo acontecia em Roma. O mais importante não era até onde a voz humana podia ser projetada no Fórum, mas o que aqueles que ouviram um discurso decidiram contar aos seus amigos na taverna.[15]

Em vez de partidos políticos, havia questões com as quais os indivíduos podiam se associar para definir seu lugar no espectro político. Agora que os direitos dos tribunos haviam sido restaurados e os júris reformados, um político que quisesse ser visto como progressista poderia defender outras vítimas do regime de Sula, a distribuição de terras aos mais pobres, distribuições mais generosas de grãos subsidiados à população de Roma ou maior eficiência no governo. O sucesso levaria uma pessoa a conquistar apoiadores para os quais ela atuaria como patrono quando eles buscassem um cargo ou precisassem de algo do Estado. Quanto maior o grupo de apoiadores, mais poderosa seria a pessoa. Dito isso, o apoio poderia ser passageiro se as pessoas fossem solicitadas a escolher entre dois possíveis patronos, e mesmo um relacionamento familiar não poderia garantir que as pessoas permanecessem do mesmo lado. Talvez o exemplo mais óbvio de como uma situação poderia ser problemática fosse o caso da própria família de César. Seu pai havia apoiado Mário, enquanto seus tios foram assassinados pelos apoiadores de Mário em 87.[16]

Uma maneira pela qual César poderia se diferenciar do círculo conservador em que atuava era através de suas roupas e comportamento. Ele se destacava fisicamente. Alto e bonito, usava cabelos longos e, sob a toga, vestia uma túnica de mangas compridas com babados e um cinto solto. A tradição biográfica mais tarde afirmaria que Sula havia "alertado os conservadores sobre o garoto mal vestido". Esse estilo de vestir seria equivalente a um aspirante a político aparecer hoje em dia em um evento público com uma gravata ou cachecol chamativo e roupas casuais, como forma de deixar claro que ele ou ela não fazia parte do "*establishment*".[17]

A próxima coisa que César fez foi começar a divulgar suas conexões com Mário e Cina. À luz dos assassinatos de seus tios, essa foi uma jogada difícil de acertar, e César costumava ser visto em desacordo com seu primo, Lúcio, que era alguns anos mais velho e já havia iniciado a carreira que o levaria ao consulado em 64. Mas não havia como negar seu casamento com Cornélia, ou que sua filha era neta de Cina. Como César poderia navegar pelo campo minado de animosidade partidária que cobria grande parte do cenário político romano? No fim das contas, o caminho a seguir não seria tanto discutir as glórias da carreira de Cina ou da velhice de Mário, mas sim tentar desfazer os danos que Sula havia causado aos apoiadores desses homens. Anunciar misericórdia e perdão como plataforma política era uma ideia muito melhor do que afirmar que o homicídio em massa, de ambos os lados, era justificável.

A primeira demonstração significativa de César de suas conexões com a facção de Cina ocorreu em 70, quando o tribuno Pláucio propôs um projeto de lei – a *lex Plautia* – restaurando os direitos civis que haviam sido perdidos pelos partidários de Lépido, o cônsul de 78 que tentou tomar Roma e desfazer as políticas de Sula após a morte do ditador. Um dos afetados por esse projeto de lei seria o cunhado de César, Lúcio Cina. Uma frase do discurso que César proferiu em apoio ao projeto de lei foi preservada – "parece-me que, à luz de nosso parentesco, não falhei em meus esforços, sacrifícios ou dedicação" – o que mostra que ele publicou o discurso. O fato de ter publicado o discurso sugere que ele teve um impacto positivo.[18]

Em 70, César foi eleito questor para o ano seguinte, marcando seu primeiro grande passo na carreira política romana. No início de seu mandato como questor, porém, ele foi atingido por duas tragédias pessoais. Sua tia Júlia, viúva de Mário, faleceu, assim como sua esposa Cornélia, que tinha apenas trinta e poucos anos. Sua lealdade a Cornélia diante da pressão de Sula para que se divorciasse dela e a perda de seu dote são indícios de que o casal era genuinamente apaixonado. O profundo afeto por sua filha que César demonstraria mais tarde também mostra a força do vínculo familiar.

César organizou os funerais das duas mulheres. Não era sem precedentes que um parente de uma mulher idosa fizesse um discurso em sua memória, como César fez por Júlia. O que era inédito, segundo nos dizem, era que um viúvo fizesse um discurso público no funeral de sua jovem esposa no coração do fórum. Não temos citações desse discurso, mas sabemos que ele impressionou o público com sua gentileza e afeto.[19] Isso estava de acordo com a personalidade que ele havia demonstrado em seu discurso a favor da *lex Plautia*.

A lealdade à família também ficou bem evidente no discurso que ele fez para Júlia. Sula tentou banir a memória de Mário, retirando suas cinzas do túmulo e espalhando-as no rio Anio, além de remover todos os troféus das vitórias de Mário em Roma. No entanto, era tradicional, em um funeral familiar, que atores usassem máscaras representando parentes famosos do falecido, e César providenciou para que uma máscara de Mário aparecesse como parte da cerimônia. O funeral de Júlia foi a primeira ocasião desde a vitória de Sula em que imagens de Mário foram exibidas em público.[20] Isso causou certo alvoroço, mas quando algumas pessoas reclamaram, a maioria dos presentes gritou sua aprovação. O discurso de César em homenagem a Júlia também foi lembrado pela breve história que ele contou sobre sua família. Pelo lado materno, disse ele, ela era descendente de Anco Márcio, o quarto dos lendários reis de Roma, enquanto "os Júlios, clã do qual nossa família é um ramo, são descendentes de Vênus". A família tinha, portanto, a "santidade dos reis que tinham o maior poder entre os mortais e a reverência dos deuses, que são os senhores dos reis".[21]

A família de César agora incluía apenas sua filha, Júlia, de cinco anos, e sua mãe, Aurélia, que continuava a viver com César na casa supostamente modesta que ele tinha na Suburra.[22] A Suburra era um bairro a nordeste do Fórum que se estendia desde as encostas dos montes Quirinal e Viminal, ao norte, até o Esquilino, ao sul. Grande parte da área era considerada perigosa. Mas nem toda. Um vizinho próximo, no distrito de Carinae, era Cneu Pompeu, que poderia ter comprado qualquer casa que quisesse na cidade. No caso de César, a escolha de morar na Suburra, em vez de morar com a maioria da elite romana no Palatino, que dominava o Fórum pelo sul, era uma mensagem de que esse descendente de deuses e reis era um verdadeiro amigo do romano comum, com quem ele não se importava de conviver.

* * *

Pouco depois dos funerais de Cornélia e Júlia, César deixou Roma. Os questores serviam como assistentes de magistrados mais graduados, e César havia sido designado para auxiliar Caio Antíscio Veto, pretor em 70 e agora governador da província do sul da Espanha conhecida como Espanha Ulterior. Não há detalhes significativos preservados sobre o tempo de César nesse cargo, mas a província era importante. Nela havia as grandes minas de prata que forneceram grande parte dos recursos para a transformação da economia da Itália no século II a.C. César voltaria mais tarde à Espanha Ulterior como governador por direito próprio, após o cargo de pretor que ocuparia em 62, e parece ter se informado bastante sobre os benefícios que poderiam advir daquela província.[23]

As únicas histórias que sobreviveram dessa época da vida de César na biografia oficial são ambas presságios de seu futuro. Uma delas conta que ele viu uma estátua de Alexandre, o Grande, no Templo de Hércules, ao sul de Cádiz, uma cidade na Espanha Distante, e começou a chorar. César lamentou o fato de Alexandre ter conquistado o mundo aos trinta anos, enquanto ele, até então, não havia realizado nada. A outra história é um pouco mais estranha. É que, na noite seguinte, depois de ver a estátua de Alexandre, ele teve um sonho em que tinha uma relação sexual com sua mãe. Os intérpretes do sonho garantiram-lhe que isso não deveria ser interpretado como um desejo edipiano por Aurélia, mas sim que ele dominaria o mundo, pois a terra era a mãe de todos. Inspirado por essa interpretação, ele pediu a Antíscio Veto permissão para retornar imediatamente a Roma. A permissão foi concedida.[24]

* * *

A interpretação do sonho de César pelos intérpretes dependia de uma visão da sexualidade em que o homem era sempre o parceiro dominante. Essa compreensão da sexualidade parece ter sido presente na educação dos jovens romanos, mas era considerada ridícula pelas mulheres da geração de César.[25] Também era geralmente desconsiderada a noção de que os relacionamentos eram essencialmente transacionais, com um investimento emocional mínimo de ambas as partes. O brilhante poeta Valério Catulo, contemporâneo mais jovem de César, escreveu apaixonadamente denunciando essas ideias. Ele se apresenta como desesperadamente apaixonado por uma mulher a quem chama de Lésbia – provavelmente um pseudônimo para uma mulher cujo nome verdadeiro era Clódia, membro de uma das famílias mais aristocráticas de Roma e irmã de um homem chamado Clódio, que logo desempenharia um papel de má reputação na vida de César. Em um poema, Catulo escreve sobre seu relacionamento com Lésbia em termos de *fides* (boa fé) e *foedus* (acordo formal) – palavras que os romanos normalmente usavam para relacionamentos públicos, e não privados. Mas ele descobriu que esses termos, na verdade, não se aplicavam. Em outro poema, ele escreve que, ao compreender a sexualidade dela, passou a vê-la de maneira muito diferente, mas, como resultado, "ardia ainda mais intensamente com paixão".

É em termos desse conflito entre transação e emoção genuína que precisamos entender a vida pessoal de César nos anos após a morte de Cornélia. Em 68, ele se casou com Pompeia, de 18 anos. O novo casamento com uma mulher que estava entrando no mercado matrimonial era bastante comum – César faria isso mais uma vez e, como vimos, o casamento entre o pai de César e Aurélia provavelmente foi feito em circunstâncias semelhantes. Pompeia era um bom partido. Seu pai era Pompeu Rufo, que havia sido colega de Sula em 87. Ela havia sido criada na casa de Sula e devia ser muito rica. Seu dinheiro seria imensamente útil para um político que estava entrando em uma fase cara de sua carreira: César logo estaria comprando gladiadores onde pudesse, a fim de aumentar sua popularidade por meio de jogos públicos caros. (O fato de grandes grupos de gladiadores não serem considerados algo ruim após a revolta de Espártaco é um sinal de que as pessoas sabiam que os verdadeiros problemas não tinham nada a ver com gladiadores.)[26] O casamento com Pompeia também sugere que, apesar de sua recente afiliação a causas antissistema e da celebração de sua conexão com Mário, César ainda era visto essencialmente como uma figura do sistema. É bem possível que algumas pessoas pensassem que uma aliança com a filha de Pompeu Rufo impediria qualquer possível acordo entre César e Pompeu, cujo pai havia matado o pai de Pompeia. No entanto, isso não se confirmou e, na verdade, o vínculo entre César e sua nova esposa parece ter sido difícil desde o início do casamento. Um dos problemas era que César logo se apaixonaria genuinamente por outra mulher, que, para piorar a situação, era casada com outro homem.[27]

Essa mulher era Servília.

O que os versos de Catulo nos ajudam a perceber é que, apesar de pensar que estava restaurando uma era de ouro do passado mítico, Sula acabou criando ainda mais espaço para as mulheres exercerem influência na sociedade romana. Confiscando as propriedades de seus inimigos mortos, ela fortaleceu a posição das mulheres aristocráticas, que mantiveram as propriedades de suas famílias quando as de seus maridos foram confiscadas. Essas mesmas mulheres, cujos cônjuges se consideravam governantes do mundo, não foram criadas para serem meramente subordinadas aos seus maridos e são cada vez mais visíveis nos relatos da época como intermediárias em conversas difíceis entre homens que não podiam lidar diretamente uns com os outros, ou como vozes independentes cujos desejos os maridos deveriam ouvir. Talvez seja porque essas mulheres agora podiam lidar de forma independente com outros homens além de seus maridos que o adultério se tornou o assunto da cidade.

Os boatos ligavam César romanticamente às esposas de vários de seus associados mais proeminentes, incluindo a terceira esposa de Pompeu, Múcia, a esposa de Crasso, Tertulla, Lollia, esposa de Aulo Gabínio, um apoiador ativo de Pompeu, e Postúmia, esposa do renomado jurista Sulpício Rufo. Não há nenhuma boa razão para negar que essas relações possam ter ocorrido, embora pareça muito improvável que César tenha sido um dos amantes de Múcia.[28] Pompeu se divorciaria dela em 62 a.C., alegando infidelidade, e mais tarde reagiu com muita raiva à história de que César teria sido um de seus amantes. Mas, durante esse período inicial de sua carreira, César precisava do apoio de Pompeu, assim como precisava da ajuda de Crasso, e a raiva posterior de Pompeu com a história sobre o suposto relacionamento de César com Múcia sugere que ele adotava uma atitude menos tolerante em relação à infidelidade conjugal do que muitos de seus contemporâneos. Presumivelmente, a intolerância de Pompeu por esse tipo de coisa era geralmente conhecida nos círculos aristocráticos, o que torna improvável que César se arriscasse a ter um caso com Múcia. Crasso também parece ter se orgulhado de seu casamento "tradicional", então a história de que César dormiu com sua esposa Tertulla provavelmente também é falsa. Na verdade, o objetivo das histórias sobre os casos amorosos de César parece ter sido mostrar que ele traía facilmente aqueles que lhe eram mais próximos. Mas isso, como veremos, não era realmente uma característica de seu caráter.

Ainda assim, mesmo que ele não tivesse casos com as esposas dos homens que se tornariam seus aliados políticos mais importantes, é claro que César tinha fama de ter aventuras sexuais, e não há razão para pensar que Servília – sobre quem falaremos mais adiante – tenha sido sua única amante. Mas o caso de César com ela é o mais comprovado de sua vida – com a única e notável exceção de Cleópatra, rainha do Egito, que se tornou amante de César nos anos que antecederam sua morte.

É Catulo que mais uma vez vem em nosso auxílio quando tentamos imaginar o mundo social em que membros masculinos e femininos da aristocracia, casados e solteiros, se reuniam. Catulo escreve sobre um amigo que lhe emprestou sua casa para que ele pudesse se encontrar com sua amante lá e afirma, no mesmo poema, que aprendeu a conviver com o fato de não ser o único amor de Lésbia (uma frustração da qual ele frequentemente reclama em outros lugares).

Enquanto isso, Salústio fornece uma descrição vívida de uma neta de Caio Graco que, segundo ele, cometeu muitos crimes com "o espírito de um homem". Essa mulher, Semprônia, sabia cantar e dançar com mais elegância do que se esperava de uma mulher de sua posição social e, na maioria das vezes, ela tomava a iniciativa em vez de esperar que a cortejassem. Ela era casada, tinha filhos e não era divorciada, embora fosse claramente ativa no circuito de namoro. Em mais um vislumbre dos papéis de gênero não convencionais nas classes altas de Roma, Catulo também nos dá uma imagem de uma bebedeira organizada por uma mulher que ele chama de Postúmia, que muito bem poderia estar entre as supostas amantes de César.[29]

Quanto a Servília, ela não se divorciaria de seu marido Júnio Silano, apesar de seu conhecido relacionamento com César. Silano era, na verdade, o segundo marido de Servília. Seu primeiro marido, Marco Júnio Bruto, havia se juntado à revolta de Lépido e sido morto por Pompeu em 77. Ela teve um filho com ele, também chamado Marco Júnio Bruto, que um dia se tornaria o mais famoso dos assassinos de César.[30] Ela também teve três filhas com Silano (que, como pontífice, frequentava o mesmo círculo social de César). Entre seus parentes também estava um meio-irmão, Marco Pórcio Catão (Placa 4).

* * *

Nos anos imediatamente após seu casamento com Pompeia, César estava dando os primeiros passos para construir um relacionamento com Pompeu. Ele também estava aprimorando suas credenciais nos tribunais. Anos mais tarde, defendendo um homem que havia escolhido o lado errado nas guerras civis que começariam em 49, Marco Cícero lembrou César dos dias em que eles haviam defendido casos juntos.[31] Não há outros registros dessa colaboração, mas ela deve ter ocorrido no início da década de 60, o único período em que os perfis políticos dos dois homens se alinhavam de alguma forma. Como escreveria o irmão de Cícero, Quinto, enquanto Marco concorria ao consulado em 63 a.C., Marco, quando apoiava Pompeu, nem sempre estava perfeitamente alinhado com aqueles que adotavam uma postura política conservadora.[32] É bastante provável que Cícero e César, advogados, tenham formado uma parceria de grande sucesso. Nos anos posteriores, quando suas políticas eram frequentemente diametralmente opostas, César manteve uma afeição pessoal por Cícero. Por sua vez, Cícero escreveria mais tarde que César, se não tivesse optado pelo sucesso militar, teria sido um dos maiores oradores da época. Ele obviamente tinha respeito pelo poderoso intelecto de César.[33] O fato de Cícero não ter publicado nenhum dos discursos que proferiu nesses primeiros anos pode sugerir que ele não queria que suas opiniões de esquerda fossem lembradas – a menos, é claro, que fossem expressas em nome de Cneu Pompeu.

Pompeu estava novamente sendo politicamente excêntrico. Embora fosse comum que os cônsules assumissem o cargo de governador provincial assim que seu mandato terminasse, nem Pompeu nem Crasso o fizeram. No caso de Pompeu, a escolha faz sentido. Não só ele estava começando uma família com Múcia – eles tiveram três filhos entre 70 e 67 –, mas também havia passado a maior parte da década anterior longe de Roma. Quando era cônsul, ele precisou que um associado, Terêncio Varrão, escrevesse um manual para ele, para que pudesse conduzir uma reunião do Senado. Pompeu precisava aprender a lidar com a cena política doméstica. Crasso, por outro lado, simplesmente precisava continuar ganhando dinheiro. Enquanto isso, ainda havia uma guerra, mas era no Oriente, onde Lúcio Licínio Lúculo havia recebido o comando das três províncias orientais de Roma – Ásia, Cilícia e Síria – a fim de finalmente eliminar Mitrídates.[34]

Lúculo era um dos poucos amigos verdadeiros de Sula. Ele havia sido questor de Sula na primeira guerra contra Mitrídates, durante a qual reuniu uma frota dos aliados de Roma para acabar com o domínio de Mitrídates sobre o mar. Ele também completou as gigantescas memórias de vinte livros que Sula havia composto para justificar sua carreira. (As memórias não sobreviveram, embora possamos ter uma ideia do que Sula tinha a dizer a partir da biografia do homem escrita por Plutarco. A julgar por Plutarco, que diz ter lido as memórias, elas relatavam uma ampla gama de milagres que indicavam o favor divino por sua causa.)[35] Agora, Lúculo, um bom general, estava tendo sucesso em sua campanha no leste, expulsando Mitrídates de seu reino para se refugiar com seu genro, Tigranes, rei da Armênia, uma terra que se estendia aproximadamente da atual fronteira nordeste da Turquia até a parte centro-sul daquele país. Embora tivesse conquistado a simpatia do povo das províncias romanas que lhe foram confiadas, Lúculo também alienou a comunidade empresarial equestre local ao recusar-se a permitir que cobrassem as exorbitantes taxas de juros de 48%

que vinham aplicando sobre os empréstimos que várias cidades haviam contraído para pagar as multas que Sula lhes impôs.[36]

Mas enquanto Lúculo lidava com Mitrídates, as operações romanas em outras partes do Mediterrâneo, especialmente os esforços para suprimir a pirataria endêmica em Creta, estavam se mostrando menos bem-sucedidas. O problema dos piratas interromperia a vida de Pompeu com Múcia antes do final de 68, ano em que uma gangue de piratas capturou dois pretores e os manteve como reféns para obter resgate. Escândalo! Horror! A ameaça do terrorismo representada pelos piratas tinha que ser eliminada para sempre. E que melhor maneira de fazer isso do que jogar as normas constitucionais pela janela? No início de 67, Aulo Gabínio, agora tribuno, apresentou uma lei para criar um comando especial para reprimir a pirataria. As principais disposições do projeto de lei de Gabínio baseavam-se em elementos da legislação anterior destinada a resolver o "problema dos piratas". A principal diferença entre o que Gabínio propôs e o que havia sido proposto ou permitido anteriormente (principalmente no caso dos poderes concedidos a Lúculo) era a escala da operação. De acordo com a proposta de Gabínio, o detentor desse novo comando contra os piratas teria uma frota de duas centenas de navios, quinze legados, um orçamento muito grande e a capacidade de dar ordens nas províncias ribeirinhas do mar por um período de três anos. O aspecto crucial da lei era o conceito, emprestado de outra lei que havia sido aprovada, também para lidar com a pirataria, alguns anos antes, de *imperium infinitum*. Normalmente, *o imperium*, o poder de um pretor ou cônsul, era limitado ao ano de mandato do magistrado ou limitado à província que a pessoa governaria após deixar o cargo. *Imperium infinitum* significava que o poder exercido pelo detentor desse novo comando não se restringiria ao território de uma única província geográfica. A capacidade de selecionar quinze legados dava à pessoa que ocupasse esse cargo uma enorme influência, simplesmente por causa de sua capacidade de distribuir comandos potencialmente lucrativos.[37]

Embora ele não fosse mencionado na lei de Gabínio, estava claro para todos que Pompeu era a pessoa que ocuparia esse comando. César foi o único senador que se pronunciou a favor do projeto de lei. Um de seus biógrafos escreveria que ele estava motivado pelo desejo de ganhar aclamação popular, abrir caminho para um comando especial semelhante para si mesmo e incentivar a inveja de Pompeu. Tudo isso é retrospectiva: na época, César provavelmente estava apenas tentando chamar a atenção enquanto se preparava para subir na carreira eleitoral.[38]

Lutácio Catulo, o cônsul que se opôs a Lépido em 78, reuniu dois tribunos para vetar a proposta de Gabínio. Quando um deles, Trebélio, tentou fazer isso, Gabínio seguiu o exemplo de Tibério Graco, que décadas antes havia destituído um tribuno que tentou vetar seu projeto de lei sobre terras, alegando que ele estava se opondo à vontade do povo. Gabínio apresentou então um projeto de lei semelhante para destituir Trebélio. Quando os votos começaram a chegar, esmagadoramente a favor de Gabínio, Trebélio retirou seu veto. Então, quando a lei que criava o comando contra os piratas foi aprovada, Gabínio apresentou outro projeto de lei dando o novo comando a Pompeu. Os legados nomeados sob o primeiro projeto de lei passariam a se descrever como "legados de Cneu Pompeu *imperator*", a primeira vez (até onde sabemos) que funcionários criados por uma lei se descreveriam como subordinados a um indivíduo nomeado por outra.[39]

Pompeu levou seis meses para conseguir uma redução genuína da ameaça da pirataria em todo o Mediterrâneo. Embora fosse um exagero afirmar (como Pompeu fez) que a pirataria havia sido realmente erradicada, o fato é que as esquadras piratas de grande alcance das décadas anteriores deixaram de existir. Os meios pelos quais Pompeu conseguiu isso são interessantes. Suas habilidades administrativas eram bem desenvolvidas e ele não era um assassino em massa. Reconhecendo que a pirataria era uma escolha de estilo de vida para pessoas que viviam em circunstâncias econômicas difíceis em lugares como Creta e o sul da Turquia, onde as oportunidades de agricultura lucrativa eram poucas, ele reassentou antigos grupos de piratas em áreas onde eles poderiam se sustentar através da agricultura. Algumas dessas novas comunidades ficavam muito longe de casa. Traços desses ex-piratas foram detectados no norte da África e até mesmo no norte da Itália.[40] Cientes de que poderiam obter um acordo melhor com Pompeu do que com o governador provincial, as comunidades cretenses enviaram embaixadas a Pompeu para negociar os termos da paz.[41] O sucesso de Pompeu contra os piratas coincidiu com o colapso da campanha de Lúculo contra Mitrídates. O exército romano, cansado após anos de campanha, amotinou-se enquanto acampava nas proximidades de Nusyabin, na atual Turquia. Algumas das tropas tinham sido mantidas em serviço além do máximo de vinte anos então estabelecido para os legionários,[42] e tinham sido encorajadas nesta revolta por Públio Clódio, cunhado de Lúculo.[43] Enquanto Gabínio, em Roma, aprovava uma lei para substituir Lúculo no comando do Oriente, Mitrídates, é claro, aproveitou-se da situação para reconquistar seu reino ancestral no norte da Turquia e derrotou outro exército que havia sido enviado contra ele.[44] Assim, quando chegaram as notícias do sucesso de Pompeu, reforçando sua reputação como um homem que realizava grandes feitos, um tribuno de 66 anos chamado Manílio naturalmente apresentou um projeto de lei para transferir o comando contra Mitrídates para Pompeu.

César agora estava acompanhado por seu parceiro Cícero no apoio à legislação de Manílio. Um escritor antigo diz que Cícero, que planejava concorrer ao consulado, queria deixar claro que seu apoio garantiria o sucesso de qualquer lado que ele escolhesse. Isso é bastante plausível, e Cícero já estava de fato planejando sua campanha para o cargo mais alto de Roma.[45]

Enquanto César e Cícero apoiavam a nomeação de Pompeu para comandar a campanha contra Mitrídates, alguns membros seniores do Senado, principalmente Lutácio Catulo e Quinto Hortênsio, um homem mais velho considerado o melhor orador de sua geração e tão conservador quanto Catulo, se opuseram à ideia. Com a hipocrisia refinada de políticos experientes, eles argumentaram que nomear Pompeu para o comando violaria as tradições do povo romano e poderia expor o próprio Pompeu ao perigo. O que o povo romano faria se tivesse que depender de apenas um homem indispensável? Possivelmente Catulo também apontou para os comandos prolongados que construíram o poder excessivo de Mário (mas a fonte que nos dá essa informação atribui o discurso ao ano errado). Cícero, em resposta, apontou que Catulo havia se beneficiado do comando extrajudicial de Pompeu contra Lépido e que, em tempos de guerra, o povo romano frequentemente rompia com a tradição. De que outra forma teriam derrotado Aníbal sem o comando extraordinário dado a Cipião Africano, o Pompeu de sua época?[46] No final, o projeto de lei de Manílio foi aprovado, e Pompeu assumiu o comando contra Mitrídates. Ele permaneceria no Oriente até o final do verão de 62 a.C. Enquanto isso, César completou sua ascensão à vanguarda da política romana.

A eleição para o cargo de edil foi um momento crucial na carreira de César. O sucesso como edil foi um importante trampolim para cargos mais altos, mas as tarefas básicas do cargo ilustram a fraqueza fundamental do governo republicano, que exigiu a criação de cargos extraordinários, como o de Pompeu. As tarefas dos edis, para as quais recebiam algum apoio de uma equipe profissional, se dividiam em três categorias: cuidados com a cidade, cuidados com o abastecimento de alimentos e cuidados com os jogos. Na primeira categoria estavam tarefas como o reparo de edifícios públicos, a manutenção do sistema de esgoto, a regulamentação do trânsito, a tomada de precauções para prevenir incêndios e a aplicação de leis morais, como as que proibiam a gula ofensiva, a agiotagem e o jogo. Os edis também mantinham a lista oficial de prostitutas registradas. Não era uma tarefa fácil, dado que não havia força policial ou corpo de bombeiros, uma vez que o Senado romano considerava tais instituições como ferramentas potenciais para aspirantes a tiranos. A pura estupidez dessa visão foi melhor exemplificada pela carreira de Crasso, um aspirante a tirano real, que tinha seu próprio corpo de bombeiros privado, que aparecia em propriedades em chamas e forçava os proprietários a negociar a venda de seus edifícios a Crasso antes de extinguir o incêndio.[47]

O cuidado com o abastecimento de alimentos incluía inspecionar a qualidade dos produtos vendidos, garantir que os pesos e medidas fossem precisos e comprar alimentos para serem distribuídos ao público a preços subsidiados em caso de escassez. O cuidado com os jogos envolvia os edis organizando festivais regulares financiados pelo Estado e, em seguida, jogos especiais próprios. Os festivais patrocinados pelo Estado envolviam uma combinação de observações religiosas e corridas de bigas. As corridas eram organizadas por quatro clubes ou "facções", que surgiram no século III a.C. e eram administrados por corporações equestres. Essas pessoas eram profissionais, e o edil sábio deixava que elas organizassem as corridas que aconteciam no Circo Máximo.[48] Outros eventos nesses festivais podiam incluir apresentações teatrais, e aqui o edil podia negociar com um poeta uma nova peça ou simplesmente encenar peças favoritas já consagradas. Um fator complicador, no entanto, era que não havia um teatro permanente. Os teatros eram considerados centros simbólicos da cultura grega e, portanto, inerentemente não romanos, embora o drama romano fosse em grande parte traduzido do grego ou inspirado na literatura grega, e César, como a maioria dos jovens romanos, tivesse escrito algumas tragédias sobre temas gregos como parte de sua educação em retórica.

Os edis normalmente tinham que construir seus próprios teatros temporários, e isso podia se tornar altamente competitivo, além de caro.

Depois de garantir um teatro, o edil tinha que contratar os artistas. Para tragédias e comédias tradicionais, todos os artistas eram homens, de acordo com uma tradição grega antiga. Tragédias e comédias, no entanto, não eram os únicos tipos de espetáculos possíveis. Agora havia mimos – uma espécie de *sitcom* antiga – que eram extremamente populares, tinham artistas femininos e masculinos e frequentemente tratavam de temas abertamente sexuais (o adultério parece ter sido especialmente comum). As conexões sociais entre os membros da elite romana e os artistas que eles empregavam nesses eventos podiam ser bastante próximas. Cícero teve aulas de elocução com um famoso ator cômico chamado Róscio, a quem mais tarde representaria no tribunal, e atrizes famosas podiam se tornar muito próximas de senadores de meia-idade (encontraremos um desses casais mais adiante neste livro).

Por fim, podia haver jogos de gladiadores e caçadas a animais selvagens. Normalmente, as caçadas a animais, envolvendo espécies muitas vezes exóticas que um edil importava para Roma, aconteciam pela manhã, enquanto os combates de gladiadores aconteciam à tarde. Os aspirantes a cargos públicos podiam começar a reunir suas próprias tropas de gladiadores antes de vencer as eleições e, em seguida, continuar a manter gladiadores que poderiam alugar para outros. Cícero e seu amigo íntimo Pompônio Ático eram investidores em gladiadores. Mas ninguém investiu mais do que César, que ainda teria uma tropa muito grande, baseada em Cápua, quinze anos após seu edilato. Durante seu mandato como edil, ele estava se preparando para tantos gladiadores lutarem em seus jogos – ele anunciou que haveria 320 pares deles – que as pessoas, que agora estavam ficando muito desconfiadas de suas ambições políticas, decidiram que algo precisava ser feito. Um projeto de lei foi aprovado proibindo a exibição.[49]

César não conseguiu apresentar a exibição de gladiadores mais excessiva de todos os tempos, mas o povo romano se lembraria de seu desejo de fazê-lo. Como Cícero diria mais tarde, o povo romano amava a generosidade pública, e não foi culpa de César que o espetáculo não tenha acontecido.[50] Também é improvável que ele se importasse muito com isso. Ele havia deixado sua posição clara e, ao impedi-lo de realizar os jogos, seus inimigos pareciam mesquinhos. Provavelmente, isso não foi por acaso. Repetidamente, a partir desse momento até o fim de sua vida, César costumava apresentar aos rivais duas opções, ambas igualmente indesejáveis para eles e ambas trazendo algum benefício para César. Isso se tornaria uma marca registrada de seu estilo político. As pessoas que mais tarde se lembraram de seu mandato como edil atribuíram todos os sucessos do ano a ele. Seu colega no cargo, completamente ofuscado, era Calpúrnio Bíbulo.[51] O ano que passaram juntos como edis solidificou o ódio permanente de Bíbulo por César.

Outra marca registrada do estilo político de César era a propaganda cada vez mais poderosa de sua relação com Mário. Uma das tarefas que ele assumiu como edil foi a restauração dos troféus e es que comemoravam as vitórias de Mário sobre os cimbros e teutões, que Sula havia destruído. A tradição biográfica sugere que o povo de Roma acordou uma manhã e descobriu que eles haviam reaparecido repentinamente no Monte Capitolino. Isso é altamente improvável, pois restaurar os monumentos era um processo nada trivial. O enorme projeto era uma homenagem não apenas a Mário, mas também ao próprio César, por ter providenciado a substituição dos monumentos. Não sabemos como esse projeto se alinhou no tempo com a proposta de exibição de gladiadores, mas, ao final de seu ano no cargo, algumas pessoas estavam olhando com desconfiança para a maneira como César estava ganhando atenção. Lutácio Catulo, cônsul de 78, que foi censor no ano em que César foi edil, levantou-se no Senado para reclamar que César não estava mais apenas minando o Estado, mas atacando-o com suas próprias máquinas de cerco. Mas César convenceu o Senado de que estava fazendo a coisa certa, humilhando assim um dos associados mais próximos de Sula.[52]

Outros eventos de 65 revelaram que o Estado romano estava se aproximando da disfunção. No final de 66, os cônsules eleitos para 65, um deles sobrinho de Sula, foram condenados por suborno antes de assumirem o cargo e foram substituídos pelos terceiros e quartos colocados nas eleições. Antes do final do ano, os dois censores, Crasso e Catulo, não conseguiram concluir o registro do censo dos cidadãos romanos, que era sua função. Eles discutiram sobre se o povo do norte da Itália deveria ser admitido à cidadania. A cidadania para os italianos do norte era uma causa antissistema, que César vinha apoiando. Seu apoio contínuo a tais causas parece ter levado a uma ruptura com Cícero, que estava tentando deixar seu passado antissistema para trás enquanto concorria ao consulado de 63.[53]

O principal adversário de Cícero para o consulado era Catilina. Catilina é um personagem difícil de entender, pois é complicado não interpretar todas as suas ações anteriores à luz da conspiração irracional que ele lideraria em 63. O fim de sua carreira significou que ele entraria para a História como um vilão, mas mesmo Cícero, seu inimigo mais feroz, admitiria mais tarde que alguns de seus amigos haviam sido encantados por Catilina e que ele próprio havia até considerado atuar como seu advogado de defesa quando ele foi acusado de assassinato durante seu mandato como governador da África do Norte em 66.[54] Cícero chegou a considerar fazer um acordo com Catilina para que pudessem concorrer ao consulado do ano 63 como parceiros, embora essa ideia não tenha dado certo e Catilina pareça ter se aliado a Antônio Híbrida, antigo inimigo de César. Pouco antes de sua eleição, Cícero proferiu um discurso contundente sobre as carreiras anteriores geralmente deploráveis de seus principais concorrentes (incluindo Antônio) como servos de Sula. No final, Cícero foi eleito junto com Antônio, com quem logo faria sérios esforços para reparar as relações.[55]

Embora ele nunca tivesse admitido, a campanha de Cícero para cônsul pode ter contribuído ainda mais para desacreditar o *establishment* de Sula, uma tendência que permitiria a César passar para a vanguarda da sociedade política. César já vinha ganhando admiradores por causa de seu apoio consistente às pessoas que Sula havia vitimado. César iria claramente concorrer ao cargo de pretor em 63, e uma boa maneira de se manter sob os holofotes era por meio de uma ação bem divulgada em um tribunal. Sabemos de um discurso que ele fez para um samnita chamado Décio, que havia perdido suas propriedades nos confiscos de Sula e estava tentando recuperá-las. Tais tentativas de recuperar bens confiscados haviam sido especificamente proibidas por Sula. Mas César já havia deixado claro que sua plataforma política incluía a reversão das injustiças de Sula. Nesse esforço, ele trabalharia com Marco Pórcio Catão, seu futuro inimigo, pela única vez em sua vida. Como questor, Catão tentou acabar com a corrupção no cartório público e, em seguida, moveu processos por homicídio contra pessoas que estavam registradas como tendo recebido recompensas de Sula por seu papel no assassinato de romanos proeminentes e no confisco de suas propriedades. Catão convocou aqueles que receberam esses pagamentos, atacou-os publicamente por suas ações "ilegais e profanas" e os levou ao tribunal, onde pareciam ter sido condenados antecipadamente.[56]

No final de 64, a aproximação de César com Pompeu deu frutos. Ele também pode ter se beneficiado de uma antiga amizade: Tito Labieno, que havia servido sob Servílio Isáurico no sul da Turquia, possivelmente na mesma época que César, foi eleito tribuno para 63. Nascido em Piceno, ele também tinha ligações com Pompeu. Os tribunos assumiram o cargo antes do ano novo, em 10 de dezembro, e imediatamente após assumir o cargo, Labieno propôs um projeto de lei para mudar a forma como os membros dos colégios sacerdotais de Roma seriam selecionados. Desde o final do século II, os sacerdotes eram eleitos por voto da maioria das dezessete tribos que haviam sido selecionadas por sorteio para participar da eleição. A teoria era que os sacerdotes não deveriam ser selecionados pelo povo da mesma forma que os magistrados, e a seleção das tribos por sorteio implicava que os deuses desempenhavam um papel no processo. Sula havia restaurado um processo de seleção mais antigo, no qual os pontífices – membros do grupo mais importante de sacerdotes – selecionavam seus próprios colegas. Labieno propôs então restaurar o sistema eleitoral, que ainda era usado para eleger o sumo sacerdote de Roma, o *pontifex maximus*, para que se aplicasse à seleção de todos os pontífices. Ao mesmo tempo em que Labieno apresentou seu projeto de lei, um tribuno chamado Servílio Rulo apresentou um projeto de lei separado para nomear um conselho de dez comissários de terras que teriam *imperium* e seriam autorizados, usando dinheiro público e espólios de guerra, a distribuir terras na Itália e nas províncias para a fundação de novas colônias. As decisões dos membros do conselho proposto não estariam sujeitas a contestação. Eles estavam explicitamente autorizados a comprar os veteranos de Sula e os ocupantes de terras confiscadas, que pareciam ter se tornado um problema, já que um número significativo deles não era agricultor nato e estava indo à falência. De repente, um desafio a um procedimento arcaico para a seleção de sacerdotes passou a ser associado a toda uma série de causas antissistema.[57]

Então, o atual *pontifex maximus*, Cecílio Metelo, morreu. Não sabemos quando isso aconteceu, mas deve ter sido na primeira parte do ano 63, já que a eleição para substituí-lo não está registrada na segunda metade do ano, que é extremamente bem documentada. Normalmente, alguém que já fosse um membro sênior do colégio dos pontífices seria eleito para ocupar o cargo, e dois indivíduos, Servílio Isáurico – antigo comandante de César na Cilícia – e Lutácio, anunciaram sua candidatura. Catulo pode ter sido o favorito porque havia se encarregado da reconstrução do Templo de Júpiter Capitolino, que havia sido incendiado dezenove anos antes durante a guerra civil que se seguiu ao retorno de Sula do Oriente. Mas, no final, ele não foi eleito: em vez disso, César se declarou candidato e venceu.[58] Para alguns, pode ter sido um resultado chocante, mas César percebeu que seus atos anti-Sula nos últimos anos estavam recebendo uma resposta positiva. O homem que havia restaurado os troféus de Mário seria muito mais popular do que alguém que, como Catulo, havia reclamado dessa restauração e nem mesmo conseguiu terminar o trabalho no templo de Júpiter, especialmente em um momento em que o tom do debate político era claramente anti-*establishment*. Além disso, César havia patrocinado recentemente jogos esplêndidos, era uma figura animada e havia se mostrado um verdadeiro amigo do povo. Seus oponentes eram representantes de um *establishment* cuja credibilidade era cada vez mais duvidosa.

Aos 37 anos, César havia consolidado sua posição entre os políticos mais poderosos de sua época. Sua eleição como *pontifex maximus* também sugere que até mesmo a votação para o sacerdócio poderia ter um tom ideológico. Catulo representava o sulanismo da velha guarda; César representava a ideia de que os erros do passado deveriam ser admitidos. Ele teria muito mais a dizer sobre esse tema ao longo do ano.

7
Catilina

O historiador Salústio escreveu que o ano 63 a.C. foi emblemático da disfunção política do Estado romano. A razão foi a tentativa fracassada de golpe de Catilina, que contou com o apoio dos descontentes e despossuídos do campo, bem como de membros corruptos da aristocracia. Cícero via as coisas de maneira um pouco diferente. Segundo Cícero, 63 foi o ano em que ele salvou o Estado. Para César, foi o ano em que ele consolidou sua posição no alto escalão da sociedade política, mesmo quando sua rivalidade com Catão se transformou em um ódio implacável.

A ascensão de César baseou-se em declarações consistentes sobre a injustiça do acordo de Sula e a ilegalidade do decreto final do Senado. Antes de abordarmos a primeira dessas questões, que mais uma vez levou César a se aliar a Tito Labieno, devemos examinar quem ele se tornou ao se mudar com Aurélia, Pompeia e Júlia de sua antiga casa em Suburra para a Casa Pública, a residência oficial do *pontifex maximus*, do outro lado do Fórum, em frente à Casa do Senado.

Embora tenhamos conhecido os professores e mentores que influenciaram o estilo de César, bem como as mulheres em sua vida, o que está notavelmente ausente da tradição biográfica é qualquer registro de quem eram seus amigos íntimos. Cícero escreveria longamente e com eloquência sobre o valor da verdadeira amizade, e a maior parte do que sabemos hoje sobre o mundo social da geração de César vem da volumosa correspondência de Cícero com seu grande amigo Pompônio Ático, bem como com outros associados, alguns dos quais também eram amigos genuínos. Parece não ter havido nenhum equivalente a Ático na vida de César. Mais tarde, haveria um círculo substancial de pessoas que eram dedicadas a ele e achavam sua companhia agradável, mas essas eram pessoas que trabalhavam em sua equipe. Para César, as relações com outros homens eram moldadas pelas circunstâncias e, quando não definidas pelo status relativo dentro de sua organização, eram em grande parte transacionais.[1]

A natureza intensamente competitiva de César é ressaltada pela história na tradição biográfica de que, ao cruzar os Alpes uma vez, ele chegou a uma pequena vila. Lá, seus companheiros se perguntaram se havia as mesmas rivalidades que em Roma. Ao ouvir esses comentários, que foram feitos em tom de brincadeira, César respondeu que preferia ser a primeira pessoa ali do que ocupar o segundo lugar em Roma. Isso supostamente teria acontecido a caminho da Espanha, no final da pretura, para a qual César seria eleito mais tarde, em 63. Era essa competitividade, que a essa altura era bastante óbvia para quem o conhecia, que tornava impossível ter amizades íntimas com seus pares.[2]

Outro aspecto de sua vida que agora era bem conhecido era que ele não bebia e tinha gostos simples em relação à comida. As pessoas que não gostavam dele diziam que era o único homem sóbrio que tentava arruinar o Estado. Mas havia um aspecto político, além do pessoal, em sua sobriedade. Sula era um bêbado notório. Apesar de divulgar sua vida sexual livre, César queria deixar claro que tinha controle sobre si mesmo e não seria como Sula.[3] Outra maneira pela qual César se distinguia de Sula era por meio de sua compreensão do papel do divino nos assuntos humanos. Em suas extensas memórias, Sula descreveu inúmeros sinais da graça divina e apresentou suas ações como respostas justificadas à orientação divina. Um discurso que César fez no final de 63 ressalta a diferença que ele queria estabelecer entre seu sistema de crenças pessoais e o de Sula. Talvez o aspecto mais notável desse discurso seja que o chefe titular da religião oficial de Roma declarasse abertamente que não acreditava no Hades ou na punição divina. A morte, diria ele, havia sido estabelecida pelos deuses não tanto como um castigo, mas como uma lei natural ou um descanso das labutações da vida. Tal crença era frequentemente associada à escola filosófica de Epicuro, que sustentava que os deuses eram distantes e não prestavam muita atenção aos assuntos humanos.[4]

As opiniões de César sobre o Hades não significam necessariamente que ele fosse epicurista, e é improvável que essa tenha sido a primeira vez que ele disse algo assim em público.[5] A crença de que os deuses não estavam profundamente interessados nos assuntos dos homens não significava que não se pudesse acreditar também que os mortais não deveriam irritar os deuses ao deixar de observar os ritos públicos do Estado, supervisionados pelos pontífices. Como *pontifex maximus*, César não era obrigado a defender nenhuma doutrina específica. Sua função era presidir o colégio de sacerdotes e falar em nome de seus colegas, embora após consulta. Suas funções executivas limitavam-se ao controle do calendário, determinando quando um mês intercalar deveria ser inserido porque o calendário havia ficado desalinhado com as estações, e à supervisão das Virgens Vestais, cuja casa ficava ao lado da sua.

* * *

Em 63, além dos projetos de lei relacionados às eleições sacerdotais, a primeira parte de janeiro foi consumida pelo debate sobre o projeto de lei agrária de Rulo. Cícero se opôs ao projeto com considerável vigor, e um de seus argumentos sugere que ele reconhecia, mesmo antes da eleição de César como *pontifex maximus*, que o "*establishment*" ao qual ele agora tentava se ligar estava em apuros. A medida de Rulo era muito cara, disse Cícero, e privaria o Estado romano de fontes de receita cruciais. Um verdadeiro amigo do povo não buscava garantir o bem-estar dos cidadãos romanos por meio de doações, mas sim aumentando a estabilidade do Estado e seus recursos financeiros. Após algumas reuniões públicas nas quais atacou a proposta, Cícero encontrou um tribuno que vetaria o projeto de lei, e Rulo não forçou a questão.[6]

Cícero pode ter vencido, mas a lógica por trás da proposta de Rulo era a mesma que estava por trás das leis que concediam a Pompeu seus comandos: nada realmente importante deveria ser tratado por meio das estruturas constitucionais tradicionais. A ação eficaz exigia funcionários livres das restrições dos cargos convencionais. Embora pareça ter se mantido afastado de qualquer papel ativo no debate sobre o projeto de lei de Rulo, César voltaria à arena política algum tempo depois, provavelmente após a eleição pontifical ter sido decidida, já que a questão que ele abordou não era uma vitória óbvia, embora estivesse relacionada a controvérsias sobre execuções extrajudiciais e a validade do "decreto final". Em essência, César estava tentando reabrir um evento que havia ocorrido alguns meses após seu nascimento: o assassinato de Saturnino e seus colegas.

O tio de Labieno havia sido morto com Saturnino, e Labieno moveu uma ação por alta traição, um crime conhecido em latim como *perduellio*. *Perduellio* era definido não como "a diminuição da majestade do povo romano", como a traição havia sido definida sob o sistema de Sula, mas sim como um comportamento que irritava os deuses e, consequentemente, ameaçava a própria existência do Estado. Era um conceito arcaico e um procedimento arcaico, que teve de ser reconstruído a partir do que se considerava o registro histórico. Julgando um caso de *perduellio* envolvia a acusação perante dois juízes, um dos quais seria César, o outro era seu primo Lúcio, que havia sido cônsul em 64 a.C. Se o réu fosse considerado culpado, ele poderia apelar ao povo na assembleia tribal, da qual dezessete tribos seriam selecionadas para votar sua culpa ou inocência, presumivelmente porque, como se tratava de uma ofensa religiosa, os deuses deveriam estar envolvidos na seleção do júri.[7] Se um réu fosse condenado, a pena obrigatória para *perduellio* era a crucificação. Labieno havia apresentado sua acusação contra um senador idoso chamado Rabírio, alegando que ele era responsável pela morte de Saturnino quase quarenta anos antes, e divulgou o julgamento erguendo uma cruz no fórum. Os dois Césares consideraram Rabírio culpado, mas parece que o Senado, por insistência de Cícero, invalidou o veredito.

As anomalias jurídicas não terminaram por aí. Labieno levou então o caso contra Rabírio perante o povo, com um pretor presidindo. Cícero falou em defesa do réu, e fica claro em seu discurso que a questão principal do caso era se o decreto de emergência do Senado, que justificara o assassinato de Saturnino e seus companheiros, tinha ou não validade jurídica. Cícero afirmou que o decreto continuava sendo uma ferramenta necessária para a segurança do Estado. Deturpando os acontecimentos com imprudência, Cícero sugeriu que o assassinato dos seguidores de Saturnino foi o resultado natural da aprovação do decreto, o que não era verdade: a multidão que arrancou o telhado do Senado e jogou os escombros sobre Saturnino e seus seguidores era apenas um grupo de seguidores de Mário. Além disso, como Cícero apontou, um escravo havia sido recompensado com a liberdade por ter sido o verdadeiro assassino de Saturnino. Ao discutir os oponentes de Saturnino em seu discurso de defesa, Cícero pergunta a Labieno se ele pretende processar Caio Mário, "que é verdadeiramente chamado de pai e progenitor do país", e aponta com ironia que os Júlios da geração anterior haviam se juntado à multidão que forçou a rendição de Saturnino. Ao se apresentar como o verdadeiro apoiador de Mário, que era um parente distante seu, Cícero adota a mesma estratégia que havia usado no início do ano para se opor ao projeto de lei de Rulo, alegando que era um verdadeiro democrata que defendia o bem-estar a longo prazo do povo romano.[8]

Cícero estava orgulhoso de seu desempenho no julgamento de Rabírio. Mais tarde, ele publicaria o discurso como parte do que chamou de seu "corpus consular". Essa coleção consistia em versões revisadas dos discursos improvisados que ele havia proferido. O discurso para Rabírio era uma inclusão necessária, pois Cícero precisaria mais tarde mostrar que havia sido consistente em sua defesa do "decreto definitivo" e que havia uma forte tradição de usar o decreto para proteger o Estado. Dito isso, o discurso de Cícero, em grande parte um ataque a Labieno, não foi o que salvou Rabírio. Ele foi salvo, em vez disso, pelo recurso de outro político a uma tradição antiga. O pretor Metelo Céler assumiu a responsabilidade de baixar a bandeira vermelha hasteada no monte Janículo, um ato que, em tempos anteriores, sinalizava a aproximação de um exército inimigo e, portanto, encerrava todos os assuntos públicos.[9]

César pode não ter se importado. Ele havia deixado sua posição clara; o caso não foi levado adiante. Além disso, quando o verão chegou, ele tinha um cargo de pretor a conquistar e, ao que parece, outra batalha legal a travar com Cícero. A questão neste caso estava relacionada aos laços que ele vinha desenvolvendo com os povos do norte da Itália e à sua relação com Pompeu. Caio Calpúrnio Pisão, o cônsul de 67 que se opôs vigorosamente ao projeto de lei de Gabínio que nomeava Pompeu para o comando contra os piratas, tornou-se governador das províncias da Gália Transalpina, "Gália Além dos Alpes", que consistia no sul da França, dos Alpes aos Pirineus, e da Gália Cisalpina, "Gália deste lado dos Alpes", que se estendia dos Alpes ao vale do Pó e tinha o rio Rubicão como sua fronteira sudeste. Enquanto governador, Pisão havia reprimido uma rebelião dos alóbroges, um estado cujo território ficava entre o Ródano e os Alpes. Era assim que ele queria que as pessoas se lembrassem de seu governo. Outros, porém, apontariam para o fato de que ele havia impedido Pompeu de recrutar homens das províncias para sua campanha contra os piratas e que havia aceitado suborno para assassinar um membro da elite da sociedade do norte da Itália. César, representando os provincianos, apresentou acusações de corrupção e assassinato contra Pisão.

Cícero, falando em defesa, respondeu enfatizando o sucesso de Pisão contra os alóbroges e provavelmente alegou que o bem que Pisão havia feito superava quaisquer pequenos problemas como corrupção e assassinato. Pisão, absolvido, permaneceu como inimigo ferrenho de César a partir de então.[10]

* * *

Enquanto isso, grandes notícias chegavam do Oriente. Mitrídates estava morto, levado ao suicídio na Crimeia quando seu próprio filho se rebelou contra ele. Pompeu, por sua vez, estava resolvendo a complexa situação política da Síria, tentando garantir que o núcleo grego do que se tornaria uma nova província não fosse mais invadido pelos árabes do sul da Síria e da Jordânia, que vinham saqueando a região nos últimos anos. Além disso, ele foi envolvido na terrível guerra civil que assolava o estado judeu na Palestina. Dois irmãos disputavam quem deveria ser o sumo sacerdote do culto do templo e governante de fato. Pompeu marchou sobre Jerusalém, nomeou um dos irmãos sumo sacerdote e prendeu o outro. Ele, então, descobriu que os partidários do irmão preso haviam tomado o Monte do Templo em sinal de desafio. Em resposta, Pompeu capturou o templo fortemente fortificado, massacrou os defensores, visitou Yahweh no santuário interno do templo e seguiu seu caminho, deixando o tesouro do templo intacto. Sua moderação em não saquear o templo pode ser interpretada como um sinal de que ele já tinha muito dinheiro. E de fato tinha: tendo instalado reis aliados em toda a região que hoje corresponde à Turquia central e oriental – Armênia, Comagena, Capadócia e Galácia –, ele construíra uma enorme rede financeira para apoiá-los com empréstimos a juros altos.[11]

Enquanto isso, enquanto Pompeu concluía seus arranjos no leste, houve uma grande novidade na família extensa de César. Sua sobrinha, filha da irmã mais nova que se casara com Ácio Balbo, agora estava casada com um político promissor chamado Caio Otávio.[12] Em 23 de setembro, um filho nasceria para eles. O jovem Otávio era o futuro imperador Augusto.

As eleições para 62 a.C. ocorreram no final do verão. César tornou-se pretor. Catilina, tendo perdido outra eleição consular, proclamou-se o defensor dos oprimidos, prometendo o cancelamento das dívidas, o que proporcionaria alívio tanto em Roma quanto no campo, e a restauração dos direitos dos cidadãos às vítimas das proscrições.[13] Ele também começou a planejar uma vingança especial contra aqueles que o haviam derrotado. A conspiração de Catilina envolveria indiretamente César e, por um breve período, o colocaria em grande perigo por motivos relacionados à sua situação familiar. A irmã de Lúcio César havia se casado com um Antônio – Marco Antônio, parente do cônsul de 63, que estava entre os inimigos jurados de César. Marco já estava morto, mas o único filho nascido dessa união, também chamado Marco, e que ficou conhecido na história como Marco Antônio, tinha agora vinte anos e era bastante devotado, como diria mais tarde, ao seu padrasto Caio Cornélio Cetego, que, apesar de todas as suas possíveis virtudes como marido e pai, era um péssimo político.[14] Cetego gostava de citar o que afirmava ser um oráculo autêntico proferido pela Sibila, uma profetisa que se acreditava ter previsto, muito tempo antes, coisas importantes sobre o futuro de Roma. O oráculo supostamente dizia que haveria três homens do clã Cornélio que governariam Roma. Cetego interpretou isso como significando Cina, Sula e – algum dia – ele mesmo. Nem Sula nem Cina eram mais lembrados com carinho, então o oráculo não era totalmente encorajador. Talvez tenha sido o fato de não conseguir chegar a lugar nenhum na política que encorajou Cetego a se juntar à conspiração de Catilina. Ele também parece ter odiado o oponente de Catilina, Cícero. Quando a conspiração foi finalmente exposta, o carinho de César por sua sobrinha e pelo jovem Marco Antônio permitiu que seus desafetos alegassem que ele estava ligado aos conspiradores por meio de Cetego.

Além de Cetego e alguns outros companheiros de viagem em Roma, Catilina tinha contatos com um homem chamado Mânlio, que estava reunindo um exército de agricultores despossuídos na Etrúria. Cícero alegaria que essas pessoas eram todas ex-colonos de Sula, um grupo particularmente impopular. Isso provavelmente é uma mentira: Mânlio exibia um estandarte legionário que já havia sido usado no exército de Mário, tornando-o um improvável ponto de encontro para os sulanos.[15] Muito provavelmente, os seguidores de Mânlio, assim como os de Espártaco, foram vítimas da colonização de Sula. Mânlio ergueu seu estandarte na Etrúria em 27 de outubro. Logo depois, na noite de 6 para 7 de novembro, Catilina, ainda em Roma, enviou Cetego para assassinar Cícero em sua casa, enquanto outros membros da conspiração incendiavam a cidade. Mas Cícero havia sido avisado por uma mulher chamada Fúlvia, amante aristocrática de um dos conspiradores, que esse plano estava em andamento. A tentativa de assassinato fracassou, e Cícero colocou guardas ao redor da cidade para impedir que os incêndios fossem provocados. No dia seguinte, ele convocou uma reunião do Senado na qual denunciou Catilina. A resposta de Catilina foi dizer que havia sido enganado no consulado, que ele acreditava ser seu por direito graças à sua ascendência patrícia. Em seguida, difamando a ascendência de Cícero, chamando-o de "transplante", ele saiu da reunião irritado. Naquela noite, ele deixou a cidade. Seus amigos disseram que ele estava indo para o exílio voluntário em Marselha, mas acabou indo se juntar a Mânlio. E, assim que deixou a cidade, assumiu a insígnia de cônsul. Era assim que se parecia uma negação de eleição em 63 a.C.[16]

Nas semanas após a fuga de Catilina, outro candidato consular derrotado processou um dos vencedores da última eleição (para 62), Lúcio Licínio Murena, sob a acusação de corrupção eleitoral. Cícero falou em defesa. Ele admitiu que poderia ter havido algumas pequenas irregularidades (na verdade, houve violações flagrantes de um estatuto que o próprio Cícero havia patrocinado no início daquele ano), mas Murena, o cônsul eleito, tinha levado uma vida tão exemplar que esses pequenos detalhes não importavam. E, mais importante ainda, as pessoas gostavam dele. Ele era um homem generoso e o "povo romano despreza o luxo privado e ama a generosidade pública" (não importa que o cerne do caso da acusação fosse que essa generosidade equivalia a suborno eleitoral). Além disso, Murena era um soldado, e "a glória militar é melhor do que qualquer outra coisa".[17] Assim disse Cícero, que fez questão de nunca deixar Roma por um longo período e abriu mão da província que lhe caberia em 62, como forma de garantir o apoio de Antônio.

Na época, a imagem de Cícero do candidato político ideal como um guerreiro generoso poderia facilmente ter sido interpretada como uma descrição de César. Havia rumores de que sua generosidade havia se tornado tão extrema que ele estava com sérios problemas financeiros. Diziam que, ao sair de casa no dia de sua eleição como pontífice máximo, ele havia dito a Aurélia que voltaria como pontífice ou não voltaria. A história é inerentemente improvável no contexto de sua eleição como *pontifex maximus*, em vez de sua eleição mais recente como pretor, uma vez que um comando provincial e a oportunidade de lucrar com ele se seguiriam ao pretorado. Francamente, tal história é provavelmente uma invenção. César era de uma família rica e tinha acesso aos recursos de uma esposa rica. As acusações de endividamento pesado eram o outro lado da moeda dos elogios por seus gastos generosos.[18]

A imagem de Murena apresentada por Cícero não é o único aspecto do discurso de defesa de Cícero diretamente relevante para a posição de César. Catão estava processando o caso ao lado do candidato derrotado Sulpício Rufo. Cícero contrasta a imagem de Sulpício como um jurista erudito com a personalidade mais carismática de Murena, dizendo que as pessoas achavam Rufo enfadonho. Quanto a Catão, que seria tribuno no ano seguinte, Cícero sugere que, embora ele "supere todos nós em todas as qualidades positivas", sua moralidade é tão rigorosa que ele não vive no mundo real. O povo romano não deveria apreciar gladiadores como os que Murena apresentou aos eleitores como parte de sua campanha eleitoral? Catão está realmente sugerindo que nossos ancestrais estavam errados em oferecer espetáculos de gladiadores? Se ao menos ele tivesse escolhido uma escola filosófica diferente, Catão poderia ser mais razoável e mais capaz de aceitar as pessoas como elas são. As imagens contrastantes de Murena e Catão traçadas por Cícero antecipam os conflitos entre Catão e César. Um dos mais notáveis deles estava a apenas algumas semanas de distância, enquanto outro, mais humorístico, ocorreu bem na época do julgamento de Murena. Catão estava debatendo a conspiração em andamento com César no Senado quando, de repente, uma carta foi entregue a César. Catão exigiu que ele a lesse em voz alta, presumindo que se tratava de algum tipo de comunicação traidora. César protestou, alertando Catão que o assunto não era apropriado para uma reunião do Senado, mas Catão insistiu. César entregou-lhe a carta e Catão ficou vermelho de vergonha. Era uma carta de amor da meia-irmã de Catão, Servília. O evento foi clássico de César.[19] Ele havia antecipado a resposta de um oponente a uma situação e armado um evento para humilhá-lo: talvez não houvesse nada tão doloroso para Catão quanto o riso de seus colegas.

Enquanto eventos como esse aconteciam em Roma, a resposta militar a Mânlio era, na melhor das hipóteses, irregular. Embora o Senado tivesse aprovado "o decreto definitivo" quando a notícia da insurreição chegou a Roma, nenhuma nova tropa foi recrutada; em vez disso, os soldados que já estavam acampados ao redor de Roma para celebrar os vários triunfos que o Senado ainda não havia aprovado foram colocados sob o comando do co-cônsul de Cícero, Antônio. Então, no início de dezembro, os apoiadores restantes de Catilina em Roma fizeram algo estúpido. O plano de seu líder era aparentemente levar o exército de Mânlio para o sul da França; desejando ajudar, seus amigos abordaram alguns embaixadores dos alóbroges, um poderoso estado no sul da Gália. Mas os alóbroges prontamente notificaram Cícero, que providenciou para que dois dos pretores prendessem os embaixadores com documentos incriminadores dos conspiradores em sua posse. Em 3 de dezembro, Cícero apresentou os documentos e denunciou os conspiradores romanos no Senado, que ordenou sua detenção. No dia seguinte, as conexões de César com Cetego deram a seus antigos inimigos, Catulo e Pisão, uma oportunidade de atacá-lo como um co-conspirador não identificado. Cícero não aceitou isso, mas Cetego e Pisão circularam pelo Senado alegando que haviam obtido informações diretamente dos alóbroges e de seu contato romano. Essas alegações contra César inflamaram o cordão de jovens membros armados da ordem equestre que Cícero havia convocado para proteger a Casa do Senado enquanto debates cruciais estavam sendo realizados.[20] César teve sorte de chegar vivo em casa.

Pode ter sido nesse momento que circulou um boato de que os homens que haviam sido negados ao consulado em 65, tendo sido condenados por corrupção eleitoral, haviam conspirado com Catilina para assassinar seus substitutos assim que assumissem o cargo, e que César era a pessoa que deveria dar o sinal para que os assassinatos fossem realizados. Essa suposta conexão com Catilina é tão crível quanto a história sobre o relacionamento sexual de César com Nicomedes – mas foi aceita como verdade pelas mesmas pessoas que queriam acreditar na história anterior. A nova história colocaria César em perigo nos dias seguintes.

Em 5 de dezembro, Cícero convocou outra reunião do Senado. Duas moções foram discutidas. A primeira era se os homens acusados de entrar em contato com os alóbroges, um grupo que incluía tanto Cetego quanto o pretor sênior, eram culpados das acusações. Quando o Senado votou que eles eram culpados, a próxima moção dizia respeito à punição. Lúcio Silano, o cônsul eleito, propôs a execução dos prisioneiros, com a forte aprovação de Cícero. Depois de Silano, os senadores falaram por ordem de hierarquia: ex-cônsules, pretores eleitos, pretores e ex-pretores, e assim por diante.

A concordância com a posição de Silano foi unânime, até que chegou a vez de César falar como pretor eleito. Ele fez um apelo eloquente para poupar os conspiradores. O conteúdo de seu discurso pode ser reconstruído a partir do ataque que Cícero lançou ao ver o apoio à proposta de Silano desmoronando. Tendo afirmado que os deuses não criaram a morte como punição, César propôs que, em vez de violar a lei executando os conspiradores sem um julgamento formal perante o povo, o Senado confiscasse suas propriedades e os prendesse em cidades italianas sob supervisão rigorosa, ao mesmo tempo em que aprovasse um decreto determinando que ninguém apresentasse um projeto de lei para aliviar sua punição.[21] César lembrou ao Senado a lei aprovada por Caio Graco, que proibia a execução de um cidadão romano sem julgamento. O ponto aqui, como havia sido no caso de Rabírio, era que uma lei se sobrepunha a um decreto do Senado. O "decreto definitivo" não poderia justificar uma execução sem o devido processo legal.

O discurso de César tocou o coração das pessoas, e aqueles que falaram depois dele apoiaram sua proposta, enquanto aqueles que antes apoiavam a pena de morte – incluindo Silano – começaram a mudar de opinião. Embora Cícero tenha intervindo para se opor a César, alegando que o que César estava oferecendo nada mais era do que a ideologia "popular" padrão – o que mais se poderia esperar de um homem que, apesar do "esplendor de sua ascendência", estava bem estabelecido no "caminho popular", a *popularis via* –, nem mesmo ele conseguiu levar a melhor.[22] A maré só mudou quando Catão, como tribuno eleito, fez seu próprio discurso muito poderoso a favor da pena de morte, e o Senado votou a favor da execução. Cícero conduziu os conspiradores condenados à prisão estadual no Fórum e supervisionou pessoalmente seu estrangulamento. Em seguida, escoltou César até sua casa, pois os guardas que Cícero havia reunido ao redor da Casa do Senado estavam mais uma vez ameaçando-o por não ser suficientemente hostil aos catilinários.

No dia seguinte às execuções, o Senado, agindo por moção de Catão, declarou Cícero o "pai da pátria". Cícero viria a ver os eventos de 5 e 6 de dezembro como o ápice de sua trajetória. Em certo sentido, isso é correto, já que, em grande parte, sua carreira entrou em declínio a partir de então. Quanto a César, sua posição sobre a punição dos conspiradores catilinários era totalmente consistente com sua oposição bem estabelecida ao uso do decreto final do Senado para justificar a execução extrajudicial de cidadãos romanos e com sua autoapresentação como herdeiro de Mário e inimigo da dispensação de Sula.

* * *

Os conspiradores em Roma estavam mortos, mas a revolta não havia terminado. Os novos tribunos, incluindo Catão, assumiram o cargo em 10 de dezembro. Catão, para provar que o Senado realmente se importava com o povo, apresentou quase imediatamente um projeto de lei para subsidiar a distribuição de grãos aos cidadãos de Roma. Outro tribuno, Metelo Nepos, que havia servido sob Pompeu no Oriente, apresentou um projeto de lei para chamar Pompeu de volta e dar-lhe o comando contra Catilina. César apoiou essa medida, o que indignou Cícero, pois implicava que ele não estava fazendo o suficiente para lidar com a situação. Na verdade, isso também poderia ter sido interpretado como uma crítica a Antônio Híbrida, cuja gestão da campanha poderia ser descrita como negligente. Na época, não estava claro se a moção de Metelo fazia parte de um plano elaborado por Pompeu para obter um segundo consulado fora das regras habituais, que exigiam um intervalo de dez anos entre os mandatos dos consulados.[23] A reação ao projeto de lei de Metelo refletiu um temor considerável em alguns setores quanto ao que poderia acontecer quando o fantasticamente rico Pompeu voltasse para casa à frente de um exército devotado, e onde havia membros importantes do Senado, entre os quais Catulo e Lúculo eram os mais proeminentes, que desejavam derrubar Pompeu.

A disputa sobre a proposta de Metelo tornou-se acirrada. Metelo impediu Cícero de fazer um discurso sobre si mesmo quando deixou o cargo em 1º de janeiro, o que resultou em algumas trocas amargas no Senado. O irmão de Metelo, o pretor que havia baixado a bandeira vermelha para encerrar o julgamento de Rabírio o e comandante do exército no norte da Itália que buscava garantir que as forças de Catilina não avançassem mais para o norte para fomentar a agitação na Gália, ficou particularmente irritado com os ataques de Cícero a seu irmão. César, por sua vez, causou ainda mais agitação logo após assumir o cargo, quando exigiu que Catulo prestasse contas publicamente por sua supervisão da restauração do templo de Júpiter Capitolino, que havia sido uma questão controversa durante a disputa para se tornar *pontifex maximus*. Como a restauração ainda estava incompleta, César propôs que Catulo fosse destituído da tarefa, que poderia então ser atribuída a Pompeu.[24] Para os historiadores modernos, isso parece uma retaliação pelo esforço de Catulo em associar César a Catilina, e não foi bem recebido pelos colegas senadores de César, assim como a conduta de Metelo.

O resultado da briga em 1º de janeiro foi que o Senado destituiu Metelo do cargo e suspendeu a pretura de César. Ambas as medidas eram de legitimidade extremamente duvidosa, mas Metelo fugiu para o leste para se juntar a Pompeu, em vez de contestar a questão. A resposta de César foi bem diferente. Ele insistiu em exercer o cargo de pretor até saber (segundo ele) que havia uma conspiração para assassiná-lo, momento em que tirou a toga de magistrado e foi para casa, planejando ficar fora de vista. Ele mudou de ideia quando uma grande multidão apareceu à sua porta no dia seguinte, insistindo que ele assumisse suas funções oficiais. A história parece boa demais para ser verdade, e é perfeitamente plausível que a história da conspiração para assassiná-lo tenha sido inventada para que César pudesse argumentar sobre a ilegalidade do procedimento do Senado – ele havia sido eleito pelo povo e sua autoridade derivava do voto deles.[25]

Antônio finalmente alcançou Catilina em meados de janeiro de 62 e destruiu seu exército. No dia da batalha final, Antônio disse que estava doente e entregou o comando a um tenente chamado Petreio (que reencontraremos em outra função). Catilina morreu lutando na linha de frente de suas forças. Seu exército foi praticamente aniquilado, enquanto infligia pesadas perdas aos homens de Antônio.[26] Mas a derrota de Catilina não pôs fim aos aborrecimentos que sua conspiração causaria a César. Dois homens, instigados por um questor chamado Novius, acusaram César de ser um associado de Catilina. César, completamente farto, recorreu ao testemunho de Cícero de que ele havia fornecido informações contra os conspiradores, garantindo assim que um dos dois informantes em potencial não recebesse a recompensa que aparentemente ainda estava sendo oferecida por informações sobre a conspiração. O outro informante, Vécio, que conhecemos pela primeira vez na equipe do pai de Pompeu, foi multado e preso. César também prendeu Novius (por quanto tempo, não sabemos) por interferir com um magistrado superior no desempenho de suas funções.[27] Esse seria o fim do caso catilinariano, no que dizia respeito a César. Ele mais uma vez tomou uma posição a favor do bom funcionamento do governo.

O Senado, em sua opinião, estava subordinado à vontade do povo.

8

O monstro de três cabeças

Apesar de todo o drama dos primeiros dias do mandato de César como pretor, a maior parte do ano transcorreu sem controvérsias. César defendeu pelo menos um caso no tribunal de outro pretor – como vimos com Cícero no capítulo anterior, o exercício do cargo não impedia os romanos de representar clientes em casos privados. Nessa ocasião, no final do ano, César defendeu um nobre norte-africano, Masintha, que alegava não dever estar sujeito ao rei Hiempsal da Numídia. Durante o julgamento, César fez uma demonstração dramática (e insultuosa) puxando a barba de Juba, filho do rei. Dado que o estilo aristocrático romano era estar barbeado, é possível que César estivesse fazendo uma observação sobre a barbárie inerente de seus rivais. Quando perdeu o caso, com consequências que ele podia antecipar que seriam fatais para seu cliente, César escondeu Masintha em sua casa até o fim de seu mandato como pretor; então, partiu para a Espanha com Masintha a reboque. Se houve algum ganho para César ao aceitar este caso, foi mais uma demonstração de seu interesse em proteger os fracos dos brutalmente fortes.[1]

Na época em que esse julgamento estava ocorrendo, Pompeu retornou à Itália. De acordo com tradições posteriores, as pessoas temiam o que poderia acontecer. Ele manteria seu exército unido e se imporia a Roma como um novo Sula? Tais temores, se existiram, provaram ser injustificados. Quando Pompeu desembarcou em Brindisi, ele dispensou seus homens para suas casas com instruções para se reunirem no ano seguinte para seu triunfo. Historiadores posteriores elogiaram sua devoção à constituição. Eles também observaram que ele nunca mais seria tão poderoso quanto no dia em que pisou na Itália. Tudo isso é um pouco exagerado. Pompeu havia escrito com antecedência para ver se as próximas eleições consulares poderiam ser adiadas até sua chegada, para que ele pudesse dar seu apoio à candidatura de Marco Pisão. Isso dificilmente sugeria uma inclinação para tomar o poder para si mesmo. Se a proposta de Metelo de trazer Pompeu de volta para perseguir Catilina havia despertado suspeitas de que ele estava buscando o consulado (ou mais) para si mesmo, essas suspeitas parecem ter se dissipado quando Pompeu realmente retornou. É possível que, ao recusar-se a buscar outro consulado, Pompeu estivesse demonstrando algum autoconhecimento. Em mais de uma ocasião, Cícero comentou que Pompeu era um orador rebuscado e um tanto enfadonho, sem a agilidade verbal necessária para ser um debatedor de sucesso no Senado. Como já vimos ao discutir a aprovação da lei gabiniana, Pompeu preferia agir por meio de agentes que pudessem defender sua causa por ele. Ainda assim, Pompeu às vezes exercia um poder considerável ao apoiar esses agentes. A observação de Catão de que Pompeu estava enfraquecendo o consulado ao torná-lo algo que podia ser comprado em vez de conquistado por mérito, embora fosse uma repetição do que ele havia dito sobre Murena, não era irracional; tanto Pisão quanto Afrânio, que assumiram o cargo em 60 com o apoio de Pompeu, eram ineficazes.[2]

Dezembro de 62 não foi apenas a época do retorno de Pompeu, mas também a época do escândalo. Enquanto estava a caminho de casa, Pompeu divorciou-se de sua esposa Múcia, alegando adultério.[3] Essa atitude fez com que os parentes de Múcia se juntassem àqueles que buscavam impedir a ratificação de seu acordo oriental no Senado. Enquanto isso, outro escândalo potencialmente enorme ocorreu na casa de César. A ocasião foram os rituais da Deusa Boa *(Bona Dea)*, que eram celebrados duas vezes por ano, em 1º de maio e em meados de dezembro. Pompeia organizou o festival de dezembro na *Domus Publica*, a casa do *pontifex maximus*. Era regra que nenhum homem pudesse estar presente nos rituais, então, quando o festival era celebrado na casa de um cônsul ou pretor, esse homem tinha que sair, levando consigo todos os outros homens da casa. Os rituais principais eram celebrados à noite, em um ambiente que se dizia ser festivo, com cantos, danças e bebidas.[4]

Naquele dezembro, a festa seria mais animada do que o normal. Pompeia, em resposta às infidelidades altamente públicas de seu marido, estava tendo um caso com Públio Clódio. Durante o ritual da *Bona Dea*, Habra, uma de suas escravas, deixou Clódio entrar na casa vestido como mulher e disse-lhe para ficar escondido até que Pompeia estivesse pronta para recebê-lo e os objetos sagrados da *Bona Dea*, que Clódio queria ver, estivessem em exibição. Clódio nunca foi bom em seguir instruções. Ele saiu de seu esconderijo e foi interceptado por uma das escravas de Aurélia enquanto se escondia nas sombras. Ela perguntou quem ele estava procurando. Quando ele respondeu, o jogo acabou. Aurélia, notificada de que um homem estava escondido na casa, escondeu os objetos sagrados e liderou uma busca pela casa. Clódio foi descoberto e identificado antes de fugir na noite.[5]

Quando a notícia se espalhou, grande parte de Roma ficou chocada com a ofensa contra a religião que Clódio havia cometido. Como *pontifex maximus*, César convocou os pontífices, que ordenaram que os rituais interrompidos fossem celebrados novamente, desta vez apenas pelas Virgens Vestais, e encaminharam a questão da impiedade de Clódio ao Senado. César também se divorciou de Pompeia, dizendo que os membros de sua família precisavam estar acima de qualquer suspeita – ou seja, suspeita de participar de tal impiedade. Tudo isso foi feito até 25 de janeiro de 61.[6]

Fevereiro também foi repleto de controvérsias, pois Pisão, o cônsul presidente, apresentou um projeto de lei para reunir um tribunal para julgar o caso de Clódio. Pisão então argumentou contra sua própria proposta, mas ela foi aprovada mesmo assim. Notavelmente ausente dos relatos antigos da discussão desse projeto de lei e do julgamento subsequente de Clódio no meio do ano está qualquer referência a César. Ele tinha uma província para governar, e a temporada de campanha começaria na primavera. Além disso, como Cícero logo descobriria, não adiantava se envolver com Clódio, que tinha muitos amigos. A declaração de César ao se divorciar de Pompeia não fez nenhuma referência ao adultério dela (o que não era motivo para ele reclamar) e o decreto dos pontífices dizia apenas que "um homem" havia sido encontrado profanando os ritos. Como *pontifex maximus*, a autoridade de César poderia muito bem ter sido comprometida se ele reconhecesse o envolvimento direto de sua esposa no escândalo.[7] César agora acreditava que poderia se tornar o primeiro homem em Roma e não precisava que os negócios de Clódio interferissem em suas ambições. Para realizar essas ambições, ele precisava de algumas campanhas bem-sucedidas na Espanha Ulterior, para que pudesse reivindicar um triunfo no verão de 60 a.C., quando se candidataria ao consulado.

Assim, enquanto o Senado debatia a impiedade, César viajou para a Espanha. Haveria uma história desagradável de que ele havia fugido da cidade depois de ter feito um grande empréstimo com Crasso para pagar seus credores, mas, como em outras histórias desse tipo, não há razão para acreditar que seja verdade. Outros relatos sobre a partida de César para a Espanha incluem o contrabando de Masintha para fora da cidade e uma famosa história sobre sua visita a uma pequena vila alpina, onde ele comentou que preferia ser o primeiro homem lá do que o segundo homem em Roma.[8] Enquanto isso, o caso Clódio continuou até maio, quando um júri, que teria sido fortemente subornado, o considerou inocente. Clódio havia pedido a Cícero que testemunhasse que ele não estava nem perto de Roma na noite de sua interferência e no festival de *Bona Dea*, mas Cícero recusou e testemunhou que o álibi de Clódio – sua ausência de Roma – era uma mentira. Cícero, assim, ganhou o ódio eterno de Clódio.[9]

* * *

A governança de César na Espanha Distante foi um treino para sua administração subsequente na Gália. A primeira coisa que ele fez foi aumentar a guarnição em 50%, usando como desculpa a agressão de uma comunidade na fronteira de sua província; posteriormente, ele até acrescentou uma frota para apoiar a continuação de uma campanha militar romana ao longo da costa atlântica do atual Portugal. O dinheiro para pagar essas forças teria que ser extraído das cidades da província – os governadores, em caso de emergência, tinham permissão para arrecadar dinheiro para esse fim em vez de usar milícias civis –, mas, para tornar isso palatável, César pediu ao Senado que eliminasse uma sobretaxa que havia sido adicionada à carga tributária da província no final da guerra com Sertório. É um sinal de sua influência em casa que o Senado concordou em fazer isso, uma decisão possivelmente facilitada pela grande quantidade de saques que ele estava enviando de volta de suas campanhas. O relatório que ele enviou a Roma sobre seus feitos no campo durante o verão de 61, um precursor dos livros que escreveria sobre sua campanha na Gália, resultou na concessão de um triunfo.[10]

César também se preocupou com a gestão da dívida espanhola resultante das exigências das guerras provinciais de Roma. Na província da Ásia, Lúculo encontrou cidades falidas devido às exigências impostas por Sula, que os habitantes locais só podiam satisfazer pedindo dinheiro emprestado a financiadores romanos, que lhes emprestavam dinheiro a uma taxa de juros de 48%. Lúculo havia restringido a taxa de juros a 12%, o que lhe rendeu a inimizade das corporações financeiras que faziam negócios na Ásia. César adotou uma abordagem diferente, restringindo a proporção da renda de uma pessoa que um credor poderia reivindicar a dois terços e proibindo os credores de apreender os bens do devedor. Como os números aqui sugerem, César não estava abordando os problemas dos pobres com essas medidas. Os responsáveis pelo pagamento dos impostos, e que acabaram endividados como resultado, eram membros da elite local. Essas pessoas ainda podiam viver com um terço de sua renda. Durante o tempo em que César esteve na Espanha, um membro de uma dessas famílias ricas de Cádiz tornou-se seu chefe de gabinete (*praefectus fabrum*). Esse homem era Cornélio Balbo. Ele permaneceria ao lado de César pelo resto de sua vida.[11]

Enquanto isso, em Roma, a política continuava como de costume: nada acontecia. Pompeu não entrou formalmente na cidade até setembro de 61, quando comemorou seu triunfo sobre Mitrídates. O Senado estava adiando as decisões sobre a ratificação de muitos dos acordos que ele havia feito no Oriente. Estava satisfeito em aceitar a nova província da Síria, juntamente com a guarnição que Pompeu havia deixado lá e os novos impostos que a província rendia ao tesouro (que também havia recebido um enorme bônus da abundante pilhagem de Pompeu). Mas não reconhecia os vários acordos que ele havia feito com reis da região, que eram fundamentais para a rede financeira que Pompeu havia estabelecido para si mesmo na área. Lúculo minimizou as realizações de Pompeu, dizendo que a guerra já estava praticamente ganha quando Pompeu assumiu o comando (uma posição não totalmente irracional). O cônsul Pisão, tendo se desacreditado completamente no caso Clódio por não ter apoiado sua própria proposta, não podia exercer nenhuma liderança. O mesmo se aplicava a Públio Afrânio, que havia servido sob Pompeu no Oriente. Suas habilidades políticas eram tais que Cícero escreveria que seu consulado "não foi tanto um consulado, mas uma mancha no nome do grande homem".[12] O co-cônsul de Afrânio era cunhado de Clódio, ele próprio proveniente de uma família antiga e muito poderosa. Embora também fosse um ex-tenente de Pompeu, agora se opunha totalmente a ele.

O declínio da sorte política de Pompeu talvez seja mais bem ilustrado em uma carta que Cícero escreveu a Ático em março de 60. No início do ano, um tribuno chamado Flávio havia proposto um projeto de lei de distribuição de terras que Pompeu apoiava incondicionalmente. Cícero se opôs ao projeto, alegando que ele continha elementos que não eram favoráveis aos "indivíduos privados", ou seja, às pessoas cuja riqueza estava vinculada às suas grandes propriedades rurais. Mais oposição surgiu daqueles que se lembravam de como a lei gabiniana não havia incluído o fato óbvio de que Pompeu era visto como seu beneficiário – eles presumiram que Pompeu seria colocado no comando da distribuição de terras, aumentando assim seu poder na frente interna.[13]

Enquanto os assuntos de Pompeu ficavam paralisados, descobriu-se que a empresa que havia ganhado recentemente o contrato para cobrar impostos na província da Ásia havia superestimado enormemente a receita que esses impostos gerariam. Em vez do lucro inesperado que esperavam obter com a receita extra que pensavam cobrar, eles estavam enfrentando um enorme déficit e estavam em sérios apuros. Crasso assumiu a causa dos coletores de impostos, argumentando que o Senado deveria reduzir as obrigações do contrato em 50%. O pedido era escandaloso, mas até mesmo Cícero achava que seus colegas deveriam engolir o orgulho e conceder o pedido, pois fazer o contrário seria abrir uma grande brecha entre o Senado e os financistas dos quais o Estado dependia para administrar seus negócios. Catão pensava o contrário. Ele fez discursos intermináveis se opondo ao projeto de lei. Cícero escreveu a seu amigo Ático que gostaria que Catão percebesse que vivia "na fossa de Rômulo" e não na *República* de Platão, e que calasse a boca.[14]

Nesse contexto de paralisia política em Roma, os acontecimentos na Gália estavam atraindo menos atenção do que poderiam. Os Éduos, um estado na região da atual Borgonha e o aliado mais importante de Roma na região ao norte da província da Gália Transalpina, haviam sido atacados e derrotados pelos sequanos, seus vizinhos a noroeste. A vitória dos sequanos foi obra de um agressivo chefe mercenário germânico chamado Ariovisto, que logo afirmou seu domínio sobre seus antigos chefes. Ao mesmo tempo, os helvécios, uma comunidade na atual Suíça, começaram a invadir o território romano. O Senado ordenou que os cônsules sorteassem quem governaria as duas províncias romanas da Gália, realizassem um recrutamento militar, chamassem de volta os soldados que estavam de licença e enviassem embaixadores aos estados gauleses para garantir que eles não se alinhassem com os helvécios. Por um tempo, essas medidas pareceram acalmar a situação, e a província da Gália Transalpina não era um lugar óbvio para um homem que esperava ser cônsul em 59 imaginar como destino pós-consular.[15]

César era um dos que aspiravam a ser cônsul em 59. (O fato de Pompeu ser elegível para concorrer ao mesmo tempo e ter optado por não o fazer mostra que os rumores de alguns anos antes sobre suas ambições para um futuro cargo não passavam disso.) Mas César também tinha um triunfo a comemorar, e isso criou um dilema. De acordo com uma lei sobre corrupção eleitoral aprovada por Cícero em 63, um candidato a um cargo público tinha que declarar sua candidatura dentro dos limites da cidade. Para celebrar um triunfo, no entanto, a pessoa ainda precisava manter o comando que exercia quando se qualificou para o triunfo – e o comando de César expiraria assim que ele cruzasse os limites da cidade para concorrer ao cargo de cônsul. Embora ele pareça ter chegado a Roma um mês antes do período normal para as eleições consulares em julho e agosto, não havia tempo para celebrar o triunfo antes da eleição. Sem dúvida César queria o triunfo, mas sabia que haveria mais triunfos por vir se ganhasse o consulado e depois conseguisse, como pretendia, ganhar uma nova província em condições especiais. César, portanto, desistiu do triunfo e foi eleito cônsul para 59 no topo da votação. Ele esperava exercer o cargo com um homem chamado Luceio. Eles fizeram campanha juntos, mas sem sucesso. Aqueles que passaram a vê-lo como uma ameaça – as mesmas pessoas que impediram a confirmação dos acordos de Pompeu e do acordo de Crasso para as corporações tributárias – agora se envolveram em suborno em massa para garantir que César não tivesse um colega cooperativo. Alegadamente, até mesmo o virtuoso Catão havia apoiado essa iniciativa, declarando que o suborno para o bem do Estado – em outras palavras, para impedir César – não era crime! Esses esforços dos inimigos de César valeram a pena, literalmente. César ficaria preso a Bíbulo, seu ex-colega como edil, que terminou nas urnas atrás de César, mas à frente de Luceio.[16]

César agora tinha vários meses para planejar o ano seguinte. Cícero observou que ele estava "voando alto", mas não achava que César tivesse um plano claro – ele achava que poderia até mesmo convencê-lo a se juntar à facção conservadora. Cícero raramente era o melhor em ler a mente de César. A principal preocupação de César como cônsul era conseguir uma província diferente daquela que seus inimigos agora lhe atribuíam – contrariamente à prática padrão, que determinava que as províncias proconsulares fossem atribuídas aos novos cônsules antes, e não depois, das eleições para o consulado no ano seguinte (Bíbulo parece ter dito com antecedência que não queria uma). A província que escolheram para César era "colinas e bosques", o que significava policiar a península italiana. César precisaria construir uma coalizão que apoiasse uma mudança em sua província proconsular, de preferência com um mandato prolongado, já que levaria uma década até que ele pudesse novamente ocupar um cargo que lhe desse outra província. Tal coalizão exigiria que César promovesse uma legislação importante no interesse de outros, e construir a coalizão não seria uma tarefa fácil. Claramente, Pompeu não tinha a influência necessária por conta própria, nem Crasso. Ambos estavam sendo frustrados pelos conservadores no Senado. Além disso, mesmo que esses homens tivessem sido vistos apoiando César em sua candidatura ao consulado, isso não significa que havia um pacto entre os três – eles obviamente não iriam apoiar Bíbulo, cunhado de Catão.[17]

Em outras palavras, o que muitas vezes é chamado – erroneamente – de "Primeiro Triunvirato" não tomou forma imediatamente. Apesar das alegações na tradição posterior de que a morte da República foi iniciada "a partir do consulado de Metelo" (ou seja, 60 a.C.), e apesar das imagens populares de César, Crasso e Pompeu jurando uns aos outros criar uma aliança vinculativa para acabar com a política como de costume, a construção da coalizão e o plano para o novo ano não estavam completos antes do final de 60, e mesmo então a composição da coalizão ainda estava em fluxo. No final de dezembro, Cícero escreveu que havia recebido uma oferta para fazer parte dela:

> Recebi a visita de Cornélio – ou seja, o amigo de César, Balbo. Ele me garantiu que César seguiria meu conselho e o de Pompeu em todas as questões e que tentaria reunir Pompeu e Crasso. Isso oferece uma estreita associação com Pompeu e com César, se eu quiser – um retorno à amizade com os inimigos, paz com as massas e uma velhice tranquila.

Cícero recusou a oferta, mas a carta é prova de que nada havia sido decidido definitivamente quando se aproximava o dia 1º de janeiro de 59. César iria misturar e combinar até ver um caminho claro a seguir.[18]

Em qualquer circunstância, o novo ano prometia ser agitado, dada a relação tensa entre os dois cônsules, embora praticamente todos reconhecessem que Bíbulo, notoriamente mal-humorado e não muito inteligente, não era páreo para seu colega. Catão provavelmente seria um problema maior.

* * *

O dia 1º de janeiro de 59 foi um dia de grande teatro. César teria acordado muito cedo, observando os céus para poder anunciar, ao amanhecer, que os sinais eram favoráveis para o início de seu consulado. Ele estava vestido para o evento. Sobre a túnica vermelha que usava como *pontifex maximus*, ele agora vestia sua nova toga com detalhes em vermelho, sinal de que agora ocupava o cargo mais alto de Roma. A coroa cívica completava o impressionante conjunto. À frente de uma procissão de amigos e apoiadores, César deixaria o Fórum e se dirigiria ao ponto da Via Sacra onde ela se juntava à rua principal que descia do Palatino. Lá, Bíbulo apareceria com sua própria procissão.

A procissão consular então se dirigiu ao Fórum, onde se juntou aos vinte e quatro assistentes magisteriais, ou lictores, que acompanhavam os cônsules (doze cada). Seus feixes de varas em torno de um machado representavam os poderes de um magistrado com *imperium* para açoitar ou executar um cidadão romano (embora, no caso de uma execução, o infrator tivesse que estar fora dos limites sagrados da cidade). Os cônsules eleitos com seus lictores eram seguidos pelo Senado, membros da ordem equestre e pessoas comuns enquanto subiam a encosta do Capitólio e paravam diante do recém-concluído templo de Júpiter Capitolino, onde ambos os cônsules sacrificavam touros brancos ao deus. Mais uma vez, os sinais eram bons.[19]

Depois de tratar das questões religiosas, César dirigiu-se ao Senado. Ele apresentou um relatório sobre o estado da República, começando pelas questões religiosas antes de passar aos assuntos seculares e, possivelmente, delineando o programa legislativo que em breve apresentaria ao Senado. Ele estabeleceu as regras básicas para as reuniões do Senado, incluindo sua decisão de publicar os registros dessas reuniões e a ordem em que convocaria os cônsules anteriores. Ele anunciou que Crasso teria a honra de falar primeiro em resposta a qualquer moção (uma posição que Cícero havia cobiçado no passado).[20]

A publicação da ata das reuniões do Senado foi um afastamento significativo da prática anterior. Cícero havia contratado taquígrafos para a reunião do Senado em que o destino dos conspiradores catilinários foi decidido. Essa foi uma medida para se proteger, mas inteligente, dada a controvérsia que Cícero esperava que cercasse a sentença de morte. Agora, César poderia oferecer um registro documental da obstrução que esperava enfrentar ao projeto de lei que apresentaria ao Senado em poucos dias. Finalmente, no final de seu discurso, César voltou-se para Bíbulo, dizendo que esperava que eles se dessem bem, já que quaisquer diferenças entre os dois poderiam ter sérias consequências para o bem do Estado.[21]

Poucos dias após a cerimônia de abertura, na primeira semana de janeiro, César convocou a primeira reunião do Senado para tratar de assuntos públicos. Nessa reunião, ele apresentou um projeto de lei fundiária muito semelhante aos projetos apresentados pelos tribunos em 63 e 61. O projeto previa a distribuição, a destinatários específicos, de todas as terras pertencentes a Roma, exceto as valiosas propriedades na Campânia, das quais o tesouro recebia uma renda substancial a cada ano. Terras adicionais poderiam ser compradas pelo conselho que supervisionava a distribuição, um grupo de vinte senadores – um número maior do que o habitual em tal legislação, já que César desejava eliminar a objeção de que estava criando uma oligarquia para assumir o controle da Itália. Esse grupo seria aconselhado sobre quaisquer questões jurídicas por outro conselho de cinco senadores. O preço das terras a serem compradas seria fixado com base no valor avaliado no censo mais recente, eliminando assim a possibilidade de negócios corruptos e, para evitar reabrir as feridas da era de Sula, os direitos atuais sobre as terras não seriam questionados. Os beneficiários das terras incluiriam, em primeiro lugar, os veteranos de Pompeu e, em seguida, outras pessoas que viviam em Roma. Eles eram obrigados a manter as terras por vinte anos, o que significava que não poderiam ser pressionados a vendê-las a vizinhos poderosos. César disse que esse reassentamento da população urbana de Roma aumentaria a ordem na cidade, onde os distúrbios eram comuns.[22]

Depois de apresentar seu projeto de lei, César disse que retiraria as disposições que fossem objeto de objeções substanciais e pediu aos senadores que fizessem comentários de acordo com a ordem de fala estabelecida. Naquele primeiro dia, ele foi recebido com silêncio. Nas reuniões subsequentes, começou a obstrução. Catão estava na liderança, dizendo que, mesmo que não houvesse nada de realmente errado com o projeto de lei, tal legislação não deveria ser aprovada porque a mudança era, em princípio, ruim. Nesse momento, César fez algo que não costumava fazer: perdeu a compostura e ordenou que Catão fosse levado para a prisão. Muitos senadores seguiram Catão, e César cedeu. Ele pode ter feito isso na esperança de que o projeto de lei tivesse o apoio do Senado quando fosse submetido à votação do povo.[23]

No final, César não conseguiu o apoio do Senado. Não conseguir convencer o Senado não significava que o projeto de lei não poderia ser aprovado, mas significava que César teria que tomar a medida incomum de convocar uma votação sem a aprovação do Senado. O primeiro passo seria apresentar o projeto de lei em uma reunião do povo no Fórum e, em seguida, submetê-lo à votação da assembleia. Como precedente, César poderia citar o exemplo de seu tio Aurélio Cota, que havia proposto uma legislação para reconstituir os júris de modo a incluir equestres e "tribunos do tesouro" (pessoas ricas não inscritas na ordem equestre), bem como senadores, ou a restauração bem-sucedida dos direitos tribunicianos por Pompeu em 70.[24]

Na reunião da assembleia, César apareceu na *rostra*, a plataforma dos oradores que ficava de frente para a Casa do Senado, com Pompeu e Crasso ao seu lado. Bíbulo também apareceu e disse à multidão que não permitiria nenhuma inovação enquanto fosse cônsul. Em seguida, Pompeu falou, abordando o conteúdo do projeto de lei em detalhes, afirmando que o projeto não era inovador, que havia um paralelo claro no projeto que concedera terras aos veteranos de suas campanhas na Espanha em 70 a.C., embora esse projeto nunca tivesse entrado em vigor porque seus inimigos alegaram que não havia dinheiro. Seus veteranos não seriam enganados desta vez, porque, graças às campanhas orientais, agora havia dinheiro de sobra. Para evitar obstruções futuras, no entanto, este projeto de lei continha uma cláusula de juramento, exigindo que todos os membros do Senado apoiassem o projeto de lei se ele fosse aprovado. Tais medidas haviam sido introduzidas na época de Saturnino, mas não parecem ter sido incluídas nas leis aprovadas após sua morte.[25] Quando César perguntou a Pompeu, diante da multidão reunida, se ele apoiaria o projeto de lei caso seus oponentes usassem violência para impedir sua aprovação, Pompeu disse que o defenderia com sua espada e seu escudo. Crasso então fez um breve discurso a favor do projeto de lei. A aliança entre Pompeu, César e Crasso era agora de conhecimento público.[26]

Uma vez que um projeto de lei fosse apresentado ao povo, um período de vinte e quatro dias deveria passar antes que ele pudesse ser votado. Bíbulo tentou garantir que isso não acontecesse, declarando que os feriados religiosos no início de janeiro não haviam sido celebrados adequadamente e precisariam ser celebrados novamente em dias em que as assembleias de votação pudessem ser realizadas. Cícero achou isso brilhante. Mas César ignorou Bíbulo e providenciou para que o projeto fosse votado no final de janeiro.[27] César podia contar com a presença de Bíbulo para obstruir a lei fundiária, provavelmente alegando que havia observado sinais de descontentamento divino, o que significaria que a assembleia pública teria que ser encerrada, ou então fazendo com que um tribuno vetasse o processo. César estaria preparado para tal obstrução. Não só Pompeu traria um grande número de seus veteranos para Roma, mas a votação estava marcada para ocorrer no Fórum, o que restringiria o número de eleitores potenciais e facilitaria a conclusão do processo. A compreensão de César sobre o processo democrático é bastante clara neste ponto. Ele sabia o que era melhor para o povo e garantiria que as formas adequadas fossem seguidas para que o povo pudesse obter o que era bom para ele. Era menos importante que o maior número possível de vozes fosse ouvido. A escolha de César do Fórum como local de votação significava que haveria talvez dez mil eleitores, um pouco menos de 10% da população cidadã de Roma.

No dia da votação, 29 de janeiro, Bíbulo apareceu com uma multidão de apoiadores e um trio de tribunos. Quando Bíbulo se aproximou, os homens de Pompeu afastaram seus apoiadores e garantiram que os tribunos não chegassem perto de um lugar onde pudessem tentar vetar o projeto de lei. O projeto de lei foi aprovado.[28] Em resposta, Bíbulo convocou uma reunião de emergência do Senado em 1º de fevereiro, pedindo a seus colegas que condenassem a legislação – um pedido não irracional, dada a violência que ele e os tribunos haviam sofrido e também dado que tais decretos, que tinham força moral e não legal, haviam sido aprovados em outras ocasiões. Mas a votação popular sobre o projeto de lei de César parece ter sido tão esmagadora que nenhum membro do Senado se levantou para apoiar Bíbulo nessa ocasião. Ele foi para casa e parece não ter retornado ao Senado, onde deveria presidir no mês seguinte.[29]

Fevereiro era um mês em que o Senado tratava de assuntos relacionados com as relações exteriores. Não temos informações diretas sobre o que foi discutido exatamente, mas sabemos que Diviciaco, líder dos éduos, veio a Roma naquele ano para reclamar do tratamento dado aos éduos pelos sequanos e pedir ajuda contra seus aliados germânicos. Cícero achou-o encantador e um homem versado na tradição dos druidas. Tudo isso era muito bom, mas nada resultou disso. Em algum momento, Ariovisto, o líder dos germânicos que havia ajudado os sequanos, também apareceu em Roma, talvez para atrapalhar as negociações de Diviciaco. Seus germânicos parecem ter criado um estado quase independente ao lado dos sequanos (ou talvez tenham permitido que os sequanos permanecessem quase independentes ao lado deles). César patrocinou um decreto nomeando Ariovisto "amigo e aliado" do povo romano.[30]

A própria voz de Cícero logo se levantou em protesto contra a coalizão dominante. Em meados de março, ele defendeu seu antigo colega Antônio Híbrida, acusado de corrupção e incompetência como governador da Macedônia. Ele esperava que seu discurso de defesa fosse uma oportunidade para constranger Pompeu. Não podemos dizer se isso constrangeu Pompeu ou não. Mas irritou Pompeu e César também. As repercussões para Cícero foram graves. Públio Clódio, inimigo de Cícero como resultado do escândalo de *Bona Dea*, estava tentando se tornar tribuno da plebe, mas para que isso acontecesse, esse descendente da família mais patrícia de Roma teria que se tornar um plebeu. Assim que Cícero se calou, César e Pompeu presidiram a adoção de Clódio por um homem de status plebeu. Agora ele poderia se tornar um tribuno.[31]

César, entretanto, continuou a apresentar uma série de projetos de lei, todos aprovados em março. Votações foram agendadas em rápida sucessão para ratificar os acordos de Pompeu no Oriente e conceder alívio aos coletores de impostos na Ásia. Um outro projeto de lei, provavelmente incluído nessa legislação, tratava da extorsão por parte dos governadores provinciais. Apresentar tal projeto de lei, o que sabemos que César deve ter feito, pois é conhecido como Lei Juliana sobre Recuperações (de bens obtidos ilegalmente), foi uma afirmação do interesse de César em um governo provincial honesto, um assunto talvez ainda mais relevante devido às aquisições de Pompeu para o império. Como as leis sobre esse tema existiam desde o século II, uma nova lei repetiria em grande parte o conteúdo das leis anteriores, com a adição ocasional de uma nova cláusula. No caso do projeto de lei de César, a nova cláusula proibia um governador de liderar seu exército além da fronteira de sua província sem a permissão do Senado. Provavelmente foi também nessa época do ano que César conseguiu a nova missão proconsular que tanto esperava. O tribuno Vatínio apresentou um projeto de lei concedendo-lhe as províncias da Ilíria (composta por partes da atual Albânia, Eslovênia e Croácia ao longo do Adriático) e da Gália Cisalpina por um período de cinco anos. Não há evidências diretas da data desse projeto de lei, que se revelaria a legislação mais importante aprovada naquele ano, mas encontramos Cícero reclamando que Vatínio recebeu um cobiçado sacerdócio no início de abril. Isso parece ser um pagamento por sua ação legislativa.[32]

Essa massa de novas leis e o poder óbvio da aliança entre César, Pompeu e Crasso inspiraram um homem chamado Varrão a escrever o livro que dá título a este capítulo: *O monstro de três cabeças*.[33]

* * *

Mais ou menos na mesma época em que obteve suas novas províncias, César rompeu o noivado de sua filha com um parente da meia-irmã de Catão, Servília, e anunciou seu novo noivado com Pompeu. Ele próprio logo se casaria novamente, com uma mulher muito mais jovem, Calpúrnia, filha de um homem que concorria ao consulado em 58.[34] O novo sogro de César, Lúcio Calpúrnio Pisão, era um homem interessante. Podemos ter uma ideia de quem ele era pela sua biblioteca, que faz parte da coleção da Vila dos Papiros, descoberta em Herculano. Entre as obras que ele deve ter apreciado estavam os livros do filósofo epicurista e crítico literário Filodemo, agora literalmente restaurados das cinzas pelo brilhante trabalho de papirólogos contemporâneos. Também presentes em sua biblioteca, como podem ver os visitantes do Museu Arqueológico Nacional de Nápoles, estavam bustos de intelectuais famosos, algumas espetaculares estátuas de bronze de atletas masculinos e outras de jovens mulheres tirando água. É aqui que nos deparamos com a rica vida cultural de um dos contemporâneos de César que *não* se chamava Cícero e que, na verdade, detestava Cícero intensamente (um dos textos parcialmente preservados em sua coleção é um discurso atacando Cícero). Pisão era dedicado à literatura grega e latina e talvez se visse no contexto dos reis e filósofos cujos bustos decoravam sua casa. Um dos mais notáveis deles é um busto de bronze retratando um romano careca com um olhar intenso, identificado como ninguém menos que Cipião Africano, o vencedor de Aníbal. Inscrições celebrando César encontradas na área da vila podem sugerir que o próprio César gostava de visitar o local.[35]

César havia realizado o que se propôs a fazer no início do ano, mas a que custo? A única resposta contemporânea que temos para esses eventos vem das cartas de Cícero, que datam de abril até o final do verão. Cícero culpa Catão pelo que ele vê como a destruição do controle senatorial da política, mas também enfatiza a crescente impopularidade de César e Pompeu. Em uma das cartas de abril, ele diz que espera causar impacto em um discurso que fará no final do mês e observa que, embora "o domínio do Senado fosse impopular, qual você acha que será a reação quando esse poder for reduzido a três indivíduos grandiosos em vez de ao povo?". Ele menciona de passagem que há uma discussão sobre uma embaixada em Alexandria e a "resolução" dos assuntos do rei do Egito. Isso nunca aconteceria, mas o comentário de Cícero aponta outro momento importante na tradição biográfica de César. O rei Ptolomeu XII do Egito tinha uma reivindicação duvidosa ao trono e veio a Roma em busca de apoio. Ele obteve o reconhecimento senatorial de sua reivindicação em troca de uma gigantesca "contribuição" à causa de César e Pompeu, mas parece nunca ter cumprido o pagamento prometido, grande parte do qual ainda estava pendente mais de uma década depois.[36]

No início de maio, César apresentou um segundo projeto de lei fundiária à assembleia. Esse projeto incomodou particularmente Cícero, pois disponibilizava para distribuição terras que Roma havia confiscado de Cápua na Segunda Guerra Púnica. Cícero se opôs vigorosamente a essa mesma proposta, alegando que Roma não podia se dar ao luxo de abrir mão da renda proveniente do aluguel dessas terras, quando ela havia aparecido no projeto de lei fundiária de Rulo, de 63 a.C. César pode ter argumentado que, com todo o dinheiro novo que Pompeu estava trazendo, Roma não precisava dos aluguéis da Campânia. Em seu novo projeto de lei, fazendas de sete acres seriam dadas a homens que tivessem pelo menos três filhos. Haveria também uma cláusula de juramento. Bíbulo, que estava se escondendo, reapareceu em público para se opor ao projeto de lei. César estava pronto para ele. César escondeu uma pessoa com um balde de fezes perto do Templo de Castor e Pólux, o templo do outro lado do Fórum, longe da Casa do Senado. Quando Bíbulo se aproximou, o homem de César jogou o balde sobre ele.[37]

O novo projeto de lei foi aprovado sem dificuldade, mas também nos é dito que muitos membros do Senado deixaram de comparecer às reuniões em protesto contra a abordagem autoritária de César. Um senador idoso chamado Consídio ganhou a admiração de Cícero quando disse a César que os senadores estavam se afastando porque tinham medo dos soldados de Pompeu nas ruas. Quando César perguntou a Consídio por que ele próprio havia comparecido, Consídio respondeu que sua idade avançada o tornava destemido e que o pouco tempo que lhe restava não lhe permitia ficar ansioso.[38] O principal entre aqueles que haviam parado de comparecer era Bíbulo. Ele agora afirmava que poderia declarar toda a legislação inválida por motivos religiosos, mesmo sem sair de casa – de onde publicava denúncias regulares contra seu colega, acompanhadas de discussões floreadas sobre a vida sexual de César, que o descreviam como a rainha da Bitínia, um homem que, tendo dormido com uma monarca, agora queria ser um. Também estavam incluídas nos panfletos de Bíbulo histórias desagradáveis sobre Pompeu, que parecem ter produzido uma reação visível.[39]

As objeções religiosas de Bíbulo à legislação de César eram totalmente contrárias aos costumes e não teriam nenhum impacto. Sua saída da Casa do Senado levou as pessoas a brincarem que estavam vivendo no "consulado de Júlio e César". Em junho, uma última lei seria aprovada, uma lei que moldou a história de Roma e da Europa desde então. O governador da Gália Transalpina havia morrido, e o Senado votou para adicionar essa província às outras províncias de César pelo mesmo período de cinco anos, supostamente partindo do princípio de que um projeto de lei seria aprovado em breve, concedendo-a a ele de qualquer maneira. O cenário estava montado para o que se tornaria as campanhas gaulesas. Governar uma província fronteiriça tão sensível não era algo que César havia planejado nem mesmo alguns meses antes, mas ele parecia estar extasiado e disse que agora seria capaz de esmagar seus oponentes. Ao mesmo tempo, ele mostrou que poderia virar as histórias sobre Nicomedes de cabeça para baixo. Quando um dos presentes no Senado disse que uma mulher não acharia fácil administrar a Gália Transalpina, ele respondeu que Semíramis (uma lendária rainha da Babilônia) havia sido suprema na Síria e que as amazonas já haviam governado grande parte da Ásia.[40]

No final do verão, Cícero se convenceu de que o poder da camarilha governante estava enfraquecendo. Ele observou que Pompeu foi vaiado no teatro e que houve aplausos entusiásticos para um ator que transformou a frase "para nossa infelicidade, você é grande" em uma piada sobre Pompeu. César, que assistia à mesma apresentação, ficou irritado ao não receber aplausos ao entrar no teatro, enquanto um jovem crítico recebeu uma ovação de pé. A partir do final de abril, Cícero passou a se referir rotineiramente a Pompeu em suas cartas a Ático como Sampsigeramus, o lendário último rei da Assíria, conhecido por seus hábitos corruptos. Ele até aproveitou a oportunidade para se parabenizar, dizendo que o resultado da perda de popularidade de Pompeu seria que sua "salvação" da República de Catilina seria lembrada de forma mais favorável do que as conquistas de Pompeu. O curioso sobre essas cartas é que Cícero quase nunca menciona César. Na visão de Cícero sobre a política romana, César parece ser uma figura secundária – e ele parece pensar que Pompeu também via as coisas dessa maneira, citando-o dizendo que, embora apoiasse o projeto de lei sobre a terra, César tinha que assumir a responsabilidade pela forma como ele foi aprovado, devido à violência relacionada à sua aprovação.[41]

O problema de interpretar a política romana através dos olhos de Cícero torna-se ainda mais pronunciado em cartas posteriores, à medida que o verão avança. Para Cícero, Bíbulo ainda está no céu, um herói para todas as pessoas "bem-pensantes", e a manipulação de Bíbulo do calendário eleitoral para que a votação para os cônsules do ano seguinte não ocorresse antes de outubro é um sinal de sua perspicácia política. A crescente impopularidade de César e de seus colegas é evidenciada na correspondência de Cícero por uma reunião pública na qual César tentou convencer uma multidão a atacar a casa de Bíbulo – e nada aconteceu. Em agosto, César chamou a atenção de Roma para um homem chamado Vécio, que certa vez forneceu a Cícero provas contra os catilinários. Vécio alegou ter provas de uma conspiração, por parte de um bando de jovens aristocratas, para assassinar Pompeu. César fez um grande alarde sobre isso, fazendo com que Vécio fizesse uma declaração pública, mas Cícero disse que as pessoas perceberam a farsa e que ninguém parece ter ficado triste quando Vécio apareceu morto em uma cela de prisão no dia seguinte.[42] Cícero não se aventura a opinar sobre quem matou Vécio. Se foi César, este é um momento excepcionalmente brutal em sua carreira política, e é mais provável que alguns dos acusados tenham feito justiça com as próprias mãos. O fato de Cícero não chamar César de assassino neste momento sugere que o assassino trabalhava para aqueles que se opunham a César e seus colegas.

César agora estava olhando para o ano que se aproximava e para o que aconteceria se Clódio realizasse sua ambição de se tornar tribuno. Parece que a irmã de Clódio, Clódia, recentemente viúva e experiente operadora no mundo político, teve um papel importante nas negociações de uma plataforma para ele concorrer que fosse aceitável para César e Pompeu, mas ele não agiria como agente deles. César tentou alertar Cícero de que as coisas não seriam agradáveis para ele – uma das leis propostas por Clódio condenaria ao exílio qualquer romano que tivesse condenado à morte cidadãos romanos sem julgamento, como Cícero havia feito no caso dos co-conspiradores de Catilina – e ofereceu-lhe um cargo em sua equipe. Isso lhe conferiria imunidade contra processos judiciais e é um sinal de que, apesar de todas as suas diferenças óbvias, César ainda nutria uma certa simpatia por Cícero. Também está claro que ele não gostava muito de Clódio, que era uma espécie de catapulta solta no convés agitado da política romana.[43]

A visão de Cícero sobre a crescente fraqueza de César é desmentida pelos resultados das eleições do outono, que reelegeram o sogro de César, Pisão, juntamente com Gabínio, como cônsules para o ano seguinte, e viram Clódio eleito tribuno. Ao mesmo tempo, a eleição para o cargo de pretor de dois dos firmes oponentes de César, Domício Enobarbo e Caio Mêmio, ressalta um aspecto fundamental da compreensão de César sobre o sistema político. Ele estava interessado no poder e, desde que pudesse conseguir o que queria, não estava interessado em tentar construir um consenso. Na verdade, todo o ano anterior havia sugerido que César considerava os esforços para construir um consenso uma perda de tempo, quando ele poderia conseguir o que queria de forma mais rápida e absoluta sem isso. Enobarbo e Mêmio poderiam querer apresentar uma legislação invalidando os atos do consulado de César, alegando que as reivindicações de Bíbulo significavam que todos os assuntos públicos haviam sido paralisados por motivos religiosos. Mas César estava confiante de que eles poderiam ser derrotados, e ele estava certo. O Senado parece ter se reunido fora dos limites da cidade no início de janeiro para que César, agora procônsul, pudesse participar de uma reunião na qual os dois pretores apresentaram sua moção para investigar a legalidade de suas ações. Após três dias, o assunto foi arquivado.[44] E enquanto tudo isso acontecia, Clódio estava assumindo o centro do palco.

Clódio tomou a iniciativa política assim que assumiu o cargo, em 10 de dezembro, apresentando vários projetos de lei. Um deles propunha aceitar a vontade do falecido Ptolomeu, que havia deixado Chipre, uma possessão independente dos ptolomeus, para Roma. Outros projetos de lei previam a distribuição gratuita de grãos a um grande número de pessoas em Roma, concediam novas províncias a Pisão e Gabínio e declaravam formalmente ilegal qualquer obstrucionismo religioso do tipo que Bíbulo havia tentado. A longo prazo, porém, o ato mais sério de Clódio não foi uma lei, mas sim a restauração do antigo festival das encruzilhadas chamado Compitália e das associações, *collegia*, através das quais a celebração era organizada. A Compitália havia sido proibida em 64 por se tornar um local de política disruptiva; os *collegia*, considerados subversivos, também haviam sido proibidos. Agora, Clódio incentivava a celebração da Compitália em 1º de janeiro, preparando o caminho para a votação de seu programa legislativo sob a direção da pessoa que se tornaria seu principal agente nas negociações com os *collegia*, Sexto Clódio. Nos anos seguintes, esse Clódio – cuja conexão com Públio, com quem não tinha parentesco, pode ter começado por meio de seu serviço como escrivão público – mobilizaria os *collegia* como uma força política, aumentando o nível de violência nas ruas de Roma.[45]

Após sua primeira rodada de legislação, Clódio apresentou projetos de lei para tirar de Roma as pessoas de quem não gostava. A tarefa de tomar Chipre foi dada a Catão, que recebeu a tarefa subsidiária de restaurar alguns exilados em Bizâncio. Isso deixou Pompeu um pouco irritado, pois permitiria a Catão exercer algum poder em uma parte do império que Pompeu considerava seu feudo, mas também significava que Catão ficaria longe da cena política romana por um tempo. Um segundo projeto de lei, em março, declarava que qualquer pessoa que tivesse condenado à morte cidadãos romanos sem julgamento seria exilada. Parece que Clódio havia dito em algum momento a Pompeu e César que não faria isso – e eles prometeram a Cícero que ele estaria seguro no ano seguinte.[46] Agora, as coisas aparentemente haviam mudado, e Clódio estava se mostrando um agente independente. Cícero apelou a seus amigos por apoio para resistir a essa iniciativa, mas encontrou pouco. Ele partiu para o exílio voluntário após a aprovação do projeto de lei de Clódio e antes que um segundo projeto de lei dirigido a ele pessoalmente o declarasse exilado e confiscasse suas propriedades. Clódio mandou destruir a casa de Cícero no Palatino e dedicou o local onde ela ficava à deusa Liberdade.[47]

No final de 58, o domínio de Clódio na cena política começou a incomodar Pompeu, que passou a procurar uma maneira de controlá-lo. Enquanto isso, César estava construindo uma nova posição para si mesmo por meio de vitórias massivas em sua província.

9

A terra das oportunidades

Gallia est omnis divisa in partes tres. "Toda a Gália está dividida em três partes." Essa é provavelmente a primeira frase em latim que a maioria dos estudantes da língua encontrará hoje em dia. Como todas as frases iniciais dos livros em grego e latim, ela diz ao leitor sobre o que será o livro – algo que aconteceu em toda a Gália. Para um romano, isso implicava algo especial, pois nenhum romano jamais havia atuado em toda a Gália. O livro intitulado *Notas sobre a Guerra da Gália* (doravante *Guerra da Gália)* diz aos leitores desde o início que esta Guerra da Gália será diferente de todas as outras, pois ocorrerá em toda a área que hoje conhecemos como França, Bélgica, Luxemburgo e sul da Alemanha.

Nas linhas a seguir, César diz aos seus leitores que os povos desta região incluem os belgas, os aquitanos e aqueles que se autodenominam celtas, mas que os romanos chamam de gauleses. As três regiões da Gália são divididas entre si por rios. O rio Garonne, no sudoeste da França, separa os aquitanos dos gauleses; os rios Marne e Sena, no norte, separam os gauleses dos belgas. Os belgas, diz César, são de longe os mais belicosos, pois são os mais distantes dos hábitos civilizatórios da província romana. Eles também são os mais próximos dos germânicos, que vivem do outro lado do Reno e com quem estão constantemente em guerra.[1]

A discussão de César sobre as diferentes qualidades dos habitantes da Gália é profundamente enganosa. O Reno sempre será uma fronteira cultural para César, uma função que ele pode cumprir porque não espera que seu público tenha um mapa na cabeça. Nada parecido com um mapa moderno existia na Antiguidade, então não havia necessidade de insistir no ponto de que o Reno separava os germânicos dos germânicos, assim como os gauleses dos germânicos. A razão para a distinção entre os belgas e os gauleses com base na sua relativa proximidade com a Germânia e na falta de hábitos romanos é justificar o ato de limpeza étnica em que César se envolveu no que é hoje o norte da Bélgica, quando os primeiros cinco livros da *Guerra da Gália* foram apresentados ao público em 53. O estado líder da região tinha massacrado a guarnição que César tinha instalado no inverno de 54, e ele exigiu que pagassem um preço terrível.[2]

César não foi de forma alguma a primeira pessoa a descrever os costumes dos gauleses. Os gregos tinham uma tradição bem desenvolvida de escrita etnográfica, que remontava ao primeiro grande historiador, Heródoto. Nessa tradição, uma etnografia começava com uma descrição das terras habitadas por um povo, incluindo a natureza do terreno, rios, clima e animais, seguida por uma discussão sobre a história e os costumes do povo e concluída com uma descrição das coisas mais fascinantes sobre o povo e seu país.

Os primeiros encontros entre gregos e gauleses datam do século VI a.C., quando gregos que fugiam dos conquistadores persas da Turquia ocidental (lar de muitas comunidades gregas) fundaram a cidade que hoje é chamada de Marselha. Os romanos tiveram seu primeiro encontro sério com os gauleses quando um bando de guerreiros gauleses destruiu o exército romano e saqueou Roma em 387 a.C. (a próxima vez que a cidade cairia nas mãos de um adversário estrangeiro seria em 410 d.C.). Nos séculos IV e III a.C., soldados gauleses serviram tanto a governantes gregos da Sicília, quanto a seus rivais cartagineses. Eles desempenharam um papel importante nos exércitos que lutaram contra Roma na primeira e na segunda das grandes guerras com Cartago e, no início do século III, invadiram o norte da Grécia, onde mataram um rei macedônio e tentaram, sem sucesso, saquear o grande santuário oracular de Delfos. Depois disso, eles se mudaram para a Turquia central, onde vários grupos se estabeleceram na região ao redor do que hoje é Ancara e passaram a travar guerras periódicas contra seus vizinhos gregos.

O contato prolongado entre os gauleses e os povos das costas do Mediterrâneo provocou várias respostas culturais que César aproveitaria na narrativa de suas campanhas. Uma das representações mediterrâneas mais notáveis dos gauleses pode ser vista no grande altar de Pérgamo, agora em Berlim, que faz dos gauleses parte das gigantescas forças do caos que desafiaram os deuses do Olimpo no início dos tempos. Outras obras de arte retratam gauleses morrendo: esses gauleses vestem roupas mínimas, mas são bem musculosos e parecem corajosos (Placa 5). A ambivalência de tais representações artísticas também se refletiu na recusa contínua de Roma em conceder cidadania ao povo celta do norte da Itália, e pode até ser discernida em uma descrição da Gália e dos gauleses que havia sido recentemente escrita por Posidônio, o principal intelectual grego da época de César, no vigésimo terceiro livro de sua história, que se estendia desde a destruição de Cartago em 146 até 88. Posidônio havia viajado para a Gália e descreveu seus hábitos em primeira mão, atualizando relatos anteriores.[3]

"Fisicamente, os gauleses têm uma aparência assustadora", escreveu Posidônio, "com vozes graves e muito ásperas". Eles são "presunçosos e ameaçadores, propensos à autodramatização bombástica, mas são rápidos de raciocínio e têm boa aptidão natural para o aprendizado". São altos, têm pele úmida e branca e são naturalmente loiros. Os gauleses nobres usam bigodes grandes que cobrem a boca e retêm comida e bebida. Em seus esplêndidos banquetes, há uma tradição animada de homenagear os líderes com apresentações poéticas, e eles têm seus bardos em alta conta. Isso, no entanto, não os impede de se envolverem em brigas que terminam em duelos até a morte. Os pobres bebem cerveja, enquanto os ricos bebem vinho – muito vinho. Eles supostamente gostam tanto de vinho que trocariam um escravizado por uma ânfora dele. Suas roupas são impressionantes: "túnicas tingidas em várias cores e calças... e eles usam mantos listrados, presos com fivelas, grossos no inverno e leves no verão, com um padrão xadrez variegado". Escavações arqueológicas de importantes locais religiosos fornecem evidências de festas públicas luxuosas do tipo descrito por Posidônio, bem como de uma indústria têxtil bem desenvolvida.[4]

Quanto aos guerreiros gauleses, Posidônio diz que suas armaduras incluíam grandes escudos, decorados em estilos individuais, e capacetes de bronze com grandes saliências que serviam para aumentar o tamanho de quem os usava. Alguns homens tinham couraças de malha de ferro, enquanto outros lutavam nus. A nudez em batalha era um hábito que os gauleses haviam abandonado algum tempo antes, mas Posidônio não resistiu a fazer uma alusão a essa tradição, assim como não resistiu a descrever as carruagens de guerra gaulesas, que também haviam saído de moda em todos os lugares, exceto nas Ilhas Britânicas. Em geral, os exércitos gauleses eram divididos entre a cavalaria, composta pela elite social, e uma força de infantaria composta por todos os demais. Quando estavam no serviço militar, os gauleses se entregavam a relações promíscuas com pessoas do mesmo sexo, algo que chocava Posidônio. Ele também ficava chocado com a tendência dos gauleses de colecionar as cabeças daqueles que haviam matado em batalha e pregá-las nas portas de suas casas, embalsamando as cabeças de inimigos especialmente famosos em óleo de cedro. Embora Posidônio tenha ficado repugnado com essa prática no início, ele afirma ter se acostumado com ela. As cabeças estavam por toda parte.[5]

A ambivalência de Posidônio em relação aos hábitos gauleses se estende às suas práticas religiosas. Ele descobre que eles têm duas classes de sacerdotes: os profetas, que interpretam os sacrifícios e são filósofos naturais, e os druidas, que estudam a natureza e a filosofia moral. Os profetas supervisionam todos os sacrifícios de animais, o que está muito de acordo com a prática greco-romana. O que horroriza Posidônio é que, "ao investigar assuntos de grande importância, eles têm um costume estranho e incrível: consagram um ser humano". Segundo Posidônio, eles apunhalavam essa vítima consagrada no diafragma e então interpretavam o futuro a partir da maneira como a vítima se contorcia e sangrava. Outras práticas sacrificiais incluíam atirar flechas nas pessoas, empalá-las em templos ou queimá-las em estátuas de palha e madeira. A arqueologia confirmou a veracidade do que Posidônio escreveu. Um local religioso em Ribemont-sur-Ancre, no norte da França, inclui uma estrutura construída com ossos longos humanos dispostos ao redor de fossas e um grande depósito de restos mortais sem cabeça fora do recinto principal. Um santuário em Corent, na Auvergne, contém crânios, mas nenhum corpo. As evidências desses dois locais em cada extremidade do território celta sugerem uma continuidade da prática de sacrifícios em toda a região e sugerem que a exibição de troféus humanos afirmava o poder da classe governante.[6]

Pouco depois de Posidônio publicar seu livro, César relataria que os druidas presidiam assuntos divinos e mantinham o conhecimento de tradições religiosas que não estavam registradas por escrito. Eles atuavam como juízes em disputas privadas e públicas e, se as pessoas não fizessem o que os druidas decidiam, seriam excluídas da adoração aos deuses. Uma vez por ano, de acordo com César, os druidas se reuniam no território dos carnutes, no centro da Gália, e era lá que eles transmitiam suas decisões sobre várias disputas. Assim como Posidônio, César diz que os druidas praticavam sacrifícios humanos, acreditando que não era possível propiciar os deuses a menos que uma vida humana fosse dada em troca de uma vida que deveria ser salva. Eles ofereciam sacrifícios públicos em massa, nos quais colocavam pessoas vivas dentro de grandes imagens humanas feitas de vime, que então eram incendiadas. Ladrões e bandidos eram as vítimas preferidas para sacrifício, mas inocentes podiam ser incluídos se não houvesse ladrões suficientes para preencher a gigantesca efígie.[7]

Depois de terminar sua descrição macabra dos hábitos druídicos, César sugere que, deixando de lado a tendência de praticar sacrifícios humanos, a religião gaulesa pode ser entendida como uma extensão do culto greco-romano. Ele escreve que a divindade mais frequentemente adorada pelos gauleses é Mercúrio, o deus mediterrâneo do comércio, com Apolo, Marte, Júpiter e Minerva – divindades associadas à cura, à guerra, aos céus e à sabedoria – também sendo reverenciadas. Essa versão do culto celta é extremamente simplificada. Os registros materiais revelam uma gama muito mais ampla de divindades com funções que se sobrepõem, o que não ocorre no mundo clássico. Mais notavelmente, o esquema de César não tem lugar para a deusa mãe tripartida, as Matronas, que eram rotineiramente retratadas sentadas em meio a símbolos de fertilidade. A arte celta também apresenta deuses da caça, como a figura com chifres Cernunnos, que aparece no caldeirão de Gundestrup junto com imagens de sacrifícios de animais. O poeta Lucano fornece os nomes de três deuses celtas: Esus, Tarannis e Tethrutes. Em imagens encontradas nas proximidades de Paris e Trier, Esus é retratado cortando galhos na companhia de pássaros pantaneiros, o que pode sugerir que ele estava conectado com corpos d'água. Enquanto isso, o nome Taranis está ligado a palavras galesas e irlandesas para trovão, sugerindo que ele era um deus do céu. O nome Tethrutes está ligado à palavra gaulesa para comunidade, o que pode significar que ele era visto como um protetor da comunidade. Em geral, as divindades celtas parecem ter sido imaginadas como espíritos que facilitavam as conexões humanas com o mundo natural, e seu panteão era um pouco menos hierárquico do que o culto clássico no qual Júpiter reinava supremo.[8]

Uma diferença crucial entre o que César diria sobre a Gália e o que Posidônio havia dito anteriormente era que este não via nenhuma diferença real entre os gauleses e os germânicos. Para ele, não havia diferenças culturais notáveis entre os povos da Gália, da Germânia e da Europa Central. A observação de Posidônio sobre a homogeneidade cultural em todas as terras gaulesas é comprovada pelos registros arqueológicos. Os arqueólogos descobriram um continuum de práticas que se estende da Grã-Bretanha à Europa Central e encontraram sinais de que a sociedade celta era muito mais sofisticada do que a sociedade alcoólatra e homicida que os leitores de Posidônio poderiam ter imaginado. É verdade que os gauleses gostavam de beber – há ampla evidência de importação em grande escala de vinho do sul, mesmo para a região dos belgas, apesar do que César tem a dizer sobre sua virtude austera –, mas os elementos comuns da cultura gaulesa iam muito além do gosto pelo álcool. Os sítios celtas na Europa continental incluem uma grande variedade de tipos, revelando uma organização social altamente estratificada em toda a região. Em uma extremidade da escala estão os pequenos assentamentos rurais, onde a agricultura era a atividade principal. Assentamentos um pouco maiores, embora principalmente agrícolas, também abrigavam artesãos de vários tipos, incluindo metalúrgicos excepcionalmente talentosos que produziam uma ampla variedade de implementos e objetos decorativos, além das armas carregadas pelos guerreiros gauleses. Por fim, havia algumas aglomerações urbanas muito grandes que eram importantes centros de comércio e produção artesanal. Idealmente, esses locais ocupavam o topo de uma grande colina, como pode ser visto hoje nos locais de Gergovie, Monte Beuvray Thuin e Alise sur Reine, todos os quais desempenhariam um papel significativo nas campanhas de César. Locais importantes como esses podiam ser encontrados desde a costa atlântica até a Europa central e se estendiam ao norte até a terra dos belgas. Essa continuidade deve questionar ainda mais as distinções de César entre as conquistas culturais de vários grupos e sua implicação de que essas conquistas variavam puramente como resultado de diferentes graus de contato com Roma.

César admitiria que os gauleses eram capazes de projetos impressionantes. Os grandes fortes da região eram cercados por muralhas (Placa 6) cuja construção impressionava até mesmo a ele. A típica "muralha gaulesa" começava como uma estrutura de madeira que cercava a área da cidade. Do lado de fora, a estrutura era sustentada por uma muralha de pedra talhada, enquanto o interior frequentemente se apoiava nas casas da cidade. A área dentro da estrutura era preenchida com terra e entulho, tornando-a impenetrável para as máquinas de cerco romanas. Ao longo de suas campanhas, César teve que ou matar seus inimigos de fome ou construir equipamentos de cerco que lhe permitissem superar essas fortificações. Dentro das muralhas dessas cidades, há sinais de intensa atividade econômica.

A hierarquia dos tipos de povoados e as evidências de uma atividade econômica de alto nível tendem a confirmar a visão básica de César da sociedade política gaulesa como sendo dominada por oligarquias poderosas, às quais César se refere – inspirando-se no modelo romano – como os "equestres". A posição relativa dos membros desses grupos governantes era determinada pelo número de servos que podiam sustentar. Esses servos podiam estar vinculados por um juramento de não sobreviver ao seu líder.[9] Esses servos aristocráticos provavelmente eram montados e bem armados, enquanto a maior parte da infantaria do exército gaulês era composta por camponeses, provavelmente organizados em bandos de acordo com os aristocratas que eram seus patronos. Esses camponeses e es eram individualmente responsáveis por comparecer quando necessário, mas as comunidades ou aristocratas individuais parecem ter mantido registros para saber quem era esperado. De acordo com César, havia uma lei, comum a todas as comunidades gaulesas, segundo a qual todos os homens fisicamente aptos eram obrigados a comparecer a uma reunião anual. A última pessoa a comparecer era torturada até a morte. O momento dessas reuniões era suficientemente previsível para que, em várias ocasiões, César devastasse territórios tribais antes que elas pudessem ocorrer.[10]

O estado gaulês que César descreveu com mais detalhes, os Éduos, tinha um conselho tribal que selecionava líderes anuais. César sugere que, na geração anterior à sua chegada à Gália, alguns grupos tinham líderes de longo prazo que eram efetivamente reis e, como veremos, César tentaria estabilizar seu controle sobre os grupos gauleses, tornando seus conselhos aristocráticos, que ele considerava altamente instáveis, sujeitos a uma liderança executiva mais permanente. Os líderes anuais das comunidades gaulesas, ou aqueles que ocupavam funções administrativas de longo prazo, parecem ter atuado tanto na esfera cívica quanto na religiosa, mas não está totalmente claro quais decisões podiam ser tomadas simplesmente no "senado" local e que tipos de decisão exigiam uma assembleia maior (César se refere a ambos os tipos de tomada de decisão). Arqueologicamente, parece que os aristocratas mantinham bases no campo, bem como nos principais centros tribais.[11]

Outro aspecto da sociedade gaulesa era a existência de coalizões em grande escala. César escreve que, quando chegou à Gália, as facções mais poderosas eram as dos sequanos e dos éduos. Os éduos eram "os mais poderosos porque tinham o maior número de clientes". À medida que a campanha de César na Gália se desenvolvia, as comunidades mais poderosas atuavam como representantes dos grupos menos poderosos nas negociações com César, que claramente considerava essas associações regionais úteis. O alto nível de organização política nas sociedades gaulesas forneceu as estruturas nas quais César poderia basear sua própria reorganização da Gália, e os aristocratas com grupos de servos montados podiam ser recrutados diretamente como auxiliares romanos. A cavalaria aedua já servia com a cavalaria recrutada na província da Gália Transalpina em 58. A cavalaria "gaulesa" em geral formaria uma parte importante do exército de César em 56. Junto com as unidades germânicas que foram incorporadas ao exército em 52, elas desempenhariam papéis táticos importantes, ao mesmo tempo em que facilitariam a incorporação dos aristocratas gauleses na organização militar romana.[12]

César escreveria que as estruturas de poder locais dependiam de uma classe dominante rica, e Posidônio observou que os nobres gauleses possuíam uma grande quantidade de ouro. A arqueologia mostra que a economia rural gaulesa produzia um excedente abundante e revela a existência de uma rede de transportes viável, incluindo estradas regulares e pontes, para facilitar o comércio. Talvez seja um pouco irônico que, atualmente, os excelentes estudos sobre a cunhagem dos povos belgas, que César descartou como estando isolados da economia da Gália central, mostrem um sistema monetário altamente desenvolvido, tipicamente baseado em quatro tipos de metal – potin (uma combinação de cobre, estanho e chumbo), prata e ouro, juntamente com algumas moedas de bronze que, como as moedas de potin, eram para uso diário. A cunhagem dos belgas é, portanto, semelhante à cunhagem muito bem estudada dos sênones, que César teria chamado de gauleses. É notável que, à medida que os exércitos de César na Gália se expandiram ao longo da década seguinte, não há evidências de um aumento na produção de moedas em Roma. Isso permite a presunção, verdadeira em outras partes do império (e expressamente afirmada por César em referência às tropas que ficariam sob o comando de Pompeu na Espanha durante os anos 50), de que as legiões eram e es pagas com recursos locais. César usaria o dinheiro arrecadado na Gália para pagar as legiões que ele levantou sem a permissão do Senado, alegando que crises estavam surgindo na Gália. A conquista da Gália pôde se desenrolar como se desenrolou porque César foi capaz de financiá-la com a riqueza gaulesa.[13]

10
César sobre ser César

Nossa principal fonte para a próxima década da vida de César serão os livros que ele escreveu sobre suas campanhas na Gália de 58 a 52 e, em seguida, sobre a Guerra Civil de 49-48. Esses livros são tudo menos diretos: como já vimos, a descrição que César faz dos gauleses é moldada por sua necessidade de justificar políticas específicas, e o processo de composição varia de um livro para outro. Abordaremos os comentários sobre a Guerra Civil quando chegarmos a esse ponto da vida de César. Por enquanto, precisamos examinar como a história da Guerra da Gália se desenvolveu e ver o que César tem a nos dizer sobre sua visão para o futuro de Roma e da Gália.

A Guerra da Gália, tal como a conhecemos, é o resultado de um longo processo de composição em três etapas. A primeira etapa teria sido os relatórios que César enviou ao Senado durante e após cada campanha. Temos uma boa ideia de como eles seriam, pois temos vários relatórios que Cícero escreveu quando era governador da Cilícia (sul da Turquia) em 51. Esses relatórios são todos na primeira pessoa, como os de César teriam sido, e pode haver um vestígio de um dos relatórios de César no final do Livro 5, em que ele fala na primeira pessoa para explicar a conduta revolucionária dos gauleses em 54. Como esses relatórios foram a base para a ação do Senado, alguns dos detalhes que continham não puderam ser alterados posteriormente. Entre esses detalhes, os principais teriam sido os relatos das baixas inimigas, que teriam sido usados para justificar a concessão de um triunfo ou a celebração de dias de ação de graças. O fato de César relatar votos de ação de graças por suas vitórias mostra que as narrativas foram atualizadas a partir dos relatos originais, mas as inconsistências gritantes nos relatos sobre os mortos inimigos nessas narrativas mostram que ele teve que deixar intactas as alegações originais de morte e destruição que justificavam as celebrações. Por isso, a afirmação no Livro 2 de que os nérvios foram praticamente aniquilados é seguida pela presença de um poderoso exército dos nérvios no Livro 5, onde eles são acompanhados pelas forças dos aduátucos, que César havia afirmado (também no Livro 2) terem sido todos vendidos como escravos. Afirmações absurdas sobre baixas – César acabou alegando ter matado e escravizado dois milhões de gauleses – não eram uma característica exclusiva da propaganda de César. Pompeu havia divulgado boletins semelhantes sobre suas campanhas no Oriente.[1]

A segunda fase da composição envolveu uma mudança da narração em primeira pessoa para a terceira pessoa. É muito provável que isso tenha sido feito para facilitar as apresentações das obras pela Itália, e essa fase provavelmente também envolveu a adição de algum material novo. Ariovisto, por exemplo, é levado a dizer no Livro 1 que sabe que muitos membros da nobreza romana ficariam felizes se ele matasse César. É improvável que essa declaração tenha aparecido em uma missiva ao Senado. Outra adição provável – devido à sua improbabilidade inerente – é a citação de Ariovisto de uma famosa passagem do Diálogo Meliano de Tucídides, quando ele diz a César que "é uma lei da guerra que os vitoriosos tratem os derrotados da maneira que desejarem". Da mesma forma, o malvado Ambiórix, o vilão do Livro 5, que trata dos eventos de 54, tem espaço considerável para mentir aos embaixadores romanos, enquanto Sabino, o comandante sênior da guarnição romana que Ambiórix está enganando, é apresentado como alguém que mina a autoridade de seu colega mais cauteloso em uma reunião e, em seguida, perde a calma quando Ambiórix embosca seus homens. Nesse caso, as ações de Sabino definem uma má liderança militar e contrastam com sua boa conduta anterior, o que sugere que, até esse momento, ele era um subordinado de confiança. No Livro 3, Sabino até faz um discurso para seus soldados, dizendo-lhes que um legado deve fazer o que o general ordena (o que é exatamente o que ele deixa de fazer no Livro 5). Na mesma linha, César havia lembrado aos centuriões reunidos, no início da campanha, que não cabia a eles "questionar ou conjecturar sobre a direção em que marchavam ou o objetivo da campanha".[2] Isso era da conta de César.

A terceira fase da composição é detectável através de referências cruzadas internas, normalmente na primeira pessoa e referindo-se, através de frases como "como eu disse acima", à forma física de um livro escrito num rolo de papiro. Essas referências cruzadas estão normalmente dentro de um único livro, o que torna a referência ao Livro 1 que ocorre no Livro 5 especialmente marcante. César está prestes a ordenar o assassinato de um dos homens mais poderosos da Gália e menciona sua ampla discussão sobre a conduta hipócrita desse homem durante a campanha inicial de 58 contra os helvécios. A razão provável para produzir uma nova versão da história da Gália neste momento é que ele acabara de sofrer um grande revés – a destruição das forças de Sabino por Ambiórix no inverno de 54. Idealmente, o Livro 5 teria terminado com a subjugação da Grã-Bretanha e o recebimento de tantos reféns que foram necessárias duas viagens de ida e volta entre a Grã-Bretanha e a Gália para transportá-los todos. Então Ambiórix interveio. Os leitores veriam agora como César havia restaurado a situação no final da obra e ainda teriam a história de sua invasão da Grã-Bretanha no início do livro. O Livro 5, com seus extensos elogios a Públio Crasso, filho do colega triunviral de César, que havia feito campanha no sudoeste da Gália (área conhecida como Aquitânia) em 57, também poderia ser lido como uma recomendação para o jovem que desempenhava um papel importante na campanha síria de seu pai – e, então, como um memorial quando essa campanha terminou em desastre durante o verão de 53.

Os livros 6 e 7 formam uma história coerente, enfatizando como a cooperação de César com Pompeu garante a segurança de Roma. Pompeu dá tropas a César no início do livro 6 para substituir as perdidas por Sabino, e a intervenção de Pompeu para acalmar os distúrbios após o assassinato de Clódio em janeiro de 52 libera César para começar sua resposta à rebelião gaulesa inspirada pelas notícias do caos em Roma.[3] Como veremos, a situação era muito mais complicada do que César deixa transparecer aqui.

Outro sinal de que César via os livros 6 e 7 como um par é que ele inclui uma extensa etnografia da Gália e da Germânia no livro 6, muito mais substancial do que qualquer coisa nos cinco primeiros livros. Isso serve tanto como justificativa para as políticas que ele está implementando em 53 quanto para enfatizar a grande importância dos eventos que estão prestes a se desenrolar no livro 7, que será de longe o mais longo de todos os livros sobre a Guerra da Gália. Sua decisão de incluir a etnografia neste ponto é semelhante à sua decisão de incluir uma descrição da Grã-Bretanha no Livro 5, em vez do Livro 4, quando ele invadiu inicialmente a ilha. O Livro 5 será o livro em que os britânicos serão derrotados de forma decisiva, assim como os Livros 6 e 7 verão o fim do grande conflito na Gália.[4]

Outro aspecto da etnografia no Livro 6 é a oportunidade que ela proporcionou a César de comentar sobre como uma sociedade poderia fracassar, em que a maioria das pessoas "é mantida em escravidão virtual, sem ousar fazer nada por conta própria, não sendo consultada sobre nenhum assunto, oprimida por dívidas e impostos ou pelo abuso dos nobres. Elas dizem que estão em servidão aos nobres, que têm sobre elas o poder que os senhores têm sobre os escravos". O resultado é que o "povo" é facilmente enganado por aristocratas corruptos que buscam poder em disputas faccionais, enquanto proclamam uma relutância em seguir a linha romana. Aulo Hírcio, ex-assessor de César que produziu a versão final do Livro 8, resumiu a visão de César sobre a ordem política quando escreveu que César disse a um conselho comunitário gaulês que ninguém era forte o suficiente para incitar a guerra com um grupo humilde de pessoas se os líderes não estivessem dispostos, o senado resistisse e todos os ricos se opusessem. Exploraremos essas situações nos próximos capítulos, mas a visão de César sobre a sociedade gaulesa parece uma crítica ao tipo de mundo oligárquico em que Catão gostaria de viver.[5]

Depois de discutir a sociedade gaulesa, César passa, como vimos, para a religião gaulesa, oferecendo um retrato detalhado dos druidas – que, a julgar por Cícero, eram considerados interessantes pelo público romano – e, em seguida, passa para um retrato altamente literário dos germânicos, expandindo a descrição dos hábitos germânicos – sua dieta à base de carne animal e aversão à agricultura – para discutir os animais estranhos que habitavam suas vastas florestas, referindo-se às descrições da Germânia compostas por "Eratóstenes e alguns outros gregos".[6]

As principais conclusões para os leitores da *Guerra da Gália* foram claramente expressas por Aulo Hírcio quando escreveu a L. Cornélio Balbo sobre o trabalho que havia feito ao completar a narrativa de César para os anos 51 e 50 no Livro 8. Os leitores ficaram impressionados, disse ele (e Cícero concordou com ele), com o estilo prosaico de César e sua habilidade em explicar seus planos. César deixou claro que sua máquina militar eficaz estava a serviço do povo romano. Como já foi frequentemente observado, ele evita cuidadosamente usar a expressão *senatus populusque Romanus* ("Senado e povo de Roma"), preferindo *populus Romanus* ("povo de Roma") em todo o texto. Quando o Senado é mencionado, é para apontar que seus membros estão envolvidos em comunicações traidoras com o inimigo ou incentivando a rebelião por meio de disputas faccionais que distraem César dos assuntos gauleses.[7]

A própria liderança de César também é um tema central. O comandante-chefe liderava pelo exemplo. A conduta adequada de um general que se encontra em dificuldades inesperadas é mais bem ilustrada pela descrição que César faz de si mesmo em uma batalha "quando tudo tinha que ser feito ao mesmo tempo". Os nérvios lançaram um ataque surpresa e, depois que César deu as instruções necessárias, "ele se moveu para a frente da linha de batalha, chamando os centuriões pelo nome e encorajando o resto dos soldados a avançar com os estandartes e afrouxar suas fileiras para que pudessem usar suas espadas mais facilmente". Inspirados por seus oficiais, tanto o general diante de cujos olhos lutarão quanto seus comandantes imediatos em nível de unidade, os soldados respondem com suas próprias demonstrações de valor disciplinado. O papel dos centuriões na comunicação do sistema de valores do general não pode ser subestimado. Provenientes da aristocracia regional, os centuriões já eram, na vida civil, líderes das tropas que mais tarde comandariam, uma vez que as unidades militares nesse período eram formadas comunidade por comunidade. A reverência de César aos centuriões, homens como Sestio Báculo, cuja coragem é destacada em várias ocasiões, é também um elogio aos seus compatriotas.[8]

César considerava crucial a comunicação regular com os soldados rasos, embora ela fosse mediada pelos centuriões. Os homens precisavam saber por que estavam lutando e como. No cerco de Avaricum, no Livro 7, por exemplo, César explica aos seus soldados que não os está enviando contra Vercingétorix porque, embora saiba que eles não evitariam perigo algum para promover sua própria fama, seria errado arriscar suas vidas desnecessariamente. Da mesma forma, em seu relato da Guerra Civil, César oferece vários exemplos dos discursos de autojustificação que fez aos seus homens durante a invasão da Itália. Os interesses deles são os interesses de César. Ele está ciente de que os soldados buscarão no general um exemplo em tempos difíceis, então ele se certifica de que as pessoas vejam que ele está, por exemplo, mandando embora seu cavalo antes da batalha contra os helvécios. Em notas que fez sobre a Guerra de Alexandria em 47, posteriormente incorporadas ao livro finalizado por um editor, César diz a seus homens como um general observará todos os incidentes, tanto de negligência quanto de coragem. Mais tarde, ele escreve, antes de um grande combate no porto de Alexandria, como havia repetidamente dito às tropas que as consequências da derrota seriam muito piores para eles do que para o inimigo. Outro subordinado seu, que escreveu um livro sobre a campanha no norte da África, compara César, instruindo suas tropas sobre a melhor maneira de lutar contra seus inimigos, a um treinador de gladiadores.[9]

Dada a ênfase de César na importância da comunicação entre ele e seus subordinados, talvez não seja surpreendente que as referências à religião romana estejam notavelmente ausentes de seus livros. Ao contrário de Sula, que mencionava regularmente sinais da graça divina, e até mesmo de Mário, que divulgava os serviços de figuras proféticas em sua comitiva, César quase nunca menciona os deuses ou a fortuna. Uma ocasião em que ele faz isso é no Livro 1 das *Guerras da Gália*, quando escreve que, "seja por sorte ou pelo plano dos deuses imortais", uma vitória inicial na campanha helvética vingou um antigo desastre. Outra é no Livro 5, onde ele diz a seus homens que a benevolência dos deuses imortais e sua própria coragem lhes trouxeram a vitória. Um terceiro caso está no Livro 6, onde ele escreve que "a Fortuna desempenha um grande papel em tudo, mas principalmente na guerra" e que a Fortuna preservou Ambiórix em fuga. Mas, na maioria das vezes, a palavra *fortuna*, tal como usada por César, implica "destino" ou "acaso", em vez de um ato de uma divindade. Para César, as batalhas são vencidas por generais, não por deuses.[10]

A tecnologia e a logística são mais importantes do que a sorte. Ao longo da narrativa, César chama a atenção para a alta qualidade de sua organização. Fortificações são erguidas na velocidade da luz para impedir que os helvécios cruzem para a província; novas legiões são convocadas para enfrentar novas ameaças; grandes quantidades de grãos são depositadas em Bibracte antes da chegada de César em 58; uma frota é construída conforme necessário no Livro 3; e uma ponte "imponente" é construída sobre o Reno no Livro 4. Um tema recorrente nos primeiros livros é a forma como os gauleses ficam impressionados ou incapazes de responder à engenharia romana. Dois povos belgas, os suessiões e os aduátucos, rendem-se quando veem as impressionantes obras de cerco que os romanos conseguem construir. O resultado da batalha decisiva em Alésia é determinado pela capacidade de César de construir obras de cerco massivas a uma velocidade muito elevada, de modo a ditar as táticas que os gauleses devem usar.[11] A batalha naval decisiva contra os vênetos em 54 é determinada pela astúcia romana, que lhes permite desmastrar os navios vênetos, e depois há a ponte acima mencionada construída sobre o Reno em 55, que talvez seja a declaração mais clara de como César entendia esses projetos:

> Ele não achava que atravessar em barcos fosse suficientemente seguro, nem considerava isso apropriado para sua própria distinção (*dignitas*) ou para a do povo romano. Portanto, mesmo que a grande dificuldade de construir uma ponte fosse óbvia devido à largura, velocidade e profundidade do rio, ele decidiu que deveria superar isso ou, caso contrário, não levar o exército para o outro lado.[12]

Um aspecto importante da tecnologia romana é a maneira como ela ajuda a manipular a psicologia gaulesa.

É função do general garantir que seus homens estejam confiantes em suas chances de sucesso. Ele dá o exemplo através de sua conduta no campo de batalha, compartilhando os perigos com seus homens conforme a situação exige. O exemplo do general inspira um comportamento exemplar por parte dos oficiais subalternos. Centuriões valentes como Sestio Báculo, ou o porta-águia da Décima Legião que lidera o desembarque na Grã-Bretanha, encorajam repetidamente seus colegas a atos de coragem. Ao mesmo tempo, o general precisa estar ciente de como a psicologia do inimigo pode ser minada. No momento decisivo da campanha de 52, César lidera a investida que cairá sobre a retaguarda dos gauleses que estão atacando suas fortificações, visível pelo manto vermelho que veste, de modo que seus homens são encorajados, enquanto os gauleses ficam desmoralizados.[13]

O César que aparece em várias peças retóricas, passagens nas quais ele precisa explicar a política romana aos gauleses, é um tradicionalista que apresenta suas ações como estando de acordo com o que os romanos fizeram e sofreram no passado. Uma das razões pelas quais ele sabe que os helvécios são uma ameaça mortal é que eles já haviam derrotado um exército romano (embora isso tenha ocorrido meio século antes da campanha de 58, que deu início às guerras gaulesas). Ariovisto, no entanto, precisa ser instruído sobre a história romana. Não, ele não é, como pensa, a primeira pessoa a assumir o controle da Gália. Quinto Fábio Máximo lutou contra os arvenos em 121 no mesmo território que Ariovisto reivindicava, mas os perdoou e decidiu não impor tributos. Ariovisto deveria estar ciente de que o Senado desejava que a Gália fosse livre. Em geral, em suas relações com estrangeiros, César está sempre preparado para defender ou afirmar a dignidade de Roma. Ele não se apresenta como um expansionista radical. Os remos reivindicam a ajuda de César em 57, entregando-se à boa fé do povo romano, o que exige que César os defenda contra seus vizinhos agressivos (embora veremos que há um pouco mais na história do que César deixa transparecer neste momento). Os britânicos, por outro lado, têm ajudado os gauleses em todas as suas guerras contra Roma, então César teve que invadir sua ilha, assim como precisou invadir o sul da Alemanha depois que duas tribos germânicas cruzaram o Reno em 55. A racionalidade e a moderação de César estão em evidência ao longo de toda a obra. Quando ele é severo, é por um bom motivo: os gauleses quebraram acordos.[14]

Uma característica notável das campanhas de César é a velocidade com que ele e seus exércitos se movem. César diz que, em sua primeira campanha na Gália, ele correu de Roma a Genebra pelas marchas mais longas possíveis para enfrentar os helvéticos e que, em seguida, retornou à Gália Cisalpina para liderar as cinco legiões daquela província até o centro da França, cruzando os Alpes em apenas sete dias. No segundo livro, ele leva dez dias para levar o exército de seus quartéis no leste da França até a fronteira com os belgas, "chegando mais rapidamente do que qualquer um poderia prever", e ele se apressa com similar rapidez para resgatar Quinto Cícero no Livro 5. A rapidez de seu movimento da Itália em 52, cruzando as Cevenas apesar da neve profunda, desequilibra Vercingétorix, permitindo que César se junte ao exército e dê início a uma campanha que será marcada pela marcha árdua de seus homens.[15]

* * *

O César que aparece nas entrelinhas é uma figura mais interessante do que aquele que é cuidadosamente elaborado para servir a um propósito narrativo. Talvez o mais notável seja a capacidade de César de adaptar seus próprios esquemas táticos às táticas do inimigo e sua disposição de abandonar planos que colocam seu exército em risco maior do que o necessário. Veremos que as táticas empregadas em 58 não reaparecem durante o resto das campanhas gaulesas. Em segundo lugar, há sua obsessão com a logística – cada campanha começa com uma breve declaração de que os suprimentos foram garantidos, e os preparativos no final do ano também são moldados por questões logísticas. César estava construindo uma operação logística muito substancial, algo que só se torna visível em frases curtas, como quando ele menciona que precisava garantir a proteção do quartel-general central antes de partir para lutar contra os nérvios no inverno de 54. A magnitude da burocracia privada de César não era segredo: Cícero estava bem ciente de seu desenvolvimento, mas a construção de tal burocracia não é uma característica padrão das narrativas de guerra antigas.[16]

Outro tópico que não recebe muita atenção nos relatos típicos da guerra antiga, mas sobre o qual César insiste constantemente, é o valor de uma boa inteligência. A discussão mais longa que ele oferece sobre o tema, no Livro 4, é sobre a necessidade de se ter cuidado com informantes interessados:

> Os gauleses são inconstantes nos seus planos e ávidos por novidades. Por essa razão, [César] não achava que eles fossem confiáveis. Além disso, há esse hábito gaulês de obrigar os viajantes, mesmo que eles não queiram, a parar, e procurar descobrir o que cada um deles pode ter ouvido ou sabe sobre algum assunto, e uma multidão se reúne em torno dos comerciantes nas cidades e obriga cada um a falar sobre as regiões de onde vieram e os negócios que conhecem. Comovidos com o que ouviram, muitas vezes fazem planos sobre os assuntos mais importantes, dos quais se arrependem rapidamente, pois dependem de relatos incertos e muitas pessoas lhes dizem coisas falsas de acordo com seus interesses.[17]

No Livro 1, César alude brevemente a esse tema quando escreve que seus soldados ficaram assustados com relatos exagerados de comerciantes gauleses sobre as capacidades assustadoras dos germânicos de Ariovisto. O que essa passagem também ressalta é que o exército de César, recrutado nas regiões celtas do norte da Itália e do sul da França, continha uma proporção muito alta de homens que falavam alguma forma da língua nativa, o que teria aumentado sua capacidade de interpretar as informações que chegavam dos informantes nativos. Em um nível mais alto, mesmo antes do início da primeira campanha, César estava obtendo informações de indivíduos bem posicionados, como Marco Mettius, associado de Ariovisto, além de líderes gauleses. Diviciaco, o Éduo, é mencionado como o tipo de pessoa com quem César conversava, os líderes dos remi são identificados como pessoas que o aconselhavam no início de 57, e Cômio, o Atrébate, que acabaria se revelando uma grande decepção quando se juntou a Vercingétorix em 52, foi escolhido por sua inteligência como conselheiro de César em 56. Em outro lugar, César diz que mudou o que estava fazendo quando aprendeu algo novo com "prisioneiros e desertores". Além disso, apesar do que ele tem a dizer sobre o papel dos comerciantes em Besançon, que causaram pânico momentâneo entre as tropas, ele admite que eles podem ser fontes úteis de inteligência sobre as condições gerais nas áreas que ele planeja atacar.[18]

César não tolerava tolos e exigia um alto nível de responsabilidade de seus subordinados. É claro, por exemplo, que, como ele sabia que os nérvios compreenderam sua ordem de marcha, ele deve ter iniciado uma investigação sobre o que levou à quase catástrofe sofrida na emboscada e como o desastre foi evitado. Da mesma forma, sua discussão no Livro 1 sobre como Públio Consídio confundiu os homens de Labieno com os helvécios sugere que uma investigação semelhante foi conduzida, e César parece justificar sua escolha de uma pessoa de competência duvidosa para uma tarefa importante quando diz que Consídio havia servido anteriormente sob Sula e Crasso. Há também sinais de uma investigação sobre as razões da derrota em Gergóvia (Placa 9) quando César diz que os homens não poderiam ter ouvido as trombetas que soaram chamando-os – mas ele também observa que eles ainda desobedeceram às ordens de seus oficiais que tentaram impedir seu avanço, como ele havia ordenado. Ele então diz que disse a seus homens que a derrota deles se deveu ao fato de não terem obedecido ao sinal e aos seus oficiais. A desconexão óbvia entre o que César diz saber sobre o sinal e o que diz aos seus homens é provavelmente uma indicação de como ele achava que deveria transmitir seus pensamentos sobre um fracasso às tropas. Ao discutir a quase catástrofe sofrida por Quinto Cícero em Aduatuca em 53, César observa que Quinto seguiu as ordens que lhe foram dadas até ceder às reclamações de seus homens e permitir que eles deixassem o acampamento. Como ele escreveria em seu relato da Guerra Civil, "os papéis dos legados e do comandante supremo são diferentes. Um faz tudo conforme ordenado, o outro deve se preocupar com as questões mais importantes". Quando as coisas não davam certo, o comandante precisava saber o motivo. César parecia ser capaz de reconhecer um encobrimento quando via um e criou um ambiente em que a verdade, mesmo que incômoda, era preferível à falsidade egoísta.[19]

O autor do livro sobre a campanha de César no Norte da África oferece uma imagem de como seria o resultado de uma investigação. Nesse caso, um tribuno da Décima Legião havia usado o navio que o transportava para a África para transportar seus bens pessoais, sem levar nenhum soldado com ele. César, que procurava uma desculpa para dar o exemplo a alguns oficiais que considerava terem se comportado de forma inadequada durante um motim alguns meses antes, reuniu todos os oficiais do exército e proferiu um discurso no qual condenou o tribuno e outros três homens por sua conduta e os demitiu imediatamente do exército. Mensagem enviada e recebida.[20]

Embora César geralmente se apresentasse como amigo do povo comum de Roma, na *Guerra da Gália* ele frequentemente sugere que o povo comum da Gália é facilmente enganado, tornando-se peão de aristocratas ambiciosos como Dumnórix – o qual, diz César, havia se tornado extremamente poderoso, de modo que, quando ele se candidatou ao controle das receitas dos heduanos, ninguém ousou concorrer contra ele, o que lhe permitiu obter o contrato a um custo baixo e manter um exército privado. Antes de sua chegada ao acampamento de César em 54, Dumnórix teria dito aos éduos – provavelmente para causar problemas a César – que César pretendia torná-lo seu rei. No contexto, a afirmação reflete uma política que César estava começando a adotar já em 57, de substituir magistrados eleitos anualmente por líderes que ele pudesse convencer os conselhos tribais a aceitar como "reis".

A afirmação de Dumnórix também nos mostra por que César considerava o sentimento do orador ateniense no Diálogo Meliano tão estúpido que poderia ser colocado na boca de Ariovisto.[21] No Diálogo Meliano, os atenienses dizem aos melianos que os poderosos podem fazer o que quiserem e os fracos têm que lidar com isso. O próprio Tucídides provavelmente achava que essa visão da política ateniense, defendida por alguns de seus contemporâneos, era tola, pois o tratamento brutal dos melianos foi levantado pelos aliados de Esparta como uma razão para tratar os atenienses com severidade depois que eles se renderam em 404 a.C. Além disso, na história de Tucídides, o Diálogo é justaposto ao início da catastrófica expedição de Atenas à Sicília. O que a política de César reconhecia era a necessidade de dar às pessoas uma razão para aceitarem o sistema que ele estava criando. Quando Dumnórix se rebelou, César já havia feito Cômio rei dos atrébates e estabelecido um homem chamado Tasget como rei dos carnutes. Presumivelmente, houve muitos outros, já que sabemos dessas nomeações apenas por meio de comentários casuais na narrativa, e o próprio César parece brincar sobre sua política quando escreveu a Cícero dizendo que faria de um amigo mais jovem seu "um rei na Gália" na primavera de 54.[22]

A nomeação de reis foi acompanhada por um programa de reuniões regulares das tribos, que parece ter começado em 55. A primeira vez que ouvimos falar de tal reunião é nesse ano, quando César diz que "convocou os líderes da Gália" e lhes disse para fornecerem cavalaria para sua proposta de invasão da Germânia. No ano seguinte, César considera o não comparecimento a uma reunião como uma violação implícita de um acordo existente que precisa ser resolvida imediatamente. Nesse caso, ele convoca uma reunião dos líderes tribais para construir um consenso em torno de seu candidato preferido para a liderança tribal, um homem chamado Cingetórix, que conquistou sua posição por meio de "excelente boa vontade para com ele". César diz mais tarde que, na primavera de 53, convocou uma reunião de todos os gauleses "como era seu costume", mencionando de passagem que se dirigiu ao grupo a partir de sua plataforma de magistrado. Mas o objetivo dessas reuniões e nomeações não era simplesmente construir uma estrutura administrativa; era também dar aos gauleses uma voz na forma como as coisas eram administradas. Os líderes gauleses que serviam no exército romano comandavam seus próprios homens. O objetivo da política de César era que os aristocratas gauleses leais a Roma vissem benefícios genuínos.[23]

A personalidade e o programa político de César emergem com cada vez mais clareza ao longo da *Guerra da Gália*. Ele é um líder exigente, atento aos detalhes e à responsabilidade, flexível em seu planejamento e capaz de responder ao inesperado – mas deixando muito claro que a resposta ao inesperado virá de cima para baixo. Sua imagem do povo comum da Gália como vítimas de aristocratas egoístas que podem facilmente enganá-los levanta a questão de como ele via o povo comum de Roma. Seu elogio a Pompeu é um elogio a uma pessoa como ele, que deve sua autoridade às leis do povo romano, que criaram comandos extraordinários fora do aparato político usual. O que César está oferecendo, por implicação, é o que Roma havia obtido em seu consulado.

O objetivo do governo é garantir o bem-estar do povo por meio de uma gestão eficiente, assim como os gauleses, que conhecem seu lugar no sistema, fazem por seu povo. O modelo de boa gestão que ele oferece é altamente centralizado e autocrático. Para César na década de 60, a *via popularis*, o "caminho populista" que Cícero alegou que César estava seguindo em 63, significava a proteção do povo romano contra ações arbitrárias dos magistrados romanos – acima de tudo, por meio do "decreto final do senado", o *senatus consultum ultimum*.[24] O apoio de César às leis que concediam comandos a Pompeu contra os piratas e depois Mitrídates era igualmente "populista" por esta definição. O que vemos através da *Guerra da Gália* é como César redefiniu o que significava ser populista.

Para César, a proteção do povo romano dependia de uma liderança eficiente. Por implicação, essa não era a liderança proporcionada pelo processo eleitoral anual. Em, livros 6 e 7, ele chama a atenção para sua aliança com Pompeu. É isso que lhe permite recuperar-se rapidamente do desastre no final de 54 e responder à revolta gaulesa em 52. O Estado romano há muito tempo terceirizava funções administrativas básicas para empresas privadas. Podemos observar o desenvolvimento da organização de César para apoiar seu exército à medida que a *Guerra da Gália* avança, com o resultado de que, no final da década de 50, ele – e Pompeu, que continuou a construir sua própria organização – estavam à frente de vastas empresas que prestavam serviços financeiros e administrativos em todo o império.[25] A versão de César da *via popularis* é um caminho para um governo melhor por meio de uma gestão corporativa eficiente. O programa que emerge das páginas da *Guerra da Gália* é a transformação do Estado romano para que ele possa ser governado por detentores de comandos de longo prazo que não estejam sujeitos aos caprichos das facções.

11
Fases iniciais

Dada a complicada situação política quando ele deixou o cargo de cônsul, César não partiu imediatamente para a Gália. Não havia necessidade de fazê-lo. A temporada de campanha só começaria na primavera. Quando ele deixou a região de Roma, seu legado legislativo estava intacto. Mesmo ainda não estando em suas províncias, César já havia começado a reunir uma equipe de pessoas com conhecimento local. Duas pessoas que apareceram no verão de 58 e devem ter sido recrutadas com bastante antecedência foram Marco Mettius e Valério Prócilo, ambos considerados amigos de Ariovisto por César. Pompeu Trogo, filho de um homem que havia recebido a cidadania de Pompeu, também foi incluído na equipe, assim como outro homem, Cneu Pompeu, que atuava como tradutor. Valério Troucillus, que César descreve como uma das figuras mais respeitáveis da província da Gália Transalpina e "um bom amigo", também foi contratado nessa época e serviria como embaixador dos Éduos durante a campanha inicial de César. Dois aristocratas alóbroges chamados Roucillus e Aecus também se alistaram e comandariam uma unidade tribal de cavalaria durante os oito anos que se seguiram.[1]

A rebelião dos alóbroges, reprimida por Caio Pomptino em 60, significava que os administradores e as estruturas logísticas da província haviam sido testados recentemente. Isso seria útil no futuro, mas, apesar do decreto de emergência que acompanhou essa rebelião, também houve sérias falhas de inteligência na Gália Transalpina. Não está claro se a embaixada que o Senado enviou para exortar os gauleses a não se unirem aos helvécios chegou a partir, e a presença de embaixadas rivais dos éduos e germânicos em Roma em 59 faz parecer que nada foi realizado. Se tivesse sido, é improvável que ambos os lados estivessem na cidade buscando o apoio do Senado. Além disso, os termos atenuados dos governadores mais recentes da Gália Transalpina – Pomptino, que partiu mais cedo para reivindicar um triunfo, e seu sucessor, cuja morte na primeira parte de 59 abriu as portas para César – resultaram na falha em manter os olhos atentos aos povos vizinhos.[2] O resultado foi que a ameaça helvética foi esquecida e César previu que estaria operando nos Bálcãs. Três de suas quatro legiões estavam em Aquilcia, na extremidade ocidental da Gália Cisalpina.

A chegada repentina dos helvécios, buscando permissão para atravessar a província romana, foi uma surpresa óbvia em março de 58. Não está claro qual foi a conexão, se é que houve alguma, com os eventos de 60, e também não está claro como devemos entender a história que César nos conta sobre o contexto da situação que enfrentou. Essa história começa com uma complicada conspiração aristocrática. Em 61, segundo César, um ambicioso helvético chamado Orgetórix decidiu que poderia obter a posição de chefe em seu estado se conseguisse convencer seu povo a migrar. Ele os convenceu a fazer essa mudança e então começou a conspirar com Dumnórix, líder dos éduos, e um homem chamado Cástico, membro de uma família influente entre os sequanos, para que pudessem obter a realeza conjunta sobre toda a Gália. Para esse fim, a filha de Orgetórix se casou com Dumnórix. Quando os helvécios descobriram o que Orgetórix estava tramando, no entanto, eles o convocaram para ser julgado, e ele acabou cometendo suicídio; a implicação é que isso aconteceu em 59, já que os helvécios decidiram migrar de qualquer maneira e a próxima coisa que César diz é que eles estavam na fronteira de sua província.[3]

As dificuldades com essa história são muitas. Em primeiro lugar, não há nenhuma referência na versão de César desses eventos às incursões no verão de 60, que Cícero relaciona com a derrota dos éduos pelos sequanos e Ariovisto. A ausência total de Ariovisto na narrativa também é profundamente suspeita. É especialmente difícil entender o que Castício (que César nunca mais menciona) estava tramando, mas havia claramente líderes dos sequanos que não gostavam de Ariovisto, o que torna possível que a migração dos helvécios tenha sido planejada por essas facções para fortalecer a oposição a Ariovisto em um momento em que parecia que os romanos não iriam fazer nada a respeito dele – e, pior ainda, tinham decidido que ele era seu "amigo e aliado".[4]

Fosse o que fosse que estivesse acontecendo com os sequanos, o único ponto certo é a existência de algum tipo de acordo entre Dumnórix e Orgetórix, porque não há razão para César ter inventado o casamento entre Dumnórix e a filha de Orgetórix. Também é significativo que César diga que os helvécios, em sua migração, estavam indo para o território dos santones, uma região ao norte do território romano. A combinação do casamento e desse destino torna concebível que alguns entre os líderes éduos vissem uma aliança com os helvécios como um contrapeso à aliança entre os sequanos e Ariovisto. Mesmo assim, o sentimento não pode ter sido uniforme entre a elite dos éduos. Diviciaco, que era o magistrado chefe dos éduos em 58, apoiou a intervenção de César para impedir a migração dos helvécios, apesar do envolvimento do seu próprio irmão.[5]

A campanha começou quando César foi informado de que os helvécios apareceriam em frente a Genebra – no rio Ródano, que formava a fronteira da província romana – no final de março. Ele deixou Roma e chegou o mais rápido possível, trazendo consigo a única legião baseada na Gália Transalpina, juntamente com recrutas convocados das comunidades provinciais. Ele cortou a ponte sobre o Ródano e explicou aos embaixadores helvécios que eles não cruzariam o território romano. Ao mesmo tempo, seus homens construíam obras defensivas ao longo do rio – um muro com 30 km de comprimento e 5 metros de altura.

Quando os helvécios se retiraram, César deixou Tito Labieno, que seria seu tenente de maior confiança nos nove anos seguintes, encarregado das defesas locais, enquanto ele corria de volta para Aquileia para convocar as legiões que já estavam lá e levantar duas legiões adicionais da Gália Cisalpina.[6] Os legionários tinham que ser cidadãos romanos e, embora nem todos os habitantes dessa província fossem cidadãos, havia um número suficiente para satisfazer as necessidades de mão de obra de César, ou pelo menos é o que ele dá a entender. Com as duas novas legiões adicionadas às já existentes, César teria um exército de cerca de 24.000 homens. Mais tarde, ele escreveria que os helvécios tinham oito vezes mais pessoas, citando um documento, escrito em grego, que ele afirma ter encontrado após sua vitória final. Isso é francamente impossível. O próprio exército de César precisava de mais de trinta toneladas de comida por dia, e não há como ter comida suficiente na primavera para alimentar uma força helvética tão grande, mesmo que ela tivesse começado com algumas provisões próprias, durante as cerca de seis semanas da campanha que se seguiu. É provável que a migração helvética total não tenha sido superior a cerca de 60.000 pessoas, um número equivalente aos maiores exércitos que operavam no período pré-moderno.[7]

Além disso, dado que muitos desses helvécios seriam não combatentes, é provável que o tamanho real de seus exército fosse aproximadamente o mesmo que o de César. Mas a força efetiva do exército de César era menor do que parecia, pois as tropas recém-recrutadas não teriam muita utilidade até que ganhassem alguma experiência. O treinamento básico no exército dos EUA, por exemplo, prevê hoje um período de dez semanas para proporcionar aos novos soldados a força física e mental necessária para cumprir suas funções. As duas primeiras semanas do período de treinamento são destinadas a ensinar aos novos soldados os valores fundamentais e os primeiros socorros, ao mesmo tempo em que se inicia o processo de condicionamento físico que continuará ao longo das dez semanas. O treinamento com armas começa para os recrutas nas semanas 3 e 4 e continua a partir daí, à medida que as tropas se familiarizam com uma gama maior de armas e desenvolvem habilidades mais avançadas. O que sabemos sobre o treinamento básico no exército romano sugere que a teoria era muito semelhante à de um exército moderno: desenvolver o condicionamento físico e, em seguida, treinar os homens para usar suas armas. Matar no exército romano era algo intensamente pessoal. Depois que o *pilum*, a lança de arremesso que havia sido criada para o exército de Mário, desarmava o inimigo, cabia ao soldado romano matá-lo com uma espada. Os recrutas romanos, portanto, tinham que aprender a tirar uma vida ficando ao lado de uma pessoa, sentindo sua respiração e enfiando uma arma nela. Levou tempo para que os novos soldados fossem capazes de fazer isso e entrarem na forma exigida para um soldado de combate. Marchar com as legiões veteranas de César foi apenas o começo de seu programa de condicionamento físico e, quando César travou sua batalha final contra os helvécios no final de junho, ficou claro que ele não achava que eles estavam prontos para fazer mais do que guardar a bagagem – a tarefa que lhes foi atribuída naquela batalha.[8]

Do lado romano, a campanha começou para valer quando as legiões do norte da Itália cruzaram os Alpes pela passagem do Monte Genévre e chegaram, no início de junho, ao sul da França.[9] Os helvécios estavam em movimento, tendo recebido permissão dos sequanos para atravessar suas terras, desde que não causassem danos pelo caminho.[10] Isso foi algo supostamente negociado por Dumnórix, embora seja de se perguntar o que Ariovisto pensava que estava acontecendo, já que ele era a força política dominante na terra dos sequanos. Quando César conseguiu fazer seus homens atravessarem os Alpes, os helvécios, que haviam se unido a alguns outros grupos da região, já haviam avançado bastante no território dos éduos, saqueando tudo em seu caminho e, segundo César, até mesmo atacando os alóbroges, cujas terras ficavam dentro do território da província romana. Se isso fosse verdade, César poderia afirmar com segurança que estava agindo para defender a província e não violando abertamente a cláusula de sua própria lei de extorsão, que proibia um governador de liderar seus homens além das fronteiras de sua província. Considerando que mais tarde ele citaria o decreto do Senado de 61 que orientava o governador da Gália Transalpina a proteger os Éduos, ele parece ter reconhecido que tinha alguma vulnerabilidade nesse ponto.[11]

Quando o exército de César se aproximou dos helvécios em meados de junho, eles haviam avançado até o Saône, um afluente do Ródano. Lá, ele os atacou enquanto cruzavam o rio, massacrando um subgrupo, os tigurinos. César continua dizendo que isso foi especialmente gratificante, pois os tigurinos foram responsáveis pela destruição de um exército sob o comando do cônsul Lúcio Cássio em 107 a.C. e causaram a morte do avô de seu sogro. César relata algumas negociações preliminares após a batalha, dizendo que o líder helvético era um homem chamado Divico – o mesmo responsável pela derrota romana cinquenta anos antes. Isso parece ser uma ficção conveniente, e esse Divico desempenha o papel narrativo útil de lembrar aos leitores romanos que os helvécios eram um inimigo ancestral, além de muito arrogantes.[12]

A fase seguinte da campanha, à medida que as duas forças se moviam para oeste a partir do Saône, começou com um ataque de cavalaria, lançado pelos auxiliares de César e alguns aliados éduos, contra a coluna helvética, que foi repelida. Seguiu-se uma grande discussão entre César e a liderança dos éduos sobre o fornecimento de provisões adequadas para as legiões, que já não podiam ser alimentadas com grãos transportados pelo Saône.[13] A questão se resumia à interferência de Dumnórix, que estava impedindo a liderança dos éduos de cumprir sua promessa de fornecer aos romanos os grãos necessários. A discussão desse problema ocupa consideravelmente mais espaço do que as descrições de todas as batalhas da campanha, o que faz parecer que César está usando esse momento para justificar o assassinato de Dumnórix cinco anos depois. De qualquer forma, os éduos finalmente conseguiram o grão prometido e César teve que desviar-se da sua perseguição aos helvécios para recolher o grão em Bibracte, a capital dos Éduos.

A caminho de Bibracte, César tentou emboscar os helvécios, atraindo-os para um ataque em subida contra duas legiões comandadas por Labieno e, em seguida, atacando-os com o restante de suas forças enquanto eles estavam ocupados. Essa operação fracassou quando o comandante de sua cavalaria, Públio Consídio, informou erroneamente que havia avistado os helvécios ocupando a colina que Labieno deveria defender. As pessoas que ele tinha visto eram, na verdade, as tropas de Labieno, e os helvécios já tinham seguido o seu caminho. Como sugerido no último capítulo, deve ter havido uma discussão considerável após este erro, e César provavelmente enviou uma mensagem sobre a responsabilidade que esperava do seu pessoal.[14]

A essa altura, os dois exércitos haviam chegado ao vale do Arroux, o rio estreito que corre para o sul através de Autun até o Loire. Há uma linha de colinas baixas a oeste do rio, e foi aqui, quando César desistiu de perseguir os helvécios nos arredores da atual vila de Toulon-sur-Arroux, que os helvécios atacaram com toda a força.[15] César colocou sua bagagem no topo de uma colina, deixando as legiões e auxiliares recém-formados para guardá-la, enquanto posicionava suas tropas experientes nas encostas da colina e mandava seu próprio cavalo embora antes de caminhar ao longo das linhas para encorajar seus homens antes da batalha. A mensagem que ele enviou ao desmontar – de que todos compartilhariam igualmente o perigo – era clara.[16]

No relato padrão da vitória de Mário sobre os teutões em 102, eles atacaram morro acima, entrando em desordem quando os romanos lançaram seus *pila* e atacaram com suas espadas. Tanto o terreno quanto o *pilum* aparecem no relato de César sobre essa batalha. Ele escreve:

> Os soldados, lançando seus *pila* de um terreno mais elevado, romperam facilmente a falange inimiga. Foi uma grande desvantagem para os gauleses que muitos de seus escudos fossem perfurados e mantidos juntos por um único golpe de um *pilum*. Quando as pontas de ferro se torciam, eles não conseguiam removê-las nem lutar com os braços esquerdos impedidos, então muitos deles optaram por jogar fora seus escudos e lutar desprotegidos.

Com os helvécios em fuga, os grupos que formavam a retaguarda de sua coluna apareceram de repente e ameaçaram o flanco do exército romano enquanto este perseguia seu inimigo. O exército foi salvo pela formação padrão da legião, que se organizou em três linhas. A terceira linha se virou para lidar com os novos inimigos, enquanto as duas primeiras linhas empurravam os helvécios de volta ao seu acampamento. Os romanos então retornaram ao seu próprio acampamento. Após uma retirada de quatro dias, os helvécios concordaram em se render e voltar para casa.[17]

No decorrer dessa narrativa, César recorreu, de forma consciente e reflexiva, ao exemplo de Caio Mário. A destruição dos tigurinos deu a César a chance não apenas de afirmar que estava exigindo vingança pessoal, mas também de se apresentar como uma reencenação do encontro inicial da campanha de Mário em 102, quando o famoso tio de César destruiu um subgrupo teutônico, os ambrones, em uma travessia de rio. Essas pessoas são explicitamente descritas como responsáveis pela terrível derrota romana em Arles alguns anos antes.[18] Entre essa ação (a destruição dos tigurinos) e a batalha final perto de Bibracte, o esforço de César para posicionar os homens de Labieno e preparar uma emboscada é uma variação das táticas de Mário em sua vitória sobre os teutões em 102, e os detalhes oferecidos na descrição de César de sua batalha final parecem dar continuidade ao tema mariano. As diferenças nesses detalhes devem nos tranquilizar de que César não repetiu simplesmente uma narrativa emprestada da geração de Mário, mesmo que os eventos pareçam paralelos entre si. Por outro lado, as semelhanças sugerem que César estava explorando uma história anterior e se apresentando como o novo Mário, o novo salvador de Roma das hordas bárbaras – uma continuação de seu uso de Mário em toda a sua construção política pessoal.

A razão de César para permitir que os helvécios sobreviventes voltassem para casa era que, caso contrário, os germânicos poderiam ocupar seus campos desocupados. O fato de os éduos terem dado terras a um dos subgrupos que acompanhavam os helvécios aponta para uma confusão contínua sobre qual era o objetivo da migração dos helvécios em primeiro lugar e para a possibilidade de uma divisão genuína entre os líderes dos éduos quanto à conveniência da intervenção romana para deter os helvécios. Ainda assim, uma vez que os helvécios foram eliminados como um possível fator na resolução da disputa dos éduos com Ariovisto, os romanos eram agora muito bem-vindos a intervir, se pudessem ser convencidos a se voltar contra seu "amigo e aliado". César descreve uma reunião dramática em que o eduano Diviciaco lembra a César que ele havia buscado ajuda contra Ariovisto no passado e apresenta a ele um embaixador dos sequanos que explica como seu povo está terrivelmente oprimido por Ariovisto, seu antigo aliado, agora senhor.[19]

* * *

Dado que César havia nomeado Ariovisto como "amigo e aliado" do povo romano, a justificativa para entrar em guerra com ele requer uma explicação considerável. Isso é fornecido por meio de uma série de trocas diplomáticas nas quais César procura educar Ariovisto sobre o que significa a amizade do povo romano, e Ariovisto deixa claro que sua própria compreensão do poder está em desacordo com a de César e do povo romano. A citação de Tucídides que discutimos no último capítulo apresenta a segunda dessas trocas. Na primeira troca, César enviou embaixadores para solicitar uma reunião e Ariovisto respondeu que, se quisesse se encontrar com César, ele teria que reunir seu exército e entrar nas partes da Gália controladas por César, o que seria muito caro. Mas, como César queria a reunião, ele deveria ir até Ariovisto, embora este admita que não consegue imaginar que negócios César, ou o povo romano em geral, teria em sua parte da Gália.[20]

O resultado da primeira embaixada foi claramente insatisfatório, então César enviou uma segunda. Seus embaixadores apontam que Ariovisto tem uma obrigação pessoal para com César devido à generosidade que César lhe demonstrou durante seu consulado. Consequentemente, Ariovisto precisa devolver os reféns éduos que mantém e pedir aos sequanos que devolvam quaisquer reféns que estejam mantendo. O embaixador de César lembra ainda a Ariovisto o decreto do Senado de 61 a.C., que instruía a pessoa que governava a Gália a zelar pelos interesses dos éduos e outros amigos do povo romano. Tendo citado Tucídides, Ariovisto prossegue, salientando que ele não diz aos romanos o que fazer e que eles não têm nada que lhe dizer o que fazer. Os éduos, derrotados em batalha, são tributários de Ariovisto e, se César tentasse mudar essa situação, estaria cometendo uma grande injustiça com Ariovisto. César também é instado a lembrar que Ariovisto é um guerreiro invencível.[21]

Os éduos agora reclamam a César que estão sendo atacados pelos harudes, súditos de Ariovisto. Os tréveros, um estado localizado ao sul do Ródano, na região da atual Trier, enviam a César informações sobre o possível movimento de um grande número de germânicos em direção ao sul, atravessando o Reno. César fica horrorizado. Ele considera essencial impedir a chegada de novos germânicos (talvez seja bom demais para ser verdade que um dos líderes dos possíveis recém-chegados se chame Cimbério, de modo que César pode sugerir uma conexão entre seus próprios inimigos e a ameaça que Mário enfrentou).[22] César agora coloca seu exército em movimento. Isso provavelmente teria ocorrido na primeira quinzena de agosto. A estrada moderna da capital dos Éduos em Bibracte (onde César provavelmente teve sua discussão inicial com Diviciaco) até a cidade de Vesontio, a moderna Besançon, permite uma viagem de pouco mais de duas horas – a distância é de 178 km e a estrada cruza brevemente com a extremidade sul da Route des Grands Crus, o coração da região da Borgonha, na França. Não haveria vinhos finos na época de César, e sua rota teria passado um pouco ao sul da estrada moderna, já que ele teria usado o rio Doubs, um afluente do Saône, para transportar os suprimentos de seu exército. Mais de trezentas toneladas de alimentos teriam sido necessárias para uma marcha que pode ter durado cerca de duas semanas.[23]

César relata um sério desafio à sua autoridade em Besançon. Seus soldados de língua celta conversavam com comerciantes locais que se reuniram ali para abastecer o exército romano. Eles enfatizavam o tamanho físico dos germânicos, suas vitórias sobre os gauleses, sua aparência hedionda e sua habilidade militar. Ao ouvir tudo isso, os homens de César ficaram assustados. O exército de César servia sob seu comando havia apenas alguns meses, um terço das tropas era composto por novos recrutas e mesmo a experiência dos veteranos consistia mais em ações policiais do que em combate total. Muitos dos oficiais subalternos tinham vindo de Roma por amizade a César e não sabiam muito sobre a vida militar. O medo deles se espalhou por todas as fileiras, ilustrando o princípio cesariano de que os oficiais precisavam dar o exemplo para seus homens. Soldados foram vistos escrevendo seus testamentos, um sinal reconhecível de motim incipiente em um exército romano.[24]

Fora do campo de batalha, César não costumava se comunicar diretamente com o soldado comum. Em vez disso, ele dependia dos centuriões para manter as tropas em ordem. Portanto, nessa ocasião, ele convocou uma reunião com os centuriões. Primeiro, ele os criticou por questionarem a autoridade do general – havia apenas uma pessoa que tomava decisões pelo exército. Em segundo lugar, mesmo que Ariovisto, "impulsionado pela raiva ou loucura", esquecesse suas obrigações para com César e decidisse lutar, eles deveriam se lembrar das vitórias de Mário sobre os cimbros e teutões e da derrota dos homens de Espártaco (agora, por implicação, escravizados germânicos). Além disso, os gauleses não haviam sido derrotados por Ariovisto, mas sim enganados por ele. Sua campanha havia sido longa e eles ficaram sem suprimentos antes que os germânicos atacassem, mas os romanos só precisavam olhar ao redor para ver que estavam bem abastecidos. Por fim, as tropas de César precisavam lembrar que os helvécios, que acabavam de derrotar, frequentemente venciam os germânicos. César era, por implicação, racional em vez de precipitado. Se seus homens continuassem a reclamar, ele sabia que a Décima Legião o seguiria a qualquer lugar e, se necessário, ele partiria no dia seguinte com apenas essa legião. Os argumentos de César prevaleceram. A agitação terminou. César liderou o exército para uma última negociação com Ariovisto antes que o conflito se tornasse inevitável.[25]

Essa reunião final ocorreu alguns dias após o incidente em Besançon. César conduziu seu exército em marchas lentas até a área ao redor de Belfort, onde Ariovisto estava acampado, e lá os dois se encontraram cara a cara. César lembrou a Ariovisto sua dívida pessoal para com ele e disse que o povo romano tinha uma relação de longa data com os éduos, que o Senado havia aprovado muitos decretos a seu favor e que era política geral de Roma não apenas proteger os interesses de seus aliados, mas também promover seu bem-estar. Ariovisto deveria, portanto, devolver os reféns e não permitir que mais germânicos entrassem na Gália. Em resposta, Ariovisto afirmou que havia derrotado os gauleses depois que eles o atacaram e que seu próprio poder na Gália era mais antigo do que o dos romanos. Além disso, ele não era um "bárbaro ignorante ou tão ignorante em assuntos" a ponto de não saber que os éduos não haviam ajudado os romanos quando estes estiveram recentemente em guerra com os alóbroges, então estava claro que a única razão pela qual César mantinha seu exército na Gália era para atacá-lo. Ele também estava bem ciente de que, se derrotasse e matasse César, "ele traria prazer a muitos dos nobres e líderes do povo romano". Ariovisto alegou estar em contato direto com essas pessoas.[26] A resposta de César foi simplesmente esclarecer a Ariovisto a data da primazia romana na Gália (121 a.C.) e encerrar a reunião quando parecia que os germânicos estavam tentando brigar com sua escolta.[27]

O extenso relato do envolvimento diplomático com Ariovisto, que preenche a segunda metade do livro inicial da *Guerra da Gália*, serve tanto para estabelecer Ariovisto como um "bárbaro ignorante" quanto para mostrar que a compreensão de César sobre a diplomacia romana é inteiramente tradicional e que ele está apenas fazendo o que o Senado já havia dito que queria que fosse feito. Ele está protegendo aliados que Roma tem a obrigação moral de proteger. Tal como na Espanha, ele não estava tomando nenhuma medida por iniciativa própria. Ele não está sendo agressivo, está simplesmente lá para ajudar. Ele mostra aos seus leitores como o conflito com Ariovisto surge da recusa categórica deste último em devolver os reféns éduos. Ele justifica ainda mais sua posição colocando na boca de Ariovisto precisamente a reclamação que poderia ter sido ouvida em Roma – que César realmente não tinha nada a ver com aquela parte da Gália – e insinuando claramente que aqueles que poderiam estar reclamando dele em Roma eram traidores. (Não temos outras evidências diretas sobre este último ponto porque Cícero, cujas cartas poderiam nos dizer algo mais, estava no exílio. Mas César parece estar respondendo às objeções à sua conduta na frente interna.)

Apesar do fracasso das negociações até então, Ariovisto ofereceu uma nova rodada de discussões assim que seu exército e o de César se posicionaram frente a frente. Isso parece ter sido um truque: quando César enviou os embaixadores, Troucilo e Metio, que conhecemos acima, Ariovisto os prendeu.[28] Durante a semana seguinte, os dois exércitos manobraram um ao redor do outro, com Ariovisto tentando cortar César do abastecimento que estava sendo enviado a ele pelos éduos e sequanos, cujo apoio denota algum contato significativo que não foi mencionado no livro de César. Após várias escaramuças, César soube por prisioneiros que Ariovisto estava evitando uma batalha em grande escala porque mulheres proféticas em seu acampamento lhe garantiram que ele não venceria se entrasse em batalha antes da próxima lua nova, em 25 de setembro. César decidiu forçar a questão. Avançando sobre o acampamento germânico, localizado no que hoje é o município de Andelnans, ele lançou um ataque direto à posição germânica. Os germânicos responderam com um avanço que, segundo César, foi tão rápido que seus homens não tiveram tempo de lançar suas *pila*.[29] César diz que comandou a ala direita do exército, que derrotou os germânicos à sua frente, mas que a batalha só foi decidida quando Públio Crasso (filho de seu aliado político), no comando da cavalaria e, portanto, com uma visão mais clara do campo de batalha, comprometeu as reservas para derrotar os germânicos que pressionavam os romanos na ala esquerda. O exército germânico derrotado, vencido em ambos os flancos, abandonou seu acampamento e fugiu por quilômetros com a cavalaria romana em sua perseguição. Entre os que ficaram para trás estavam duas das esposas de Ariovisto, uma das quais foi morta e a outra capturada. O próprio Ariovisto escapou.

A notícia da derrota de Ariovisto, diz César, convenceu os germânicos que já estavam acampados no Reno, preparando-se para se juntar a Ariovisto, a voltar para casa. Então, com considerável eufemismo, ele escreve que "tendo concluído duas guerras excepcionalmente importantes em um verão, César conduziu o exército aos quartéis de inverno na terra dos sequanos e colocou Labieno no comando do acampamento de inverno".[30] A decisão de ocupar o território dos sequanos vai muito além de qualquer interpretação razoável dos decretos senatoriais que César vem citando e explica o tom de suas negociações com Ariovisto. O público romano deveria entender que César não estava envolvido em um novo ato de imperialismo que criaria uma enorme organização militar sob sua própria liderança. Tratava-se simplesmente da defesa proativa dos aliados de Roma: política como de costume.

* * *

César passou o inverno, como faria no futuro, viajando pelo norte da Itália para conduzir os processos legais que faziam parte de suas funções como governador. Ao mesmo tempo, ele incentivava a celebração de suas vitórias e aprofundava suas conexões com os líderes locais, cujo apoio era crucial quando se tratava de recrutar novas tropas e espalhar boas notícias sobre ele em Roma. Um homem chamado Varrão, residente na Gália Transalpina, compôs um poema sobre o tema da guerra com Ariovisto, que parece ter se comparado bem com outros poemas da época. Também pode ter sido nessa época que César desenvolveu uma amizade com um homem importante na Gália Cisalpina, o pai do poeta Catulo – isso apesar de sua conexão com o inimigo de César, Caio Mêmio, em cuja equipe na Bitínia o jovem Catulo serviria no ano seguinte.[31]

Enquanto César estava na Itália naquele inverno, parece que os belgas ficaram angustiados com a presença das tropas romanas perto de suas fronteiras e começaram a planejar (ou assim diz César) um ataque aos romanos. Assim que recebeu essa notícia, César alistou mais duas legiões no norte da Itália e ordenou arranjos logísticos para apoiar uma nova campanha. Agora ele tinha um exército com o dobro do tamanho autorizado pelo Senado. Ele não podia usar fundos públicos para pagar essas tropas, mas podia usar o dinheiro extraído das cidades da Gália que tinham tratados exigindo que elas apoiassem operações defensivas, e também podia solicitar apoio dos éduos e outros aliados. Essas tropas seriam, portanto, pagas com a moeda local que discutimos em nossa pesquisa sobre a Gália.

A perspectiva de uma guerra com os belgas colocou César em contato com os remos, cujos líderes parecem ter mantido boas relações com Diviciaco. Uma aliança com os remos era operacionalmente inestimável para uma campanha contra os belgas e, a longo prazo, deu a César acesso aos recursos do estado que controlava a maior parte do território entre o Ródano e o Atlântico. Os remos optaram por entrar na esfera diplomática romana "rendendo-se à boa fé do povo romano".[32] A "entrega à boa fé do povo romano" era talvez a ferramenta mais antiga do arsenal diplomático, reconhecidamente um tanto limitado, do Estado romano. Tal entrega, que não precisava ser aceita se se considerasse que as pessoas que a faziam estavam agindo de má fé, obrigava os romanos a socorrer aqueles que se rendiam. Como governador, César presumivelmente tinha o poder de aceitar a rendição, dependendo da aprovação posterior do Senado. A aliança foi selada quando os remos entregaram reféns a César. Este não era um aspecto necessário de um tratado romano, mas era certamente um aspecto da diplomacia gaulesa e é um sinal da capacidade de César de ligar os conceitos romanos aos costumes locais.[33] Esta prática também exigiria que ele começasse a desenvolver uma base onde os reféns pudessem ser mantidos.

O plano de campanha contra os belgas envolvia tanto os éduos quanto os remos. Aos éduos foi atribuída a tarefa de invadir o território dos belóvacos, a maior comunidade entre os belgas. Os remos deveriam fornecer inteligência e apoio logístico ao exército romano, que avançou até sua fronteira no rio Aisne. Os problemas de transporte de um grande número de homens significaram que, ao longo da História, as grandes batalhas foram frequentemente travadas aproximadamente nos mesmos locais.[34] A primeira ronda do conflito de César com os belgas envolveu um ataque mal sucedido dos belgas à cidade de Bibrax, situada no topo da colina agora ocupada por Saint Thomas, no norte de França. Entre Saint Thomas e a travessia do Aisne fica o *Monument national des chars d'assaut*, um memorial à primeira grande utilização de tanques em combate pelo exército francês em 1917 (a operação não foi bem-sucedida). Alguns quilômetros ao sul fica o cemitério Ville-aux-Bois, para os soldados britânicos e da *Commonwealth* mortos em batalha no ano seguinte. Os restos mortais identificados como sendo do acampamento de César durante a ação decisiva contra os belgas (Placa 7) estão nas proximidades do memorial de guerra francês e do cemitério em Berry-au-Bac. As batalhas lembradas por esses memoriais modernos foram notáveis pela falta de sofisticação tática demonstrada pelas forças aliadas. O mesmo poderia ser dito dos belgas que lutavam neste mesmo terreno cerca de dois mil anos antes.

Em 57, o rio Aisne marcava a fronteira entre as terras dos remos e dos belgas. Aqui, os belgas se reuniram sob a liderança de Galba, governante dos suessiões belgas. César lista as contribuições das várias comunidades para essa força com admirável precisão, de modo que o total chega a pouco mais de 300.000 homens. Como em outros lugares, trata-se de um grande exagero (os exércitos concentrados nessa região em 1917 não chegavam a esse número), mas é provável que o exército belga fosse um pouco maior do que o exército de César, com talvez 32.000 homens, que incluía as novas legiões e o que parecem ser coortes auxiliares recém-formadas de várias partes do território romano – fundeiros das Ilhas Baleares, arqueiros de Creta e cavalaria númida do Norte da África. Depois de não conseguirem capturar Saint Thomas, os belgas acamparam do outro lado do rio Aisne, em frente ao acampamento de César em Berry-au-Bac. Nesse momento, César diz que decidiu não travar batalha imediatamente, dada a excepcional quantidade e reputação dos belgas. Mas, assim que seus homens ganharam confiança de que o inimigo não era mais capaz do que eles, César começou a alinhar seu exército em uma posição defensiva em frente ao acampamento, buscando atrair os belgas para um ataque frontal. Como tal ataque envolveria atravessar um rio e pântanos, isso não iria acontecer.[35]

Ao posicionar seu exército dessa forma, César estava seguindo o manual tático de Ariovisto, já que o líder germânico havia obtido sua grande vitória sobre os éduos depois que o exército deles, que não conseguia alcançá-lo porque ele havia acampado em um pântano, se dispersou.[36] Depois de algum tempo, os belgas tentaram cortar as linhas de abastecimento de César e foram repelidos. Então, quando perceberam que César não iria ceder e "seus suprimentos começaram a se esgotar, eles convocaram um conselho e decidiram que seria melhor se todos voltassem para casa, reunindo-se novamente para defender aqueles em cujo território os romanos trouxeram seu exército pela primeira vez, fazendo uso de seus próprios recursos e suprimentos de alimentos, em vez de lutar em solo estrangeiro."[37] A retirada começou no meio da noite e, ao amanhecer do dia seguinte, quando César viu que os belgas haviam partido, enviou sua cavalaria com três legiões sob o comando de Labieno em perseguição. A cavalaria forçou os homens na retaguarda do exército belga a permanecerem em suas posições, permitindo que Labieno os alcançasse e infligisse baixas severas.

O acordo entre os belgas de se reunirem onde quer que os romanos aparecessem primeiro rapidamente caiu em suspenso. César avançou para o território dos suessiões, que ficaram aterrorizados quando viram as obras de cerco que os romanos estavam construindo para atacar Pommiers, localizada em uma colina com vista para Soissons. Nesse momento, César deixa claro que está buscando uma solução para o conflito que demonstre o valor de uma aliança romana. Ele faz com que os remos se manifestem a favor de mostrar misericórdia aos suessiões, que se rendem devidamente à "fé do povo romano" e entregam reféns (incluindo dois dos filhos de Galba).

César então avançou para a terra dos belóvacos, considerados os mais poderosos dos belgas. Lá, ele permitiu que Diviciaco falasse em nome daquele povo, e diz que foi "para honrar Diviciaco" que ele permitiu que os belóvacos se rendessem, como os suessiões, à "fé do povo romano" (embora entregando 600 reféns ao fazê-lo).[38] Os vizinhos ambianos, tendo recebido a mensagem sobre o que era esperado, também se renderam à "fé do povo romano". Mas o processo pelo qual se obteve acordos negociados com os grupos belgas chegou a um fim abrupto quando César entrou na terra dos nérvios. Os nérvios acusaram o resto dos belgas de terem violado seus juramentos e se prepararam para se defender, obtendo apoio de alguns grupos vizinhos. O resultado poderia ter sido uma catástrofe para os romanos, não fosse o fato de César (segundo ele mesmo nos conta) ter prestado atenção às informações locais e mudado seu comportamento de acordo com o que lhe foi dito. Nesse caso, foi-lhe dito que sua linha de marcha era muito previsível – o comboio de bagagem de cada legião seguia sua respectiva legião, criando lacunas substanciais entre as várias legiões. Ao se dirigir para os nérvios, que, segundo lhe foi dito, estavam baseados além do rio Selle, perto da moderna cidade de Saulzoir, César mudou a linha de marcha para que as seis legiões veteranas marchassem juntas à frente da coluna, seguidas pelo comboio de bagagem e, em seguida, pelas duas legiões recém-formadas.[39]

A mudança de formação salvou o exército. Os nérvios, embora não pudessem prever a mudança na ordem de marcha do exército, podiam prever que César procuraria estabelecer seu acampamento perto de uma fonte de água. O rio Selle, um riacho estreito e de correnteza lenta nos meses quentes de verão, era um local óbvio para César parar. Quando César começou a montar o acampamento em uma pequena elevação na margem oeste do rio, sua cavalaria e tropas leves cruzaram o Selle e entraram em combate com batedores dos nérvios. O que os romanos não perceberam foi que todo o exército dos nérvios estava escondido em algumas florestas próximas, provavelmente atrás da elevação mais alta a leste do rio. Enquanto os romanos começavam a entrincheirar seu acampamento, os nérvios saíram de seu esconderijo, dominaram os romanos que haviam enfrentado seus batedores e atravessaram o rio. A descrição dramática de César da batalha que se seguiu oculta o que foi claramente uma falha maciça na exploração. Não haveria tal fiasco durante as campanhas futuras, e o fato de ninguém ser mencionado como responsável pelo fracasso pode sugerir que a pessoa responsável não sobreviveu para ser punida, como Consídio, ou que César reconheceu que a culpa era sua. Ele havia se tornado previsível.

Quaisquer que tenham sido as falhas que levaram à emboscada, o relato de César dos eventos que se seguiram mostra que ele agora tinha uma compreensão muito boa da maneira como seus homens reagiam ao calor do combate. Ele reconheceu que os olhos deles estariam voltados para ele e que era seu dever dar o exemplo do comportamento calmo e disciplinado que esperava de seus soldados. Para os romanos, a batalha foi complicada por sebes que dividiam o espaço ao redor do acampamento, de modo que as legiões não podiam formar uma única linha. Em vez disso, a ação se dividiu em três conflitos separados: um na extremidade esquerda da linha, onde estavam posicionadas a Nona e a Décima Legiões; outro para a Oitava e a Décima Primeira Legiões no centro; e, finalmente, um terceiro para a Sétima e a Décima Segunda Legiões, que estavam amontoadas à direita, enfrentando as forças mais fortes dos nérvios. Quando César se juntou à Sétima e à Décima Segunda Legiões, ele percebeu que primeiro precisava reunir as tropas fortemente pressionadas, avançando para a linha de frente e, então, com a situação restaurada, retomar seu trabalho como comandante geral, assumindo seu lugar com os oficiais de estado-maior das legiões para reorganizar a linha de batalha, já que os soldados estavam muito amontoados para usar suas armas com eficácia. Tudo isso foi realizado com sucesso, a linha se estabilizou e os romanos começaram a empurrar o inimigo para trás. Finalmente, Labieno, que comandava as tropas da esquerda e havia capturado o acampamento dos nérvios, voltou para atacar as forças que enfrentavam César pela retaguarda. As duas legiões que haviam ficado com a retaguarda chegaram para completar a derrota.[40]

César afirmou ter praticamente aniquilado os nérvios e apresentou algumas estatísticas falsas para provar seu argumento. Dos seiscentos conselheiros tribais, apenas três permaneceram vivos e apenas quinhentos guerreiros sobreviveram de um exército que antes contava com sessenta mil soldados. Talvez mais realista seja a afirmação de César de ter instado os vizinhos dos nérvios a deixá-los em paz depois que eles se renderam. Isso estaria de acordo com sua conduta com outros povos que se renderam e agora estavam sob sua proteção.[41]

A última parada da campanha daquele verão foi perto da moderna cidade belga de Thuin, na cidade dos atuátucos, em uma elevação no belo parque moderno de Bois du Grand Bon Dieu. Assim como os belóvacos, os atuátucos ficaram impressionados com a habilidade dos romanos na construção de obras de cerco. Seu espanto os convenceu a se renderem – ou a simular uma rendição, pois, segundo César, sua verdadeira intenção era usar a trégua para lançar um ataque surpresa ao acampamento romano. O ataque falhou e César diz que vendeu toda a população como escrava.[42] Isso é bastante provável, mesmo que o número de prisioneiros que ele dá – 53.000 – seja totalmente implausível: a população da cidade que César capturou formava apenas uma parte dos atuátucos (que reapareceram na narrativa de César nos anos seguintes).

César não havia avançado para o território dos atuátucos com toda a sua força. Depois de derrotar os nérvios, ele enviou Públio Crasso com uma legião para visitar as terras das tribos costeiras a sudoeste. Estas provavelmente estavam subordinadas aos remi, e o relatório de Crasso sobre a sua submissão ao "poder e domínio" do povo romano pode refletir a sua aquiescência à rendição anterior dos remi. Caso contrário, seria difícil entender por que razão apenas uma única legião tinha sido enviada nesta missão.[43]

A ação contra os atuátucos e a expedição de Crasso ao sudoeste foram os episódios finais da temporada de campanha de 57, que provavelmente terminou em meados de setembro.[44] O ano é significativo não apenas pelas vitórias conquistadas, mas também pela forma como César estava começando a construir uma estrutura política através da qual os gauleses seriam governados dentro de um sistema de alianças romano. Ele também procurava mostrar às tribos gaulesas que era do seu interesse não se comportarem como os atuátucos, e sim honrar essas alianças. Este ponto surge dos acordos com as tribos belgas e é reenfatizado no final do Livro 2 da *Guerra da Gália*, quando César menciona as embaixadas que chegavam das tribos do outro lado do Reno.

12
Estabelecendo limites

O terceiro livro da *Guerra da Gália* introduz o tema do ressentimento gaulês pela perda de sua liberdade para os romanos. Esse tema se estenderá por todo o resto da *Guerra da Gália* e se relaciona diretamente com o argumento que César logo apresentaria para justificar a continuação de seu comando. Seu público precisava estar ciente de que qualquer fraqueza percebida do lado romano poderia levar à rebelião gaulesa, e que os gauleses não poderiam perceber imediatamente os benefícios do domínio romano. César precisaria permanecer na região para ajudá-los a perceber como estariam em melhor situação se desenvolvessem sistemas políticos mais estáveis e permanecessem leais a Roma. Para César, *libertas*, "liberdade", não era uma qualidade que pudesse ser desfrutada sem a disciplina romana.

No final da campanha belga, César enviou seu legado, Sérvio Sulpício Galba, para estabilizar a passagem dos Alpes pela passagem agora conhecida como Gran San Bernardo, que leva os viajantes da Itália até a região do Lago Genebra, de onde seguem a rota do Ródano até o centro da França. Galba acampou em um lugar chamado Octodurus (hoje Martigny, na Suíça) e coletou reféns das tribos vizinhas, sendo a mais poderosa delas a dos seduni. Quando isso aconteceu, as tribos começaram a conspirar para destruir sua força por várias razões: primeiro, porque achavam que suas tropas estavam em desvantagem numérica; segundo, porque achavam que o terreno lhes era favorável; terceiro, porque se ressentiam da tomada de reféns; e, finalmente, porque "se convenceram de que os romanos não estavam lá apenas para garantir a segurança da rota montanhosa, mas porque pretendiam tomar posse perpétua dos pontos mais altos dos Alpes e unir a área à província vizinha.[1]

Galba lutou com habilidade, provavelmente em novembro. Quando César recebeu essa informação, decidiu que era hora de visitar sua província da Ilíria, que ele disse não conhecer. Não tinha sido um ano ruim, considerando todas as circunstâncias. O Senado votou quinze dias de ação de graças por suas vitórias, e ele escreveu que "achava que a Gália estava pacificada, com os belgas derrotados, os germânicos expulsos e os seduni derrotados nos Alpes". No verão seguinte, no entanto, ele diz que "uma guerra repentina eclodiu na Gália" e deu ordens ao jovem Crasso para lidar com a situação "porque ele ficaria ausente por mais algum tempo".[2]

A nova guerra na Gália começou quando Crasso enviou emissários a várias tribos ao longo da costa atlântica para coletar mais grãos. Nesse momento, os vênetos, o grupo mais poderoso do que hoje é o sul da Bretanha, capturaram os romanos como moeda de troca para a devolução de seus reféns. Isso encorajou outros grupos, os Esúbios e os Curiosolitas, a reter os embaixadores que lhes haviam sido enviados. Eles então incentivaram outros grupos a "preferir recuperar a liberdade que herdaram de seus ancestrais em vez de permanecerem escravos dos romanos" e enviaram uma embaixada a Crasso exigindo a devolução de seus reféns. César aqui lembra ao seu público que os gauleses são muito imprevisíveis e propensos a mudar suas decisões muito abruptamente.[3] Ao mesmo tempo, ele está ocultando completamente o motivo pelo qual ficará ausente por "mais tempo". O motivo era a situação política instável em Roma.

* * *

Mesmo antes do final de 58, Clódio e Pompeu já estavam em conflito, com Pompeu acusando um partidário de Clódio de tentar assassiná-lo. Agora, enquanto César lutava contra os belgas, Pompeu apoiou uma moção dos tribunos para chamar Cícero de volta do exílio. Ao mesmo tempo, ele apoiava dois bandidos, Públio Séstio e Ânio Milo, ambos tribunos, que formaram suas próprias gangues para lutar com Clódio pelo controle das ruas de Roma. Enquanto isso, a distribuição de grãos sob o projeto de lei de Clódio estava sendo administrada por Séstio Clódio, que claramente não estava à altura da tarefa. Ele não tinha influência para controlar os comerciantes de grãos ou estabelecer novas linhas de abastecimento. O tesouro estava sobrecarregado pela necessidade de pagar os altos preços cobrados pelos comerciantes de grãos, especialmente quando as pessoas começaram a libertar seus escravos para que pudessem ser alimentados às custas do Estado.[4]

No início de agosto, a assembleia centuriada votou a favor do retorno de Cícero do exílio. Ele já esperava por isso e chegou a Roma em 4 de setembro, um mês após a aprovação da medida para seu retorno. As pessoas se aglomeraram na cidade para recebê-lo e também para votar uma nova lei que os cônsules estavam patrocinando para "corrigir" a lei de Clódio sobre os cereais, criando um novo cargo, com *imperium* igual ao de um ex-cônsul e apoiado por quinze legados, para organizar o abastecimento de cereais por um período de cinco anos. Essa era uma lei clássica de Pompeu. A "modéstia" da proposta aprovada em 7 de setembro foi ressaltada por um projeto de lei alternativo, apresentado por um tribuno chamado Méssio, que teria acrescentado uma frota, um exército, controle sobre todos os fundos públicos e "maior império" (*imperium maius)* do que o de todos os governadores provinciais. O projeto de lei de Méssio teria essencialmente criado o que mais tarde se tornou a posição legal dos imperadores romanos. Por trás dessas duas propostas estava o entendimento de que o governo republicano estava essencialmente quebrado e só poderia ser consertado com a criação de uma ditadura para gerenciar as tarefas administrativas básicas. O próprio Cícero se pronunciou a favor da proposta consular de criar a comissão de grãos de Pompeu e propôs um decreto senatorial para uma ação de graças de quinze dias para celebrar as vitórias de César na Bélgica.[5]

Quando parecia que Pompeu era agora a força política dominante em Roma, tudo desmoronou. A razão foi que o rei egípcio Ptolomeu XII havia sido expulso do trono por multidões em Alexandria um mês após a anexação romana de Chipre em 58. No final daquele ano, ele se apresentou na enorme vila de Pompeu nas colinas de Alban, onde permaneceria por quase um ano com o objetivo de convencer seu anfitrião a recuperar seu trono para ele. Ele pode ter trazido consigo sua filha, Cleópatra, a fim de iniciar sua educação nos costumes romanos.[6]

A presença de Ptolomeu deu origem a uma série de escândalos. Em primeiro lugar, o rei começou a pedir emprestadas enormes somas de dinheiro, que certamente foram usadas para manter o esplendor de sua comitiva e, supostamente, para subornar membros do Senado. Ptolomeu esperava que Pompeu fosse designado pelos senadores para facilitar seu retorno. Pompeu estava interessado, mas seria necessária uma força militar substancial, que estava nas mãos de Gabínio, que havia recebido a província da Síria por cinco anos. Quando foi sugerido que Pompeu fosse enviado com dois lictores para atuar como mediador entre o rei e o povo de Alexandria, ele parece ter perdido o interesse. As coisas se complicaram ainda mais no final de dezembro, quando surgiu um oráculo sibilino afirmando que o rei do Egito havia sido expulso de seu reino por meio de artimanhas e não deveria ser restaurado com "uma multidão".[7] O oráculo era obviamente falso, produzido por um amigo de Clódio que fazia parte do conselho de sacerdotes que supervisionava os oráculos reais. Mas era uma falsificação conveniente, e o Senado acabou decidindo não fazer nada.

Embora a presença de Ptolomeu tenha causado escândalo, ela também inspirou duas das peças mais memoráveis de invectivas latinas que sobreviveram de qualquer período da história romana. A primeira foi o discurso que Cícero proferiu em defesa de seu jovem amigo Célio Rufo, em abril de 56. Célio havia sido acusado de causar um tumulto em Nápoles, roubar a propriedade de um parente chamado Palla, atacar os embaixadores de Alexandria que haviam vindo a Roma no final de 57 para pedir que Ptolomeu não fosse restaurado e tentar envenenar Clódia, irmã de Clódio, com quem ele mantinha uma relação sexual. Célio e Crasso trataram em seus discursos de defesa das três primeiras acusações, então Cícero presenteou o grande público que se reunira para assistir ao julgamento com uma descrição vigorosa e maliciosa da vida sexual de Clódia.

A outra parte da invectiva é obra do poeta Catulo, coincidentemente outro dos ex-amantes de Clódia. Catulo adaptou um poema composto pelo poeta alexandrino Calímaco no século III a.C. para comemorar um ato notável de bajulação acadêmica – a declaração do astrólogo Conon de que a mecha de cabelo que a rainha egípcia Berenice II havia dedicado para que seu irmão retornasse em segurança da guerra havia se tornado uma constelação. Catulo, em sua adaptação, transformou esse poema em uma discussão vívida sobre a relação sexual de Berenice com seu irmão para reforçar a percepção romana da perversidade sexual ptolomaica, que andava de mãos dadas com a instabilidade política do reino egípcio. Seus outros poemas nos dão uma ideia do que os romanos instruídos que não eram apaixonados por aspirantes a ditadores poderiam estar dizendo. Pompeu aparece em sua poesia como patrono de um homem que Catulo desprezava e como uma pessoa cuja carreira política coincidiu com um grande aumento no adultério. Cícero faz uma participação especial como um tagarela, e o tratamento de Catulo a César é mordaz.[8]

Os escândalos ptolomaicos e a incapacidade de Pompeu de desfazer imediatamente a confusão que Clódio havia causado no abastecimento de grãos minaram tanto sua própria posição quanto, coincidentemente, a de César. Clódio, agora edil, sentiu-se mais seguro para atacar Pompeu e processou Milo, agente de Pompeu, por promover violência pública. Quando Pompeu apareceu para se defender, Clódio incitou a multidão contra ele, sugerindo que seu hábito de esfregar o topo da cabeça enquanto falava significava sua atração sexual por homens.[9] Poucos dias depois disso, um dos apoiadores de Clódio atacou Pompeu no Senado. Pompeu suspeitou que Crasso estivesse por trás disso e disse a Cícero que uma conspiração para assassiná-lo estava em andamento. Nesse ponto, Cícero começou a recuar, apoiando um projeto de lei para interromper a distribuição de terras da Campânia sob o projeto de lei de César de 59, alegando que o Estado precisava das rendas que ainda cobrava lá para pagar as novas leis sobre grãos. Ele também expressou satisfação quando o cônsul que presidia o Senado em março impediu a votação de um projeto de lei que exigia que o Estado assumisse o pagamento das legiões que César havia levantado em suas províncias; ao mesmo tempo em que aumentava a capacidade de César de exercer seu patrocínio, dando-lhe o poder de nomear dez legados para comandar essas legiões. Mais ou menos na mesma época em que César sofreu esse revés, um tribuno propôs chamá-lo de volta para responder por suas ações na Gália.[10] Além disso, o velho inimigo de César, Lúcio Domício Enobarbo, declarou sua candidatura ao consulado de 55. Claramente, os dias de ação de graças não foram o julgamento final dos sucessos de César na corte da opinião pública.

Era necessária uma ação decisiva para lidar com a situação política em Roma. César se reuniu com Crasso em Ravenna e depois seguiu para a cidade litorânea de Luca, a cidade mais ao sul da Gália Cisalpina, onde se encontrou com Pompeu. Foi acordado que Pompeu e Crasso se uniriam para concorrer ao consulado de 55, e que César enviaria tropas para "ajudar" na votação no final da campanha eleitoral. Um aspecto final do acordo era que seria introduzida uma legislação concedendo comandos provinciais de cinco anos aos dois cônsules e que o comando de César também seria prorrogado por cinco anos. Embora historiadores posteriores tenham exagerado o alcance dessa reunião, alegando que centenas de senadores desceram até Luca, a reunião parece ter sido privada e ter envolvido apenas César e Pompeu. Cícero, por exemplo, não tinha ouvido falar da reunião em Luca até que Pompeu explicou a seu irmão, Quinto Cícero, que era um dos legados de Pompeu no projeto de lei sobre grãos, que Cícero precisava se lembrar de quem o havia trazido de volta do exílio. Cícero entendeu a mensagem, deixou de apoiar a medida para revogar a lei de César sobre as terras da Campânia, fez um discurso elogiando as ações de César na Gália e votou a favor dos legados de César e do pagamento de seu exército.[11] Enquanto isso, César retornou à Gália.

A partida de César foi no início de junho. Algum tempo depois, naquele mês, Cícero fez um discurso no Senado sobre as províncias consulares de 55. Dada sua antipatia por Pisão e Gabínio, que haviam apoiado seu exílio quando eram cônsules em 58, ele defendeu a transferência de suas províncias para os cônsules de 55, propondo que César, cuja remoção havia sido sugerida por Domício, permanecesse onde estava. Àqueles que perguntaram por que Cícero era tão hostil a Pisão e Gabínio, mas agora tão amigável com César, ele respondeu que era porque Cícero amava Roma, pela qual César estava fazendo tanto bem. Além disso, a recente votação pela ação de graças mostrava que o Senado agora via César de forma positiva e, portanto, era justo que Cícero desistisse de sua oposição.[12]

Cícero agora parecia muito alinhado com as mensagens vindas da Gália. Enquanto as guerras anteriores na região, mesmo as de Mário, tinham sido defensivas, César agora estava reduzindo toda a Gália ao domínio romano. Em seu discurso, Cícero declara:

> Uma grande guerra está sendo travada na Gália, as nações mais poderosas foram derrotadas por César, mas ainda não foram vinculadas por leis, códigos fixos ou uma paz em que se possa confiar totalmente. Vemos que a guerra foi travada e, para dizer a verdade, está quase terminada, mas só veremos sua conclusão por aquele que a empreendeu.[13]

Se outra pessoa for nomeada governador, diz Cícero, então há um grande risco de que a guerra recomece. César não tem nenhuma razão para permanecer na província além de seu desejo de terminar o trabalho.

* * *

Quando César retornou à Gália, ele precisou lidar imediatamente com os vênetos. Suas ações significavam que a campanha teria uma justificativa diferente daquelas dos últimos dois anos. Aquelas foram guerras para defender os aliados romanos, agora o conflito seria com pessoas que traíram seus juramentos de lealdade. César enfatiza a traição dos vênetos ao capturar oficiais romanos, alegando com considerável exagero que esses homens eram embaixadores oficiais e, portanto, que o tratamento dado a eles era uma violação tanto das leis que regem as embaixadas quanto do entendimento inerente à rendição à "boa fé do povo romano". A situação era especialmente perigosa porque, se César não tomasse medidas enérgicas, essa rebelião dos vênetos poderia inspirar outros gauleses, que, segundo ele, eram todos propensos à revolta. Se alguém quisesse saber por que César precisava dos recursos que estava solicitando, essa era a razão.[14]

Enquanto ele estava fora, Crasso reuniu uma frota, mas nenhum dos oficiais superiores tinha muita experiência em guerra marítima. À medida que o verão avançava, havia sinais de que a campanha seria uma experiência de aprendizado para César. Os vênetos eram habitantes da costa e marinheiros, e César ressalta que a tática romana usual de invadir o ponto forte do adversário não era viável quando esses adversários simplesmente pulavam em seus barcos e partiam. Os próprios barcos também eram um problema. César havia ordenado a construção de uma frota de galeras de guerra no estilo mediterrâneo, mas elas teriam dificuldade em funcionar no Atlântico. César admite que, quando a frota romana encontrou os vênetos pela primeira vez, seus oficiais não sabiam quais táticas deveriam usar. A tática padrão de colidir com um navio inimigo não funcionaria contra os cascos resistentes das embarcações projetadas para enfrentar as tempestades do Atlântico. Também não seria fácil abordar navios que ficavam muito mais altos na água, especialmente porque sua altura significava que os gauleses tinham uma vantagem em qualquer troca de projéteis. Então, alguém, que César não nomeia, descobriu que, se ganchos fossem colocados na ponta de varas longas, eles poderiam prender as cordas dos navios inimigos, que seriam então derrubados quando o navio romano se afastasse. Assim, vários navios romanos poderiam cercar e abordar seus adversários imobilizados. Essa tática funcionou bem para os romanos. Vendo sua frota em ruínas, os vênetos se renderam. César decidiu que a punição deveria ser especialmente severa para que "a proteção dos embaixadores fosse mais cuidadosamente observada pelos bárbaros no futuro". Ele executou todos os membros do conselho governamental dos vênetos e vendeu o resto da população como escravizados.[15]

Enquanto a guerra naval terminava na Bretanha, uma campanha muito diferente estava chegando ao fim na Normandia, no território dos Vênelos, que se aliaram aos vênetos contra Roma. O comandante enviado para lidar com a "revolta", Titúrio Sabino, era muito cauteloso, sabendo que um legado não deveria correr riscos na ausência de orientação de seu general. Sua cautela teve o efeito de encorajar as tropas dos Vênelos a forçar uma batalha. A imagem que César tem do processo de tomada de decisão deles é uma reversão completa da maneira como ele acreditava que as decisões deveriam ser tomadas. Os Vênelos estavam com falta de comida, confiantes de que os vênetos sairiam vitoriosos e sujeitos à "tendência geral das pessoas de acreditar que o que elas esperam é o que vai acontecer". Segundo César, foram os soldados rasos que obrigaram a liderança a ordenar um ataque ao acampamento romano. Sabino manteve seus homens no acampamento até que os Vênelos correram um quilômetro e meio morro acima e tentaram preencher as valas em frente às muralhas do acampamento. Nesse momento, Sabino ordenou um ataque com as tropas romanas descansadas, "de modo que, devido à inexperiência e exaustão do inimigo e à coragem e experiência em batalhas anteriores de nossos próprios soldados, o inimigo não conseguiu resistir a uma única investida de nossos homens e fugiu". Derrotados e ao saber da vitória de César, os Vênelos se renderam, pois "o espírito dos gauleses é rápido e ansioso por iniciar guerras, mas sua mente é fraca e incapaz de suportar a derrota".[16]

A terceira campanha do verão, conduzida sob o comando de Públio Crasso, ocorreu na Aquitânia. César justificou a ação não em termos de qualquer provocação imediata, mas sim de uma maneira que lembra a explicação de César para lutar contra os helvécios, porque os aquitanos se uniram a um tenente de Sertório para derrotar dois exércitos romanos vinte anos antes. Crasso tinha consigo apenas cerca de cinco mil soldados de infantaria, além da cavalaria que César não precisava para combater os vênetos e alguns veteranos convocados da Gália Transalpina, o que sugere que os aquitanos não dispunham de forças muito numerosas. De fato, Crasso parece ter superado em número o primeiro grupo que encontrou e provavelmente foi superado em número pelo segundo grupo que encontrou, que também tinha a vantagem de ter líderes que "serviram sob Quinto Sertório durante todos os anos de suas campanhas e eram considerados os mais experientes em assuntos militares".[17] Apesar disso, Crasso conseguiu obter uma vitória total e garantir a rendição de todos os aquitanos, exceto os mais distantes. O verão terminou com César em uma breve expedição no território dos Menápios e Morinos, no sul da Bélgica, já que "com toda a Gália pacificada", esses eram os únicos povos "que estavam em armas e nunca haviam enviado embaixadores para negociar a paz".[18] Quando os Menápios não saíram para combatê-lo – o que implicava que haviam aprendido algo com o fracasso dos outros – César devastou suas terras antes de levar seu exército para os quartéis de inverno no leste da Bretanha.

* * *

Enquanto César encerrava a temporada de campanha na Gália, Pompeu e Crasso travavam sua própria campanha em Roma. Assumindo o controle das ruas com gangues armadas e, no outono, com soldados que o jovem Crasso trouxe consigo da Gália, eles impediram que as eleições de 55 fossem realizadas até janeiro daquele ano, quando os cônsules de 56, incluindo Lêntulo Marcelino, que se opôs fortemente a Pompeu e Crasso, estariam fora do cargo. Cícero não parece ter sido muito simpático a Domício Enobarbo, que persistiu em afirmar sua candidatura. Ele comentou maliciosamente com Ático que esse senhor, "que tem sido cônsul designado desde que nasceu", merecia sua decepção.[19] Ele refletiu ainda que Pompeu e Crasso poderiam ter candidatos suficientes que eles apoiariam nos anos seguintes, de modo que Domício nunca ocuparia o cargo para o qual achava que tinha nascido.

Em janeiro, caberia a um *interrex*, ou magistrado supremo temporário, conduzir as eleições consulares e declarar quem seriam os candidatos. O *interrex* (não sabemos quem era) declarou devidamente que haveria apenas dois. Pompeu e Crasso assumiram o cargo no meio do mês e conduziram as eleições para os outros magistrados (exceto os tribunos, que já haviam sido eleitos). Milo e Vatínio estavam entre os eleitos para o cargo de pretores. Catão foi excluído. Entre os tribunos estava um homem que mais tarde se tornaria um dedicado seguidor de César. Era Caio Trebônio e, logo após ser eleito, cumpriu uma promessa que César havia feito em Luca, a saber, que Pompeu e Crasso teriam mandatos de cinco anos como governadores em suas próprias províncias importantes. Pompeu recebeu as duas províncias espanholas, enquanto Crasso ficou com a Síria, substituindo Gabínio. Crasso não esperaria até o final do ano para partir para o Oriente. Ele tinha assuntos urgentes a tratar. Ele planejava assumir a guerra que Gabínio esperava iniciar. Era uma guerra contra a Pártia, o reino que incluía grande parte do que hoje é o Irã e o Iraque, bem como partes da Ásia Central. A guerra havia sido suspensa enquanto Gabínio restaurava Ptolomeu ao trono com seu exército – apesar do oráculo sibilino. Alega-se que, no decorrer dessa operação, um dos oficiais que servia sob Gabínio, Marco Antônio, conheceu, pela primeira vez, o futuro amor de sua vida: Cleópatra.[20]

Na sequência da lei de Trebônio, Pompeu e Crasso cumpriram a promessa feita a César, aprovando uma lei para prorrogar o comando de César na Gália por cinco anos. A redação dessa lei seria motivo de grande controvérsia alguns anos depois. Parece ter sido extremamente mal redigida. A questão seria a data final estabelecida para o comando de César – seria 50 ou 49? Parece que o que a lei dizia era que o comando de César seria prorrogado por um período de cinco anos "de acordo com esta lei". Em 51 e 50, os inimigos de César interpretariam isso como "a partir da aprovação desta lei", em vez de que a lei prorrogava o comando original de César, que terminaria em 54, por mais cinco anos. César não pareceu achar que havia qualquer problema quando essa nova lei foi aprovada, mas mais tarde deixaria bem claro que aqueles que interpretaram a lei como estabelecendo a data final de seu comando em 50, em vez do final de 49, estavam privando-o de um comando que era legalmente seu.[21]

Nesse momento, a organização política de César na Gália e em Roma estava se fortalecendo e o grupo que mais tarde formaria o círculo íntimo de César estava se reunindo. Havia, em primeiro lugar, Cornélio Balbo, que viajava entre a Gália e Roma, cuidando dos assuntos de seu amigo enquanto enriqueceria. Também estava presente Caio Ópio, o futuro autor da biografia de César, provavelmente de uma família de empreiteiros públicos (*publicani*). Ele era o segundo em visibilidade, atrás apenas de Balbo. Outro homem de origem semelhante era Aulo Hírcio. Uma pessoa que parece ter atuado para César principalmente na esfera italiana foi Caio Mamurra, alvo de alguns dos poemas mais violentos de Catulo. Mas o amigo de Catulo, Asínio Polião, também logo se juntaria à equipe de César. Todos eles eram originalmente pessoas com alguns recursos e logo estariam entre os mais ostensivamente ricos de Roma. Muito diferente era a origem de Públio Ventídio, que assumiria o comando da cadeia de suprimentos do exército de César. Ele era de Asculum. Quando criança, ele foi feito prisioneiro e levado em triunfo pelas ruas de Roma por Pompeu Estrabão. Sua ascensão ao antigo cargo de Balbo, o de *praefectus fabrum*, demonstra uma enorme energia, pois ele teve que reunir bens suficientes para alcançar o status equestre e, que era um requisito mínimo para o cargo. Sua sorte logo melhoraria ainda mais, tornando-o elegível para servir como cônsul em 42. Poucos anos depois, ele celebraria seu próprio triunfo, sendo o primeiro romano a conquistar tal honra lutando contra os partos.[22]

Os homens do círculo íntimo de César eram profundamente dedicados ao seu general. Ópio enfatizava a bondade e generosidade pessoais de César, sua falta de pretensão e sua incrível energia. A lealdade do círculo íntimo de César acabaria por determinar, após sua morte, a disposição de seus bens.

A organização que eles formaram acabaria se transformando no governo do Estado romano sob o herdeiro de César.[23]

* * *

Com Pompeu e Crasso como cônsules em 55, César escreve que poderia partir para a Gália mais cedo do que o habitual, e foi bom que o tenha feito. Os germânicos estavam a chegar. Na área próxima às atuais aldeias holandesas de Kessel e Lith, onde o Reno agora flui em direção ao mar, duas tribos, os usípetes e os tenecteres, estavam se reunindo para cruzar o rio e entrar no território dos eburões belgas. Eles haviam sido expulsos de suas terras por seus poderosos vizinhos, os suevos, mas agora recebiam embaixadas de vários estados gauleses convidando-os a continuar seu avanço.[24]

César, que havia escrito um livro expondo suas teorias linguísticas, dedicado a Cícero enquanto se dirigia para o norte, ficou profundamente perturbado com a notícia das negociações dos gauleses com os germânicos.[25] As legiões haviam sido reunidas de seus acampamentos de inverno quando César chegou ao território dos belgas, e ele convocou um conselho dos gauleses onde, "acalmando e fortalecendo suas mentes, ordenou que fornecessem cavalaria e resolveu avançar diretamente contra os germânicos".[26]

Quando chegou à área ao redor de Kessel/Lith, ele entrou em negociações com os usípetes e os tenecteres. Quando eles lhe enviaram embaixadores, pedindo permissão para se estabelecerem na Gália, César respondeu que isso não seria possível e que não era razoável que pessoas que não podiam defender suas próprias terras esperassem receber as terras de outras pessoas. O que César podia fazer, no entanto, era negociar em nome deles com os úbios, a poderosa confederação germânica que se concentrava em torno da atual cidade de Colônia.

Quando os embaixadores germânicos pediram a César que permanecesse onde estava enquanto discutiam sua oferta com seu povo, César, que sabia que a cavalaria deles estava atacando um estado vizinho, achou que isso era uma tática para ganhar tempo até que a cavalaria retornasse. Ele recusou o pedido. Esperava-se que o leitor de *A Guerra da Gália* percebesse o quanto César estava sendo razoável. Eram bárbaros não confiáveis, e logo provariam isso. Quando uma nova embaixada chegou ao acampamento de César em, a cavalaria germânica lançou um ataque surpresa que derrotou a cavalaria gaulesa de César e matou um membro de uma família nobre da Aquitânia. César agora não tinha escolha a não ser avançar sobre o acampamento dos germânicos e massacrá-los. Os detalhes que César oferece neste ponto de seu livro revelam a controvérsia que cercou o massacre quando a notícia chegou a Roma. Catão interpretou o massacre como um ataque, durante um período de negociações, a um grupo pacífico de pessoas, violando as melhores tradições da diplomacia romana. (Catão havia compreendido claramente a mensagem sobre César, o tradicionalista, em comunicados anteriores.) Ele recomendou que César fosse entregue aos germânicos, seguindo o exemplo do que havia acontecido com um general romano desonrado durante as guerras espanholas do século anterior.[27]

Os arqueólogos recuperaram evidências dessa batalha (ou massacre). Restos mortais humanos com ferimentos causados por lanças e flechas foram encontrados na área de Kessel e Lith. O crânio de um homem mais velho parece ter sido esmagado com um machado, o crânio de uma mulher mostra um ferimento causado por uma flecha ou lança, e o de um homem mais jovem foi cortado por uma espada. Essa mistura de idades e gêneros, bem como evidências dentárias e peças de roupa de origem germânica, mostram que essas pessoas não eram nativas da região, enquanto a natureza dos ferimentos nos restos mortais permitiu aos arqueólogos identificar os corpos como sendo do massacre de César dos usípetes e tenecteres, que haviam sido encurralados por César em uma faixa de terra na confluência dos rios Meuse e Waal. O que o local da descoberta também nos mostra é que César, tendo encurralado os germânicos em uma posição da qual eles tinham poucas chances de escapar, exagerou o nível de risco que eles representavam. Dado o tema de César ao longo da *Guerra da Gália* de que a germanidade representa a antítese da civilização, isso não deveria ser surpreendente, mas sugere que Catão tinha razão sobre a brutalidade com que César lidou com a situação. A resposta de César é, mais uma vez, que aqueles que violam as normas diplomáticas podem esperar uma vingança brutal por suas ações. Nesse caso, César deu aos gauleses a chance de participar da vingança contra pessoas que eram, pelo menos em teoria, seus inimigos ancestrais. [28]

Depois de massacrar os usípetes e os tenecteres, César decidiu cruzar o Reno para que os germânicos aprendessem a respeitar as capacidades romanas e começassem a temer por suas próprias posses.[29] Sua decisão foi reforçada, segundo ele, quando recebeu uma embaixada que havia enviado a outro estado germânico que estava abrigando membros dos usípetes e tenecteres que estavam longe do acampamento desses povos quando César atacou. Esses germânicos tiveram a audácia de lhe dizer que "o Reno era a fronteira do poder romano" e perguntaram-lhe: "se ele não achava justo que os germânicos cruzassem para a Gália, por que achava razoável reivindicar poder e controle além do Reno".[30] O tom dessa embaixada, altamente evocativo da conduta anterior de Ariovisto, reitera o "tema do bárbaro arrogante" como justificativa para a agressão. Essa justificativa foi reforçada quando os úbios pediram a ajuda de César para resistir aos suevos, a nação germânica mais poderosa e que anteriormente apoiava Ariovisto.

Essa foi a ocasião para César construir sua grande ponte sobre o Reno, um feito que provavelmente foi tanto um exercício de propaganda, dirigido aos críticos de César em Roma, quanto uma ação militar contra os germânicos. De fato, levou quase tanto tempo para construir a ponte (dez dias) quanto César realmente passou na Germânia (dezoito dias). Enquanto estava na Germânia, ele diz que queimou algumas aldeias e destruiu os grãos nos campos (ele ainda não havia pensado em escrever a passagem no Livro 6 em que diz que os germânicos não tinham agricultura sedentária). Depois de fazer isso e descobrir que os suevos haviam se retirado para o meio de seu próprio território, aliviando assim a pressão sobre os úbios, César decidiu que "havia feito o suficiente para satisfazer o prestígio e a utilidade", então voltou para a Gália, destruindo a ponte ao fazê-lo.[31]

Era meados de julho, então, seguindo o programa de aterrorizar os vizinhos que haviam causado problemas na Gália, César decidiu fazer uma expedição à Grã-Bretanha. No verão anterior, ele disse que as tribos britânicas haviam ajudado os vênetos, e agora ele escreve que "em quase todas as guerras gaulesas anteriores, eles prestaram ajuda aos nossos inimigos" e que, tendo uma frota à disposição após a campanha do verão anterior, ele decidiu invadir a ilha, que, ele admite, era praticamente desconhecida pelos gauleses. Para compensar a falta de informações dos gauleses, ele entrevistou vários comerciantes que haviam visitado a Grã-Bretanha e, em seguida, enviou uma expedição de reconhecimento sob o comando de um oficial em quem confiava, Caio Voluseno, para selecionar um local adequado para o desembarque, e também uma segunda missão diplomática sob o comando de um líder gaulês, Cômio, para negociar com grupos britânicos que já haviam entrado em contato com César.[32]

A frota romana provavelmente estava perto da atual Boulogne, e César decidiu que duas legiões seriam suficientes para a expedição que ele estava planejando. Ainda havia algum trabalho a ser feito na Gália, e as seis legiões restantes do exército de César foram confiadas aos legados Cota e Sabino.[33] A frota de invasão principal consistia em oitenta navios, com mais dezoito destacados para transportar uma unidade de cavalaria assim que o desembarque fosse concluído. A frota partiu de Boulogne na noite de 12 de setembro e chegou às proximidades da baía de Pegwell, em Kent. Lá, vendo as terras altas ocupadas por tribos britânicas, César convocou seus oficiais superiores para uma reunião em seu navio almirante, onde "lhes contou o que havia aprendido com Voluseno e o que queria que fizessem; e os instruiu, como exigia o princípio militar, especialmente em questões navais, que são rápidas e imprevisíveis, que eles deveriam cumprir suas ordens instantaneamente quando o sinal fosse dado". A frota seguiu ao longo da costa até uma área onde era possível desembarcar, mas os britânicos em terra haviam seguido a frota e agora enchiam a praia. Como os transportes não podiam se aproximar da costa para que os homens pudessem desembarcar diretamente na praia,

César ordenou que seus navios de guerra avançassem para bombardear os britânicos com suas máquinas de guerra. Quando os britânicos, atingidos por projéteis, recuaram, o porta-estandarte da Décima Legião saltou para o mar, exortando seus companheiros a segui-lo para não abandonarem sua águia; quanto a ele, seus companheiros veriam que ele não falharia em seu "dever para com o Estado e para com o general".[34] Este é um dos poucos trechos da *Guerra da Gália* em que um soldado romano comum faz um discurso com suas próprias palavras. No relato de César, o discurso foi bem-sucedido. Os homens seguiram seu porta-estandarte e, lutando para chegar à costa sob a cobertura da artilharia dos navios, garantiram a praia.

Assim como a descrição do desembarque fornece um resumo vívido dos princípios da guerra cesariana – o general adapta rapidamente seu plano às novas circunstâncias, seus subordinados imediatos seguem ordens, a tecnologia é empregada de forma eficaz e as tropas são valentes –, o restante da campanha na Grã-Bretanha será tanto um exercício político quanto militar. Embaixadas britânicas chegam ao acampamento romano assim que ele é estabelecido, incluindo até mesmo Cômio, que havia sido preso pelo povo a quem fora enviado como embaixador. Seus captores pedem desculpas a César e culpam o "povo comum" por suas ações.[35] Implícito em sua culpa ao "povo comum" está a sugestão de que César havia recebido algumas informações úteis que orientaram seu planejamento da invasão dos líderes locais. Agora, ele perdoa os líderes britânicos e exige mais reféns, enquanto procura por grãos.

Então começou a chover. Pouco depois do desembarque, uma tempestade dispersou os transportes que traziam a cavalaria, e outra tempestade destruiu a frota principal. Com falta de alimentos e desesperado para consertar seus navios, César não avançou para o interior, mas enviou grupos de busca para compensar os suprimentos perdidos na tempestade. A fraqueza óbvia da posição romana encorajou os britânicos a atacar novamente e, mais uma vez, César teve que se adaptar, encontrando uma maneira de lidar com as táticas britânicas baseadas no uso de carruagens de guerra que levavam os homens rapidamente para a frente e lhes permitiam escapar quando necessário.[36] César lidou bem com a situação e, mais uma vez, os britânicos apareceram para negociar. César ordenou que eles lhe entregassem reféns no continente, dizendo que pretendia se retirar o mais rápido possível, o que ele logo fez, depois de passar menos de um mês em solo britânico.

* * *

Embora tenha conseguido muito pouco com suas incursões na Alemanha e na Grã-Bretanha, César parece ter obtido uma grande vitória propagandística em Roma. O Senado votou vinte dias de ação de graças em outubro para celebrar suas expedições, e mais pessoas parecem ter procurado maneiras de se juntar à burocracia em expansão que apoiava sua organização militar e política. Parece que uma base administrativa permanente foi estabelecida em Amiens para deter reféns e concentrar outros recursos. Planos estavam sendo feitos para uma invasão mais elaborada da Grã-Bretanha no ano seguinte, e parece que César anunciou a possibilidade de obter uma enorme riqueza como resultado. Como o dinheiro não se materializou, a motivação pelo lucro não aparece nas *Guerras da Gália* (embora César mencione empresários privados que enviaram seus próprios navios junto com a frota para abastecer o exército e lucrar com a vitória prevista na Grã-Bretanha). Em vez disso, é a partir de referências na correspondência de Cícero que podemos discernir essas expectativas de retornos substanciais. Após a campanha, ele deixaria claro que tais esperanças eram exageradas: ao compor o quinto livro da *Guerra da Gália*, César inclui uma imagem (bastante imprecisa) dos britânicos. Com exceção daqueles que viviam na região costeira de Kent, ele os apresenta como pastores nômades que viviam de leite e carne, pintando-se de azul. Comunidades como essa não teriam o tipo de dinheiro que as pessoas em Roma esperavam de tal expedição.[37]

O dinheiro certamente estaria na mente das pessoas em Roma, onde César logo gastaria uma quantia enorme para adquirir terras para um novo fórum adjacente ao centro tradicional da cidade. Essas terras incluíam até mesmo uma parte do Capitólio, que foi nivelada para dar lugar ao novo fórum. Cícero, que estava envolvido nessas transações imobiliárias, estimou o custo dos imóveis em quinze milhões de denários; fontes posteriores estimaram o custo total da construção em vinte e cinco milhões. O fórum teria como centro um novo templo de Vênus, a Ancestral *(Venus Genetrix).* Os visitantes de Roma hoje podem ver as colunas remanescentes do templo erguendo-se atrás da Casa do Senado, a nordeste do Capitólio (Placa 13). Visualmente e ideologicamente, o plano colocaria os Júlios – e a reivindicação da família de uma conexão com a fundação da cidade – no coração de Roma. O projeto também pode ter tido a intenção de ofuscar o teatro e o templo de Pompeu, concluídos em 55 no que hoje é a área do Largo Argentina, no lado oeste do Capitólio e fora da vista do Fórum.[38]

Enquanto a construção começava em Roma, havia também um projeto de construção na Gália, onde uma nova frota que poderia operar de forma mais eficaz nas águas costeiras da Grã-Bretanha e transportar um exército muito maior estava sendo montada. A força de invasão envolveria um número muito maior de gauleses, que agora seriam integrados de forma mais completa no sistema administrativo romano. A criação de um sistema viável do que César consideraria uma liderança gaulesa responsável em nível local estava claramente em andamento na primavera de 54, quando César brinca sobre isso em uma carta a Cícero, agradecendo-lhe por recomendar um protegido competente e dizendo que fará do próximo um "rei na Gália". Como sugere a linguagem desta carta, César agora buscava substituir os magistrados anuais por pessoas que teriam autoridade por um período mais longo. Outro aspecto desse plano era organizar reuniões regulares com a liderança gaulesa. Assim, uma das primeiras coisas que César fez, após seu retorno à Gália após um inverno em que teve um breve encontro com um grupo que vinha atacando sua província da Ilíria, foi convocar uma reunião com a liderança gaulesa, provavelmente em Amiens. Lá, ele deve ter se dirigido aos líderes gauleses a partir da plataforma elevada na qual os governadores romanos se sentavam quando lidavam com seus súditos. Quando os líderes dos tréveros não compareceram, César partiu à frente de quatro legiões para lidar com a controvérsia que estava na origem de seu descumprimento.[39]

Os tréveros eram uma confederação muito grande e poderosa, dividida entre dois líderes, Indutiomaro e Cingetórix, sendo que este último era um colaborador entusiasta dos romanos. Indutiomaro, muito menos entusiasta pró-romano, reuniu a parte dos guerreiros tréveros leais a ele, enviando suas famílias para um local seguro nas Ardenas. Quando César se aproximou do território dos tréveros, um grupo de "líderes da comunidade" se reuniu com ele para explicar que Indutiomaro os estava impedindo de "fazer o que era melhor para o seu povo", linguagem que provavelmente ecoava as declarações que César vinha fazendo aos gauleses sobre o valor da estabilidade política sob a orientação romana.

Enquanto seus colegas lidavam com César, Indutiomaro, percebendo que seu apoio estava diminuindo, mudou de rumo e escreveu a César, dizendo que a razão pela qual não tinha comparecido à reunião era que estava tentando garantir a lealdade de seu povo a Roma, pois temia que, se "a nobreza partisse", o povo comum entraria em rebelião.[40] César sabia reconhecer um disparate quando o ouvia, mas também queria prosseguir com a invasão da Grã-Bretanha e não perder mais tempo lidando com os tréveros. Por isso, permitiu que Indutiomaro mantivesse a sua independência pessoal, mas ordenou-lhe que se encontrasse com ele pessoalmente e entregasse duzentos reféns (incluindo todos os seus parentes do sexo masculino) quando o fizesse. Em seguida, ele se reuniu com toda a liderança treverana para "reconciliá-los individualmente com Cingetórix, cuja excelente boa vontade para com ele havia reconhecido. César achava que Cingetórix merecia seu favor, o que tornaria a influência de Cingetórix sobre seu povo o mais forte possível."[41] A história de Cingetórix oferece um estudo de caso sobre o tipo de manipulação política em que César agora se envolvia em toda a Gália. Ele não apenas sentia que relações pessoais positivas seriam necessárias, mas também achava que os romanos deveriam contar com vários informantes para obter informações. Mesmo agora, ele continuava muito consciente da natureza altamente egoísta das informações que recebia dos gauleses. Um segundo estudo de caso segue imediatamente após este: o assassinato de Dumnórix.

Quando voltou a Boulogne para iniciar a invasão da Grã-Bretanha, César encontrou "cavalaria de toda a Gália... num total de quatro mil, juntamente com os líderes de todos os estados". Ele planejava deixar para trás os líderes em quem confiava e levar os outros consigo, para que não pudessem fomentar uma revolta enquanto ele estivesse ausente. Na versão revisada de seu relato sobre a invasão helvética no início de seu mandato como governador, provavelmente reescrita para justificar o que aconteceu vários anos depois, César enfatizou o comportamento hostil de Dumnórix, tanto ao ajudar os helvéticos a entrar na Gália quanto ao interromper o apoio logístico dos éduos ao exército romano.[42] Agora, Dumnórix havia perturbado um conselho éduo ao anunciar que César planejava torná-lo seu rei. Ao chegar ao acampamento romano enquanto a invasão da Grã-Bretanha estava sendo preparada, Dumnórix começou a reclamar por fazer parte da expedição – em parte porque tinha medo do mar e em parte por causa de escrúpulos religiosos.[43] Durante os vinte e cinco dias em que ventos adversos impediram a expedição de zarpar, Dumnórix abordou outros líderes gauleses, dizendo-lhes que César planejava matá-los todos quando chegassem à Grã-Bretanha. Então, quando os ventos finalmente mudaram a favor da expedição, ele deixou o acampamento com alguns cavaleiros éduos antes que a frota pudesse zarpar. César enviou uma grande força de cavalaria em sua perseguição, com ordens para matar Dumnórix se ele não voltasse. Quando a cavalaria o alcançou, Dumnórix se recusou a voltar e foi assassinado.[44] Os homens que o acompanhavam naturalmente retornaram ao acampamento romano. O esforço que César faz para explicar esse evento é uma prova da influência de Dumnórix. Seu assassinato precisava ser colocado no contexto mais amplo da relação de César com a aristocracia gaulesa. Comparar o assassinato de Dumnórix com o tratamento mais brando dado a Indutiomaro foi uma maneira de César lembrar ao seu público que ele preferia evitar medidas extremas, a menos que fosse confrontado por uma provocação extrema.

A frota romana deixou Boulogne e desembarcou mais uma vez na baía de Pegwell, embora desta vez não houvesse resistência. O tamanho da frota romana intimidou os britânicos, que a viram se aproximando. Após desembarcar e construir um acampamento para proteger os navios, César avançou para o interior, destruindo uma fortaleza agora identificada como Castelo de Bigbury, perto de Canterbury. Nesse momento, ele foi chamado de volta à costa: outra tempestade havia destruído a frota. Depois de iniciar os reparos, César retomou seu avanço para o interior, tendo sido informado de que os britânicos se uniram em torno de um líder chamado Cassivelauno, que estava baseado a cerca de 120 km da costa, no vale do Tâmisa, ao norte de Londres. Depois que César lutou para atravessar o rio diante de forte resistência, Cassivelauno retirou-se para sua base fortificada, que, ao que parece, foi incapaz de resistir ao ataque romano.[45] Ao se retirar para o interior, Cassivelauno instou quatro governantes aliados em Kent a atacarem a base de César, o que eles fizeram sem sucesso. Dito isso, o fato de o ataque ter ocorrido sugere um alto grau de organização por parte da resistência britânica e um forte desejo de não ser submetida ao controle romano, pois ficou claro que César estava bastante disposto a se envolver na política local. Ele tinha consigo o filho de um ex-líder dos Trinobantes chamado Mandubrácio, que havia se juntado aos romanos durante o inverno e a quem César agora restaurava a liderança sobre seu povo.[46]

O fator determinante nesta campanha foi muito provavelmente o tempo perdido primeiro ao lidar com os tréveros no início do verão e, depois, durante o atraso de vinte e cinco dias em Boulogne. Era agora final de setembro e, com a ajuda de Cômio, César entrou em negociações com Cassivelauno. No tratado resultante, segundo o qual os britânicos entregavam reféns aos romanos, Cassivelauno concordou em deixar Mandubrácio no poder e pagar um tributo anual (nenhum dos quais parece ter sido pago). Esses termos permitiram a César reivindicar a vitória.[47] No entanto, um dos legados de César, Quinto, irmão mais novo de Cícero, admitiu que não havia muitos motivos para temer ou comemorar a campanha.[48]

Mesmo quando a campanha na Grã-Bretanha estava chegando ao fim, César recebeu a notícia de uma grande tragédia pessoal. Sua filha Júlia, esposa de Pompeu, havia falecido. Sua morte foi causada por complicações decorrentes do nascimento de seu primeiro filho, que morreu pouco depois dela. Júlia era uma figura popular por mérito próprio e, após seus elogios fúnebres terem sido proferidos no Fórum, uma multidão tomou posse de seu corpo e o enterrou no Campo de Marte. César, cujo amor por ela era bem conhecido, teria recebido a notícia de sua morte com estoicismo.[49]

Enquanto o exército se instalava nos quartéis de inverno, seus oficiais superiores se dedicavam a várias atividades literárias. Quinto Cícero escrevia um poema sobre a campanha britânica e compartilhava suas ideias com seu irmão, que compunha seu próprio poema sobre o mesmo assunto.[50] Outro legado, Aurunculeio Cota, parece ter terminado um poema sobre a primeira campanha britânica do ano anterior. Alguns poemas de Catulo podem ter chegado à Gália, incluindo o ataque do poeta a Mamurra e sua sugestão de que a relação de Mamurra com César era de natureza física. Quando voltou ao norte da Itália, César conversou com o pai de Catulo sobre isso e convidou o poeta para almoçar. Outro poema que circulava no acampamento romano nessa época, embora ainda em forma de rascunho, era *De rerum natura* (*Sobre a natureza das coisas*), de Lucrécio, uma brilhante exposição da filosofia epicurista. Quinto Cícero reconheceu que havia sinais de genialidade no que leu, e César ecoaria elementos do poema nos três últimos livros da *Guerra da Gália*. Ele sem dúvida apreciou a alusão ao seu novo fórum e templo de Vênus na invocação inicial decididamente não epicurista do poema: *Aeneadum genetrix, hominum divumque voluptas/alma Venus:* "Ancestral da raça de Enéas, deleite dos mortais e dos deuses, Vênus nutridora".[51]

À medida que o poema de Lucrécio circulava pelo acampamento de César, ficou claro que Caio Mêmio, a quem o poema era dedicado, deveria ter se dedicado à filosofia, como o poeta aconselhava. Mas ele não o fez. Na esperança de ser eleito cônsul em 53, ele conspirou com outro candidato, apesar de ter o apoio de César, para subornar os cônsules em exercício com a promessa de comandos provinciais aprimorados ou o pagamento de dois milhões de sestércios cada. Então, perdendo a coragem após meses de rumores de que algo errado estava acontecendo, Mêmio leu o acordo no Senado. As próximas eleições consulares foram adiadas para o ano seguinte. Cícero disse que César não estava feliz com Mêmio, o que pode ser um eufemismo.[52]

A corrupção eleitoral flagrante não era o único problema enfrentado por Roma. Crasso partiu para a Síria (sendo amaldiçoado por um tribuno ao sair da cidade) antes do final de 55. Agora, Crasso se preparava para invadir a Pártia com um exército substancial que trouxera consigo da Itália, embora o Senado não tivesse aprovado a operação. O biógrafo de Crasso afirma que César havia escrito da Gália para apoiar o projeto de Crasso, o que provavelmente é verdade, já que César havia enviado o jovem Crasso com alguns cavaleiros gauleses para se juntar ao pai. De qualquer forma, o acordo que concedia a Crasso a Síria por cinco anos claramente não tinha a intenção de ser um plano de férias.[53] A catástrofe que se seguiu no verão de 53 ficaria marcada como a pior derrota sofrida por um exército romano desde a destruição de dois exércitos consulares pelos cimbros e teutões em Arausio, em 105.

13
Rebelião e reconstrução

A reestruturação política da Gália por César não agradou a todos, e os eventos dos meses seguintes ao seu retorno da Grã-Bretanha mostraram que havia muito a ser feito para que César pudesse tornar a região uma adição estável ao Império Romano. A decisão de César, apesar do caos político que assolava Roma, de não partir para o norte da Itália no final de 54, assim que suas legiões foram distribuídas em seus acampamentos de inverno por todas as terras dos belgas, sugere que ele acreditava que problemas estavam se formando. E ele estava certo.

A primeira questão surgiu entre os carnutes, um estado que havia ficado sob influência romana devido à decisão dos remos de se aliarem a César. O centro tribal deles ficava próximo a Orléans, no vale do Loire, e César havia apoiado Tasget, um homem que ele descrevia como sendo de nascimento muito nobre, como governante da tribo. Durante três anos, Tasget prestou "serviços excepcionais" a César e mantinha uma relação pessoal positiva com ele. De repente, porém, Tasget foi assassinado. César enviou uma legião sob o comando de seu legado Munácio Planco para investigar a situação e prender os responsáveis.[1]

Também havia problemas se formando entre os tréveros, onde Indutiomaro ainda estava ativo, e parece que ele estava em contato com outros líderes tribais. Sua mensagem, supôs César, era que os líderes tribais só poderiam estar seguros em suas posições tradicionais se os romanos fossem eliminados.[2] A distribuição das legiões de César em acampamentos separados ao longo de uma distância de cerca de 145 km (porque uma colheita ruim impossibilitou que elas se concentrassem em uma única base) significava que as guarnições individuais não tinham superioridade local em número. Os mensageiros de Indutiomaro encontraram audiência em Ambiórix e Cativolcus, líderes dos eburões, um estado centrado em torno da moderna cidade belga de Tongeren, cerca de 130 km a leste do Reno.[3] Dos dois homens, Ambiórix era certamente o parceiro dominante e, atualmente, os visitantes de Tongeren encontram uma estátua dele na praça da cidade (Placa 8). Na mesma praça, eles também podem saborear uma cerveja com o nome dele. Hoje, ele é visto como um herói da independência belga. Essa é uma visão possível. Outra visão possível é que seu mau julgamento resultou na destruição de seu povo. Seja qual for a visão que se queira adotar, ele foi um adversário imensamente inteligente que superou Sabino e Cota, os legados cujas forças haviam sido designadas para passar o inverno em seu território.

Ao chegarem aos eburões, os romanos liderados por Sabino e Cota foram recebidos com um suprimento de grãos, e tudo parecia bem. Mas depois de quinze dias no acampamento, um grande número de eburões atacou as tropas romanas que haviam sido designadas para coletar lenha e, em seguida, atacou as muralhas do próprio acampamento. Quando o primeiro ataque foi repelido, os romanos enviaram embaixadores a Ambiórix para descobrir o que estava acontecendo. Ambiórix disse a esses embaixadores o quanto era grato a César, que havia libertado seu povo do tributo que antes pagavam aos aduátucos e também devolvido o filho e o sobrinho de Ambiórix, que haviam sido entregues aos aduátucos como reféns. Com essas expressões de gratidão, Ambiórix se apresentou como o político local ideal do tipo que César estava promovendo – ainda mais porque foram as pessoas comuns que insistiram em atacar o acampamento. Ambiórix, um, também não era tão estúpido a ponto de pensar que seu povo tinha capacidade para derrotar os romanos. O problema, explicou Ambiórix, era que outros gauleses haviam feito um plano para atacar as legiões aquarteladas em seu território no mesmo dia, impedindo assim que as forças romanas separadas se apoiassem mutuamente. E eles estavam trazendo germânicos para ajudar: os que estavam indo para o lado de Ambriorix chegariam em dois dias! Os romanos seriam espertos se fossem se juntar a Quinto Cícero, que estava acampado no território dos nérvios, ou a Labieno.[4]

Os embaixadores repetiram as declarações de Ambiórix a Sabino e Cota. Uma briga começou. Nenhum dos legados conseguia acreditar que a "nação menor e fraca dos eburões" ousaria entrar em guerra contra o povo romano.

Cota achava que eles não deveriam fazer nada. Eles tinham comida de sobra e podiam se defender em seu acampamento contra qualquer número de gauleses e germânicos. Eles não deveriam partir sem uma ordem de César, e era uma má ideia aceitar conselhos de um inimigo. Ao apresentar esses argumentos, Cota demonstrou as qualidades de um bom oficial, insistindo na avaliação adequada das fontes de inteligência, na consideração da logística e na obediência às instruções do general. Era importante lembrar ao público de César que a legião não havia realmente sido exposta a uma situação perigosa.[5]

Sabino respondeu que não havia tempo a perder com os germânicos a caminho e que havia a possibilidade de outro acampamento ser destruído se eles permanecessem onde estavam. César provavelmente estava na Itália, o que explicaria o assassinato de Tasget e o motivo pelo qual os eburões estavam agindo de forma rebelde. Os germânicos estavam chateados com a derrota de Ariovisto, enquanto os gauleses estavam angustiados com suas próprias derrotas repetidas, que lhes custaram sua reputação anterior de virtude militar. Sabino resume aqui a situação política que César estava tentando resolver. O que ele está dizendo responde à pergunta de por que o comando de César precisava ser prorrogado. Infelizmente, sua visão sobre a melhor maneira de lidar com a situação imediata estava catastroficamente errada. O mesmo aconteceu com sua conduta. Um exército não era uma democracia. César deixou isso muito claro quando se dirigiu às tropas em Vesontio. Sabino, que levantou a voz para que as tropas pudessem ouvi-lo quando previu uma ruína terrível se não partissem na manhã seguinte, estava violando as regras básicas que regem a conduta de um oficial superior. Infelizmente, Cota foi intimidado a concordar com ele.[6]

Ao tentar se retirar do território dos eburões, os romanos caíram direto na emboscada que Ambiórix havia armado em ambas as extremidades do vale pelo qual as tropas precisavam passar. Nessa crise, os dois comandantes novamente formam um estudo de contrastes. Sabino se comportou "como alguém que não havia previsto nada" e entrou em pânico. Cota se comportou como um general deveria, encorajando os homens e respondendo à difícil situação.

As tropas estavam espalhadas em uma longa fila e sobrecarregadas com sua bagagem, então Cota ordenou que os homens abandonassem seus equipamentos e formassem um círculo – "um plano que, em uma confusão como essa, não deve ser criticado". O fato de César ter escrito isso sugere que alguém realmente criticou ou questionou o julgamento de Cota. Infelizmente, sua ordem desanimou os romanos, que romperam as fileiras para pegar seus pertences favoritos da bagagem. Isso encorajou os gauleses, que mostraram notável disciplina, tendo sido instruídos por seus líderes a deixar as coisas como estavam, pois poderiam recolher todo o saque dos romanos assim que a batalha fosse vencida.[7]

Após oito horas de combate, nenhum dos lados conseguiu obter uma vantagem decisiva. Durante esse tempo, Cota e os dois centuriões seniores da força romana ainda estavam de pé. Quando Cota foi ferido e os centuriões seniores foram mortos, Sabino avistou Ambiórix. Embora Cota tenha declarado que não negociaria com um inimigo armado, Sabino e alguns de seus tribunos militares foram falar com Ambiórix. Ambiórix disse-lhes para deporem as armas. Eles obedeceram. Então, ele os matou. Os gauleses pressionaram o ataque. Cota morreu lutando, tal como a maioria dos soldados. Outros, que tinham lutado para regressar ao acampamento, suicidaram-se durante a noite. Apenas alguns homens conseguiram chegar ao acampamento de Labieno.[8]

Além de ilustrar a visão de César sobre como um exército deveria ser comandado, a descrição que ele faz dessa batalha lembraria ao seu público outra batalha que ocorreu alguns meses depois dessa. Ela aconteceu fora de Carras (Harã), na atual Turquia. Também nessa ocasião, o colapso do exército romano se seguiu ao assassinato traiçoeiro de seu general. Nesse caso, o general era Crasso.[9] Alguém teria que consertar a bagunça resultante, mas em 50, quando o livro de César foi publicado, o Senado havia sido incapaz de encontrar uma solução. A *Guerra da Gália* mostraria aos seus leitores quem poderia fornecer essa solução. Enquanto isso, ainda havia uma guerra acontecendo na Gália. Ambiórix cavalgou para se encontrar com seus vizinhos imediatos, os atuátucos (aqueles que César não havia vendido como escravos) e os nérvios, instando-os a se juntarem a ele em um ataque ao acampamento de Quinto Cícero, que ficava no território dos nérvios. Os nérvios convocaram forças de vários estados clientes e partiram para atacar Cícero antes que a notícia do que havia acontecido com Sabino e Cota chegasse até ele.[10]

A ilustração de César sobre os princípios da liderança continua com sua descrição da conduta de Quinto Cícero. Assim que Quinto percebeu que haveria problemas, ele escreveu a César. Em nenhum momento ele negociou com os nérvios, que estavam sitiando seu acampamento com grande vigor. A defesa do acampamento foi complicada pelo fato de que os gauleses haviam aprendido sobre guerra de cerco observando os romanos e também "mantinham secretamente alguns prisioneiros do exército", que lhes mostraram como construir obras de cerco no estilo romano. Ainda assim, os homens de Cícero resistiram, mesmo quando os gauleses incendiaram as edificações dentro do acampamento. Eles também tinham diante dos olhos o exemplo de coragem extraordinária oferecido por dois centuriões experientes, Voreno e Pulo (concorrentes ao cargo de centurião sênior da legião), que saíram do acampamento e se protegeram mutuamente no combate que se seguiu.[11]

César estava agora a caminho de Amiens à frente de duas legiões. Ele esperava ter três, mas Labieno, escrevendo para informá-lo sobre o que havia acontecido com Sabino e Cota, também lhe disse que os tréveros estavam se rebelando e que a guarnição de Labieno seria necessária para lidar com eles. "César aprovou a avaliação da situação feita por Labieno" e continuou a avançar, embora com um exército que tinha apenas dois terços do tamanho que ele esperava.[12] Quando os nérvios souberam que César estava chegando, abandonaram o cerco ao acampamento de Quinto Cícero e se moveram rapidamente para interceptá-lo. Com apenas 7.000 homens sob seu comando, é bem provável que César estivesse em grande desvantagem numérica, mesmo que os nérvios não tivessem os 60.000 homens que ele alega que tinham. Quando os nérvios chegaram às proximidades de César, ele não liderou seu exército para formar uma linha de batalha, mas atraiu os nérvios para um ataque ao seu acampamento. Quando eles ficaram desorganizados pelo ataque às muralhas do acampamento, César mandou sua cavalaria liderar uma investida pelas quatro portas do acampamento, o que derrotou o inimigo despreparado.[13]

Quando César chegou ao acampamento de Cícero, realizou uma reunião para parabenizá-lo e elogiar os oficiais que Cícero destacou por sua coragem excepcional (isso provavelmente incluiu Voreno e Pulo).

No dia seguinte, ele realizou outra reunião na qual consolou e encorajou as tropas. Os danos foram causados pela loucura e conduta imprudente de um legado. Ele disse que isso deveria ser aceito com serenidade porque, graças à benevolência dos deuses imortais e à sua própria coragem, os danos foram reparados; não havia alegria prolongada para o inimigo nem mais tristeza para eles próprios.[14]

A notícia do socorro ao acampamento de Cícero, trazida a Labieno pelos remos, fez com que Indutiomaro abandonasse sua tentativa de atacar as forças de Labieno. César voltou para Amiens e permaneceu lá durante todo o inverno com três legiões, atento a sinais de novos problemas. Ele escreveu que as tribos gaulesas estavam em constante comunicação sobre quando uma nova guerra poderia começar e estavam "realizando reuniões noturnas em lugares desertos". Mas nada aconteceu. "César manteve a maior parte da Gália em obediência, convocando os líderes de cada estado para reuniões com ele, aterrorizando alguns e encorajando outros."[15]

O único lugar onde ainda havia problemas era ao longo da fronteira norte. Os eburões e os nérvios procuraram os tréveros e ofereceram ajuda a Indutiomaro para eliminar Labieno. Ao mesmo tempo, os sênones, seus vizinhos a sudoeste, expulsaram o líder que César havia apoiado e procuraram unir forças com os carnutes, cujo assassinato de Tasget ainda não havia sido punido. Indutiomaro realizou uma reunião geral dos tréveros, o que levou o pró-romano Cingetórix a fugir para o acampamento de Labieno. Mas quando Indutiomaro se aproximou do acampamento, uma súbita investida da cavalaria dispersou suas forças. Indutiomaro foi morto enquanto fugia, e a situação em toda a Gália ficou um pouco mais calma.[16]

A conclusão de César sobre a causa desses eventos é que, quando se encontra um líder disposto a iniciar uma guerra, isso causa grande impressão nos "povos bárbaros". Ele sentia que não podia confiar em nenhum povo gaulês além dos remos e dos éduos, estes últimos por causa de sua longa lealdade a Roma, os primeiros por causa de seus serviços nos conflitos recentes. "Acho que [a inquietação dos gauleses] não é de se admirar", escreveu ele, "por várias razões, mas principalmente porque eles costumavam se destacar por sua coragem na guerra e ficaram profundamente chateados por terem arruinado essa reputação a ponto de terem que se curvar às ordens do povo romano".[17]

* * *

O quinto livro da *Guerra da Gália* termina com a morte de Indutiomaro, e a discussão de César sobre a causa do descontentamento gaulês foi provavelmente composta logo após o fim da campanha, a fim de completar a narrativa dos primeiros cinco anos de César e mostrar por que era necessário que ele permanecesse na Gália. O sexto livro, provavelmente concluído, como vimos, em 51, começa enfatizando o tema político crucial do momento. Esse era o valor da associação de César com Pompeu. Em 51, essa relação estava sob tensão.[18] As pessoas, incluindo Pompeu, precisavam ser lembradas de que a aliança entre os dois homens mantinha Roma segura e que apenas consequências ruins poderiam resultar de uma ruptura aberta entre eles.

Quando 54 deu lugar a 53, César precisava claramente de mais homens, tendo perdido quase um quarto do exército com Sabino e Cota. As legiões restantes estavam com efetivo reduzido. César enviou três legados para recrutar novas tropas, antecipando novos combates no ano novo. Felizmente, Pompeu, "que permanecia na cidade com *imperium* pelo bem do Estado", enviou as tropas que havia recrutado na Gália Cisalpina para sua guarnição espanhola apoiar César. Elas somavam uma legião, e César escreve que era extremamente importante que os gauleses percebessem a vastidão dos recursos da Itália, que poderiam reparar qualquer dano sofrido pelos romanos. Com a ajuda de Pompeu, três novas legiões estavam prontas no final do inverno – o dobro do número de homens que haviam sido perdidos com Sabino.[19]

A imprevisibilidade poderia ser uma coisa boa. César estava ciente de que os gauleses poderiam antecipar o início da temporada de campanhas romanas na primavera e, por isso, começou suas operações antes do fim do inverno, quando os preparativos dos gauleses ainda estavam incompletos. César observa que os sênones, ainda conspirando com seus vizinhos, os carnutes, não apareceram em Amiens quando ele ordenou que o fizessem. Eles também estavam em comunicação com os tréveros, que por sua vez tentavam obter ajuda dos germânicos, assim como Ambiórix e o grupo unido dos atuátucos, nérvios e morinos (o estado que ocupava o sul da Holanda).

A maneira como César divide esses grupos mostra a importância que ele atribuía a uma boa inteligência: sabendo que eles ainda não estavam coordenados entre si e ainda não estavam prontos para entrar em campo, ele seria capaz de lidar com eles um por um. Os nérvios foram o primeiro grupo que ele atacou. Suas terras foram devastadas pelas quatro legiões aquarteladas em Amiens. Eles se renderam. Então, transferindo a reunião da primavera dos povos gauleses para Paris, César poderia agir contra os sênones e os carnutes quando eles não comparecessem. Eles ainda não estavam prontos para lutar e enviaram embaixadores para oferecer reféns. O processo foi mediado pelos éduos no caso dos sênones e pelos remos no caso dos carnutes, reforçando a ideia de que a lealdade a César resultava em maior influência local.[20]

Era hora de lidar com Ambiórix e os tréveros. O ataque à terra dos eburões (e, coincidentemente, à de seus aliados, os Menápios) foi um massacre. Arqueólogos que estudaram a região descobriram um enorme declínio populacional em meados do século I a.C. A população se recuperou gradualmente ao longo da segunda metade do século ou durante o início do século I d.C., com a substituição da população que partiu por colonos vindos de além do Reno. Embora seja errado afirmar que todos os assentamentos abandonados foram vítimas de César, o padrão geral de abandono nessa área parece ser um resultado direto do que o próprio César diz ter sido um programa de destruição em massa justificado pelo ataque a Sabino e Cota. Não houve nenhuma grande batalha naquele verão. Os menápios enviaram embaixadores a César depois que ele devastou suas terras, enquanto os eburões e outros, sem condições de resistir ao exército romano ampliado, retiraram-se para as florestas das Ardenas. César diz que o próprio Ambiórix escapou através do Reno. Seu colega, Catuvolco, cometeu suicídio, amaldiçoando Ambiórix.[21]

Embora não tenha havido grandes batalhas na Gália, houve ação na Germânia. Os germânicos vinham em auxílio dos tréveros, ainda em armas e agora liderados pelos parentes de Indutiomaro. Labieno, que havia recebido reforços do exército romano ampliado, derrotou suas tropas antes que pudessem reunir toda a sua força, enquanto fazia um discurso que deve ter aquecido o coração de César (e é provavelmente por isso que César o incluiu em seu livro). Labieno disse a seus homens para mostrarem "a mesma coragem para conosco, seus líderes, que vocês tantas vezes mostraram ao general. Imaginem que ele próprio está aqui para observá-los."[22]

Tendo concluído a primeira parte de sua campanha contra os menápios, César decidiu dar continuidade à ação de Labieno contra os aliados germânicos dos tréveros com uma invasão da própria Germânia. Havia duas razões para isso. Em primeiro lugar, os germânicos haviam respondido favoravelmente aos pedidos de ajuda de Indutiomaro, mesmo que nada de concreto tivesse acontecido. Em segundo lugar, César queria garantir que eles não dariam refúgio a Ambiórix. Construindo uma ponte perto do local que ele havia usado para sua ponte anterior dois anos antes, César avançou para o território dos úbios. Os úbios garantiram a César sua lealdade, ofereceram mais reféns e apontaram seus vizinhos, os suevos, como o verdadeiro problema. Quando os suevos souberam da aproximação de César, eles se retiraram para seus esconderijos na floresta. Nesse ponto, César decidiu que era hora de voltar para casa. Como os germânicos não praticavam a agricultura, a perseguição seria um pesadelo logístico.[23] Todo o processo de pensamento apresentado aqui é clássico de César: a decisão inicial é uma reação às ameaças de agressão, o plano é alterado com base em novas informações e César entende que a chave para uma operação bem-sucedida é o apoio logístico adequado.

Ao retornar da Germânia, César continuou a devastação do norte da Bélgica. Enquanto isso acontecia, o exército mal escapou de outra catástrofe em Tongeren – um exemplo do poder da Fortuna na guerra, que aparece mais como agente ativo no Livro 6 da *Guerra da Gália* do que em qualquer outro.[24] César havia deixado a retaguarda em Tongeren sob o comando de Quinto Cícero. Sem o conhecimento dos romanos, um grande grupo de cavaleiros dos sugumbri – pessoas muito más, como César lembra aos seus leitores, que haviam dado refúgio aos usípetes e tenecteri sobreviventes – cruzou o Reno em busca de saques fáceis. Com a intenção de saquear os eburões, eles mudaram de ideia quando souberam que o acampamento romano estava nas proximidades.

Cícero teve o cuidado de seguir as ordens de César, mantendo seus homens em segurança no acampamento. Após oito dias, porém, os homens reclamaram que estavam sendo mantidos sob um verdadeiro cerco e exigiram uma chance de sair para coletar alimentos. Cícero cedeu ao pedido e, de repente, os germânicos atacaram. Eles teriam tomado o acampamento se não fosse pela conduta valente de Sexto Báculo, que havia sido deixado no acampamento por estar doente e que reuniu as tropas para manter os germânicos afastados. César comentou sobre a ilógica dos germânicos, que, tendo a intenção de devastar os eburões, na verdade fizeram um grande favor a Ambiórix ao desviar os romanos de persegui-lo.[25] Um desvio ainda maior se seguiria durante o inverno seguinte.

* * *

A situação política em Roma, caótica desde que o escândalo de suborno havia interrompido as eleições consulares de 53, piorou em 19 de janeiro de 52. No final do dia, Milo assassinou Clódio quando os dois homens e suas comitivas se encontraram perto de Bovillae, na Via Ápia. Naquela noite, os servos de Clódio levaram seu corpo para sua casa no Palatino, onde sua esposa Fúlvia e seus apoiadores (incluindo o neto de Sula, ex-cunhado de César) o exibiram para a multidão reunida ao redor da casa. Na manhã seguinte, após reunir uma grande multidão no Fórum para ver o corpo, Sexto Clódio carregou o cadáver para a Casa do Senado, que foi incendiada pela multidão. A Basílica Pórcia, que ficava ao lado da Casa do Senado, também foi consumida pelas chamas. Multidões vagavam pela cidade, aparecendo finalmente perto do jardim de Pompeu, adjacente ao que hoje é a Villa Borghese, e pedindo que ele fosse nomeado cônsul ou ditador para lidar com o caos em Roma.[26] A situação era complicada pela ausência de magistrados eleitos para o ano. Apesar da crise após o desastre de Crasso em Carras e um subsequente ataque partiano à Síria, as disputas políticas forçaram o adiamento das eleições para o ano novo. Essa disputa surgiu na esteira do escândalo eleitoral de 54, o que significava que nenhum novo cônsul havia assumido o cargo até julho de 53. Naquela época, o caos reinava nas ruas, enquanto Milo se candidatava a cônsul e Clódio a pretor.[27] Agora, antes mesmo que as eleições pudessem ser realizadas, Clódio estava morto.

A violência continuou nas semanas seguintes ao funeral de Clódio. Depois que multidões impediram os sucessivos *interreges* de nomear novos cônsules por um mês inteiro, o Senado se reuniu em 18 de fevereiro para aprovar uma versão do "decreto definitivo", pedindo a Pompeu, aos tribunos e aos magistrados em exercício que tomassem todas as medidas necessárias para restaurar a ordem na cidade. Pompeu respondeu convocando soldados que ele havia recrutado, em teoria, para fazer parte da guarnição em sua província da Espanha. Ações judiciais foram movidas contra Milo por homicídio e contra vários apoiadores de Clódio por promover a desordem. César, por sua vez, usou o decreto de emergência como desculpa para recrutar uma legião adicional.[28]

Não era possível chegar a uma solução para os problemas em Roma sem a contribuição de César, que permaneceu em Ravena, onde discutiu as opções possíveis com Cícero, entre outros. Para César, a questão era que qualquer solução que desse a Pompeu um grande poder adicional não deveria prejudicar seriamente sua posição. Levou dois meses após o assassinato de Clódio para que um acordo fosse alcançado. Pompeu seria o único cônsul – uma grande inovação constitucional – e introduziria leis para acabar com o caos político dos últimos anos, ao mesmo tempo em que protegeria os interesses de César, que anunciou que se candidataria ao consulado de 48, quando seu segundo mandato na Gália finalmente terminasse. O primeiro dos projetos de lei destinados a resolver as questões foi apresentado por todo o conselho de tribunos, afirmando que César poderia se candidatar sem abrir mão de seu *imperium:* para que pudesse permanecer governador de suas províncias até depois de sua eleição como cônsul, ele receberia *a ratio absentis*, ou o direito de se candidatar à eleição à revelia. Mas os sinais de que sua relação com Pompeu estava começando a se deteriorar começariam a aparecer em poucos meses. O início do Livro 7 da *Guerra da Gália*, no qual César afirma que partiu para a Gália quando soube que "os assuntos da cidade haviam sido colocados em melhor estado graças à virtude de Cneu Pompeu", foi um lembrete para seu público dos tempos melhores entre os dois.[29]

Enquanto a situação política em Roma estava sendo resolvida, uma grande conspiração tomava forma na Gália. A descrição de César sobre o que estava acontecendo se encaixa perfeitamente em seu paradigma de agitação gaulesa. O surto inicial foi inspirado por rumores de que a agitação em Roma mantinha César na Itália. Esses rumores fizeram com que os gauleses falassem mais abertamente sobre suas queixas, e seus líderes começaram a se reunir nas florestas. Eles expressaram sua raiva pelo destino de Acco, o líder dos carnutes que havia assassinado e substituído Tasget, e temiam sofrer o mesmo destino: César o mandou açoitar e decapitar no final da campanha em 53. César havia claramente subestimado a hostilidade contra Tasget e o nível de ressentimento decorrente de sua recente mudança do quartel-general de Amiens para Orléans, o principal assentamento dos carnutes. Ele havia imposto repentinamente um alto nível de intervenção romana em uma área onde antes não havia nenhuma presença direta.[30]

As novas circunstâncias enfrentadas pelos carnutes talvez não fossem um problema tão grande se César estivesse presente, então sua afirmação de que o assassinato de Clódio foi um fator determinante para a eclosão da revolta não é totalmente sem credibilidade. Tudo o que os carnutes viam era que sua principal cidade estava ocupada por muitos burocratas romanos e havia se tornado a base logística de um exército que eles poderiam razoavelmente esperar que se tornasse um fator mais importante em suas vidas no verão que se aproximava (por que mais essas pessoas estariam por lá?). Foi assim que dois dos carnutes, Gutuatrus e Conconnetodumnus, homens que César descreve como "bandidos", reuniram forças suficientes para exterminar os romanos em Orléans. A avaliação de César sobre esses dois não é totalmente injusta, pois eles parecem não ter tido um plano para o que fazer a seguir. Nesse sentido, eles não eram muito diferentes de Ambiórix, cujo plano para o que aconteceria depois que ele matasse os romanos em seu território dependia muito do pensamento mágico.[31]

Nem Gutuatrus nem Conconnetodumnus reaparecem no relato de César sobre o ano 52. Em vez disso, somos informados de que suas ações inspiraram Vercingétorix, um jovem nobre dos arvenos (Placa 14), o estado imediatamente ao sul, a buscar a liderança de seu povo com uma agenda antirromana. Voltaremos ao significado do que César tem a dizer sobre ele quando abordarmos o rompimento completo da relação de César com Pompeu no próximo capítulo. Por enquanto, é significativo que Vercingétorix tenha conseguido organizar um golpe de estado, derrubando os líderes de seu estado quando eles rejeitaram sua reivindicação ao trono. Ele então formou uma aliança com outros grupos a oeste do Maciço Central que até então não haviam se envolvido em conflitos diretos com os romanos. Não houve reação da guarnição romana na Gália, que ainda estava baseada na Bélgica e ao longo do Reno. A organização hierárquica de César não deixava espaço para iniciativas quando algo inesperado acontecia. Para que houvesse uma resposta, César precisava se reunir com seu exército.[32]

Para que Vercingétorix tivesse sucesso, ele precisaria de mais pessoas em sua aliança. Para isso, ele avançou para o norte, para a terra dos biturgos, um povo sujeito aos éduos nas proximidades do Vale do Loire. Agora livre das consequências da crise de Clódio, César iniciou sua própria campanha. Antecipando a ação de Vercingétorix em direção aos biturgos (uma ação óbvia da parte de Vercingétorix), ele liderou um ataque à parte sul do território arvense, contando com o elemento surpresa. Ele cruzou os Cevenas apesar da significativa cobertura de neve (era início de março em nosso calendário) e ordenou que sua cavalaria se espalhasse o máximo possível, incendiando aldeias gaulesas para aparentar uma força muito maior do que realmente tinha. Em seguida, ele voltou a cruzar as montanhas para se juntar às legiões que havia ordenado que se reunissem perto de Vienne. Em resposta ao ataque de

César, Vercingétorix interrompeu seu movimento para o norte e decidiu atacar uma cidade pertencente aos boios, na encosta oeste dos Cevenas. Os boios eram tributários dos éduos, e a ação estava de acordo com o plano de Vercingétorix de separar os éduos de sua aliança de longa data com César.[33]

Àquela altura do ano, ainda era cedo para um exército romano entrar em campo. César explica que precisava equilibrar questões políticas com questões logísticas. Era abril quando ele se juntou ao exército completo perto de Sens, e ele estava preocupado que o comboio de suprimentos ficaria atolado se ele iniciasse uma campanha em grande escala no início da primavera. Por outro lado, César diz que, se permitisse que Vercingétorix assumisse o controle dos estados tributários dos éduos, isso seria uma grande vergonha e afastaria seus apoiadores gauleses. Isso era um perigo maior do que as dificuldades com o abastecimento, então César pediu aos éduos que enviassem os grãos que pudessem, enviou emissários aos gauleses agora ameaçados por Vercingétorix e começou a marchar em direção a Orléans com oito legiões, tendo destacado outras duas para proteger a base em Sens.[34]

César chegou a Orléans bem antes do esperado pelos gauleses, tendo capturado a cidade de Vellanodunum ao longo do caminho, após intimidar seus defensores. Na noite da chegada de César a Orléans, a população da cidade tentou abandoná-la. César, que havia previsto sua ação, invadiu a cidade enquanto os habitantes tentavam deixá-la e então seguiu para o território dos biturgos, onde capturou a cidade de Noviodunum (Neung-sur-Beuvron) praticamente sob o nariz da guarda avançada de Vercingétorix.[35]

A estratégia de César era praticamente um espelho da de Vercingétorix, com o objetivo de demonstrar que o novo adversário dos romanos não conseguia proteger seus amigos. Vercingétorix estava realmente preocupado com o efeito dessa estratégia, mas ainda mais preocupado em ter seu exército preso em confrontos onde os romanos teriam a vantagem de posições fixas. César fez Vercingétorix delinear sua própria estratégia, que consistia em abandonar todas as cidades "a menos que suas fortificações e defesas naturais as protegessem de todo perigo" e se concentrar em cortar o abastecimento romano, o que ele disse que seus gauleses seriam capazes de fazer porque tinham uma cavalaria superior.[36]

A solidez operacional do plano de Vercingétorix – que parece ter sido realmente uma criação sua e não algo que César inventou e colocou em sua boca – foi comprovada pelo curso do resto da campanha, quando César tentou prendê-lo em posições fixas no que se tornou uma série de cercos durante o verão. O primeiro deles seria em Avaricum, perto da moderna cidade de Bourges, que César capturou após uma operação difícil. Depois disso, veio o cerco de Gergóvia, localizada em uma colina íngreme perto de Clermont Ferrand, e finalmente houve o cerco de Alésia, onde Vercingétorix seria finalmente derrotado.

O cerco de Avaricum revelou-se mais difícil do que César tinha previsto, devido à incompetência dos éduos. Eles não conseguiram fornecer cereais suficientes, causando uma grave escassez no acampamento romano. O sofrimento era tão grande que César abordou cada legião por vez e disse às suas tropas que abandonaria o cerco se as condições fossem muito difíceis para elas. Apesar das dificuldades dos soldados, "nenhuma palavra foi ouvida deles que fosse indigna da majestade do povo romano ou de suas próprias vitórias anteriores". Quando o exército reclamou que César não havia ordenado que avançassem para o pântano onde Vercingétorix havia escondido suas tropas dos romanos, ele teve que explicar que apreciava a disposição deles de fazer qualquer coisa para lhe trazer glória, mas também sentia que seria uma terrível injustiça se não considerasse as vidas deles mais preciosas do que a sua. Este exército era muito diferente daquele que se preocupava com os germânicos em Vesontio. Agora era o agente altamente motivado da ambição de seu general.[37]

Quando César finalmente conquistou Avaricum no início de junho, após um cerco que durou quase um mês, ele apreendeu seu grande estoque de grãos e permaneceu lá por alguns dias. Em seguida, ele considerou necessário participar de uma reunião dos éduos, que estavam em meio a uma crise política devido a uma disputa pela liderança da tribo entre dois homens chamados Convictolitavis e Cotus. César, decidindo essa disputa, apontou que Cotus não poderia ser legalmente eleito para a liderança, uma vez que seu irmão havia sido líder no ano anterior e as leis dos éduos determinavam que uma pessoa não poderia suceder seu irmão no cargo ou mesmo servir no conselho tribal ao mesmo tempo que seu irmão. Ao explicar sua resolução para esse conflito, César enfatiza que está simplesmente preservando as tradições deles. Ele também diz que temia que a guerra civil entre os éduos os levasse a começar a ouvir Vercingétorix. Claramente, Vercingétorix estava por trás dos descontentes. Infelizmente para César, Convictolitavis acabaria se tornando um desses descontentes.[38]

Voltando ao exército, César dividiu suas forças para que Labieno, com quatro legiões, pudesse garantir que as tribos nas proximidades de Paris não se juntassem à revolta. César lidaria com Vercingétorix com as outras seis. Os exércitos de César e Vercingétorix seguiram para o sul, com os romanos mantendo-se na margem leste do Allier e os gauleses na oeste, rumo à grande cidade fortificada de Gergóvia. A localização da cidade fortemente fortificada no topo de um planalto elevado era típica dos grandes centros populacionais, mas Gergóvia era (e é) mais difícil de acessar do que a maioria deles (Placa 9).

Quando Vercingétorix chegou a Gergóvia, ele construiu um acampamento para abrigar parte de seu exército fora das muralhas da cidade, para que os romanos não pudessem se estabelecer no planalto fora da cidade. César escreve que, quando viu o lugar, soube que não tinha esperança de tomá-lo de assalto. Ele se preparou para sitiar a cidade, mas adiou a construção de extensas obras de cerco até conseguir garantir os suprimentos necessários da zona rural circundante para o que prometia ser uma operação demorada. No entanto, ele ocupou uma colina ao sul do planalto para cortar o acesso dos gauleses à água e à forragem. Foi então que as coisas começaram a dar errado com os éduos.[39]

Convictolitavis havia aceitado subornos dos arvenos, segundo César, para dar atenção a um grupo de jovens com disposição antirromana. O líder deles era um homem chamado Litivaccus. Convictolitavis se reuniu com esse grupo e disse que a lealdade dos éduos a Roma era o único obstáculo para uma grande vitória gaulesa. Ele colocou Litivaccus no comando de um grande destacamento de cavalaria que deveria acompanhar os romanos que levavam suprimentos para o exército. Quando a coluna édua estava a cerca de 50 km de Gergóvia, Litivaccus convocou uma reunião das tropas e disse-lhes que os romanos haviam recentemente assassinado dois jovens membros da liderança tribal dos éduos, Eporedorix e Viridomarus, matando também a cavalaria de elite que os acompanhava. Na verdade, isso não havia acontecido e os dois homens ainda estavam vivos. Mesmo assim, os éduos acreditaram em Litivaccus. Enfurecidos, eles se voltaram contra os romanos que estavam com eles, assassinando a todos.

Eporedorix, que estava no acampamento éduo quando tudo isso aconteceu, fugiu para César, instando-o a impedir a deserção permanente da cavalaria édua para Vercingetórix. Se isso acontecesse, poderia resultar na deserção imediata do resto do estado, já que aqueles cavaleiros tinham muitos parentes importantes. César partiu com quatro de suas legiões para tentar resolver a situação, o que ele fez enviando Eporedorix e Virodomarus à frente para mostrar aos seus colegas que eles ainda estavam vivos. Isso pôs fim – por enquanto – à Rebelião dos Éduos, e Litivaccus fugiu com seus seguidores pessoais para se juntar a Vercingétorix, que havia aproveitado a partida de César para lançar um ataque vigoroso, embora malsucedido, às linhas romanas.[40]

César claramente não estava confiante de que a situação com os éduos estivesse totalmente resolvida, mesmo agora que tinha uma força substancial da cavalaria deles com seu próprio exército em Gergóvia. Ele, portanto, achou que era hora de se retirar de Gergóvia e se juntar a Labieno na região ao redor de Paris. Mas primeiro ele queria obter um sucesso para que não parecesse que estava se retirando por medo de uma rebelião prolongada. A situação no planalto oferecia uma oportunidade para esse tipo de sucesso limitado.[41] Vercingétorix havia estabelecido uma linha de acampamentos fora das muralhas da cidade, na borda oeste do planalto, e construído um muro de quase dois metros ao longo da borda leste, de frente para o acampamento romano em La Roche Blanc. César decidiu lançar um ataque para destruir o muro e devastar os acampamentos. Cinco legiões atacariam pelo sul, enquanto os éduos lançavam um ataque diversivo no lado leste do planalto.

Inicialmente, o ataque correu conforme o planejado. Os romanos dominaram a muralha defensiva e os acampamentos, mas não ouviram o sinal de retirada que César havia dado primeiro à Décima Legião, que estava com ele na ala direita: havia uma grande distância entre as várias unidades romanas. Os soldados romanos também não ouviram seus oficiais superiores, que tentaram contê-los, pois estavam "levados pela esperança de uma vitória rápida, pela fuga do inimigo e pelas batalhas vitoriosas do passado". Ansiosos por dar continuidade ao seu sucesso inicial, eles se aproximaram das muralhas da cidade, mas descobriram que não podiam escalá-las, e as tropas gaulesas aproveitaram o fato de que os romanos haviam quebrado a formação e estavam ficando cansados; os romanos também avistaram os éduos, que identificaram erroneamente como uma força gaulesa avançando sobre o flanco romano.

As quatro legiões que ainda estavam no planalto foram repelidas com pesadas perdas, embora a perseguição gaulesa tenha sido interrompida quando a Décima e a Décima Terceira Legiões, que não estavam no planalto, vieram em apoio aos seus companheiros em fuga. César diz que quarenta e seis centuriões e quase setecentos homens foram perdidos.[42]

Ciente de que a notícia desse revés provavelmente encorajaria uma revolta dos éduos, César primeiro realizou uma investigação para descobrir o que havia dado errado e, em seguida, na esperança de dar a impressão de que não deixaria a área, desafiou os gauleses para uma batalha na planície durante os dois dias seguintes. No terceiro dia, porém, ele seguiu para o norte para se juntar a Labieno. Pouco tempo depois, os éduos se rebelaram contra Roma e se juntaram a Vercingétorix.[43] Enquanto isso, Labieno ainda operava nos arredores de Paris quando chegou a notícia da retirada de Gergóvia. Ao mesmo tempo, os belóvacos, o estado belga mais ao sul, souberam da mudança na lealdade dos éduos. Como consequência, eles também decidiram se juntar a Vercingétorix. Derrotando seus inimigos nos arredores de Paris, mas evitando o contato com os belóvacos, Labieno retirou-se para Sens, pegou o comboio de bagagem do exército e, pouco depois, juntou-se a César.[44] O foco da campanha agora se deslocaria para o leste de Cevenas.

Enquanto César se unia a Labieno, uma reunião dos estados gauleses foi realizada em Bibracte. César sugere que Eporedorix e Viridomarus agora esperavam assumir o comando das operações contra Roma, mas os embaixadores que se reuniram em Bibracte insistiram que Vercingétorix recebesse o comando geral, ignorando as reclamações dos éduos de que estavam sendo expulsos "da liderança da Gália". Ausentes da reunião estavam as tribos vizinhas dos éduos ao norte – os remi, lingones e tréveros. Enquanto os gauleses se reorganizavam, César planejava a próxima fase da campanha. Ele precisava ser capaz de igualar a cavalaria de Vercingétorix. Tendo perdido muitos de seus próprios aliados gauleses, que forneciam a maior parte das tropas montadas dos romanos, César recrutou um número substancial de mercenários germânicos. Preocupado também com a segurança da província da Gália Transalpina, ele deu instruções a seu primo, Lúcio César, que se juntara a ele como legado e agora comandava vinte e duas coortes recém-formadas, e assumiu uma posição ao sul dos Lingones para poder reforçar Lúcio caso Vercingétorix avançasse contra ele.[45]

Não era apenas a situação na Gália que se voltava contra César. Em Roma, Pompeu estava agora se alinhando mais estreitamente com os rivais de longa data de César. Em julho, mais ou menos na mesma época em que as notícias do fracasso em Gergóvia e da deserção dos éduos chegaram a Roma, Pompeu se casou novamente. Sua esposa era filha de Quinto Cecílio Metelo Pio Cipião Násica, membro de uma das famílias mais antigas da nobreza romana e conhecido inimigo de César. Pompeu também apoiou uma lei que determinava que todos os candidatos a cargos públicos deveriam fazer uma declaração pessoal de suas intenções em Roma, invalidando assim a lei dos dez tribunos que teria permitido a César concorrer ao cargo de cônsul sem retornar à cidade, e aprovou uma lei, baseada em uma proposta feita por Catão em 53 e ainda mais ameaçadora aos interesses de César, que determinava que deveria haver um intervalo de cinco anos entre o cargo de governador provincial e o mandato de magistrado em Roma. Ele também conseguiu que seu comando na Espanha fosse prorrogado por mais cinco anos.[46] Seguindo esse modelo, haveria apenas um grande comando provincial quando o de César chegasse ao fim – se Vercingétorix não o encerrasse antes do previsto. As ações de Pompeu sugerem que ele via a derrota de César como uma possibilidade definitiva.

O excesso de confiança, no entanto, seria a ruína de Vercingétorix. Após uma pausa de várias semanas, ele convocou um conselho de guerra e ordenou que sua cavalaria lançasse um ataque ao exército de César enquanto este estava em marcha, na esperança de repetir o que os eburões haviam feito a Sabino e Cota. A batalha, travada perto de Alise-Sainte-Reine, não saiu como ele esperava. César posicionou sua cavalaria atrás de sua coluna em marcha e colocou a bagagem dentro de um quadrado formado pelas legiões, que podiam avançar conforme necessário para apoiar a cavalaria. Quando os mercenários germânicos derrotaram as tropas que enfrentavam à direita e atacaram a infantaria ao redor de Vercingétorix, seu exército fugiu, refugiando-se ao redor da cidade situada no topo da colina onde hoje fica Alise-Sainte-Reine (Placa 10).[47] César diz que três líderes dos éduos foram capturados. Sua ênfase nesse ponto sugere que ele planejava usá-los para ajudar a reparar seu relacionamento com os éduos, uma vez que a campanha contra Vercingétorix chegasse ao que agora era sua conclusão óbvia.

César imediatamente começou a construir enormes obras de cerco, cercando as tropas de Vercingétorix no topo da colina. Houve alguns dias de escaramuças entre os homens da cidade e os romanos que guarneciam as fortificações em construção, até que Vercingétorix enviou sua cavalaria, dizendo-lhes para se aproximarem das tribos aliadas para pedir uma força de socorro, já que havia apenas suprimentos para trinta dias na cidade. Enquanto isso, César recolheu todos os grãos disponíveis na região, especificando que seus forrageiros deveriam estender suas operações a alguma distância do acampamento.[48] A logística definiria os termos da batalha final. César podia prever que qualquer força de socorro seria obrigada pela insuficiência de alimentos a atacar as defesas externas que ele agora começava a construir, além de suas obras de cerco internas. Quando essas obras de cerco, descritas por César com imenso detalhe, foram concluídas, ele tinha trinta dias de provisões disponíveis em seu acampamento.[49]

César descreve a formação de uma vasta força proveniente de toda a Gália. Em termos práticos, o relato é altamente improvável: César quer nos fazer acreditar que milhares de soldados poderiam ser convocados e marchar da Bretanha em questão de semanas. Uma indicação mais precisa do que realmente estava acontecendo vem de sua lista dos comandantes da força de socorro. Entre eles estão os éduos Eporedorix e Viridomarus, o primo de Vercingétorix, Vercassivellaunus, e o antigo agente de César entre os belgas, Cômio. A participação deste último claramente incomodou César, que reitera o ponto que havia levantado no final do Livro 5 – a saber, que os gauleses que se opunham ao domínio romano o faziam por desejo de recuperar sua reputação de glória militar:

> Havia um consenso tão grande por parte de toda a Gália a favor da recuperação de sua reputação militar anterior que eles não se deixaram levar por favores ou pela memória da amizade; em vez disso, todos se lançaram na guerra com todo o coração e todos os recursos.[50]

Conforme essa força de socorro se aproximava, a situação em Alésia tornava-se desesperadora. Embora César provavelmente tenha inventado o discurso que atribui a um homem chamado Critognatus, incentivando que os defensores recorressem ao canibalismo para aliviar a escassez de alimentos, era um fato observável que Vercingétorix expulsou todos os civis da cidade, deixados à morte por inanição na terra de ninguém entre os dois acampamentos.[51]

A força de socorro finalmente chegou e, em um dia, lançou um ataque às linhas defensivas romanas, coordenando-se com os gauleses dentro de Alésia. Os romanos permaneceram dentro de suas fortificações e repeliram o inimigo. Quando o ataque foi renovado um dia depois, obteve resultados semelhantes. Um terceiro ataque, talvez um dia após o segundo, teve como alvo uma parte das fortificações romanas que era um pouco mais fraca do que as outras.[52] As legiões designadas para defender o posto foram duramente pressionadas, mas nada disso passou despercebido – César assumiu um posto em um forte identificado como estando no Monte Flavigny, ao sul da cidade. De lá, ele podia observar o desenrolar da batalha e direcionar reforços conforme necessário. Em uma narrativa totalmente informada pelo conhecimento de César sobre a arte da guerra, ele primeiro planejou colocar o inimigo em desvantagem; depois, ajustou seu plano quando parecia que eles poderiam ter sucesso e encorajou pessoalmente as tropas em situações difíceis. Por fim, ele mesmo liderou o ataque decisivo. Labieno havia reunido onze coortes como reserva para sair em caso de falha das fortificações. É assim que César descreve a ação:

> César apressou-se para poder participar da batalha, e a cor conspícua da capa que costumava usar em batalha anunciou sua chegada. Então, como as encostas descendentes eram visíveis das alturas acima, o inimigo viu os esquadrões de cavalaria e as coortes que ele havia ordenado que o seguissem e se juntaram à batalha. Com o grito de guerra surgindo de ambos os lados, o grito foi captado da vala e da fortificação. Nossos homens, jogando de lado suas *pila*, entraram em combate com suas espadas. De repente, a cavalaria foi vista atacando pela retaguarda. Outras coortes avançavam. O inimigo virou as costas. A cavalaria atacou os fugitivos. Houve uma grande matança.[53]

A batalha terminou. O exército de socorro retirou-se no dia seguinte e, após convocar um conselho de guerra em Alésia, Vercingétorix concordou em se render. Ele permaneceria prisioneiro por seis anos.

Com a vitória conquistada, César reconheceu que a tarefa crucial seria reconstruir o sistema político que ele vinha tentando construir. Para isso, ele separou os éduos e os Arveni entre os capturados, para que não fossem vendidos como escravos, mas servissem como reféns para facilitar as negociações com seu povo. O próprio César passaria o inverno em Bibracte para participar das negociações. Uma ação de graças de vinte dias foi declarada em Roma. Para César, talvez fosse mais importante que Pompeu alterasse sua lei exigindo que os candidatos declarassem sua candidatura pessoalmente, acrescentando uma cláusula especificando que isso não se aplicava a César.[54]

* * *

Para César, o autor, a *Guerra da Gália* termina com a dramática investida em Alésia e a rendição de Vercingétorix. Quando Hírcio retomou a história, a pedido de Balbo, no verão de 44, o mundo havia mudado. César estava morto, as guerras civis que começaram com a travessia do Rubicão em 49 haviam terminado há mais de um ano e uma crise de sucessão se aproximava. Todos esses fatores influenciam a história que Hírcio tem a contar, e sua discussão sobre a conduta de César em relação aos gauleses, baseada nas anotações deixadas por César, é em grande parte tangencial ao desvendamento da relação de César com Pompeu. Do ponto de vista gaulês, a questão mais importante após a derrota de Vercingétorix é a gestão da política interna por César. Dois temas permeiam o relato de Hírcio: um é o desejo de César de se vingar dos gauleses e das comunidades que mais o ofenderam, incluindo os carnutes, Cômio e Ambiórix. Ao mesmo tempo, a experiência de 52 parece tê-lo feito perceber que escolher como líderes aqueles que estavam mais dispostos e aptos a agradá-lo não era a melhor maneira de agir. Era preciso dar mais autonomia aos próprios gauleses.

Hírcio não tem nada a acrescentar ao que César disse no Livro 7 sobre os líderes éduos capturados na batalha de Alésia, mas deixa claro que César se mudou para Bibracte até dezembro e, referindo-se ao final de 50, diz duas vezes que os éduos eram os mais influentes dos gauleses, o que sugere que a situação geral havia se estabilizado. Em dezembro de 52, escreve Hírcio, César deixou os Éduos, reagindo a relatos de que primeiro os biturgos e depois os carnutos estavam planejando "rebeliões". No caso dos biturgos, Hírcio disse que a rapidez do avanço de César manteve seus amigos leais e dissuadiu da violência aqueles que poderiam estar vacilantes. Hírcio tenta promover a visão de que a paz e a estabilidade foram resultado da misericórdia de César, uma política que ele havia seguido nos últimos anos como peça central de sua política para reunir Roma após a guerra civil. No caso dos biturgos, ele escreveu: "quando os termos lhes foram apresentados, os biturgos perceberam que o retorno à amizade de César estava aberto a eles por meio da misericórdia de César e que os estados vizinhos que haviam dado reféns foram recebidos em sua amizade, eles fizeram o mesmo". Além disso, César não fez nenhum esforço para se intrometer em sua política. Uma situação diferente ocorreu com os carnutes, que César parecia considerar incorrigíveis, dado que ainda estavam sob a liderança de Gutuatrus, um dos vilões do incidente em Carnuntum no ano anterior. O território deles foi devastado e nenhuma oferta de paz foi feita.[55]

A operação seguinte foi contra os belóvacos no início da primavera de 51. De acordo com os remi, Cômio estava agora aliado a Correus, o líder dos belóvacos, e eles planeavam um ataque ao território de uma das tribos dependentes dos belóvacos. A campanha foi complicada pelo reconhecimento de Cômio e Correus de que, como suas tropas não eram páreo para os romanos em uma batalha direta, eles precisariam lutar contra os romanos em emboscadas nas florestas, na esperança de repetir o sucesso de Ambiórix. César, como era seu costume, fez um reconhecimento cuidadoso e se ajustou às novas informações à medida que elas chegavam. Sua campanha foi bem-sucedida. Quando Correus morreu em batalha e Cômio fugiu, os belóvacos se ofereceram para se render. Seus embaixadores disseram que Correus era um demagogo cuja influência sobre o povo comum havia obrigado seus líderes a segui-lo e que, portanto, o conselho tribal não tinha culpa alguma. César respondeu que era muito fácil culpar os mortos, mas ele não acreditava que, se os membros do conselho tivessem enfrentado Correus, ele teria sido capaz de influenciar o povo comum como fez. (Isso soa mais como um resumo, da perspectiva de César, da carreira de Clódio como demagogo aristocrático.) Ainda assim, César não tomaria nenhuma outra medida contra eles. Caberia claramente aos belóvacos colocar sua casa em ordem. Como que para reforçar a ideia de que um novo dia estava a nascer para os gauleses, César liderou então uma nova expedição ao território dos eburões, espalhando a ruína em seu caminho com o objetivo, segundo Hírcio, de convencer o povo a odiar Ambiórix.[56]

No final do verão de 51, a mensagem de que as tribos gaulesas deveriam escolher líderes em quem os romanos pudessem confiar parecia ter sido compreendida. Os carnutes, que no início do verão haviam apoiado as tropas romanas que passavam por seu território, agora se rendiam. César executou

Gutuatrus.[57] Enquanto isso acontecia, Labieno derrotou aqueles entre os tréveros que haviam se juntado à rebelião no verão anterior. A última grande atividade militar de 51 ocorreu na cidade de Uxellodunum, na província da Gália Transalpina. A cidade havia sido ocupada por um bando de revolucionários gauleses dedicados, liderados por Drappes e Lucterius. César capturou a cidade (cujos habitantes não estavam felizes com a ocupação) e ordenou que as mãos direitas daqueles que lutaram contra ele fossem cortadas. Hírcio afirma que César fez isso porque "sabia que sua clemência era conhecida por todos e que não era temido por sua crueldade", e que, com um ato singular de crueldade, dissuadiria outros de conspirar contra Roma. Seria difícil imaginar que, à luz dos eventos do ano anterior, a "clemência" de César fosse tão óbvia. Essa decisão estava muito alinhada com a mensagem que César vinha transmitindo: a subordinação seria recompensada, enquanto a resistência seria tratada com severidade. O sucesso dessa mensagem foi ressaltado quando Lucterius foi entregue por um líder dos arvenos que foi considerado "o mais amigo do povo romano".[58]

Com o fim da temporada de campanha de 51, César primeiro viajou para a Aquitânia, alegando que nunca havia visitado a região, e depois voltou para a província romana, onde recompensou as pessoas que haviam demonstrado apoio especial durante a guerra do ano anterior. Finalmente, ele se dirigiu a Arras, no território dos belgas, para passar o inverno. Lá, "ele tinha uma esperança: manter os estados gauleses em amizade e não dar a ninguém qualquer esperança ou motivo para entrar em guerra". Provavelmente foi nesse momento que César estabeleceu o tributo anual, para o que agora seria uma província romana com um governador permanente, em quarenta milhões de sestércios, uma quantia não insignificante, mas também não um fardo pesado. A título de comparação, ele havia gasto consideravelmente mais com o terreno para seu fórum de Vênus, a Ancestral.[59] Talvez mais significativo fosse o custo anual total das treze legiões que ele tinha atualmente sob seu comando: cerca de 23.400.000 sestércios. Haveria uma reserva substancial acumulada após a primeira cobrança de tributos do ano, e nenhum desse dinheiro sairia da Gália até que o Senado ratificasse formalmente as decisões de César.[60]

É uma prova do sucesso de César na reconstrução da sociedade gaulesa para que fosse leal a Roma, e da importância de seu reconhecimento de que suas práticas autoritárias do passado agora precisavam mudar, que não haveria mais revoltas gaulesas, apesar das décadas de guerra civil que César estava prestes a iniciar no mundo romano. A Gália agora sentia que seus interesses estavam alinhados com os do novo poder dominante. Em nove anos, César transformou para sempre a configuração da Europa, unindo o que hoje é a França e a Bélgica ao mundo cultural do Mediterrâneo. Ao mesmo tempo, ele construiu uma organização militar de qualidade excepcional e forneceu um modelo de conquista bem-sucedida que poucos foram capazes de igualar. No campo de batalha, ele provou que era, e continuaria sendo, um dos melhores generais do mundo. Sua genialidade particular residia na atenção aos detalhes, na disposição de se adaptar às circunstâncias e na capacidade de não impor suposições sobre o que *deveria* estar acontecendo às realidades que enfrentava.

14
O Rubicão

As explicações que César daria para sua decisão, na noite de 10 de janeiro de 49, de cruzar o Rubicão – o estreito rio entre Cesena e Rimini que marcava a fronteira sul de sua província – foram a repressão do Senado aos direitos tribunicianos, especificamente seu poder de veto; as ações de seus inimigos, que resultaram no afastamento de Pompeu de sua amizade mútua; e a aprovação pelo Senado do "decreto definitivo" contra ele. Toda a responsabilidade pela guerra recaiu sobre Catão e seus amigos. Essas explicações simplificam demais um período complexo de negociações entre dois lados cujas posições se endureceram ao longo do ano anterior.

César concentra-se, ao justificar suas ações, em uma reunião específica do Senado que ocorreu em 3 de janeiro de 49, de acordo com o calendário romano – agora bastante desalinhado com a estação (a data, segundo nosso cálculo, era 3 de novembro). Seu foco nessa única reunião, no entanto, esconde um ano de intensa preparação de sua parte para uma invasão da Itália. O poeta Lucano mais tarde apresentaria a verdadeira causa da Guerra Civil: César não suportava um superior, nem Pompeu um igual.[1]

Na época em que concluiu o Livro 7 da *Guerra da Gália*, César parecia ainda acreditar que ele e Pompeu poderiam governar o Estado como parceiros iguais, daí a importância de sua reclamação de que seus inimigos políticos haviam afastado Pompeu de sua amizade. Em uma passagem apresentando Vercingétorix aos seus leitores, César rejeitou categoricamente um programa político que resultaria em uma ditadura ao estilo de Sula, escrevendo que o pai de Vercingétorix, Celtilo, havia detido o *principatus*, a "liderança primária" da Gália, mas fora morto por seu próprio povo quando buscou o *regnum*, a "realeza". Por implicação, o *principatus*, que envolvia o reconhecimento de uma pessoa como líder em uma ordem política, era algo bom do ponto de vista de César, enquanto o *regnum*, o "poder tirânico", era algo ruim. Cícero, que certa vez descreveu Pompeu como o "indiscutível *princeps*" de Roma e escreveu sobre como a ordem política funcionaria melhor se houvesse um único "moderador do Estado", provavelmente concordaria com isso. O colapso na relação entre César e Pompeu se encaixa nesse paradigma. O poder poderia ser compartilhado entre dois *príncipes* igualmente poderosos? Desde 55, quando os dois amigos, juntamente com Crasso, renegociaram sua aliança, a resposta de César tinha sido "sim". Agora, a resposta de Pompeu era que isso não seria possível e que César deveria se subordinar a ele. Na tradição biográfica, César é citado como tendo dito, nos meses que antecederam a guerra, que seria mais difícil ser removido da posição mais alta do Estado para o segundo lugar do que do segundo lugar para o último. E Cícero escreveria mais tarde que César havia trabalhado durante anos para obter a posição de liderança no Estado.[2]

Hírcio fornece pistas valiosas sobre o que estava acontecendo no acampamento de César durante o verão de 50. César "não queria nada menos do que ser obrigado a travar uma guerra pouco antes de sua partida, para que, quando estivesse prestes a liderar seu exército, não restasse nenhum motivo para a guerra e toda a Gália se unisse livremente sem nenhum perigo iminente".[3] Para evitar isso, César tratou respeitosamente os vários estados da Gália e recompensou generosamente seus líderes. Escrevendo seis anos após a travessia do Rubicão, Hírcio está efetivamente dizendo que César planejava levar todo o seu exército com ele e que não haveria guarnição quando seu mandato terminasse! Como seus leitores já sabiam naquela época, aquele exército estaria envolvido na Guerra Civil que Hírcio sugere que estava prevista para o final de 51. Embora Hírcio logo retorne à linha do partido, na qual César foi vítima de uma conspiração por parte de uma pequena, mas poderosa facção de rivais políticos em Roma, essa é uma afirmação surpreendente, que trai sua memória da situação no quartel-general de César nos meses que antecederam o início da guerra.

Quando volta à linha do partido, Hírcio o faz com um pouco de preconceito contemporâneo. Ele estava escrevendo no verão de 44, quando a grande questão na política romana era o papel que Marco Antônio desempenharia daí em diante. Embora Hírcio tenha acabado morrendo em batalha contra Antônio quando era cônsul no ano seguinte, no Livro 8 da *Guerra da Gália* ele lembra aos seus leitores o afeto de César por seu sobrinho. Ele apresenta a candidatura de Antônio a um cargo sacerdotal sênior como a grande questão no início do verão de 50. Antônio também havia sido questor de César, e sua eventual eleição para o sacerdócio, no outono, revela a disposição geralmente positiva do povo romano em relação a César – uma disposição positiva que uma facção de "alguns homens poderosos" lutou para minar. Quando César chegou ao norte da Itália para apoiar a candidatura de Antônio, ele detectou um entusiasmo excepcional por sua própria candidatura iminente ao consulado no verão seguinte. A facção maligna, conforme Hírcio apresenta os eventos, já havia minado a constituição quando perverteu as eleições consulares de 50. Ao fazer isso, ela garantiu o consulado em 49 para Lúcio Lêntulo e Caio Cláudio Marcelo, ambos inimigos ferrenhos de César, no lugar de Sérvio Sulpício Galba, que havia sido legado de César por vários anos no início da década de 50.[4]

* * *

Como revela o comentário de Hírcio sobre a partida do exército da Gália, os problemas já vinham se formando há algum tempo antes do verão de 50. Em 1º de junho do ano anterior, um dos cônsules, Marco Claudius Marcelo, tentou levantar a questão de um sucessor para César que assumisse a Gália no ano seguinte. Isso aconteceu mais de um ano antes de César afirmar que seu mandato estava prestes a expirar, de acordo com os termos da lei que prorrogava seu comando em 55. Marcelo também havia açoitado um homem que ocupava um cargo magistral na cidade de Como, fundada com o status de município latino sob uma das leis agrárias de César de 59. O cargo de magistrado em um município concedia cidadania à pessoa, e ao infligir esse tratamento ao homem de Como, Marcelo estava desafiando a legitimidade da lei de César: um cidadão não podia simplesmente ser espancado. Marcelo não pareceu ganhar muito apoio para sua opinião, no entanto, e Cícero disse que sua ação era repugnante.[5]

O colega de Marcelo se opôs à sua tentativa de nomear um sucessor para César, mas o debate sobre a questão durou meses em 51, paralisando todos os outros assuntos. Finalmente, em setembro daquele ano, Pompeu disse que a questão não poderia ser levantada antes de 1º de março do ano seguinte. Pompeu provavelmente estava citando a lei que ele e Crasso haviam aprovado para prorrogar o comando de César em 55, mas interpretou a lei como afirmando que César poderia ser substituído em 49. Essa interpretação só foi possível porque a lei havia sido mal redigida, e a declaração de Pompeu parece contradizer totalmente a intenção óbvia por trás de sua revisão da própria lei eleitoral de 52 para permitir que César se candidatasse ao consulado de 48 à revelia. O próprio César afirmaria em termos inequívocos que seu comando se estendia até 49.[6]

A última declaração de Pompeu foi mantida, mas em outubro de 51, os inimigos de César introduziram outra legislação, possivelmente mais para ver como Pompeu estava pensando do que por qualquer perspectiva de que ela fosse aprovada. Uma, relativa à substituição de César, foi vetada, assim como outra que teria dispensado os soldados do exército de César das fileiras se o seu prazo de serviço tivesse expirado formalmente. O objetivo desse projeto de lei era afirmar o controle senatorial sobre o exército de César. No entanto, não foi vetada uma medida que adiava o debate sobre a atribuição de províncias aos cônsules de 50 para 1º de março daquele ano. Quando Pompeu foi questionado sobre o que aconteceria se César tentasse manter seu exército e se candidatar ao consulado, ele respondeu: "E se meu filho decidisse me bater com seu bastão?" – dando a entender que tal eventualidade estava fora de questão. Lemos sobre esse comentário em uma carta que Marco Célio Rufo escreveu a Cícero, que na época servia como governador na Cilícia. Célio continuou comentando com o ausente Cícero que as pessoas agora presumiam que havia algum tipo de negociação em andamento entre Pompeu e César. Cícero teria preferido não receber tais informações em segunda mão. Na verdade, ele nunca quis um cargo de governador provincial, mas agora tinha que assumir um. Isso se devia a outra lei de 52, que estabelecia um intervalo obrigatório de cinco anos entre o mandato de um magistrado e o cargo de governador provincial. Como resultado dessa lei, o Senado estava tendo dificuldade em encontrar ex-cônsules e pretores suficientes para preencher todos os cargos de governador disponíveis.

Para ocupar os cargos de governador até 46, quando os magistrados que exerceram funções em 52 se tornariam elegíveis para cargos provinciais, ex-cônsules e pretores que não haviam governado províncias foram convocados para o serviço.[7]

A imagem que Hírcio faz do ano 50 está repleta da ascensão progressiva da facção que, segundo ele, estava corrompendo o Estado romano. César havia deixado Labieno no comando da Gália Cisalpina para que ele pudesse angariar apoio para Labieno quando ele também concorresse ao consulado, provavelmente em 48. Enquanto estava na Gália, César foi informado de que seus inimigos estavam tentando afastar Labieno de seu apoio a César. Ele não acreditou nos rumores (embora os acontecimentos provassem que ele deveria ter acreditado).[8] Enquanto isso, a situação na Itália era um pouco mais complicada do que Hírcio mais tarde deixaria transparecer. Um cônsul, Caio Cláudio Marcelo, era de fato um oponente veemente de César, mas o outro cônsul, Emílio Paulo, havia recebido um grande empréstimo de César, o que lhe permitiu reconstruir a basílica que levava o nome de sua família no lado leste do Fórum. Ele geralmente tentava conter seu colega. Outro homem que antes era considerado um opositor ferrenho de César, o tribuno Caio Escribônio Curião, também havia recebido um empréstimo muito grande, o que o transformou da noite para o dia em uma voz poderosa ao lado de César.[9]

As tensões aumentaram com o passar do ano. Em abril, o Senado ordenou que César e Pompeu entregassem uma legião cada um para que fossem enviadas à Síria, onde os partos estavam invadindo a província e ameaçando os estados clientes romanos. A escolha de Pompeu foi a Primeira Legião, que ele havia dado a César após o desastre de Sabino na Gália. Isso foi muito injusto, disse Hírcio. Seu horror é falso. Em agosto do ano anterior, Pompeu foi questionado sobre em qual exército a legião servia. Ele respondeu que era no exército gaulês, mas que a retiraria.[10]

Durante todo o verão de 50, a questão central na política romana continuou sendo se César manteria seu exército enquanto concorria ao consulado de 48. No início de agosto, Célio, escrevendo a Cícero, comparou a posição de Pompeu, que havia decidido que César só poderia se tornar cônsul se entregasse seu exército, com a opinião de César de que ele só estaria seguro se mantivesse seu exército enquanto concorria ao consulado. César afirmou mais tarde que o que ele realmente temia era ser processado em um tribunal irregular cercado pelos soldados de Pompeu, o que seria uma repetição da cena do julgamento de Milo pelo assassinato de Clódio, intimidando Cícero a ponto de ele não conseguir concluir seu discurso de defesa. É pouco provável que tal julgamento pudesse ter ocorrido – um tribuno leal a César simplesmente teria vetado a acusação. O que César realmente temia era abrir mão da organização militar que havia construído ao longo dos anos, enquanto Pompeu mantinha a organização espanhola que vinha construindo desde seu consulado em 55. Foi precisamente por essa razão que César havia apontado, nos livros sexto e sétimo de *A Guerra da Gália*, como sua organização e a de Pompeu poderiam trabalhar juntas para a proteção de Roma. Esses livros agora estavam circulando entre o público leitor.[11]

Célio continua sua análise da situação, escrevendo: "esses amores e essa união odiosa não se transformaram em disputas secretas, mas explodiram em uma guerra aberta". Ele observa ainda que, embora Pompeu pudesse ter o apoio da nobreza, César tinha o melhor exército.[12] O comentário de Célio levanta a questão de por que Pompeu não via a situação militar como um problema. A resposta, que está no cerne da marcha para a guerra, é a mesma característica do caráter de Pompeu que o impedia de reconhecer que ele e César poderiam ser iguais. Ele era excepcionalmente narcisista. Essa qualidade ficou evidente desde que ele começou a se autodenominar *Magnus*, "o Grande", após a guerra civil de Sula. Ela ficou evidente em sua incapacidade de prever a possibilidade de que seus oponentes no Senado pudessem atrapalhar seu acordo no Oriente e em sua má gestão das relações de Roma com Ptolomeu XII. Isso não quer dizer que ele não fosse um general muito bom – em breve veremos vários sinais de que de fato era –, mas se mostrava excepcionalmente propenso a se ver da melhor maneira possível.

À medida que César continuava a obter vitórias na Gália, Pompeu começou a contemplar a possibilidade de uma guerra com seu ex-sogro. Sua conduta errática em 52 sugere que o relacionamento entre os dois, da perspectiva dele, era problemático. A tradição biográfica posterior associou a origem da ruptura entre os dois homens à morte de Júlia em 54. Sem dúvida que esse evento foi importante, mas Pompeu continuou a se precaver por algum tempo, professando abertamente amizade com César enquanto acumulava recursos com vistas às possibilidades de conflito.[13] Durante vários anos, ele acumulou prata das minas espanholas que controlava como governador nominal das duas províncias da Espanha. Ele também vinha aumentando o exército espanhol para sete legiões. Ele aumentaria ainda mais seu exército após o pedido do Senado por legiões para servir na Síria. Assim que César enviasse duas legiões para a Itália – uma sua e outra que antes pertencia a Pompeu –, Pompeu teria nove legiões sob seu comando direto. A decisão de manter as duas legiões do exército gaulês na Itália, em vez de enviá-las para a Síria, é tomada, não sem razão, por Hírcio como um sinal da má fé dos inimigos de César. Da perspectiva de Pompeu, a divisão final provavelmente ocorreu na primavera de 50, motivando a decisão de manter as legiões na Itália. Pode ter sido nesse momento que Pompeu repetiu a história de que César havia tido um relacionamento adúltero com sua ex-esposa Múcia.[14]

A convicção de Pompeu de que poderia sair vitorioso de uma luta com César foi reforçada depois que ele adoeceu no final do verão de 50. Plutarco escreve:

> Depois disso, Pompeu ficou gravemente doente em Nápoles, mas se recuperou. Seguindo o conselho de Praxágoras, os napolitanos ofereceram sacrifícios de agradecimento por sua preservação. Os povos vizinhos os imitaram, e a prática se espalhou por toda a Itália, de modo que todas as comunidades, independentemente do tamanho, realizaram festivais de agradecimento por muitos dias. Nenhum lugar conseguia conter as pessoas que vinham de todos os lugares para saudar [Pompeu], e as estradas, aldeias e portos estavam cheios de pessoas fazendo sacrifícios e festejando. Muitas pessoas com guirlandas na cabeça e tochas nas mãos o receberam e acompanharam, jogando flores nele, de modo que seu retorno a Roma foi uma visão muito bela e magnífica. Mas diz-se que isso foi uma causa significativa da guerra. Pois, embora a alegria pública fosse grande, a reação de Pompeu à grandiosidade da celebração foi jogar fora a cautela que sempre havia dado segurança às suas conquistas bem-sucedidas e entregar-se a uma arrogância e desdém ilimitados pelo poder de César, sentindo que não precisaria de uma força armada nem teria qualquer problema, mas derrubaria [César] com muito mais facilidade do que ele o havia construído.[15]

Pompeu dizia às pessoas que, onde quer que ele pisasse na Itália, exércitos surgiriam. Ele teria feito melhor em prestar atenção a um incidente no Senado naquele outono. César havia escrito ao Senado dizendo que ele não deveria cancelar um privilégio que lhe fora concedido pelo povo romano e que deveria insistir para que todos os outros governadores renunciassem aos seus cargos ao mesmo tempo que ele. A primeira parte disso reflete sua alegação de que seu comando não terminava no final de 50, enquanto a segunda é uma jogada clássica de César para apresentar a seus inimigos duas opções indesejáveis: Pompeu não queria renunciar ao seu comando e não queria que César mantivesse o seu. Quando o tribuno Curião apresentou uma moção no sentido de que César e Pompeu deveriam renunciar aos seus comandos, o Senado votou esmagadoramente a favor. O próximo passo seria a votação da lei por uma assembleia do povo, mas os cônsules se recusaram a permitir que a assembleia fosse convocada. Curião poderia ter previsto o resultado da votação e a ação subsequente dos cônsules, que atribuiria a culpa pela guerra aos inimigos de César. Em uma versão da história, o cônsul Marcelo deixou o Senado para colocar uma espada nas mãos de Pompeu e pedir-lhe que pegasse em armas em defesa do Estado.[16] Mas o ponto importante da ação de Curião foi que qualquer apoio que Pompeu pudesse ter para travar uma guerra não era entusiástico. Em dezembro, na véspera da guerra, Cícero escreveria para sua família dizendo que "a paz é o que se deseja".[17]

Suetônio menciona outra proposta, que ele atribui a César, no sentido de que este abriria mão da Gália Transalpina e das oito legiões em sua guarnição, mantendo apenas a Gália Cisalpina com duas legiões ou a Ilíria com uma legião. É improvável que essa proposta tenha realmente vindo de César, mas alguém pode ter lançado a ideia; as cartas de Cícero de dezembro indicam discussões nas quais César sugeria que, se as pessoas simplesmente lhe dessem o que ele queria, não haveria guerra. O que emerge da correspondência de Cícero são as exigências de César pelo seu direito de concorrer ao consulado à revelia e por uma garantia de "paridade" com Pompeu até que ele assumisse o cargo.[18]

Um ponto crucial sobre essa afirmação de Suetônio é que ela subestima o número de legiões sob o comando de César no final de 50. Ela também deturpa sua localização. Possivelmente, algumas pessoas pensavam que ele tinha apenas dez legiões, tendo já cedido duas legiões no início do ano. Cícero usa o número onze em uma carta a Ático na mesma época. Mas César, na verdade, tinha treze legiões, das quais oito estavam na Gália e cinco, incluindo vinte e duas coortes recrutadas na Gália Cisalpina para substituir as legiões enviadas a Pompeu, estavam no norte da Itália. Ele tinha forças mais do que suficientes para derrotar Pompeu caso a guerra começasse. Ele também tinha recursos financeiros para dobrar o salário de suas legiões em caso de guerra.[19]

Como os eventos do início de janeiro sugerem, Pompeu tinha uma boa noção das chances. Ele estava em comunicação com Labieno, cuja carreira inicial ele provavelmente havia promovido, dado que Labieno era de seu próprio distrito natal, Piceno.[20] Parece também que os elogios que César havia feito a Labieno durante as *Guerras da Gália* subiram à cabeça deste, que agora agia como se fosse igual a César, o que prejudicou o relacionamento entre os dois.[21] Pompeu achava que Labieno seria um aliado valioso para a guerra que ele tinha certeza que estava por vir. Ele não cederia às exigências de César e, em 10 de dezembro, Cícero escreveu:

> Ele [Pompeu] falou comigo sobre assuntos políticos como se não houvesse dúvida de que haveria uma guerra: não havia esperança de um acordo; ele já pensava que estava completamente afastado de César, mas recentemente tinha-se certificado disso. Hírcio, o amigo mais próximo de César, estava na região em 6 de dezembro, mas não o procurou, e Balbo combinou de visitar Cipião [sogro de Pompeu e co-cônsul em 52] para discutir a situação antes do amanhecer de 7 de dezembro.

Hírcio partiu para se reunir com César na noite anterior.[22]

Hírcio e Balbo estavam tentando angariar apoio para a posição de César visitando outros membros da aristocracia, incluindo Cícero, que achava que suas obrigações para com Pompeu superariam as para com César se a guerra eclodisse. Cícero concluiu sua carta escrevendo que esperava que um homem cujos inimigos lhe concederam um segundo consulado e a quem a Fortuna deu o maior poder não fosse tão louco a ponto de colocar essas coisas em risco. Dias depois, ele escreveu que o resultado de uma guerra seria a tirania e, pouco depois, observou que não havia encontrado ninguém que não achasse melhor ceder à exigência de César do que lutar. Ele se perguntou de que adiantaria resistir a César agora que seu poder havia sido construído ao longo de tantos anos.

A situação piorou quando Antônio, agora tribuno, lançou um violento ataque a Pompeu em uma reunião pública. Em 26 de dezembro, Pompeu disse a Cícero que não tinha interesse na paz. Por outro lado, ele achava que, se César descobrisse que preparativos enérgicos estavam sendo feitos para a guerra, isso seria suficiente para acabar com a crise. Pompeu acreditava que, diante da perspectiva de lutar contra ele, César desistiria de sua insistência em concorrer ao consulado e preferiria manter seus exércitos e sua província por enquanto. Pompeu vivia em um mundo de fantasia criado por ele mesmo.[23]

* * *

A primeira reunião do Senado em que os assuntos poderiam ser discutidos no novo ano foi em 3 de janeiro. César enviou uma carta que o agora ex-tribuno Caio Curião apresentou aos cônsules. Ela começava com uma declaração de todas as benfeitorias que César havia feito por Roma. O que se seguiu foi a oferta de César de dispensar seu exército e renunciar ao cargo se Pompeu fizesse o mesmo, alegando que não seria correto César ficar exposto a seus inimigos. No final, os cônsules finalmente cederam às exigências de dois tribunos, um dos quais era Antônio, e mandaram ler a carta ao Senado. Em seguida, recusaram-se a permitir a discussão de seu conteúdo, preferindo debater a situação geral da República. Aqueles que tentaram falar em nome de César foram silenciados. Cipião então apresentou uma moção no sentido de que, se César não renunciasse ao seu comando até uma determinada data, ele seria julgado por agir contra o Estado. Ele parecia estar falando em nome de seu genro Pompeu, disse César mais tarde. A validade do argumento de César sobre a má-fé de seus inimigos ficaria clara para todos que observassem ou tomassem conhecimento da reunião.[24] Dois tribunos, Antônio e Cássio, que tentaram vetar o processo, foram impedidos de fazê-lo. Em 7 de janeiro, eles fugiram da cidade. Naquele dia, o Senado aprovou o "decreto definitivo" em resposta à ameaça representada por César. Ele estava agora em Ravenna.[25]

Na noite de 10 de janeiro, César dirigiu-se aos homens da Décima Terceira Legião. Ele relembrou os erros que seus inimigos haviam cometido contra ele: afastaram Pompeu dele, embora César sempre tivesse apoiado a honra e a dignidade de Pompeu e minimizado sua própria glória. Até mesmo Sula havia deixado aos tribunos seu poder de veto, mas agora Pompeu, que antes defendia os direitos dos tribunos, havia tirado esse poder deles. Quanto à aprovação do decreto definitivo, no passado, isso era reservado para momentos em que havia violência na cidade. Agora, ele havia sido empregado em tempos de paz. César exortou as tropas a defenderem sua honra e dignidade, lembrando-as de suas conquistas na Gália e na Germânia durante os últimos nove anos. Elas, e não a facção em Roma, eram as defensoras do governo legítimo do Estado. Quando as tropas gritaram sua aclamação às palavras de César, ele as conduziu para o sul, em direção a Rimini. Ao fazer isso, ele cruzou o Rubicão.[26]

No primeiro livro da *Guerra Civil*, no relato cuidadosamente elaborado sobre os primeiros dias de janeiro de 49, César – que faz questão de enfatizar a legalidade de suas ações – minimiza o momento em que deixou sua província e, assim, ultrapassou os limites legais de seu comando militar. Em vez disso, ele mantém o foco na conduta de seus oponentes, enfatizando as ações inconstitucionais de seus inimigos para justificar o conteúdo do discurso que profere às tropas. Ele não está invadindo a Itália; ele está defendendo a constituição daqueles que a destruiriam por motivos egoístas. Sua justificativa é surpreendentemente evocativa daquela que Sula usou quando liderou sua primeira marcha sobre Roma quarenta anos antes.

Asínio Polião, que escreveu uma história das Guerras Civis, começando com a aliança entre Pompeu, Crasso e César, diz que estava com César na noite anterior à travessia do rio. Nesta versão, não há discurso aos homens da Décima Terceira Legião. Em vez disso, César passa a tarde assistindo a uma exibição de gladiadores e depois vai jantar com seus amigos. Alegando indisposição, ele deixa a festa e sobe em uma carruagem. Seguido por alguns de seus amigos e alguns cavaleiros, segue para o sul. Quando chega ao rio, faz uma parada para pensar. Depois de um tempo, ele se vira para seus amigos e diz: "Não cruzar o rio trará grande infortúnio para mim, cruzá-lo trará infortúnio para toda a humanidade". Mas então ele olhou para cima, gritou "que a sorte esteja lançada" e atravessou o rio, juntando-se às tropas que havia enviado à frente em Rimini pela manhã.[27] Um escritor posterior, o poeta Lucano, cujo épico de dez livros sobre a Guerra Civil começa com a travessia do Rubicão, tem uma visão chorosa e desgrenhada da Itália surgindo diante de César e seus homens, dizendo-lhes para parar se se aproximarem como cidadãos cumpridores da lei. César responde invocando Júpiter e conduzindo seus homens através do rio.[28]

Suetônio tem a versão mais complicada da história. Quando César soube da fuga dos tribunos de Roma, ele primeiro assistiu a uma peça de teatro, depois inspecionou os planos para um novo campo de treinamento de gladiadores e deu um jantar. Ao anoitecer, ele saiu com alguns membros da equipe, pegou algumas mulas emprestadas de uma padaria e partiu em uma pequena carroça. As tochas se apagaram e o grupo se perdeu, vagando sem rumo pela noite até encontrar um guia local que os colocou de volta no caminho certo. Na margem do Rubicão, eles alcançaram as tropas que haviam sido enviadas à frente. As palavras de César nesta versão são: "ainda podemos recuar, mas, uma vez atravessada a pequena ponte, tudo deve ser decidido em combate". Nesse momento, uma aparição sobre-humana surge à beira do rio, tocando uma flauta de cana. Um grupo de pastores se reúne ao redor dela e, em seguida, alguns dos homens de César, incluindo seus trompetistas, se aproximam. A aparição pega um trompete e toca uma grandiosa nota. César então diz: "Vamos para onde os sinais dos deuses e os males de nossos inimigos nos chamam. Que a sorte esteja lançada".[29]

Como vimos, aparições divinas não fazem parte do kit de ferramentas propagandísticas de César e, mesmo que ele agora esteja ecoando a propaganda religiosa de Sula, é altamente improvável que isso chegue ao ponto de se estender a divindades à beira de um rio. Essas adições nos mostram, antes, o que os romanos achavam que deveria acontecer em um momento como aquele. Mas podemos afirmar com segurança que César parou antes de atravessar o rio com sua carruagem e informou a seus companheiros que a decisão precisava ser tomada. Na verdade, não havia muita escolha. Os homens da Décima Terceira Legião já estavam a caminho de Rimini.

A versão do decreto final aprovado alguns dias antes pelo Senado ordenava que os cônsules, pretores, tribunos e todos aqueles com poderes proconsulares na área da cidade garantissem que o Estado não sofresse nenhum dano. Mas, apesar de terem emitido o que era, na prática, uma declaração de guerra, os líderes do Senado não estavam preparados para César. Ao saberem que ele havia cruzado o Rubicão, entraram em pânico, deixando para trás o tesouro ao fugirem da cidade. Parece que eles estavam familiarizados com a imagem que César havia criado de si mesmo em seus relatos da guerra na Gália – a de um homem que agia com incrível rapidez.[30]

Cícero estava tecnicamente no grupo daqueles com poderes proconsulares, mas ninguém tinha ilusões quanto ao que isso significava. Não haveria decisões em comitê. Pompeu estaria no comando, mas, apesar do teatro no início de janeiro, ele não tinha tecnicamente *imperium* superior. Ele era um entre vários procônsules e, embora os cônsules que tecnicamente tinham *imperium* superior ao seu estivessem dispostos a se submeter a ele, havia uma falta geral de direção. Em 17 de janeiro, Cícero, tecnicamente no comando da região costeira da Campânia, se perguntou se Pompeu planejava lutar ou deixar a Itália. Dois dias depois, ele escreveu que a decisão de abandonar Roma era irracional. Em 5 de fevereiro, Pompeu disse aos cônsules que eles deveriam voltar a Roma para pegar o dinheiro do tesouro. Isso não aconteceu.[31] Nas semanas seguintes, uma última tentativa de negociação fracassou.

Pouco depois de chegar a Rimini, e quase ao mesmo tempo em que soube que Labieno havia desertado para Pompeu, César recebeu dois embaixadores de Pompeu: seu sobrinho, Lúcio César, filho do cônsul de 64, e o pretor Lúcio Róscio.[32] Pompeu queria que César soubesse que ele havia agido no interesse do Estado, mas não tinha a intenção de ofender César. Pompeu colocava o bem do Estado acima de seus interesses particulares e esperava que César também não prejudicasse o Estado apenas por estar tão irritado com seus inimigos particulares. César respondeu que estava disposto a fazer concessões, apesar de todos os erros cometidos contra ele (que, em seu relato sobre esse período, ele mais uma vez lista). O compromisso proposto por César era que Pompeu partisse para a Espanha, que ambos dispensassem seus exércitos, que ele entregasse a Gália Transalpina a Domício Enobarbo e a Gália Cisalpina a Consídio Noniano (um ex-pretor), que ele concorresse pessoalmente ao consulado e que todos na Itália depusessem as armas. Se tudo isso acontecesse, disse César, o medo seria removido da vida pública, eleições livres poderiam ser realizadas e o Estado seria administrado pelo Senado e pelo povo. Após se reunir com os cônsules, Pompeu respondeu que, assim que César retirasse suas guarnições da Itália, seu partido retornaria a Roma e concluiria a negociação. Enquanto isso, Pompeu continuou a recrutar tropas e providenciou a prisão dos gladiadores de César, baseados em Cápua, depois que eles se recusaram a servir sob o comando do cônsul Lêntulo. Eles foram distribuídos, dois por vez, aos chefes de família locais para serem mantidos sob custódia.[33]

Cícero tinha esperança de que um acordo fosse alcançado com base na missão de Lúcio César, mas o acordo que Pompeu ofereceu em resposta alterou a proposta de César de maneira significativa, como César rapidamente apontou. Pompeu insistia que César deixasse a Itália e desistisse de seu exército antes que Pompeu interrompesse seus próprios recrutamentos na Itália e antes de partir para a Espanha. É difícil imaginar que César não tenha previsto essa resposta. O importante, para César, era que ele fosse visto por seus apoiadores e potenciais apoiadores como disposto a negociar, enquanto Pompeu poderia ser apresentado como irracional. A última referência de Cícero ao possível acordo foi em uma carta de 3 de fevereiro, na qual ele menciona que Curião havia ridicularizado a missão de Lúcio César. Talvez tenha sido também nesse momento que Pompeu declarou que não tinha mais interesse em negociar, uma vez que o envio de embaixadores aumentaria a autoridade da pessoa a quem eles eram enviados e diminuiria a autoridade daqueles que os enviaram.[34]

Por sua vez, César estava novamente em marcha. As legiões anteriormente estacionadas em Placentia estavam agora se aproximando das tropas que ele tinha em Rimini. Ele também estava formando novas unidades e colocando em serviço unidades formadas para Pompeu que se renderam a César quando ele se aproximou. Enquanto isso, os esforços de Pompeu para montar uma resistência militar eficaz fracassaram. Em 8 de fevereiro, Cícero escreveu a Ático, dizendo que Pompeu estava em péssimo estado, "sem coragem, sem forças, sem plano, sem energia", e que os recrutas não estavam aparecendo. Em 15 de fevereiro, ele escreveu a Pompeu, dizendo: "Não tenho conhecimento de seus planos e estratégias de campanha". Alguns dias depois, ficou chocado ao descobrir que Pompeu realmente planejava deixar a Itália. Ficou ainda mais insatisfeito quando Pompeu resumiu seu plano com a frase: "Sula conseguiu, por que eu não conseguiria?"[35]

Quando Cícero escreveu a Pompeu, a falta de coordenação entre os oficiais superiores estava se tornando um problema grave. Domício Enobarbo nunca foi fácil de conviver para Pompeu, e agora ele estava sendo estúpido. Ele havia reunido um exército de 10.000 homens entre os agricultores clientes de suas propriedades e o liderava contra César – ele era o procônsul designado da Gália Cisalpina e iria enfrentar o próprio César. Ele avançou para Corfínio, no centro-leste da Itália (Placa 11). Lá, recebeu uma carta de Pompeu, enviada em 17 de fevereiro, na qual o general escrevia:

> O que eu pensei e alertei você agora está acontecendo – ou seja, no momento, ele não quer travar uma batalha, mas vai cercá-lo concentrando todas as suas forças para que você não possa vir até mim e unir suas forças, compostas pelos cidadãos mais leais, com tropas de cuja lealdade eu duvido. Portanto, estou ainda mais perturbado com sua carta. Não tenho confiança suficiente na lealdade das tropas que tenho comigo para arriscar uma batalha que envolva a segurança do Estado, nem os homens recrutados pelos cônsules chegaram. Por esse motivo, faça o possível para vir aqui o mais rápido possível, se isso for de alguma forma viável.

Pompeu, ao que parece, havia previsto exatamente o que aconteceria. Quando esta carta foi escrita, César já estava ao sul de Domício, que estava se mostrando tão reconfortante para seus inimigos quanto decepcionante para seus amigos.[36] Separado de Pompeu, Domício não tinha chance de sucesso em um confronto contra César, cujas legiões veteranas superavam em número os recrutas inexperientes de Domício. Provavelmente, a carta de Pompeu a Domício, amplamente divulgada por Pompeu para provar que Domício não havia seguido seu conselho e preservada para a posteridade por Cícero, era a mesma carta que César descreveria em seu próprio relato como tendo levado Domício a um declínio visível. Enquanto dizia a seus oficiais superiores que Pompeu estava a caminho para resgatá-los, Domício estava, na verdade, planejando fugir com alguns servos durante a noite. Quando seus homens perceberam "que sua expressão não combinava com suas palavras" e que ele estava se trancando com algumas pessoas, os soldados se amotinaram e enviaram Lêntulo Espínter, o cônsul de 57, para negociar sua rendição a César.[37]

César aceitou a rendição e encenou uma cena dramática quando a guarnição saiu da cidade. Domício, Lêntulo e seus oficiais superiores foram colocados de um lado, e as tropas do outro. Os prisioneiros aristocráticos foram então dispensados, enquanto as tropas juraram lealdade a César. Não houve massacre sulano aqui. Em vez disso, foi enviada uma mensagem clara de que aqueles que viam a justiça da causa de César eram bem-vindos às suas fileiras e que esses apoiadores incluíam o povo comum da península italiana. Eles só haviam servido a Pompeu porque foram enganados por aristocratas incompetentes e egoístas. Os acontecimentos sugeririam que a mensagem de César foi amplamente e calorosamente recebida em toda a Itália, onde não haveria nenhum apoio ativo à causa de Pompeu durante o resto do conflito. Quanto a Domício Enobarbo, ele logo embarcaria para Marselha e causaria consideráveis problemas a César. Lêntulo Espínter logo partiu para se juntar a Pompeu, que a essa altura já havia evacuado a Itália com suas forças e se estabelecido do outro lado do Estreito de Otranto, na Grécia. As novas legiões que César adquiriu em Corfínio provaram ser imediatamente úteis. Sob o comando de Curião, elas foram enviadas para tomar a Sicília, que Catão ocupava sem nenhuma guarnição digna de nota.

A misericórdia de César, em contraste com o comportamento de Sula e as declarações bastante sanguinárias de Pompeu, enviou uma mensagem clara. A continuação da guerra e qualquer devastação que a acompanhasse seriam culpa de Pompeu. César ainda afirmava que via a paz como uma possibilidade. Em uma carta enviada a Ópio e Balbo por volta de 5 de março (e claramente destinada à circulação geral), ele escreveu:

> Fico feliz que você diga em sua carta que aprova veementemente o que foi feito em Corfínio. Seguirei de bom grado seu conselho, ainda mais porque decidi que devo me mostrar o mais misericordioso possível e fazer o meu melhor para me reconciliar com Pompeu. Vamos ver se, por esse meio, podemos conquistar a boa vontade de todos e desfrutar de uma vitória duradoura, já que outros, por meio da crueldade, não conseguiram escapar do ódio nem manter a vitória por muito tempo – com exceção de Lúcio Sula, a quem não pretendo imitar. Que este seja o novo plano de conquista: defender-nos com misericórdia e generosidade. Tenho algumas ideias em mente sobre como isso será possível, e muitas outras podem ser encontradas. Peço que você reflita sobre isso.[38]

Mesmo enquanto perseguia Pompeu até Brindisi (onde este último estava embarcando suas tropas para a Grécia), César tentava formar um partido no Senado. Ele mantinha correspondência frequente com Cícero, cuja presença nas fileiras dos apoiadores de César teria sido um enorme sucesso de propaganda, mas nunca o ameaçou. Além de não ser Sula, ele permaneceu comprometido com um processo de paz, embora mais para aparentar do que com qualquer esperança realista de que algo resultasse disso. Como Pompeu havia deixado claro que não havia espaço para concessões e que aqueles que não o apoiassem seriam tratados com severidade – Cícero, ao descrever Pompeu, chegou a cunhar um verbo, "sular", para caracterizar essa retórica intransigente –, essa aparente moderação de César apenas reforçou as diferenças entre os dois lados. Notavelmente ausente da apresentação de César estava qualquer referência a Mário. Não adiantaria nada relembrar o histórico sangrento de sua própria família em 87.[39]

A questão subjacente à correspondência de César com Cícero, e com muitos outros, era sua necessidade de construir uma administração civil na Itália enquanto continuava a guerra no exterior. César confiava no princípio, ao qual havia aderido em seus últimos anos na Gália, de recrutar apoiadores que, independentemente de sua relação passada com César, pudessem melhor servir aos seus próprios interesses servindo aos dele. Ele planejava uma reunião do Senado assim que matasse Pompeu ou o expulsasse da Itália. Pompeu escapou de Brindisi em 17 de março, iludindo César, cujas forças procuravam bloquear a entrada do porto e impedir sua fuga. César então enviou suas legiões para acampamentos no sul da Itália. Ele também despachou um legado sênior, Valério Orca, para garantir a segurança da Sardenha, que, assim como a Sicília, era uma fonte crucial de grãos para Roma.[40]

* * *

Mesmo após a partida de Pompeu, César escreveu que tudo o que queria era conversar com Pompeu e resolver suas dificuldades. Nos trinta e três capítulos iniciais do primeiro livro de sua *Guerra Civil*, César se refere aos seus oponentes apenas como *inimici*, a palavra latina para oponentes puramente pessoais. Isso é consistente com sua linguagem nos documentos preservados em nossas coleções dos escritos de Cícero e representa sua posição oficial em abril. Pompeu, por sua vez, vinha chamando o povo de César de "inimigos" (*hostes)* desde a travessia do Rubicão e, para o desânimo de Cícero, declarou que trataria qualquer um que permanecesse para trás como um "inimigo".[41]

Poucas semanas após a partida de Pompeu, César convocou uma reunião do Senado em Roma. Ele precisava estabelecer um governo, pois partiria quase imediatamente para assumir o comando de uma campanha militar que estava sendo iniciada na Espanha, onde a maior parte do exército veterano de Pompeu estava estacionada, já que ele era tecnicamente governador das províncias daquela região, mesmo que as administrasse por meio de homens que eram tecnicamente seus legados. O grupo que ele reuniu incluía homens de todos os tipos. Alguns se juntaram a César por ambição, vendo-o como um vencedor óbvio; outros simplesmente deploravam Pompeu ou aqueles que o acompanhavam.[42] Entre os jovens e ambiciosos do campo de César estavam Polião, Célio, Trebácio, que havia servido a César na Gália, e Salústio, o futuro historiador. Outros incluíam dois netos de Servília. Um era filho de uma das filhas de Servília, que se casara com o antigo comandante de César, Servílio Isáurico. (Ele havia se aliado a Catão em meados da década de 50.) O outro era filho de outra filha, que se casara com Emílio Lépido antes de seu consulado malfadado em 78. Este Lépido mais jovem era agora um pretor e assumiria a administração de Roma enquanto César estivesse ausente. O Servílio Isáurico mais jovem seria colega de César como cônsul em 48. O filho sobrevivente de Crasso, Marco, também apoiava César; ele havia provado seu valor nas últimas campanhas gaulesas, assim como Caio Fábio, que havia sido tribuno em 55. Um cônsul de 51, Sulpício Rufo, que se opôs à aprovação do decreto final, também apoiou César, e seu filho tornou-se um dos legados de César. Outro dos legados de César seria Públio Cornélio Sula. Ele era neto do ditador e filho do homem a quem fora negado o consulado em 65 por motivos de corrupção.[43] Sua aparição bastante surpreendente ao lado de César pode ter se originado de sua associação anterior com Clódio, o que indica que ele não era um grande fã de pessoas como Catão. Na campanha que se seguiu, ele mostrou ser um soldado capaz.

Calpúrnio Pisão, apesar de alguma hesitação inicial, apoiou seu genro, mas a guerra dividiu até mesmo a própria família de César. Seu sobrinho Lúcio seguiu Pompeu, enquanto o pai de Lúcio permaneceu com César. O genro de Servília, Caio Cássio Longino, servia com Pompeu, tendo se destacado por proteger a Síria após a catástrofe em Carras. Ao lado de Cássio estava o filho de Servília, Marco Júnio Bruto. Do outro lado, Cornélio Dolabela, genro de Cícero, continuou sendo um dos favoritos de César, mesmo depois que o próprio Cícero partiu para a Grécia no final do verão.[44]

O Senado se reuniu durante os três primeiros dias de abril, reunindo-se fora dos limites da cidade para que César não tivesse que renunciar ao seu *imperium* para participar. César abriu a reunião com uma justificativa para a invasão da Itália, enfatizando novamente os esforços de seus inimigos para privá-lo dos direitos concedidos pelo povo romano, sua disposição para fazer concessões e sua defesa dos direitos dos tribunos. Em seguida, ele pediu que se apresentassem embaixadores dispostos a viajar à Grécia para iniciar negociações de paz com Pompeu. Ele não encontrou voluntários, pois as pessoas temiam que Pompeu os tratasse como inimigos.[45] César finalmente encerrou a reunião quando descobriu que o tribuno Lúcio Metelo havia sido subornado por seus inimigos para vetar todas as suas propostas.

A situação era bem mais complicada do que César deixa transparecer em seus próprios escritos. Metelo tentou impedir os representantes de César de abrir o tesouro. Eles agiram mesmo assim, e César evidentemente disse a Metelo que estaria disposto a matá-lo, uma cena que minou bastante sua alegação de se importar com a importância dos direitos dos tribunos.[46] O povo romano que se reunira para ver César parece ter ficado desanimado com o que viu – César lhes pareceu estar se comportando de maneira ditatorial. Após dez anos no comando de seu exército, César estava acostumado a conseguir o que queria sem discussões, e as habilidades diplomáticas que havia aprimorado no início de sua carreira agora estavam se atenuando; "tudo virá de mim" era agora seu lema. Ele sabia o que era melhor e, se as pessoas não concordavam com ele, ficava irritado. Após a reunião, Curião disse a Cícero que César odiava o Senado mais do que nunca e estava perturbado porque sua abertura do tesouro não havia recebido a aprovação do público. O fato de César reconhecer que era culpado pelo que havia acontecido é sugerido por sua decisão de não realizar uma reunião pública antes de partir para a Espanha. Ele também parece ter sentido que precisava reparar alguns danos, uma conclusão que pode ser tirada da declaração de Cícero de que César lhe havia escrito dizendo que não se importava com o fato de ele não ter estado na reunião.[47]

Por trás do drama associado a Metelo e ao tesouro, havia uma crise financeira muito longe de ser trivial. A invasão havia desencadeado uma escassez de crédito que se agravaria ao longo do verão. César planejava aliviar o impacto sobre a população da cidade distribuindo setenta e cinco denários a todos os cidadãos, uma distribuição que seria administrada pelos escritórios das trinta e cinco tribos da cidade. Ele também precisava pagar suas tropas, cujos salários havia dobrado quando a invasão começou. O resultado de sua extração de prata do tesouro foi que os funcionários da casa da moeda que trabalhavam para ele em Roma emitiram o que foi, até aquele momento, a maior emissão única de denários da história da cidade. César pode ter perdido seu talento como político, mas ainda tinha uma visão muito clara do papel que o dinheiro desempenhava na vitória das guerras.[48]

Enquanto as moedas para pagar seus exércitos eram produzidas, César deixou Antônio no comando das tropas na Itália e Lépido no comando de Roma.

Ele partiu para a Espanha.

15
Derrotando Pompeu

O exército veterano de Pompeu na Espanha, composto por sete legiões, era comandado por Lúcio Afrânio, Marco Petreio e Marco Terêncio Varrão. Afrânio, cônsul em 61, e Petreio, comandante efetivo do exército que havia exterminado Catilina, tinham uma longa história de serviço sob o comando de Pompeu. Varrão tinha muito pouca experiência militar. Ele era o maior estudioso de Roma e, junto com as duas legiões sob seu comando na Espanha Ulterior, teria um papel mínimo nos eventos do verão que se aproximava. Afrânio e Petreio, seguindo ordens enviadas por Pompeu, concentraram suas cinco legiões no norte ou na Espanha Próxima, juntamente com unidades auxiliares substanciais recrutadas no que hoje é o oeste da Espanha e Portugal, a área onde César havia feito campanha como pretor. Ao todo, o número total de homens sob seu comando pode ter chegado a cerca de 35.000. Antes de deixar a Itália, César ordenou que seu legado Fábio levasse seis das legiões veteranas da Gália, juntamente com um número substancial de auxiliares, para a Espanha – pouco mais de 30.000 homens no total, dado que as legiões veteranas tendiam a estar com efetivo reduzido. Enquanto isso, o outro legado de César, Trebônio, permaneceu perto de Marselha com três legiões, uma das quais ele deve ter recrutado enquanto a campanha italiana estava em andamento.[1]

A viagem do próprio César à Espanha, à frente de novecentos cavaleiros, foi interrompida por Domício Enobarbo. Após sua rendição em Corfínio, Domício foi para Roma e depois para Cosa. Enquanto estava em Roma, ele reuniu os reféns massiliotas que estavam lá e os enviou para casa, instando-os a convencer seus colegas a se aliarem a Pompeu. Dado o longo contato de

Pompeu com o sul da França e o provável contato com essas pessoas enquanto estavam em Roma, esse não era um plano irrealista. De fato, quando os ex-reféns chegaram, eles convenceram seus colegas a não admitir os homens de César na cidade. Ao falar com os embaixadores após sua chegada, César disse-lhes que não deveriam desejar ser responsáveis pelo início das hostilidades; em vez disso, deveriam seguir o exemplo de toda a Itália. A resposta deles foi que compreendiam que o povo romano estava dividido em dois partidos e que estava além de sua capacidade decidir quem estava certo. Além disso, eles haviam recebido benefícios iguais dos líderes de cada lado, portanto, não deveriam ajudar um contra o outro. Os embaixadores estavam mentindo sobre suas intenções. Imediatamente após retornarem à cidade, eles receberam Domício e os navios que ele trouxera consigo de Cosa. César ordenou que Trebônio sitiasse a cidade com as legiões sob seu comando e partiu para se juntar a Fábio e às legiões na Espanha.[2]

As ações que decidiram a campanha espanhola foram, na maioria das vezes, psicológicas e logísticas, já que nenhum dos lados desejava arriscar uma batalha em grande escala. Afrânio e Petreio, tendo armazenado suprimentos substanciais, estabeleceram suas forças em um acampamento perto da cidade moderna de Lerida (antiga Ilerda), na margem oeste do Segre, na província moderna de Lleida. Fábio cruzou o Segre alguns quilômetros ao norte, construindo duas pontes para facilitar as ações de seus forrageiros. O combate se limitou a confrontos entre as cavalarias de ambos os lados. Então, uma tempestade destruiu a ponte mais ao sul de Fábio, expondo as duas legiões que ele havia enviado para reunir suprimentos ao ataque das forças superiores que Afrânio enviou quando percebeu que a ponte havia sido destruída. Munácio Planco, que comandava as duas legiões de Fábio, posicionou seus homens em uma posição defensiva em uma colina, resistindo aos ataques da cavalaria, e Afrânio lançou-se à frente de um avanço das quatro legiões que tinha com ele. Quando os estandartes de mais duas legiões que Fábio havia enviado para socorrer Planco foram avistados à distância, Afrânio recuou. Do ponto de vista de Fábio, a mensagem que Afrânio havia enviado era clara: ele não achava que seus homens tivessem chance em uma batalha contra tropas que haviam servido na campanha gaulesa. César chegou alguns dias depois.[3]

Dois pontos que César destaca em sua descrição das primeiras semanas da campanha são, primeiro, que seus homens estavam excepcionalmente entusiasmados com a causa comum e, segundo, que seus oponentes eram romanos apenas no nome. As tropas de Afrânio estavam na Espanha há tanto tempo que haviam esquecido como lutar como romanos, tendo se adaptado aos hábitos táticos dos espanhóis.[4] Esta é uma afirmação bastante ousada, dado que a maioria dos homens de César foi recrutada nas zonas celtas do norte da Itália – e agora, cada vez mais, além dos Alpes –, mas por essa razão talvez fosse ainda mais necessário afirmar que seus homens representavam as verdadeiras virtudes romanas.

A ênfase de César no entusiasmo de suas tropas lembra incidentes da campanha contra Vercingétorix. Em uma batalha inicial fora de Lérida, envolvendo apenas uma parte das forças de ambos os lados, os homens de César empurraram as forças de Afrânio de volta para as muralhas da cidade. Lá, a Nona Legião, uma das que servia César desde a campanha helvética, avançou com demasiado entusiasmo e ficou presa numa luta de cinco horas da qual só conseguiu retirar-se com dificuldade. Isso se parece um pouco com Gergóvia. Em outro momento, este evocativo do cerco de Bourges, César descreve as dificuldades que seus homens sofreram depois que mais uma tempestade destruiu as duas pontes de Fábio. Os auxiliares gauleses que viajavam com uma grande coluna de suprimentos conseguiram repelir os homens que Afrânio enviou para interceptá-los, mas ainda assim não conseguiram atravessar o rio para entregar os suprimentos. Havia muita escassez de grãos no acampamento de César até que as tropas construíram alguns barcos "como os que haviam encontrado na Grã-Bretanha", que usaram para atravessar o rio e expulsar as tropas que Afrânio havia enviado para impedir a construção de novas pontes. As pontes foram reparadas em dois dias e a coluna de suprimentos pôde finalmente chegar ao acampamento de César.[5]

Enquanto as pontes estavam destruídas, Afrânio e Petreio escreveram a seus amigos e associados em Roma "de forma mais entusiasmada e exagerada do que os fatos justificavam". Multidões se reuniram em frente à casa de Afrânio e várias pessoas partiram para a Grécia para se juntar a Pompeu, algumas querendo lhe levar as boas notícias, outras "para evitar parecer que haviam esperado o resultado da guerra".[6] Cícero estava entre aqueles que deixaram a Itália nessa época, tendo decidido, após meses de reflexão, que suas obrigações para com Pompeu superavam as que tinha para com César. O que César escreveria mais tarde sobre essa reviravolta nos acontecimentos serviria de desculpa para pessoas como Cícero, insinuando que elas haviam feito o que fizeram porque foram enganadas e porque estavam assustadas com as ameaças de Pompeu. Essa mensagem foi provavelmente divulgada no outono, após o fim da campanha na Espanha.

O sucesso da cavalaria de César em trazer a coluna de suprimentos para o acampamento deprimiu o moral do lado de Afrânio. Além disso, a superioridade tática dos homens de César permitiu que ele pressionasse o que estava essencialmente se tornando um cerco. Como no passado, a engenharia superior de seus homens desempenhou um papel importante. Como a ponte que havia sido construída para trazer a coluna de suprimentos ficava a quilômetros do acampamento de César, ele agora desviou o rio Segre para diminuir seu fluxo e permitir que sua cavalaria cruzasse mais perto do local da ação. Assumindo o controle do campo no lado leste do Segre, a cavalaria poderia impedir a extensa busca por alimentos pelos homens de Afrânio. As notícias da mudança na sorte em torno de Lérida encorajaram várias comunidades espanholas a mudar de lado.[7]

Afrânio, agora profundamente preocupado com seus próprios suprimentos, decidiu abandonar Lerida e seguir para o sul, em direção ao Ebro. Levou dois dias para fazer suas quatro legiões atravessarem sua própria ponte perto da cidade. A cavalaria de César imediatamente partiu em perseguição, retardando a marcha com repetidos ataques à retaguarda. Os homens de César imploraram aos seus oficiais que transmitissem a César o seu desejo de perseguir os seus rivais em retirada, dizendo que suportariam qualquer perigo e dificuldade para levar a guerra a uma conclusão rápida.[8] Esta história, tal como César a conta, levanta algumas questões sobre o que o próprio César estava a fazer – presumivelmente, a cavalaria não agiu sem ordens, e o pedido das tropas parece um momento inverso ao de Besançon, na medida em que aqui as tropas questionam a relutância de César em atacar, em vez da sua ânsia em fazê-lo. Mas o objetivo da história é enfatizar que César está em sintonia com seu exército no que diz respeito à guerra: seus interesses são os interesses deles, e ele terá cuidado com suas vidas.

As manobras subsequentes seriam a operação mais brilhante da carreira de César. Apesar de seus oponentes terem uma vantagem substancial, os homens de César ultrapassaram o exército de Afrânio, que havia sido retardado pelo assédio da cavalaria, no final da tarde. Como César não queria arriscar uma batalha com tropas cansadas, os dois lados montaram acampamento. O ponto crucial agora era quem poderia chegar primeiro ao Ebro. O caminho preferido passaria por uma passagem entre as colinas que se erguiam em ambos os lados da planície onde os dois lados estavam agora acampados. Afrânio esperava ganhar vantagem partindo à noite. Mas os batedores de César capturaram alguns dos forrageiros de Afrânio e descobriram esse plano, então César ordenou que soasse o toque de armas em seu acampamento. Isso causou um pequeno motim no acampamento de Afrânio, quando seus homens se opuseram à partida, alegando que César poderia interceptá-los enquanto estavam sobrecarregados com suas bagagens.[9]

Quando amanheceu, o exército de Afrânio ainda estava em seu acampamento. César deixou sua bagagem em seu próprio acampamento, sob guarda, e levou a maior parte de seu exército para as colinas, contornando Afrânio e ocupando a passagem que levava ao Ebro. Quando Afrânio enviou quatro coortes de auxiliares para ocupar uma colina com vista para a posição de César, esses homens foram massacrados pela cavalaria de César. Os oficiais de César o instaram a atacar, percebendo que o moral do lado de Afrânio estaria perto do colapso após testemunhar o massacre de seus companheiros. Mas César recusou. Ele havia cortado Afrânio de sua esperada linha de abastecimento, então por que arriscar a vida de seus homens? "Especialmente porque não era menos importante para o general vencer através do planejamento do que pela espada."[10] Além disso, mesmo sendo anti-Sula e anti-Pompeu, ele sentia pena de seus concidadãos e desejava alcançar a vitória sem matá-los.

Os homens de César não ficaram felizes. Eles disseram que, se não fossem autorizados a lutar quando tinham uma clara vantagem, não lutariam quando fossem solicitados a fazê-lo novamente. César manteve sua posição. Do outro lado, havia confusão. Eles deveriam tentar continuar sua marcha de alguma forma ou deveriam voltar para Lerida? Eles não fizeram nada. Reforçando as defesas de seu acampamento, eles começaram a ampliar as fortificações para ligar sua posição a uma fonte de água. Com Afrânio e Petreio fora do caminho, supervisionando essa operação, os soldados em seu acampamento começaram a conversar com os homens de César, a quem agradeceram por poupá-los no dia anterior, dizendo que estavam ansiosos para se juntar ao exército de César e lamentavam não ter feito isso antes do início da campanha. Ao dizer isso, eles admitem implicitamente que a guerra é culpa de Pompeu. Mas perguntaram se César pouparia seus generais, e um grupo de centuriões e tribunos foi ver César para negociar os termos da rendição, enquanto alguns dos homens de César procuravam velhos amigos no acampamento de Afrânio, já que "até certo ponto, os dois acampamentos pareciam ter se fundido em um só". Quando Afrânio, cujo filho estava negociando sua segurança, voltou ao acampamento, ele parecia pronto para ceder. Foi Petreio quem "não se rendeu". Reunindo seus guardas pessoais e escravos, ele tomou as muralhas, expulsando os homens de César e matando aqueles que conseguiu capturar. Ele implorou aos homens que não entregassem a si mesmo ou ao seu "general ausente, Cneu Pompeu", aos inimigos para serem punidos. Em seguida, ordenou que os homens levassem todos os cesarianos que estivessem com eles para o centro do acampamento para serem executados. Houve várias execuções; alguns pompeianos desobedeceram, levando seus convidados de volta para César, que, entretanto, acolheu todos os antigos inimigos que haviam entrado em seu próprio acampamento, e até mesmo deu aos que haviam sido oficiais nas forças de Afrânio as mesmas patentes em seu próprio exército.[11]

A rebeldia de Petreio não mudou a situação estratégica. O exército pompeiano ainda estava isolado do Ebro e agora estava com falta de comida, tendo trazido apenas suprimentos para oito dias, o suficiente para completar a marcha até o rio se tudo tivesse corrido como planejado. Diante das crescentes deserções, Afrânio decidiu voltar para Lérida, mas agora sua coluna, constantemente hostilizada pela cavalaria de César, mal conseguia avançar. Eles percorreram apenas seis quilômetros antes de acampar novamente, desta vez em um local pior do que aquele que haviam deixado. César continuou evitando uma batalha em grande escala e começou a construir linhas de cerco. Isso durou três dias, até que Afrânio jogou a toga. Afrânio se desculpou com César, dizendo que ele e seus homens estavam simplesmente servindo a Cneu Pompeu e que agora, diante da grande escassez, pediriam misericórdia a César.[12]

A resposta de César foi salientar como ele havia agido com misericórdia ao não atacá-los. Ele lamentou a conduta de Afrânio na negociação anterior e salientou que Afrânio estava sofrendo o destino dos teimosos e arrogantes, pois agora precisava implorar por aquilo que antes havia rejeitado. Mas César "não iria agora explorar a humilhação deles, nem a oportunidade oferecida pela ocasião, a fim de aumentar seus próprios recursos; em vez disso, desejava que o exército que havia sido formado contra ele ao longo de muitos anos fosse dispensado". O exército não era necessário na Espanha, que já havia sido pacificada. Pompeu havia construído todo tipo de posições inconstitucionais para si mesmo, aprovado uma lei que alterava a forma como as províncias eram concedidas, privado César do respeito que lhe era devido e recusado um compromisso razoável. Dito isso, César dispensou o exército de Afrânio do serviço. Na época, parecia uma boa ideia: ele não precisava dos homens e a guerra na Espanha estava prestes a terminar. A longo prazo, talvez tivesse sido melhor manter essas forças sob as armas, já que os veteranos insatisfeitos apoiaram o renascimento da causa de Pompeu alguns anos depois.[13]

* * *

Enviando a maior parte de seu exército de volta para a Itália, César avançou para a província da Espanha Ulterior à frente de duas legiões. As ações de Varrão como governador da Espanha Ulterior até então tinham sido altamente ambíguas. Ele havia se comunicado com César após a invasão da Itália, dizendo a César que sua lealdade estava predeterminada por sua nomeação como legado de Pompeu, mas também lembrando sua amizade com César e dizendo a César que a província o tinha em alta conta. Então, quando chegaram notícias das dificuldades que César enfrentava após a destruição das pontes fora de Lérida pela segunda vez, ele começou a reunir suas forças para apoiar Afrânio. Ele recrutou trinta coortes de auxiliares da população espanhola, retirou os tesouros do templo de Hércules nos arredores de Cádiz (este era o local onde César teria chorado ao ver uma estátua de Alexandre quando era questor) e reuniu uma grande quantidade de prata dos romanos da província – 20.000 libras, além de dezoito milhões de sestércios em moedas cunhadas. Esse tesouro estava provavelmente disponível porque Pompeu queria que estivesse lá para poder usá-lo em caso de guerra.[14]

Quando chegou a notícia da rendição em Lérida, Varrão descobriu que a opinião pública estava rapidamente se voltando a favor de César. Seu esforço para coordenar as duas legiões sob seu comando em Cádiz fracassou quando uma delas marchou para Sevilha. Quando César chegou a Córdoba, o conselho municipal de Cádiz anunciou sua afinidade com sua causa. Isso efetivamente acabou com toda a oposição a César na Espanha. Varrão se rendeu e César realizou uma reunião pública em Córdoba para agradecer ao povo da província por seu apoio. Ele disse aos cidadãos romanos que eles não teriam que fazer as contribuições que Varrão havia imposto e devolveu as propriedades confiscadas "daqueles que falaram livremente" em apoio à sua causa. César não menciona diretamente o que aconteceu com as 20.000 libras de prata, mas estudos modernos sobre a moeda romana deixam bem claro o que aconteceu. A maior emissão única de moedas de prata na história da República foi produzida em nome de César no final do verão de 49. As moedas traziam a imagem de um elefante abaixo do nome de César, comemorando assim a história de sua família, e foram cunhadas com prata espanhola.[15]

Enquanto César lidava com Varrão, o cerco de Marselha chegou ao fim. O colapso gradual da defesa dessa cidade bem fortificada envolveu uma série de reviravoltas. A frota da cidade, juntamente com os navios de Domício e uma pequena esquadra enviada por Pompeu, foi derrotada pela frota de César sob o comando de Décimo Júnio Bruto. Após a construção de elaboradas obras de cerco, os cidadãos de Marselha e o conselho da cidade ofereceram-se para se render. Os embaixadores da cidade pintaram um quadro eloquente de seu medo da ruína da cidade, falando "com emoção e lágrimas, como seria de se esperar de homens tão eruditos". Trebônio, que havia recebido ordens para poupar a cidade, concordou com uma trégua até a chegada de César. Mas quando seus homens relaxaram a vigilância, os massiliotas quebraram repentinamente a trégua, atacando e queimando as obras de cerco. No entanto, eles não conseguiram quebrar o cerco, e as linhas foram rapidamente reconstruídas. À medida que os alimentos escasseavam e a população começava a se desesperar, os líderes da cidade apelaram novamente a Trebônio, que mais uma vez concedeu uma trégua. Domício aproveitou a oportunidade para fugir com seus três navios, chegando finalmente a Pompeu na Grécia.[16] Finalmente, César chegou. Ele ordenou que os massiliotas entregassem todo o seu dinheiro e armas, mas concordou em poupar a cidade – um ato de misericórdia "mais condizente com a fama e a antiguidade da cidade do que com o que eles mereciam dele". Deixando duas legiões como guarnição no sul da França, César seguiu para a Itália. Era agora agosto (de acordo com nosso calendário moderno).[17]

Enquanto tudo isso acontecia, a causa de César sofreu dois reveses. O primeiro foi no Adriático. Ele havia designado a província da Ilíria a Caio

Antônio, irmão mais novo de Marco Antônio, que seria apoiado por uma pequena frota sob o comando de Dolabela. Antônio havia ocupado a ilha de Curicta, hoje Krk, a mais setentrional das ilhas croatas no Adriático. Toda a empreitada parece ter sido mal planejada. Pompeu tinha uma frota muito maior e, quando ela apareceu, a esquadra de Dolabela foi derrotada, com apenas alguns navios escapando, junto com seu comandante, para a Itália. Isolados na ilha e famintos, os homens de Antônio acabaram sendo traídos por um de seus próprios centuriões e forçados a se render.[18]

O segundo desastre, que ocorreu mais ou menos na mesma época, foi no norte da África.[19] César havia dito a Curião que, depois de ocupar a Sicília com as legiões recrutadas após Corfínio, ele deveria prosseguir para a província romana no norte da África para ocupar partes da atual Tunísia. O objetivo dessa operação era garantir suprimentos adequados de alimentos, já que o norte da África, assim como a Sicília, era uma importante fonte de grãos para Roma.[20] Havia duas legiões pompeianas recentemente recrutadas no Norte da África sob o comando pouco inspirado de um oficial chamado Ácio Varo, que havia sido governador da província nos últimos anos. Cúrio chegou com duas legiões próprias e, inicialmente, conseguiu confinar Varo à cidade de Útica. Mas então Juba, rei da Numídia, apareceu para apoiar Varo. César atribui a hostilidade de Juba tanto à sua relação pessoal com Pompeu, que havia restaurado o trono do pai de Juba em 81, quanto a um projeto de lei, proposto por Curião enquanto era tribuno, que teria anexado o reino de Juba a Roma. César também pode ter notado que sua própria relação com o homem provavelmente não era muito boa após o incidente do puxão de barba em 62.[21]

O exército de Juba avançava em várias seções. Curião, que não era um general experiente, confiou em informações erradas, que não tentou confirmar com os seus próprios batedores. Essas informações levaram-no a pensar que o que era apenas a vanguarda do exército númida era o exército inteiro. (Ele acreditava que uma crise interna tinha chamado Juba de volta ao seu reino com o resto das tropas.) Ele enviou sua própria cavalaria para lançar um ataque noturno contra os númidas que, como César aponta, não haviam acampado de maneira organizada. O ataque inicial foi um sucesso total: os númidas fugiram, perseguidos pela cavalaria de Curião, e Curião levou quinze coortes para se juntar à perseguição. Quando encontraram inesperadamente a força principal de Juba, os romanos estavam completamente exaustos. Curião morreu lutando; sua infantaria foi exterminada e apenas alguns cavaleiros escaparam com a notícia do que havia acontecido.[22] Isso levou a uma tentativa caótica por parte dos subordinados sobreviventes de Curião de evacuar as tropas restantes da província. A maioria acabou como prisioneiros e foi morta por Juba.

* * *

A notícia do desastre de Curião provavelmente chegou a César enquanto ele resolvia os assuntos da Espanha Ulterior. Quando estava fora de Marselha, ele também deve ter ficado sabendo que a situação na Itália estava ficando difícil. Em Roma, havia uma crise de dívida, acompanhada de grave escassez de alimentos, e, em Placentia, a Décima Terceira Legião, que ele havia liderado através do Rubicão, havia se amotinado. Em uma versão dos eventos, a razão aparente para o motim era que os soldados estavam cansados de campanhas intermináveis, mas a razão real provavelmente era que eles não estavam sendo autorizados a saquear o campo. Em outra versão da história, os homens estavam irritados porque não haviam recebido o presente que ele lhes havia prometido no final da campanha italiana.[23]

O motim não é mencionado em nenhuma fonte contemporânea, o que não é surpreendente, já que não era o tipo de coisa que César gostaria de divulgar, e Cícero, nossa outra grande fonte contemporânea para esse período, estava agora longe com Pompeu e talvez não tivesse ouvido falar sobre isso. Além disso, as fontes posteriores que mencionam o motim omitem algumas informações importantes – principalmente por que, quando César apareceu, a legião se submeteu, apesar da ameaça de execuções em grande escala como punição para as tropas rebeldes. Presumivelmente, César chegou com uma força esmagadora a seu favor. Cássio Dião, que oferece o relato mais extenso desses eventos, atribui a César um longo discurso que pode ter sido baseado em algo que circulava na época, pois está repleto da clássica propaganda cesariana: os homens de César estão na Itália para proteger o povo dos malfeitores, portanto, eles próprios não devem praticar o mal. Eles haviam travado gloriosas campanhas na Gália, das quais foram chamados de volta pelos rivais de César antes que pudessem completar as conquistas da Grã-Bretanha e da

Germânia. Pompeu forçou a guerra a um César relutante por meio de sua falta de vontade de fazer concessões.[24] Depois que César terminou de falar, as tropas sortearam para determinar quem seria executado. Diz-se que César manipulou os sorteios para que os doze homens mais responsáveis pela revolta fossem mortos. E, quando descobriu que outra pessoa havia sido incluída indevidamente nesse grupo por um centurião corrupto, mandou executar o centurião também.[25]

Ao voltar a Roma, César precisava dar uma demonstração de constitucionalismo se quisesse continuar afirmando que estava protegendo o Estado daqueles que subvertiam suas instituições e invalidavam a vontade do povo. Enquanto ele estava fora, o pretor Lépido aprovou uma lei autorizando a eleição de um ditador e, em seguida, realizou uma eleição na qual César foi escolhido para o cargo. O poder do povo foi assim afirmado: eles escolheram um ditador em vez de terem um imposto a eles pela força bruta. O processo eleitoral lembrava o empregado nos dias da guerra contra Aníbal e em ocasiões anteriores, quando um ditador era escolhido com o objetivo de realizar eleições constitucionalmente necessárias. Como ditador, César fez exatamente isso, supervisionando as eleições para o ano seguinte e renunciando após apenas onze dias no cargo. Ele próprio foi eleito cônsul para 48, junto com o jovem Servílio Isáurico.[26]

Agora César tinha que voltar sua atenção para a crise da dívida. A eclosão do que ele educadamente chamou de "dissensão civil" havia destruído os valores imobiliários em toda a Itália. Era comum que as pessoas que contraíam um empréstimo o garantissem com propriedades; se fossem incapazes de pagar seus credores, elas entregariam a propriedade que garantia o empréstimo. Agora que os valores imobiliários haviam despencado, os devedores enfrentavam a perspectiva de perder tudo, e os credores, de não receber o pagamento. César ordenou a criação de um conselho de árbitros que avaliaria os imóveis e as taxas que existiam antes de ele cruzar o Rubicão, para que os devedores pudessem pagar aos seus credores conforme o acordado originalmente.[27]

Tendo imposto o que esperava ser uma solução para a crise da dívida, César passou a ajudar as "vítimas" dos processos judiciais pompeianos dos últimos anos. Ao fazer isso, ele também voltou a uma antiga causa: restaurar os direitos dos filhos daqueles que foram proscritos por Sula. Ele aprovou uma lei restaurando os direitos de cidadania e as propriedades confiscadas a ambos os grupos de vítimas. Entre aqueles cujas recentes condenações por crimes foram anuladas estavam Gabínio, condenado por extorsão após seu retorno a Roma em 54, e Marco Valério Messala, cônsul de 53, que havia sido condenado por corrupção em 52. Ao descrever a restauração desses homens, César diz que eles já haviam lhe oferecido seus serviços, mas ele achou que "era melhor que fossem reabilitados pelo voto do povo do que restaurados por sua própria generosidade, para que ele não parecesse ingrato ao retribuir a gentileza ou arrogante ao privar o povo do direito de confirmar um favor". Tanto Gabínio quanto Messala receberiam comandos de César. Outro exilado chamado de volta a Roma foi o colega consular de Cícero em 63, Antônio, cujo rancor contra Pompeu parece ter superado seu rancor contra César por seu famoso processo judicial, ocorrido há mais de duas décadas.[28] A única pessoa que não foi bem-vinda de volta foi Milo. Ele não só era visto como um violento defensor das causas da direita, mas também estava em Marselha durante o cerco e nada fez para ajudar César.

Em seu relato desse período, a autoapresentação de César mudou sutilmente em relação ao que havia sido na *Guerra da Gália*. Lá, como vimos, César se revela um general talentoso que quase nunca deixa algo ao acaso. Embora os três livros da *Guerra Civil* provavelmente não tenham sido divulgados ao público em sua forma atual até depois da morte de César, eles refletem as comunicações ao público, mais uma vez no famoso estilo em terceira pessoa que serviu de base para a *Guerra da Gália*.[29] É, portanto, bastante revelador que, tendo se referido aos seus oponentes como "inimigos pessoais" (*inimici*) em sua descrição da campanha italiana, César mude repentinamente, nos atuais capítulos 40 e 41 do primeiro livro, para chamá-los de "adversários" (*adversarii*) e "inimigos" (*hostes*).[30] A mudança linguística reflete sua afirmação de que agora ele está defendendo Roma e a Itália do que são essencialmente "elementos antirromanos". Assim, também a "sorte" (*fortuna*) assume um papel muito diferente do que tinha na *Guerra da Gália*. Fortuna, como força divina, aparece rotineiramente na *Guerra Civil*, enquanto César procura minar a imagem de Pompeu, que ele cultivou durante anos, como o favorito da deusa.[31]

Além de se transformar no favorito da Fortuna, parece que César também inventou um milagre para evocar a conexão de sua família com Bovillae. Segundo a lenda, a cidade recebeu esse nome devido a um touro que escapou do sacrifício no Monte Alban, nas proximidades, e foi dedicado aos deuses no local da cidade. De acordo com Cássio Dião, nossa única fonte para esse evento:

> Enquanto César fazia sacrifícios à Fortuna, o touro escapou antes de ser ferido, correu para fora da cidade e, chegando a um certo lago, atravessou-o a nado. Consequentemente, César ganhou mais coragem e apressou os preparativos, especialmente porque os adivinhos declararam que a destruição seria o seu destino se permanecesse em casa, mas que teria segurança e vitória se atravessasse o mar.[32]

A total ausência de especificidade geográfica aqui (que lago?) e a improbabilidade de um touro sacrificial estar correndo em qualquer área onde César estivesse presente são suficientes para mostrar que a história é inventada e de considerável significado ideológico: os deuses estão orientando-o a partir atrás de Pompeu.

César permaneceu em Roma por apenas onze dias antes de partir para se juntar ao exército que ele havia ordenado que se reunisse em Brindisi. Este consistia em doze legiões, incluindo as três legiões veteranas com as quais ele havia iniciado a invasão da Itália, quatro legiões que haviam vindo com ele da Espanha, as três legiões que haviam participado do cerco de Marselha e duas legiões de recrutas.[33] Em teoria, isso teria resultado em um exército de cerca de 60.000 homens, mas César diz que as legiões veteranas foram severamente reduzidas em número como consequência de anos de combate, da longa marcha desde a Espanha e das doenças que se instalaram quando estavam perto de Brindisi. O resultado foi que sete legiões reuniriam apenas 15.000 homens e todo o exército poderia ter contado com apenas cerca de 30.000.[34] Isso ainda era mais do que César poderia transportar de uma só vez.

* * *

Pompeu não ficou parado. Em uma reunião dos senadores que o acompanharam ao exterior, e com o acordo dos cônsules, ele foi oficialmente nomeado comandante das forças opostas a César.[35] Ele recrutou quatro legiões de cidadãos romanos que viviam nas províncias orientais para se juntar às cinco legiões que ele havia retirado da Itália, e reuniu uma frota superior de uma ampla variedade de fontes provinciais, colocando-a sob o comando de Bíbulo. Na *Guerra Civil*, César listaria um número enorme de aliados provinciais que se uniram à causa de Pompeu como forma de enfatizar o fato de que Pompeu planejava atacar a Itália à frente de uma horda bárbara. As legiões de Pompeu, que na verdade consistiam em cidadãos romanos, treinavam em torno de Veroia, na Grécia central, enquanto Pompeu e seus colegas senadores passavam o tempo em Tessalônica.[36]

César há muito anunciava a rapidez como uma qualidade fundamental de seu talento militar e, de fato, ele havia demonstrado claramente essa qualidade em sua condução da campanha italiana. Mas Pompeu parece ainda ter subestimado César. Era do interesse de César atravessar o Adriático antes do início do inverno. O resultado foi que, quando César percebeu que Bíbulo estava tendo dificuldades para gerenciar sua frota, ele zarpou com todos os navios à sua disposição na noite de 6 de novembro, desembarcando perto da moderna cidade albanesa de Pelasë, no extremo sul da península de Karaburan.[37] Ele navegou com bagagem leve para poder levar o maior número possível de homens a bordo de seus navios; o restante dos suprimentos poderia ser transportado na próxima travessia, que ele esperava que fosse em um futuro próximo.

No entanto, isso não seria o caso. Ao saber da travessia de César, Bíbulo, que estava baseado em Corfu, entrou em ação. Ele conseguiu interceptar trinta dos navios de César em sua viagem de volta, executando as tripulações ao fazê-lo. Sua paixão homicida, que, segundo, "explodiu de sua raiva por sua própria negligência e frustração", completa o retrato que César faz de seus inimigos como estando fora de sintonia com os valores romanos – especialmente o da misericórdia, *clementia*, tão bem ilustrado pela própria conduta de César. Este, por sua vez, logo poliria sua própria imagem com uma oferta de paz amplamente divulgada.[38]

Depois de ter tomado várias bases para abastecer suas tropas e conquistado a cidade de Apolônia, localizada perto da vila de Pojan, na atual Albânia, César quase conseguiu tomar Dirráquio (atual Durrës), uma cidade portuária na atual Albânia, idealmente situada para uma invasão da Itália. Pompeu correu para o local em marchas forçadas, após receber informações sobre os movimentos de César de um homem chamado Lúcio Vibúlio Rufo. César havia capturado Vibúlio duas vezes, a primeira em Corfínio e a segunda na

Espanha. César esperava que o homem, em troca da misericórdia que lhe fora concedida, fosse um mensageiro confiável para a nova oferta de paz – embora seja improvável que ele tenha ficado surpreso quando Vibúlio também passou informações sobre os movimentos de César para Pompeu. A maneira como César descreve a corrida de Pompeu para Durrës – ele marchou "temendo dia e noite" – sugere que Pompeu sabia que estava em desvantagem.[39]

A mensagem que César desejava que Vibúlio transmitisse a Pompeu começava observando que ambos os lados haviam sofrido perdas: Pompeu havia perdido o equivalente a treze legiões em seus reveses na Itália e na Espanha, enquanto César lamentava a perda de Cúrio e Antônio (perdas que não se comparavam em nada à escala das de Pompeu). Eles deveriam, portanto, evitar novos conflitos, evitar colocar o futuro à mercê da Fortuna e permitir que o povo romano determinasse os termos em que fariam a paz. Dado que o Senado e o povo a que César se referia eram os da Itália – e, portanto, em grande parte favoráveis a ele –, a oferta era, na melhor das hipóteses, hipócrita. Mas ela reflete a necessidade percebida por César de se distanciar dos guerreiros civis anteriores, anunciando seu desejo de evitar um banho de sangue e se apresentando como o defensor da constituição romana.[40] O público principal dessa performance teria sido pessoas como Cícero, no campo de Pompeu, e os habitantes da Itália, que sem dúvida estavam informados sobre o que estava acontecendo. César queria deixar claro a quem cabia a responsabilidade pela continuação da guerra.

Pompeu rejeitou a oferta de César de imediato em uma reunião que incluiu Escribônio Libão, um de seus almirantes; Lúcio Luceio, ex-parceiro de César na campanha consular de 60; e Teófanes de Mitilene, "com quem Pompeu costumava discutir os assuntos mais importantes". Os dois últimos formavam uma dupla interessante. Luceio era autor de um livro volumoso sobre as guerras civis anteriores (tendo recusado um pedido de Cícero para escrever um livro sobre as aventuras de Cícero, desde seu consulado até sua restauração do exílio) e Teófanes era autor de uma história volumosa das campanhas de Pompeu. O grupo de conselheiros de Pompeu, por assim dizer, era composto por um político fracassado e um estrangeiro – e parecia que ele precisava da ajuda de historiadores profissionais. César, como todos sabiam, não precisava dessa ajuda para narrar suas vitórias, e seus assessores mais próximos eram todos cidadãos romanos.[41]

Ao rejeitar a proposta de paz, Pompeu teria perguntado: "De que adiantaria minha vida ou cidadania, se fosse visto como algo concedido por César? Será impossível eliminar a impressão de que fui trazido de volta à Itália, de onde parti voluntariamente, com o fim da guerra."[42] Talvez Pompeu realmente tenha dito isso, mas César está contando a história de forma a garantir que a guerra seja vista como resultado das falhas pessoais de Pompeu. Essa era a mensagem que ele queria transmitir tanto na época quanto, ainda mais, depois que a campanha terminou e dezenas de milhares de homens jaziam mortos em dois campos de batalha. Para César, em contraste com Pompeu, a solução definitiva para um conflito exigia um caminho para a reconciliação – uma lição que ele havia aprendido nos últimos anos da Guerra da Gália. Ele também queria um registro de reconciliação que pudesse apontar quando precisasse mais tarde.

Em contraste com os esforços de "boa fé" de César pela paz nesta narrativa, estão os esforços de má fé de seus rivais. Nas semanas que antecederam a chegada de Pompeu a Durrës, as tropas de César ocuparam a costa albanesa, cortando o abastecimento da frota de Pompeu em Corfu. Bíbulo, ainda furioso, enviou Libão para negociar uma trégua, na esperança de que isso lhe permitisse reunir suprimentos do continente. César diz que rapidamente reconheceu que o apelo era falso e não trazia nenhuma esperança de paz. Pouco depois da reunião de Pompeu com Vibúlio, em uma cena que lembra as negociações informais entre os acampamentos na Espanha, Labieno interrompeu as negociações de paz informais envolvendo Vatínio, Balbo e outros líderes cesarianos na presença das tropas, atirando armas que feriram Balbo e outros enquanto gritava que não poderia haver paz a menos que alguém trouxesse a cabeça de César.[43]

Pouco depois do fracasso das várias negociações, Bíbulo morreu. Pompeu não nomeou um novo comandante para sua frota, o que resultou em uma falta de coordenação que acabou permitindo que Antônio, no final de janeiro, carregasse a maioria das tropas ainda em Brindisi em transportes e partisse pelo Adriático. Um vento forte levou a frota para além de Durrës, mas quando Pompeu tentou impedir Antônio de se reunir a César, cujo exército estava baseado ao sul, em torno de Apolônia, ele falhou. O cenário estava agora pronto para o primeiro confronto em grande escala entre os dois generais. No final de abril, César sitiou a base de Pompeu em Durrës.[44]

Pompeu não podia permitir que a cidade caísse, nem podia arriscar uma batalha frontal que expusesse suas tropas menos experientes aos veteranos de César. César escreveu que percebeu, quando viu que Pompeu havia acampado a uma curta distância de Durrës – o que impedia César de invadir ou sitiar o local –, que a guerra não terminaria rapidamente. O que se seguiu foi um longo período de pseudoguerra de trincheiras. Para garantir suas linhas de abastecimento, César precisava conter a cavalaria de Pompeu na costa. Assim, ele começou a construção de uma enorme linha de fortificações. Pompeu, por sua vez, construiu suas próprias defesas, que continuou ampliando para forçar César a construir linhas cada vez mais longas e espalhar suas forças cada vez mais. César observou que a situação era altamente incomum, pois um cerco geralmente era o resultado de uma vitória prévia no campo de batalha e o objetivo normalmente era cortar o abastecimento do inimigo derrotado, "mas agora César estava contendo uma força maior com seu próprio número menor de soldados, enquanto o outro lado tinha suprimentos em abundância", pois Pompeu era reabastecido diariamente por sua frota.[45]

A situação se prolongou por vários meses, com sérias dificuldades para ambos os lados. Até que ele conseguisse trazer alimentos frescos, as tropas de César estavam com rações escassas, tendo que se contentar com bolos de cevada, carne e chara (um tipo de erva), que misturavam com leite. Do lado de Pompeu, a situação restrita em seu acampamento tornava-se cada vez mais insalubre. César havia cortado os riachos que corriam para o acampamento, causando escassez de água e tornando cada vez mais difícil lidar com o esgoto produzido por seu exército.[46] À medida que o confronto se prolongava, havia brigas ocasionais ao redor das fortificações, geralmente resolvidas a favor de César, com Pompeu se recusando a posicionar seu exército a qualquer distância de seu acampamento: ele queria que eles fossem protegidos por sua artilharia se os homens de César tentassem atacar.[47]

De repente, Pompeu obteve novas informações que lhe permitiram virar o jogo. Roucillus e Eggus, irmãos de uma família aristocrática dos alóbroges que, durante toda a campanha da Gália, comandaram uma unidade recrutada entre os membros de seu estado, decidiram agora desviar o pagamento de suas tropas. Os homens reclamaram com César, apontando que os irmãos também haviam inflado o tamanho da unidade para receber dinheiro extra. César decidiu não abordar a questão publicamente, mas deixou os irmãos saberem que sabia o que eles estavam fazendo. Os irmãos, que temiam que sua relação com César estivesse agora em perigo, também notaram que seus próprios homens estavam deixando claro que os desprezavam. Eles decidiram desertar. Pompeu os recebeu com prazer – porque, segundo César, esses foram os primeiros homens a desertar para ele, enquanto os homens de Pompeu desertavam para César regularmente. Mas o mais importante foi a informação que os alóbroges forneceram sobre as obras de cerco de César: elas estavam inacabadas na extremidade sul.[48]

Embora César culpassem sua derrota subsequente à Fortuna e ao pânico que mais de uma vez assolou suas próprias tropas, Pompeu, na verdade, fez uso inteligente das informações que recebeu. Ele embarcou uma força poderosa à noite e navegou para o sul das linhas de César. Com seu grupo de desembarque atacando a Nona Legião de um lado, ele também enviou uma força poderosa para se juntar ao ataque pelo norte. A legião sofreu pesadas baixas e recuou em desordem. Pompeu impediu seus homens de prosseguir com a perseguição, pois não queria que eles encontrassem os homens de César na área congestionada entre as duas muralhas das linhas de César. Ele já tinha o que precisava: uma brecha pela qual poderia importar novos suprimentos e interromper as linhas de abastecimento de César.

Embora não admitisse, César agora era obrigado a atacar em um local escolhido por Pompeu, já que este estava construindo rapidamente suas próprias fortificações e havia ocupado um acampamento anterior que os homens de César haviam construído um pouco ao norte das linhas que Pompeu havia rompido. Depois de reunir a Nona Legião, César atacou seu antigo acampamento, buscando cortar o contato da força sulista de Pompeu com o exército principal. Após o sucesso inicial, os homens de César ficaram desorganizados – efeito da Fortuna, segundo César – quando pressionaram o ataque através das antigas obras de defesa. Pompeu contra-atacou e levou os homens de César a fugir precipitadamente. César escreveria mais tarde que a única coisa que salvou seu exército da destruição foi o medo de Pompeu de uma emboscada. Ele ficou completamente surpreso com o sucesso que seus homens alcançaram. Na verdade, Pompeu havia alcançado seu objetivo e, como os eventos do dia mostraram, mesmo soldados veteranos não reagiram bem quando suas formações se desintegraram, como aconteceu facilmente no espaço restrito dentro das linhas de César. Pompeu foi bem aconselhado a conter seus homens, e sua tomada de decisão após a repulsa do contra-ataque de César foi consistente com seu comportamento cauteloso após a brecha inicial. O cerco foi quebrado e César teria que atacar as linhas fortificadas, o que Pompeu sabia que ele não queria fazer, ou recuar.[49]

A derrota foi a pior da carreira de César. Ele admite a perda de quase mil homens, mais do que as perdas em Gergóvia, e reconhece que não pode mais manter o cerco. Ele dirigiu-se ao exército, dizendo aos seus homens que não deveriam ficar desapontados com um pequeno revés, mas sim gratos à Fortuna pelos sucessos alcançados na guerra até então: as conquistas da Itália e da Espanha. Eles deixariam Durrës para se dirigirem a áreas onde haveria um amplo suprimento de alimentos. A Fortuna pode ter acabado de privá-los da vitória, mas agora eles deveriam dar à Fortuna um empurrãozinho na direção certa, trabalhando duro.[50]

* * *

A retirada de Durrës, mesmo levando em conta a perspectiva reconhecidamente tendenciosa de nossa fonte primária, foi uma operação magistral. César fez seu exército partir à noite, pegando os homens de Pompeu de surpresa. Pompeu logo percebeu que não poderia alcançá-lo e, enquanto César se dirigia para o sul, em direção ao centro da Grécia, ao longo do vale do rio Aous, através das montanhas albanesas, Pompeu seguiu em outra direção, tomando a grande estrada romana que atravessava o centro dos Balcãs, a Via Egnatia, em direção a Tessalônica. Ele provavelmente esperava interceptar uma força subsidiária de César que havia sido enviada para conquistar as comunidades gregas enquanto Durrës estava sob cerco. Essa força de duas legiões estava sob o comando de Domício Calvino.[51]

César ordenou que Domício, que vinha operando ao longo da Via Egnatia, se encontrasse com ele ao longo de sua marcha para o sul. Eles se encontraram perto de Kalabaka, na extremidade norte da planície da Tessália. César diz que os relatos exagerados de Pompeu sobre seu sucesso em Durrës encorajaram os estados gregos que antes se alinhavam com César a mudar de lado. Um desses lugares era Gomphoi, cujo povo anteriormente "enviara embaixadores por sua própria iniciativa e convidara César a fazer uso total de seus recursos".[52] Agora, instigados por um magistrado regional, eles fecharam seus portões para ele. César destruiu o lugar. A próxima cidade em sua linha de marcha, Metrópolis, que inicialmente havia seguido o exemplo de Gomphoi, optou por se render antes que César a tomasse de assalto. Os recursos dessas duas cidades forneceram apoio logístico suficiente para César "esperar por Pompeu e transferir todo o cálculo da campanha para aquela região".[53]

A essa altura, Pompeu havia unido forças com duas legiões da Síria comandadas por seu sogro, Metelo Cipião, e se mudado para Larissa, no extremo leste da planície da Tessália. Ele estava sob crescente pressão para pôr fim à guerra. Muitos dos senadores que o acompanhavam não eram seus admiradores no passado e agora o acusavam de prolongar a guerra para poder continuar em seu papel de comandante supremo. A batalha em Durrës os havia convencido de que suas tropas eram páreo para César, e eles já estavam dividindo todos os benefícios que esperavam receber quando a vitória final fosse conquistada.[54] Isso incluía não apenas as propriedades dos apoiadores mais proeminentes de César, mas também de todos aqueles que haviam permanecido na Itália. Cícero confessou estar horrorizado com a brutalidade das conversas.[55] Pompeu teria que lutar quando seu exército encontrasse o de César.

No início de agosto, os dois exércitos se enfrentaram em uma planície perto da cidade moderna de Farsala, entre o rio Enipeus, ao sul, e uma cadeia de colinas baixas ao norte. Como é tradicional, chamaremos a batalha pelo nome antigo do local – Farsala. Pompeu tinha cerca de 40.000 homens. O exército de César contava com 22.000 soldados de infantaria e mil de cavalaria.[56] Durante vários dias, César liderou seu exército para fora do acampamento, desafiando Pompeu a lutar. Pompeu não se mexeu. Dada a atmosfera no acampamento de Pompeu, é bastante provável que ele estivesse dizendo às pessoas que queria ver se César poderia ser atraído para um ataque em subida (onde Pompeu estava posicionando suas próprias forças). Quando César levantou acampamento, porém, Pompeu foi forçado a agir. Ele avançou para longe das muralhas de seu acampamento, onde vinha reunindo suas tropas nos últimos dias. César então deu meia-volta e formou sua própria linha de batalha. A data era 9 de agosto de 48 a.C. (7 de junho, segundo o calendário moderno).

César e Pompeu estavam cientes de que, apesar do que os partidários de Pompeu afirmavam, os veteranos de César eram soldados infinitamente superiores quando se tratava de um confronto direto. A única esperança de vitória de Pompeu seria se sua cavalaria, muito mais numerosa, pudesse dominar a cavalaria de César, flanquear sua linha de batalha e atacá-la pela retaguarda. Ele disse ao seu conselho que a batalha seria vencida pela cavalaria antes que as duas linhas se fechassem. A planície era suficientemente ampla para tornar isso possível, e César reconheceu qual seria o plano de ação de Pompeu. Ele, portanto, retirou seis coortes de sua terceira linha, formando-as para apoiar sua cavalaria. Plutarco acrescenta o detalhe de que, sabendo que os jovens aristocratas que compunham a cavalaria de Pompeu eram vaidosos, César ordenou que seus homens apontassem suas *pila* para os rostos de seus inimigos, a fim de desmoralizá-los.[57] Ambos os generais se dirigiram aos seus homens. Em resposta ao discurso de César, Crastino, um veterano reengajado da Décima Legião, gritou para seus companheiros que eles tinham apenas mais uma batalha pela frente. Quando ela terminasse, seu general teria a posição que merecia e eles teriam sua liberdade. "Hoje, vou garantir, general, que você me será grato, vivo ou morto."[58]

Pompeu manteve sua linha de batalha principal estacionária enquanto os homens de César avançavam. Ele não queria enfrentar a infantaria antes que sua cavalaria pudesse fazer seu trabalho. Por um tempo, parecia que seu plano estava funcionando. Sua cavalaria fez os homens de César recuarem, e os soldados de César tiveram que parar e recuperar o fôlego quando viram que Pompeu não estava avançando. No entanto, em seu relato da batalha, César observa que Pompeu foi tolo em conter seus homens como fez, "já que existe em todos nós um zelo e uma excitação inatos que são acionados pelo entusiasmo pela batalha. Os generais não devem reprimir isso, mas sim aumentá-lo". César preferia não admitir que havia algo de válido no plano de Pompeu.[59]

Quando os homens de César finalmente colidiram com a linha de Pompeu, Crastino rompeu as fileiras à sua frente, penetrando profundamente na formação de Pompeu antes de ser morto. A linha de Pompeu começou a ceder. No mesmo momento, assim que a cavalaria de Pompeu expulsou a cavalaria de César e se voltou para atacar o corpo principal das forças adversárias, César ordenou que suas seis coortes de reserva avançassem. A cavalaria de Pompeu, já desorganizada pela luta anterior, foi derrotada. A batalha estava praticamente encerrada quando a reserva de César, após derrotar a cavalaria de Pompeu, atacou o flanco esquerdo do exército de Pompeu.

Pompeu sabia que estava derrotado. Ele não esperou o fim da batalha da infantaria, mas cavalgou para seu acampamento. Ele disse aos homens posicionados no portão pelo qual entrou que iria dar uma volta para verificar o resto das defesas. Em vez disso, ele foi para sua tenda no quartel-general e, embora desesperado com o resultado, ainda aguardava os resultados. Quando ouviu os homens de César entrando no acampamento, montou em seu cavalo e, removendo sua insígnia de general, saiu do acampamento, rumo a Larissa. Pegando alguns associados e trinta cavaleiros pelo caminho, ele acabou embarcando em um navio de grãos na costa.[60]

Enquanto isso, os homens de César expulsaram os remanescentes do exército de Pompeu do acampamento e os cercaram em uma colina sem água. Eles se renderam no dia seguinte. César afirma que o exército de Pompeu sofreu 24.000 baixas e que 15.000 homens foram feitos prisioneiros. Os números são claramente exagerados, mas mesmo se aceitarmos a cifra de 6.000 mortos fornecida por Asínio Polião, que estava na batalha, o total é muito grande. Isso representa o efeito catastrófico do colapso da linha de Pompeu, que permitiu aos homens de César abater adversários que ficaram indefesos depois de romperem as fileiras. César diz que suas próprias perdas não passaram de trezentos homens.[61] Isso também parece improvável. Tudo o que se pode dizer com certeza é que a vitória foi total.

Ao longo do conflito, Pompeu demonstrou uma excelente compreensão do que César poderia e iria fazer. Ele atribuiu com precisão o destino da aventura de Domício em Corfínio à capacidade de César de interpor suas tropas entre Domício e uma possível força de socorro. Embora pareça ter sido surpreendido pela travessia do Adriático por César, ele recuperou a situação com sua rápida marcha para Durrës, movendo-se mais rápido do que César havia previsto. Ele e César compartilhavam uma apreciação das capacidades relativas de seus exércitos. A única vez que Pompeu tomou a iniciativa foi em Durrës, quando ele tinha boas informações sobre a situação do lado de César e pôde forçar uma batalha na qual as tropas de César não podiam se posicionar em uma formação padrão.

A imagem comovente que César oferece da conduta de Pompeu no dia de Farsalos também revela o quanto os dois homens compreendiam a situação. A batalha foi travada porque Pompeu estava perdendo o controle da situação política em seu próprio campo. Isso era algo que César não precisava temer, mesmo quando as coisas não estavam indo bem. A única área em que César se mostra claramente superior a Pompeu é na gestão da campanha de relações públicas. Ao enfatizar que teria misericórdia com aqueles que se rendessem, ele lançou as bases para a paz que se seguiria à vitória final. O que César não podia prever era que as paixões que forçaram Pompeu a entrar na batalha de Farsalos não diminuiriam quando Pompeu não estivesse mais em cena. César interpretou mal a força da oposição a si mesmo e, assim, permitiu que ela assumisse uma nova forma. Enquanto isso acontecia, ele estaria no Egito, com a rainha Cleópatra.

16
Cleópatra

Pompeu deixou Larissa e foi para Mitilene. Lá, ele reuniu sua esposa Cornélia e alguns navios de guerra. Ele não sabia o que fazer. Seu primeiro instinto foi ir para a Síria. A província havia sido um dos pilares de seu regime durante a guerra, e os reis da região eram seus aliados. Todos eles haviam contribuído com tropas para seu exército. Será que ele também pensou em fazer um acordo com os partos? César não menciona essa possibilidade, mas a tradição posterior sugere que era uma opção séria.[1] A expedição à Síria logo fracassou. Embora Pompeu tivesse reunido mais alguns navios e se reunido com alguns membros seniores de seu "Senado" que César havia libertado, a comunidade empresarial romana na Síria não queria ter nada a ver com ele. Eles assumiram o controle de Antioquia e fecharam os portões. Pompeu decidiu seguir em frente. A próxima parada seria o Egito.[2]

O Egito estava em caos. Quando Ptolomeu XII morreu no início de 51, ele deixou o reino para os dois mais velhos dentre seus quatro filhos. Cleópatra, sua filha mais velha, tinha dezoito anos na época; seu irmão mais novo, Ptolomeu, estava com quatorze. Sua irmã, Arsínoe, provavelmente estava no início da adolescência, enquanto seu irmão mais novo, também chamado Ptolomeu, tinha cerca de doze anos. Cleópatra (Placa 12) não estava interessada em dividir o poder com seu irmão mais novo. Um documento sobrevivente do ano seguinte à morte de Ptolomeu XII é datado de acordo com o estilo egípcio, que media o tempo de acordo com o número de anos que um rei permanecia no trono, como "o Ano 30, que também é o Ano 1". Cleópatra é identificada em outro documento como "a rainha, a Senhora das Duas Terras, a Deusa que Ama o Pai". Não há menção ao seu irmão.[3] Apesar do caos, o Egito era um lugar importante. Último reino sobrevivente dos sucessores de Alexandre, o Grande, era muito rico. Além disso, Pompeu tinha sido claramente importante para o pai de Cleópatra, e o excedente de grãos produzido pelo Egito se tornaria, se é que já não era, uma importante fonte de alimento para a população de Roma. O Egito também tinha uma frota forte o suficiente para fazer a diferença para um lado ou para outro na Guerra Civil. Foi a frota, bem como o grande número de soldados deixados por Gabínio quando ele restaurou Ptolomeu ao trono em 54, que levou o Egito ao conflito entre César e Pompeu. Havia também a questão do dinheiro ainda devido a César e Pompeu pelo reconhecimento romano de Ptolomeu XII em 59.

A situação de Cleópatra mudou quando Bíbulo chegou à Síria para assumir o cargo de governador no final de 51, pouco depois de ela se tornar rainha. Os partos ainda estavam invadindo a Síria e ele não tinha tropas experientes, então enviou seus dois filhos ao Egito pedindo a devolução das quase duas legiões que Gabínio havia deixado lá em 54. Os homens de Gabínio não estavam interessados em se juntar novamente ao exército romano. Eles assassinaram os filhos de Bíbulo e, quando Cleópatra enviou os líderes do crime a Bíbulo, parece ter ocorrido um motim, embora ele tenha acabado devolvendo os prisioneiros. Um documento datado do final de 50, ou do terceiro ano de Cleópatra, revela uma mudança de regime. Seu irmão era agora seu co-governante. Os acontecimentos logo mostrariam que os ex-legionários eram defensores ferrenhos do novo rei, Ptolomeu XIII, cujos assuntos eram administrados por um eunuco chamado Potino, pelo tutor de Ptolomeu, Teodoro, e por Áquila, o comandante da guarda real.[4]

Quando Pompeu abandonou a Itália, embaixadores foram enviados para convocar tropas do Egito, alegando que o "Senado" com Pompeu era o governo legítimo de Roma e que o Egito era um aliado de Roma. O mais importante desses embaixadores era o mais velho dos dois filhos de Pompeu, Cneu Pompeu, também chamado Cneu. Ele reuniu um suprimento de grãos, quinhentos cavaleiros (antigos homens de Gabínio) e sessenta navios de guerra totalmente equipados. O "Senado" então reconheceu Ptolomeu XIII como governante legítimo do Egito. A afinidade do "Senado" de Pompeu com Ptolomeu deveria pôr fim à história, espalhada mais tarde, de que Cleópatra havia seduzido o jovem Pompeu enquanto ele estava em Alexandria.[5]

A guerra entre César e Pompeu não foi a única guerra civil que começou em 49. No Egito, Cleópatra e sua irmã Arsínoe deixaram Alexandria. Embora o curso dos eventos não tenha sido preservado em detalhes, parece que Cleópatra entrou em conflito com os conselheiros de Ptolomeu, particularmente Áquila. Partindo para a Síria com o que deve ter sido uma quantia considerável de dinheiro, ela levantou um exército para recuperar seu trono.[6]

Enquanto Cleópatra avançava sobre o Egito, Pompeu entrou em cena. Ptolomeu estava então em Pelúsio, um local a cerca de trinta quilômetros ao sul de Port Said, no atual Egito, preparando-se para lutar contra Cleópatra. Pompeu navegou primeiro até o porto de Alexandria, enviando um embaixador para solicitar que o rei o recebesse com base em sua amizade com o pai do rei e o protegesse. O tom diplomático dessa mensagem foi prejudicado pelo mensageiro de Pompeu, que começou a conversar com alguns soldados gabinianos que ainda estavam em Alexandria, sugerindo que eles poderiam se juntar a Pompeu. Quando Potino e seus associados descobriram isso, decidiram que Pompeu tinha que morrer. Pelo menos essa foi a versão que eles ofereceram posteriormente a César. César suspeitava que eles tivessem simplesmente decidido matar um homem que estava em má sorte, e Plutarco diz que os conselheiros de Ptolomeu decidiram matar Pompeu para agradar César. Qualquer que seja a verdade, eles o mataram.[7]

Áquila, junto com Septímio, que já havia sido centurião sob Gabínio e, antes disso, oficial sob Pompeu contra os piratas, foram escolhidos para serem os assassinos. Pompeu foi convidado a ir a Pelúsio. Quando seu navio apareceu no mar, Áquila e Septímio pediram que ele se juntasse a eles em seu próprio barco, que o levaria até a costa. Pompeu lembrou-se de Septímio e, contra o conselho de seus acompanhantes, entrou no barco, levando consigo Lúcio Lêntulo, um dos cônsules de 49. Ele nunca chegou à costa. Septímio o esfaqueou, cortou sua cabeça e deixou o corpo na praia. A data era 28 de setembro, segundo o calendário romano (25 de julho, segundo o nosso). Era o aniversário da vitória de Pompeu sobre Mitrídates. Lêntulo foi preso e mais tarde morreu.[8] Cornélia recuperou o corpo de Pompeu, cremou-o e levou as cinzas com ela quando voltou para a Itália, onde as enterrou no túmulo de Pompeu, nos arredores de San Marino. Mas Ptolomeu ficou com a cabeça. Esse foi o começo do fim para ele e sua gangue.[9]

As ações de César após Farsalos foram complicadas, e a maneira como ele as apresenta em sua *Guerra Civil* sugere que ele percebeu mais tarde que não havia lidado muito bem com as circunstâncias. Embora não pudesse prever o assassinato de Pompeu no Egito, ele admite que estava obcecado por Pompeu e determinado a não permitir que ele levantasse um novo exército.[10] O resultado foi que ele levou consigo uma força relativamente pequena para perseguir Pompeu, deixando o resto do exército sob o comando de seus legados para voltar à Itália e esperar por ele. Ele não deu instruções detalhadas sobre o que essas legiões deveriam fazer se as forças pompeianas começassem a se reunir ou se ele próprio se atrasasse. Seus subordinados estavam bem cientes de que as iniciativas políticas não estavam dentro de sua alçada, e o resultado foi que eles não tomaram as medidas necessárias para controlar o exército cada vez mais rebelde que retornava da Grécia para a Itália, nem para resolver as crises econômicas que então assolavam a Itália. Eles também não foram capazes de impedir o ressurgimento da causa pompeiana no norte da África.

A salvação da causa cesariana durante o que viria a ser uma longa ausência de César foi o caos entre os pompeianos sem Pompeu. A frota pompeiana, que vinha atacando a costa italiana, se desintegrou quando chegou a notícia da batalha de Farsalos. Após uma reunião inicial em Corfu para decidir o que fazer – Cícero presidiu como comandante-chefe técnico –, os vários sobreviventes de Farsalos seguiram seus próprios caminhos. Alguns, como Cícero, voltaram para a Itália. Ele não tinha interesse em assumir o comando do lado perdedor e agora tinha uma visão muito negativa de seus associados. Outros foram para o exílio. Alguns se juntariam ao obstinado Catão, que partiu para o Norte da África para reacender a causa anti-César em associação com Juba. Outra pessoa que adotou esse caminho foi Afrânio. Levaria dezoito meses para que eles pudessem reunir um exército. Nessa época, César já havia terminado suas aventuras no Oriente.[11]

* * *

Quando partiu em perseguição a Pompeu, César tinha consigo duas legiões com efetivo reduzido, totalizando 3.200 homens e 800 cavaleiros. Uma dessas legiões, a Sexta, havia sido criada em 52 e agora contava com pouco mais de mil homens; a outra era uma legião originalmente recrutada na Grécia para servir a Pompeu. Quando César chegou à província da Ásia, foi recebido com histórias de milagres surpreendentes que haviam ocorrido para anunciar a vitória em Farsalos: no templo de Minerva em Elis, a estátua da deusa Vitória havia se virado para Minerva, o som de tambores havia sido ouvido em um templo em Éfeso e grandes gritos, como se fossem de exércitos, foram ouvidos em Antioquia, na Síria. A decisão de César de relatar esses eventos sugere que, enquanto elaborava a *Guerra Civil*, ele pode ter procurado mudar sua imagem pública. Ele também enfatiza como devolveu ao povo da Ásia o dinheiro arrecadado pelos agentes de Pompeu. Isso poderia neutralizar as acusações de que ele próprio agia de forma irresponsável com os fundos públicos. Ele estava procurando uma nova mensagem, agora que Pompeu não estava mais disponível como contraponto.[12]

Uma pessoa que definitivamente não faria parte de nenhuma nova mensagem (embora ela possa ter sido uma das razões pelas quais a nova mensagem era necessária) era Cleópatra. O relacionamento que César estava prestes a formar com ela, embora fosse claramente o resultado de uma atração muito profunda da parte dele, era profundamente embaraçoso para o seu próprio lado. Ele menciona o nome dela exatamente três vezes no final da *Guerra Civil*, nunca a colocando no palácio, enquanto o editor que reuniu relatórios de várias fontes para criar a *Guerra Alexandrina*, que descreve os eventos de 47, menciona o nome dela apenas uma vez. O editor nunca sugere que César possa estar lutando em interesse dela. Esse editor foi muito provavelmente Aulo Hírcio, compilador do último livro da *Guerra da Gália*, que estava muito ciente do problema de imagem de César.[13] Daí a importância de explicar como a guerra no Egito foi imposta a César por um grupo de cortesãos com tendências homicidas de Ptolomeu XIII, que buscavam explorar, em seu próprio benefício, o domínio que exerciam sobre uma criança pouco inteligente.

Os problemas começaram assim que César desembarcou em Alexandria, no final de julho. Foi só então que ele soube do assassinato de Pompeu. É por meio de outras pessoas que ficamos sabendo como Teódoto lhe apresentou a cabeça de Pompeu e como César se afastou, em lágrimas. Mais tarde, ele providenciaria o enterro da cabeça em um santuário.[14] Enquanto isso, diz César, o povo de Alexandria se opôs ao fato de ele estar acompanhado por lictores, considerando a presença desses assistentes magistrais uma violação da soberania egípcia. Percebendo que as coisas logo piorariam, ele imediatamente enviou ordens à província da Ásia: legiões haviam sido levantadas lá para apoiar o esforço de guerra pompeiano e deveriam vir rapidamente para Alexandria.

César também se ofereceu para fazer a mediação entre Ptolomeu e sua irmã, "ansioso, como amigo de ambos os lados, por resolver as disputas na família real". Depois de fazer essa oferta, ele foi informado de que Áquila estava avançando sobre Alexandria à frente do exército real. Ptolomeu estava no palácio, então César sugeriu que ele enviasse uma embaixada a Áquila para descobrir o que estava acontecendo. Áquila assassinou esses embaixadores, e César colocou o rei sob "custódia protetora", preparando-se para defender o palácio e os estaleiros. Quando Arsínoe fugiu do palácio para se juntar à força de ataque, César ocupou os estaleiros mais próximos do palácio, ateando um grande incêndio que destruiu a frota ptolomaica no porto e demoliu os armazéns ligados à Grande Biblioteca. Ele também ocupou a ilha próxima à costa onde ficava o famoso Farol de Alexandria, com a intenção de manter as comunicações abertas com a Síria e a Ásia, de onde ele havia convocado apoio.[15] Quando descobriu que Potino estava incentivando os atacantes, ele o mandou matar. Com isso, a *Guerra Civil* chega ao fim. Cleópatra não aparece em nenhum lugar.

Como e quando César e Cleópatra realmente se conheceram? Plutarco escreve que Potino estava conspirando contra César, incentivando a revolta no exército egípcio, dando às tropas rações inadequadas e servindo às pessoas no palácio em louças baratas, dizendo que César havia levado todo o ouro e a prata. César parece ter exigido o pagamento do suborno não cobrado prometido por Ptolomeu XII em 59, mas Potino disse-lhe para ir embora e voltar mais tarde, à altura em que o dinheiro estaria disponível. Foi nesse momento, diz Plutarco, que César mandou chamar Cleópatra.

Existem duas versões sobre o encontro entre os dois. De acordo com Cássio Dio, Cleópatra, que mantinha contato com César por meio de seus agentes, soube que ele era suscetível aos encantos de uma mulher bonita, procurou um encontro e o cativou completamente. De acordo com Plutarco, o encontro foi um pouco mais dramático:

> Ela partiu com apenas um único acompanhante, Apolodoro da Sicília, e embarcou em um pequeno barco. Era crepúsculo quando ela chegou ao palácio. Havia apenas uma maneira de entrar sem ser vista, então ela entrou em um

> daqueles sacos usados para roupas de cama e se esticou por todo o comprimento. Apolodoro enrolou o saco, prendeu-o com uma tira e o levou através das portas até César. E isso, dizem, foi o início do encantamento de César: o truque demonstrou muito estilo, e ele ficou impressionado com todo o charme e graça com que ela se comportou em relação a ele.[16]

Talvez o mais significativo nessa história seja que ela se encaixa perfeitamente no contexto que César fornece para o início da guerra em Alexandria. Ou seja, ela ocorre antes da morte de Potino, cujos olhos vigilantes Cleópatra tentava evitar. Ela também responde à pergunta que um leitor poderia fazer diante do relato de César: como ele poderia fazer a mediação entre Ptolomeu e Cleópatra, se ela não estava por perto? O mês é agosto de 48, o que se encaixa bem com as evidências da gravidez resultante do contato entre eles. Cleópatra deu à luz um filho em 23 de junho do ano seguinte.[17]

A *Guerra Alexandrina* cobre não apenas os eventos no Egito durante o outono de 48 e os primeiros seis meses de 47, mas também as ações de César no norte da Turquia no final do verão de 47. Além disso, o editor fornece algumas informações sobre eventos em teatros subsidiários, Croácia e Espanha. A narrativa espanhola fornece o contexto para a campanha final de César em 45, e podemos ter certeza, pela maneira como o editor obscurece o relacionamento de César com Cleópatra, que ele estava escrevendo após o assassinato de César. Naquela época, Cleópatra e seu filho com César já residiam em Roma havia mais de um ano. A criança era, então, um verdadeiro problema para os conselheiros de César, que afirmavam que ele tinha apenas um herdeiro, e que esse herdeiro era seu sobrinho-neto Caio Otávio. O amigo de César, Ópio, afirmou publicamente que não havia como o filho de Cleópatra ser de César.[18] Mas o momento da gravidez dela contradiz essa afirmação.

O aspecto emocional do relacionamento de César com Cleópatra é muito bem resumido pela biografia de Plutarco citada acima. Ela era extremamente inteligente, uma versão mais jovem de Servília, com quem César ainda mantinha um relacionamento, mesmo que não fosse mais físico. (Ele garantiu que o filho dela, Marco Júnio Bruto, que havia servido com Pompeu, não fosse morto em Farsalos e fosse libertado imediatamente após a batalha.)[19] Mas o que diferenciava o relacionamento de César com Cleópatra de seus casos anteriores era que se tratava de uma coisa estúpida de se fazer. Ao se envolver com ela, ele praticamente garantiu que haveria uma guerra em Alexandria. A cautela e o planejamento cuidadoso que caracterizaram sua conduta política por décadas, sua capacidade constante de confundir os oponentes e prever suas reações, a partir desse momento se tornariam cada vez menos evidentes. Ele havia derrotado Pompeu, era agora a pessoa mais poderosa do mundo romano e se tornou cada vez mais descuidado com o que as pessoas fora de seu círculo imediato pensavam. E Cleópatra claramente o encantava, e ela também parecia encantada por ele. Embora ele nunca reconhecesse a criança que ela teve como legítima, ela divulgou o relacionamento deles, mesmo que isso não fosse politicamente vantajoso para nenhum dos dois. Ele também não mantinha isso em segredo. Eles estavam apaixonados.

Após a primeira noite de César e Cleópatra juntos, César convocou Ptolomeu à sua presença. Ele ficou chocado. Saiu correndo do palácio, arrancou a tiara que era o símbolo da realeza e reclamou em voz alta para a multidão que se reunia ao seu redor que estava arruinado. César o mandou voltar ao palácio, onde convocou uma reunião para anunciar sua intenção de manter os termos originais do testamento de Ptolomeu XII. Cleópatra e Ptolomeu XIII governariam juntos. César acrescentou a cláusula de que o Chipre seria devolvido ao controle ptolomaico e governado conjuntamente pelos dois irmãos mais novos, Arsínoe e o jovem Ptolomeu.[20]

A solução parecia diplomática, e a devolução do Chipre foi um desenvolvimento surpreendente. Dado que tinha sido o prêmio de Catão, seguindo uma lei de Clódio, César pode ter feito uma declaração de que não considerava isso uma parte necessária do império.[21] De qualquer forma, esse acordo proposto não resolveu o problema no palácio. Não significava tanto que Ptolomeu estivesse a partilhar o poder com a sua irmã mais velha; o que realmente significava era que Potino voltaria a estar sujeito à autoridade de Cleópatra. Potino poderia razoavelmente pensar que essa era uma posição ruim para ele e, portanto, decidiu iniciar uma nova guerra. Ele entrou em contato com Áquila, pedindo-lhe que movesse suas tropas de volta para Alexandria. Foi então que César mandou matar Potino, e Arsinoé fugiu do palácio para se juntar a Áquila.[22]

A Guerra de Alexandria começa com os preparativos de ambos os lados. César, que controlava o bairro real na parte oriental de Alexandria, percebeu imediatamente que tinha um problema em mãos e enviou navios e auxiliares, além dos que já havia encomendado da Ásia. Ao mesmo tempo, reforçou as fortificações ao redor do palácio real, que os alexandrinos se preparavam para invadir. Enquanto isso acontecia, Arsínoe brigou com Áquila, a quem ela então assassinou, assumindo assim, junto com o eunuco do palácio Ganimedes, o comando pessoal da facção antirromana. Sua liderança inexperiente salvou César. A medida mais eficaz que seus oponentes puderam pensar em fazer foi tentar despejar grandes quantidades de água do mar nas fontes de água do palácio.

Os homens de César simplesmente cavaram novos poços.[23]

Pouco depois, chegou um comboio da Ásia, trazendo os primeiros reforços. Ele consistia em navios de abastecimento e uma legião de ex-pompeianos enviados por Domício Calvino, o cônsul de 53 que havia comandado o centro da linha de César em Farsalos e agora era governador da Ásia. Ventos adversos levaram o comboio para além do porto real, controlado por César, até um local a cerca de 11 km a oeste de Alexandria. César liderou uma ousada expedição com seus próprios navios de guerra para trazê-los.[24] O próximo problema que César teve de enfrentar foi o controle do porto de Alexandria. O porto ficava entre a cidade e a grande ilha de Pharos (não confundir com a ilha menor a leste, onde ficava o Farol). Ele era dividido em duas partes pela ponte que ligava a ilha ao continente. Os navios de César estavam a leste da ponte e Arsínoe havia reunido uma frota a oeste. Para controlar o porto, César precisava tomar o controle da ponte e, idealmente, de toda a ilha. Mais uma vez, a relativa inexperiência de seus oponentes seria um fator crucial para a sobrevivência de César, enquanto novas forças se dirigiam para o sul da Ásia, desta vez por terra.

Seguiu-se uma série de ações navais através das quais César, agora atuando como almirante, tentou primeiro, com considerável sucesso, neutralizar a frota que os alexandrinos haviam construído em seu lado do porto. Ele então tentou lançar um ataque anfíbio à ilha de Pharos, que fracassou. Quando tentou desembarcar tropas de pequenos barcos na ponte que ligava a ilha ao continente, ele conseguiu levar três coortes para terra, mas marinheiros e remadores saltaram dos navios para se juntar a eles. Os alexandrinos derrotaram esses combatentes menos experientes e, em pânico, eles atrapalharam os legionários, que agora precisavam recuar para seus transportes. O caos se instalou. Muitos homens estavam pulando nos barcos mais próximos, que afundaram sob seu peso. César estava em um desses barcos. Percebendo o que estava acontecendo, ele pulou no mar, indo em direção a outro barco um pouco mais distante. Conta-se que, multitarefa como sempre, ele segurava documentos acima da cabeça com a mão esquerda enquanto remava com a direita. Ele chegou ao barco em segurança, mas havia perdido sua capa púrpura no caminho. Ela foi recuperada pelos alexandrinos, que se deleitaram em exibi-la.[25]

O acidente na ponte custou a César pelo menos quatrocentos homens, e ambos os lados se estabeleceram em suas posições. Nesse momento, embaixadores dos alexandrinos foram até César solicitando o retorno de Ptolomeu, dizendo que ele poderia fornecer a liderança necessária para negociar a paz. César suspeitou que eles estivessem mentindo, mas deixou Ptolomeu ir mesmo assim, dizendo que seria mais honroso derrotar um rei do que uma multidão. A multidão não estava indo tão mal, então o retorno de Ptolomeu, que César agora devia conhecer muito bem, pode ter sido uma jogada sutil da parte dele. Com Ptolomeu no comando, os alexandrinos não fariam melhor do que já estavam fazendo. Quando Ptolomeu deixou o palácio, ele imediatamente assumiu o comando titular das forças egípcias, possivelmente eliminando o eunuco Ganimedes, que agora desaparece da narrativa.[26] Isso foi em novembro de 48 e, como César deve ter previsto, a liderança de Ptolomeu não fez nada para aumentar a eficiência das forças sitiantes. Sua ineficácia seria fatal. Em março, os reforços que César havia enviado meses antes da Ásia estavam se aproximando de Pelúsio sob o comando de Mitrídates de Pérgamo (sem relação com Mitrídates do Ponto). A eles se juntaram na marcha 3.000 soldados judeus sob o comando de Antípatro, pai do futuro rei Herodes da Judeia, e alguns soldados árabes nabateus, enviados por seu rei Jâmblico, já que os dinastas locais agora buscavam fazer uma aliança com César.[27]

Mitrídates tomou Pelúsio de assalto e avançou rapidamente sobre Alexandria. Ptolomeu retirou as tropas da cidade para tentar impedir a chegada de Mitrídates. Quando Mitrídates derrotou a força de bloqueio, ele escreveu a César, informando-o que estava se aproximando do braço mais ocidental do Nilo, ou Canópico. O rei liderou mais tropas para o sul para deter Mitrídates, estabelecendo um acampamento na margem oeste do rio. César seguiu-o, colocando seus homens em uma frota de embarcações de calado raso, invadiu o acampamento e derrotou o exército. Ptolomeu se afogou ao tentar escapar. Arsínoe foi capturada. O povo de Alexandria depôs as armas.[28] César reimplantou os termos do testamento de Ptolomeu XII, na medida em que previa dois governantes, que agora seriam Cleópatra e seu irmão sobrevivente. Arsínoe foi colocada na prisão.

* * *

A história do que aconteceu a seguir é complexa. Mantendo sua tendência habitual de obscurecer a conexão de Cleópatra com César, o editor da *Guerra Alexandrina* diz que César permaneceu no Egito por um tempo para fortalecer a posição dos governantes que acabavam de ser instalados. Ele dá a entender que a estadia não foi longa. Suetônio e outros sugerem que foram meses. Suetônio relata que os dois amantes costumavam festejar até tarde da noite e fizeram um passeio pelo Nilo que só terminou quando as tropas de César se recusaram a continuar seguindo-o. Esta parece ser uma versão de uma história relatada por Apiano, na qual o casal navega pelo Nilo em quatrocentos navios. Essa história, que também aparece no poema de Lucano sobre a Guerra Civil, no qual o retrato de César é bastante negativo, parece estar relacionada a uma versão da vida de César, muito provavelmente criada por seus assassinos, na qual a vitória sobre Pompeu permitiu que César realizasse seu tirano interior. Quem melhor para ajudá-lo do que a rainha egípcia, por quem ele se mostraria apaixonado quando ela fosse a Roma? A verdade provavelmente é muito menos dramática. Cássio Dião conhece uma tradição em que César não ficou muito tempo no Egito, e os estudos modernos confirmam isso. Segundo nossos cálculos, a batalha final com Ptolomeu ocorreu em 15 de janeiro e César partiu de Alexandria em 18 de fevereiro, levando consigo apenas a Sexta Legião; três legiões que acompanhavam Mitrídates foram deixadas para trás para apoiar Cleópatra.[29]

Quando deixou Alexandria, César tinha outra guerra para travar. Enquanto os eventos no Egito se desenrolavam, Fárnaces, filho de Mitrídates do Ponto, havia deixado seu reino no lado norte do Mar Negro e se mudado para o território de dois reis clientes romanos, Deiótaro e Ariobarzanes, na margem sudeste do mar. Ariobarzanes e Deiótaro haviam pedido ajuda a Domício Calvino. Embora, como governador da Ásia, Calvino estivesse reunindo tropas para enviar a Alexandria, ele fez o possível para ajudar. Ele escreveu a

Fárnaces, alertando-o de que ele iria se meter em problemas ao perseguir aliados do povo romano. Fárnaces respondeu que não sairia da Armênia inferior, agora território de Ariobarzanes ao longo do Mar Negro, porque era sua terra ancestral.

O editor da *Guerra Alexandrina* parece ter muita certeza sobre o que se seguiu. Calvino era um dos favoritos de César, então, por pior que fossem as circunstâncias, ele não seria culpado (um contraste gritante com algumas outras passagens, em que subordinados menos favorecidos são fortemente criticados). Embora tivesse forças limitadas à sua disposição e estivesse preocupado que um longo confronto com Fárnaces impedisse o envio de mais tropas a César, Calvino percebeu que não poderia negociar com o rei. O resultado foi um desastre. Em outubro de 48, Calvino atacou Fárnaces perto da antiga cidade de Nicópolis ("Cidade da vitória", atual Koyulhisar, no leste da Turquia). Pompeu havia fundado a cidade para comemorar sua vitória sobre Mitrídates. Agora, era o local da vitória do filho de Mitrídates.[30]

Completamente derrotado em Nicópolis, Calvino retirou-se para sua província. Fárnaces aproveitou sua vitória para reocupar mais do antigo reino de seu pai. César diz que só foi informado desses eventos, que ocorreram meses antes de sua vitória sobre Ptolomeu, depois que ele deixou o Egito e chegou à Síria. O autor da *Guerra Alexandrina*, novamente consciente das críticas provavelmente significativas da época, escreve que César foi informado das devastações de Fárnaces, descobrindo ao mesmo tempo que a Itália estava sendo governada de forma "ruim e ineficiente" e que a indisciplina no exército era generalizada.[31] A pessoa que governava a Itália naquela época era ninguém menos que Marco Antônio, e as críticas severas à sua conduta parecem ter sido escritas em 44, quando Hírcio havia abandonado a esperança de um acordo com Antônio e estava prevendo a nova guerra civil que eclodiria em 43.

Em 47, porém, César reconheceu que não havia nada que pudesse fazer a respeito da situação na Itália até que resolvesse a situação no Oriente. Essa era uma região com a qual Pompeu tinha profundas conexões e da qual ele havia recebido apoio substancial na Guerra Civil. César precisava estabelecer ou aprofundar suas próprias conexões com os líderes regionais antes de voltar para casa. Ele também tinha que lidar com Fárnaces. A afirmação, repetida na *Guerra Alexandrina*, de que ele deixaria a região "livre de conflitos internos" soa muito como um comunicado oficial.[32]

César chegou à Síria vindo do Egito no final de março. César chegou à fronteira do Ponto no final de julho. Ele tinha quatro legiões. Uma era a Sexta, duas outras haviam servido sob Domício em Nicópolis e a quarta era de Deiótaro. Fárnaces decidiu negociar, enviando embaixadores para apresentar a César uma coroa de ouro e lembrá-lo de que, ao contrário de Deiótaro e Ariobarzanes, ele não havia enviado tropas a Pompeu. César respondeu que a única pessoa que Fárnaces havia ajudado era a si mesmo, pois, ao não enviar ajuda a Pompeu, evitou ser derrotado. César permitiria que ele partisse em paz se devolvesse tudo o que havia roubado dos provincianos (especialmente aqueles que trabalhavam para os interesses comerciais romanos) e se retirasse para seu próprio território. Então César aceitaria a coroa de ouro. Fárnaces, em resposta, começou a protelar.[33]

César marchou para o Ponto. Fárnaces encontrou César perto da antiga cidade de Zela, que ficava a alguma distância da moderna cidade de Amásia.[34] A vitória de Mitrídates sobre um exército romano naquele local em 67 foi a causa imediata da *lex Manilia* conferir o comando contra ele a Pompeu no ano seguinte. Diante de Fárnaces, os homens de César começaram a cavar no topo de uma colina íngreme. No segundo dia do confronto, quando os homens de César trabalhavam na fortificação de seu acampamento, Fárnaces ordenou que seus homens atacassem. A batalha terminou quase assim que começou – uma derrota total para Fárnaces. Ele fugiu quando seu acampamento foi capturado, escapou da perseguição e retornou ao seu reino ancestral, onde posteriormente morreu em batalha com o genro que havia tomado o poder durante sua ausência.[35]

César ergueu um enorme troféu no local da batalha para ofuscar o que Mitrídates havia erguido anos antes. Segundo César, a guerra começou quando ele chegou a uma distância de ataque no final de maio. A batalha decisiva foi travada em 21 de maio. A mensagem que César enviou a Roma para relatar a vitória foi talvez a mais famosa de todas as suas missivas. Ela consistia em três palavras: *veni*, *vidi*, *vici* – "Vim, vi, venci".[36]

17
Ditador

Era meados de julho quando César voltou à Itália. A situação com que ele teve que lidar era caótica. Legiões veteranas nas proximidades de Roma exigiam dispensa e bônus em dinheiro por seus serviços. Ao mesmo tempo, a crise econômica, que César pensava ter resolvido com sua legislação sobre dívidas, havia ressurgido. Outro motivo de preocupação era que agora estava claro que a Guerra Civil não havia terminado em Farsalos. Poderosas forças pompeianas estavam agora reunidas sob a liderança de Metelo Cipião no norte da África.

A causa da crise interna, que vinha se arrastando há quase um ano, era o amigo de Cícero, Célio. Ele havia se aliado a Milo, que, a convite de Célio, havia retornado à Itália, apesar do desejo de César de que ele não o fizesse, para iniciar uma rebelião no início de 48. Célio tentou transformar os termos da lei da dívida de César em uma causa populista, criando seu próprio tribunal ao qual as pessoas poderiam recorrer para contestar a avaliação de suas propriedades. Quando isso não recebeu muita atenção, ele propôs uma lei para eliminar o pagamento de juros para pessoas que pagassem um empréstimo em até seis anos. Servílio Isáurico, colega consular de César, que havia permanecido na Itália, recusou-se a permitir que o projeto fosse votado. Então, Célio propôs mais duas leis: uma que eliminaria o aluguel e outra que cancelaria todas as dívidas. Depois que essas propostas levaram a um tumulto no Fórum, Servílio fez com que o Senado destituísse Célio do cargo e o proibisse de exercer qualquer função pública. Quando Célio tentou convocar uma reunião pública, Servílio mandou removê-lo à força da Rostra (a plataforma dos oradores no Fórum) e aprovou um "decreto definitivo" que lhe permitiria tomar outras medidas, se necessário.[1]

Confinado em sua casa, mas sem guarda, Célio fugiu de Roma para se juntar a Milo. Ao retornar a Roma, Milo reuniu um bando de bandidos e tentou reocupar uma de suas antigas casas na cidade, agora propriedade de um homem que servia a Pompeu na Grécia. A esposa do homem montou uma defesa vigorosa da propriedade, expulsando Milo e seus homens.[2] Milo então organizou uma grande exibição de gladiadores, após a qual levou seus gladiadores para a Campânia, onde tentou iniciar uma revolta rural. A semelhança com a rebelião de Espártaco provavelmente não foi coincidência, já que Milo estava entrando em um território que havia fornecido numerosos soldados para o exército que Pompeu acabara de levar para o exterior e que poderia ser considerado de disposição anti-cesariana. Enquanto Célio se dirigia para o sul para se juntar a Milo, Sulpício ordenou que as tropas estacionadas nas proximidades de Roma lidassem com o problema incipiente. Uma batalha foi travada em algum lugar da Campânia, e Milo foi derrotado. Ele e Célio foram posteriormente mortos ao tentar invadir diferentes cidades no sul da Itália.[3] Tudo isso aconteceu nos meses que antecederam Farsalos.

Os problemas na Itália após Farsalos tiveram origem na ganância e incompetência de Marco Antônio. Ele foi nomeado "mestre da cavalaria", ou segundo no comando depois de César, que após Farsalos assumiu o cargo de ditador. A função de Antônio era trazer nove das legiões veteranas de César da Grécia para a Itália. Após seu retorno à Itália, Antônio parece ter considerado que sua função se limitava a organizar festivais e administrar as propriedades confiscadas dos pompeianos falecidos, que ele distribuiu gratuitamente a seus amigos. Ele próprio se mudou para a antiga casa de Pompeu em Roma. Ao mesmo tempo, ele começou um caso muito público com uma atriz famosa, com quem desfilava pela Itália em uma elaborada procissão com exibições de louças de ouro e prata e uma carruagem puxada por um par de leões domesticados. Tais exibições não foram bem recebidas em um momento em que prevalecia a incerteza econômica.[4]

Enquanto Antônio festejava, Dolabela, um dos tribunos e outro ex-legado, reviveu a legislação sobre dívidas de Célio. Ele enfrentou a oposição de dois outros tribunos, um deles Asínio Polião, o futuro historiador que corrigiu os números de baixas de César em Farsalos. Eles apontaram para Antônio que ele precisava fazer algo para impedir Dolabela, caso contrário, pareceria que ele estava sendo controlado por sua esposa, que supostamente era amante de Dolabela. Dolabela então ocupou o Fórum, erguendo uma estátua de Clódio. O Senado votou que Antônio precisava suprimir Dolabela, pela força das armas, se necessário. Houve violência no Fórum, o que desestabilizou a disciplina das tropas que haviam retornado da Grécia e estavam estacionadas na Campânia. Antônio deixou Lúcio César no comando da cidade e foi lidar com as tropas. O resultado foi mais caos, que Antônio agravou quando decidiu repentinamente que Dolabela estava certo. Vendo que não havia ganhado nenhum crédito por sua mudança de opinião, no entanto, ele mais uma vez se posicionou contra Dolabela e encontrou alguns soldados para dispersar uma assembleia que Dolabela havia convocado para votar suas leis. Essa era a situação quando César chegou.[5]

Os distúrbios em Roma não eram o único problema. As legiões amotinadas não apenas se recusaram a negociar com Antônio, mas também se recusaram a receber três legados que César havia enviado quando estava a caminho para lidar com Fárnaces. O motim contínuo era um problema sério não apenas para o presente, mas também para o futuro, já que as tropas envolvidas eram os veteranos da campanha gaulesa, incluindo os homens da Décima Legião. César iria precisar deles para a campanha que teria de travar na África. O autor do próximo livro que trata das campanhas de César, a *Guerra Africana*, sugere que o problema não se limitava aos legionários, mas que a indisciplina era resultado do descontentamento entre os oficiais. É possível que ele esteja ecoando a crença de César de que os soldados imitam a conduta de seus comandantes, mas também é possível que essa fosse realmente a situação: oficiais de nível médio que serviam há vários anos estavam buscando uma indenização para poderem voltar para casa e assumir posições influentes na vida civil.[6]

César estava ciente dos problemas que enfrentaria ao retornar. A caminho do Egito, ele reformou o sistema de cobrança de impostos nas províncias orientais, eliminando o pagamento dos principais impostos cobrados das cidades por meio dos *publicani*. Esses impostos agora seriam pagos diretamente aos governadores. Essa foi uma extensão do sistema que ele havia imposto na Gália e, muito provavelmente, na Espanha. Isso teve vários efeitos, um dos quais foi restringir corporações poderosas que ele não controlava. Outro foi tornar a cobrança mais eficiente – alegava-se que a remoção dos *publicani* reduziu em um terço a carga tributária sobre as cidades do leste; presumivelmente, esse era o dinheiro que os *publicani* antes embolsavam quando repassavam os impostos contratados ao Estado. César foi menos generoso em seu caminho de volta para casa, no entanto, cobrando pagamentos substanciais de pessoas e lugares que haviam demonstrado lealdade à causa de Pompeu.[7]

Ao chegar a Roma, César abordou primeiro a questão da dívida. Ele anunciou que todos os juros acumulados desde janeiro de 49 seriam perdoados e que haveria uma moratória de um ano no pagamento dos aluguéis. Seu programa, que mais uma vez ajudou os menos afortunados de Roma, ao mesmo tempo em que aumentava a perspectiva de que o principal montante dos empréstimos pendentes fosse realmente pago, trouxe paz às ruas. Como o valor das propriedades usadas como garantia para os empréstimos também havia despencado, César introduziu um programa para redefinir esses valores aos níveis pré-guerra, agora que a guerra na Itália havia terminado.[8] A dívida não era um problema apenas para os proprietários de terras romanos. O próprio César era um, e lidava com uma séria falta de dinheiro. Ele exigiu doações dos municípios da Itália para apoiar o esforço de guerra em andamento, alegando que havia sacrificado sua própria fortuna pelo Estado. Em seguida, insistiu que aqueles que haviam ocupado as antigas propriedades de Pompeu deveriam pagá-las pelos valores pré-guerra. Esse anúncio foi importante, pois deixou claro que ele não era Sula. Seus subordinados ainda eram servidores do Estado e responsáveis por suas ações.[9]

Era hora de lidar com as legiões. César enviou Salústio, o futuro historiador que era então pretor designado, para negociar com as tropas, oferecendo um bônus substancial se elas voltassem ao serviço. A missão de Salústio quase terminou em sua morte, pois as tropas não queriam ouvi-lo, assim como não tinham se interessado em ouvir os legados anteriormente. As legiões, lideradas pela Décima, começaram então a avançar sobre Roma, matando dois enviados de patente pretoriana enquanto avançavam.[10]

Quando a Décima Legião chegou ao Campo de Marte, César foi recebê-los. Os homens exigiram a dispensa do serviço e bônus de aposentadoria. Em uma versão do que aconteceu a seguir, César só precisou dizer uma palavra: *Quirites!* (concidadãos!) – indicando que as tropas não eram mais seus "companheiros soldados". Em outra versão, César disse aos homens que lhes daria o que lhes era devido assim que as guerras terminassem, mas que ele celebraria seu triunfo com os homens que ainda o serviam: por implicação, os legionários amotinados estavam agora dispensados. Em ambas as versões, as tropas ficaram atônitas. Os homens da Décima Legião disseram que se voluntariariam para servir com ele na guerra que se aproximava, se ele os readmitisse ao seu serviço. César disse que ficaria muito feliz em fazer isso, garantindo-lhes lotes de terras públicas e dando-lhes parte do dinheiro que lhes era devido, prometendo que receberiam o restante com juros quando a guerra terminasse. Ele ofereceu um acordo semelhante ao resto das tropas. As negociações nesse momento são obscuras, mas parece que um número substancial de homens – quatro das nove legiões veteranas – optou pela aposentadoria. Era hora de levar o exército para a África antes que mais problemas surgissem na Itália e os inimigos de César se organizassem melhor. Ao organizar a aposentadoria de seus homens, César deixou claro que lhes daria fazendas de terras públicas *existentes*; não haveria confiscos em massa e assentamentos no modelo de Sula.[11]

* * *

O autor anônimo de nossa fonte primária para a campanha no norte da África, embora não fosse membro do círculo íntimo de César, se esforça para defendê-lo das acusações de que esteve fora de forma durante praticamente todo o evento. Os críticos alegavam que ele havia estragado o desembarque inicial, que não havia prestado atenção suficiente à logística e que havia perdido o controle de seus homens na batalha final em Tapso (perto de Bekalta, na atual Tunísia). O exército em si era de qualidade duvidosa, misturando muitos recrutas recentes com os veteranos sobreviventes. Havia alguma verdade no que as pessoas diziam, mas a situação do outro lado era pior.[12]

O exército pompeiano era grande, mas consistia principalmente de recrutas recentes e tinha um comando dividido. Os líderes pompeianos que se reuniram na África incluíam Afrânio, Petreio, Metelo Cipião, Labieno e Catão. Havia também Juba, que não aceitaria ordens de nenhum romano. Quem exatamente daria as ordens também era um problema.

Afrânio e Petreio ainda eram suspeitos para muitos pompeianos por causa de sua derrota na Espanha, e Labieno por causa de seu longo serviço com César. Metelo Cipião obteve o comando nominal junto com Catão, já que suas credenciais anti-César eram impecáveis. Mas eles também se odiavam: Metelo havia escrito um livro alguns anos antes sobre a impossibilidade de Catão ser tido como ser humano. Portanto, talvez não seja surpreendente que, quando Metelo entrou em campo, Catão permaneceu em Útica, a antiga cidade localizada a cerca de trinta quilômetros da moderna Tunis.[13]

César juntou-se à sua frota em Marsala, na Sicília, no início de outubro. Ele partiu quase imediatamente para uma área de preparação ao largo da bela ilha de Favignana, nas Ilhas Égadas. De lá, ele ordenou que sua frota navegasse em direção ao leste da Tunísia, sem dar instruções claras sobre onde eles deveriam se reunir caso a frota se separasse. Ventos fortes dispersaram a frota. O próprio César desembarcou perto de Susa com 3.000 soldados de infantaria e 150 de cavalaria, acampando em frente à cidade, que se recusou a admiti-lo. Ele não tinha forças suficientes para tomar o lugar e, por isso, dirigiu-se ao leste, para Monastir, um dia depois. Aqui, quatro dias após seu desembarque inicial, ele foi alcançado pelo resto de seus transportes.[14]

Foi um mau planejamento da parte de César? Talvez não. A travessia do Adriático em 48 foi feita em etapas, com vários pontos de desembarque diante de um inimigo com uma frota muito maior. Nesse caso, César dirigiu seus navios para uma parte da Tunísia bem distante da base de Metelo Cipião em Útica, onde ele coordenava suas forças com as de Juba. Ele conseguiu reunir todos os navios que partiram de Favignana no mesmo porto uma semana após a partida original – no geral, nada mau para uma grande frota navegando no outono. Haveria também mais três comboios navegando em intervalos de um mês. Os dois primeiros entregaram mais quatro legiões, todas compostas por veteranos (incluindo a Décima).[15] Até que essas legiões chegassem, César teria que adotar uma postura defensiva em torno de Susa. O quarto comboio, com tropas que estavam em convalescença quando os três primeiros partiram, juntou-se a César pouco antes da batalha decisiva em Tapso, em 7 de fevereiro.[16] O momento da campanha, do final do outono ao início do inverno, sugere que César preferia enfrentar algumas dificuldades no transporte a fazer campanha no calor do verão.

O que o autor da *Guerra Africana* omite é um momento dramático quando César desembarcou pela primeira vez. Metelo Cipião pode ter tido pouca experiência de comando, mas era um Cipião, e havia uma crença em alguns setores de que nenhum membro de uma família cujos ancestrais haviam derrotado Aníbal e destruído Cartago poderia ser derrotado em solo norte-africano. César já havia ignorado um mau presságio, a fuga de um animal sacrificial antes da partida do primeiro comboio. Agora, ele escorregou e caiu ao desembarcar. Ele transformou isso em um bom presságio, gritando para seus homens: "Eu te conquistei, África!", e encontrou um membro de um ramo menos afortunado da família Cornélia (e, portanto, um parente dos Cipiões) que ele adicionou à sua equipe. Embora César claramente não acreditasse nas práticas religiosas convencionais mais do que no passado, ele era sensível o suficiente aos sentimentos de seus homens para parecer que levava suas preocupações a sério.[17]

A chegada das legiões veteranas determinou o curso da campanha. Cipião reuniu um exército substancial composto por cidadãos romanos que viviam na província da África e contou com o apoio do exército de Juba, que pode ter chegado a 20.000 homens, dando-lhe uma força total de cerca de 50.000. Ele também treinou muitos elefantes. Mas, apesar da clara superioridade numérica no início da campanha, Cipião não estava disposto a pressionar um ataque contra César, que, por sua vez, estava claramente preocupado com a qualidade das tropas que liderava. Na única ação significativa, na qual Labieno comandou seus oponentes pompeianos, César é descrito como um exemplo de calma para seus soldados novatos, mesmo quando eles formaram um círculo para impedir que a cavalaria númida de Juba lançasse um ataque eficaz. Em outro momento, César é descrito como desempenhando o papel de um treinador de gladiadores, dizendo a seus homens como lutar contra as tropas leves posicionadas pelo inimigo. A fim de aclimatar as tropas à guerra com elefantes, César encomendou vários animais da Itália e treinou seus homens nas melhores práticas para lidar com eles.[18] Grande parte do tempo foi gasto marchando e contramarchando entre cidades ao longo da costa norte da Tunísia. César não tinha pressa em lutar antes que seu exército estivesse totalmente reunido e parece que sua principal preocupação era colocar suas novas tropas em boa condição física, expondo-as gradualmente a operações de combate.

Com o exército veterano totalmente reunido e as novas tropas tendo ganhado vários meses de experiência, César marchou para o leste, da região ao redor de Susa, que até então tinha sido o foco principal da campanha, para Tapso. O acampamento de César ficava dentro de uma linha de pântanos.

Em 6 de fevereiro, Cipião tentou sitiar o acampamento de César, estabelecendo fortificações em ambas as extremidades do pântano. Ao fazer isso, ele cometeu o erro militar fundamental de dividir suas forças diante do inimigo. César atacou no dia seguinte.

Cipião ocupava uma área a leste de Tapso; Petreio, que servia como seu principal subordinado, e seu aliado Juba estavam acampados ao sul da cidade. Os relatos da batalha decisiva diferem em um aspecto importante: o grau de controle que César exerceu sobre o resultado. O autor da *Guerra Africana* diz que a batalha começou por acidente. Quando César tentava conter seus homens, que clamavam por um ataque imediato, um corneteiro na ala direita, onde estavam posicionadas a Décima e a Décima Terceira Legiões, soou a carga e começou a avançar. César cedeu e ordenou que o resto do exército avançasse. Suas tropas com armas leves causaram pânico nos elefantes que Cipião havia posicionado na frente de suas linhas. Eles pisotearam seus próprios homens, e a linha de batalha entrou em colapso. Quando as tropas de César perseguiram os homens de Cipião, elas parecem ter contornado o pântano e capturado os outros dois acampamentos. Cássio Dio acrescenta o detalhe de que Juba fugiu quando viu o que havia acontecido com os homens de Cipião. Dio, no entanto, não leva em conta o avanço acidental, embora registre o mesmo detalhe sobre a derrota dos elefantes, o que faz parecer que alguém corrigiu a versão da história que aparece na *Guerra Africana*. Mais significativo é que, enquanto o autor da *Guerra Africana* diz que os soldados massacraram seus inimigos e até mesmo se voltaram contra alguns de seus próprios oficiais, enquanto César implorava que poupassem seus inimigos derrotados, Dio responsabiliza César pelo massacre. Plutarco tem uma versão em que César estava doente e voltou ao acampamento depois de traçar suas linhas. Tal versão diz que o total de baixas sofridas pelo exército de Cipião foi de 50.000, enquanto o autor da *Guerra Africana* apresenta o número de 10.000.[19]

É evidente que o resultado da batalha foi sangrento. César foi responsável por isso? Os esforços de várias tradições para sugerir que ele não foi provavelmente nos levam à conclusão de que ele foi. Os veteranos, quando se amotinaram, reclamaram que a disposição de César de poupar seus inimigos estava prolongando a guerra. Embora, após essa campanha, Roma tenha sido inundada por propaganda afirmando a natureza misericordiosa de César, é claro que as perdas dos adversários foram muito altas. O exército de Cipião foi essencialmente exterminado, assim como o de Juba. César havia temperado a misericórdia com selvageria no passado – o caso dos eburões é o paralelo mais óbvio. Cipião havia prolongado a guerra que deveria ter terminado em Farsalos, e era importante para César que a guerra terminasse agora. Há também outros sinais de que a política foi diferente após Tapso. Quando Públio Sítio, que liderara um movimento anti-Juba entre as tribos gaetulianas na borda do Saara, encontrou os pompeianos Fausto Sula – filho de Sula – e Afrânio, ambos fugindo para a Espanha, ele os matou. O autor da *Guerra Africana* culpa soldados inquietos pelo ato, mas Dio diz que César ordenou suas mortes. O mesmo destino se abateu sobre Cipião e vários de seus companheiros que haviam escapado com ele pelo mar e se estabelecido perto de Útica. As circunstâncias exatas dessas mortes permanecem incertas: em uma versão, eles foram mortos em uma ação naval; em outra, Sítio os matou. Catão, por sua vez, cometeu suicídio em vez de se render. Isso se provaria sua declaração política de maior sucesso.[20]

Catão havia demonstrado estar organizando a defesa de Útica em constante consulta com o conselho da cidade. Quando o exército de César se aproximou e ficou claro que nenhuma defesa poderia ser oferecida, Catão confiou seu filho aos cuidados de Lúcio César. (O sobrinho de César permaneceu comprometido com a causa de Pompeu, apesar da lealdade de seu pai à marca da família.) Catão então jantou com seus companheiros mais próximos antes de se retirar para seu quarto, onde leu *Sobre a Alma*, de Platão. Quando viu que sua espada havia sido retirada, ele mandou seus servos buscá-la. Estava claro o que ele planejava fazer, e foi por isso que seus servos haviam retirado a espada. Então, depois de descansar um pouco, Catão se apunhalou. Sendo, segundo seu biógrafo, enfermo, ele não se matou com a primeira facada, mas resistiu ao tratamento e então morreu. Ele havia feito sua declaração sobre como seria a vida sob o governo de César. Não seria possível que o mundo político voltasse ao normal em um futuro previsível.[21]

Quando César chegou a Útica, diz-se que ele se arrependeu de não ter poupado a vida de Catão. Era fácil dizer isso agora que Catão estava morto. Lúcio César foi morto pouco tempo depois, o que nos dá uma ideia de qual teria sido o destino de Catão. O filho de Catão, um adolescente, foi poupado.[22] Outras duas mortes que se seguiram em pouco tempo foram as de Juba e Petreio, que se mataram em um duelo.[23] César anexou uma parte do reino de

Juba como província da Nova África e nomeou Salústio como governador. A família de Juba foi levada como refém para Roma.

Pode ter sido enquanto estabelecia os limites da nova província que César se encontrou com Bogudes, rei da Mauritânia, vizinha ocidental da Numídia, que receberia as partes da Numídia não anexadas à nova província romana. Diz-se que César também estabeleceu relações, embora de natureza mais pessoal, com a esposa de Bogudes, Eunoé. A área ao redor de Cirta (atual cidade de Constantina, na Argélia) foi dada a Sítio como recompensa por seus esforços. Depois de fazer esses acordos e impor pesadas multas aos lugares que haviam apoiado seus inimigos, era hora de César retornar à Itália. A viagem de volta levou 27 dias, incluindo uma parada na Sardenha, onde ele também impôs uma multa à cidade de Sulci, nas proximidades da moderna cidade de Sant'Antioco. A cidade havia apoiado as operações navais de Pompeu.[24]

A viagem da Sardenha a Roma levou quase um mês, pois tempestades atrasaram César, que agora havia sido nomeado ditador pela terceira vez. Ele trazia consigo as legiões veteranas da África, que estavam programadas para serem desmobilizadas. As legiões recentemente criadas foram enviadas para a Espanha na esperança de que elas impedissem uma nova guerra civil. Labieno se juntou aos filhos de Pompeu, Cneu e Sexto, para criar um novo exército nos distritos onde a memória de Pompeu ainda tinha peso.[25]

* * *

De volta a Roma, para César era hora primeiro de comemorar e depois de demonstrar que poderia servir melhor aos interesses do povo romano por meio de um governo centrado nele mesmo, em vez das instituições tradicionais do Estado. Uma enorme riqueza havia sido acumulada nas imediações de Roma, uma combinação de pilhagens e multas impostas aos recalcitrantes. Essa riqueza logo seria exibida quando César celebrasse quatro triunfos – um a mais do que Pompeu havia celebrado quando retornou à Itália em 62. Todos eles seriam, tecnicamente, por guerras estrangeiras: Gália, Alexandria, Ponto e África. A visão que César havia promovido da Guerra Africana era que Cipião havia sido o agente de Juba, o verdadeiro cérebro por trás da operação. Os triunfos deixariam claro o ponto essencial de que César havia conquistado mais do que qualquer romano na história da cidade. Eles também marcariam o fim oficial de um período de enorme tensão para o romano comum, mostrando a todos como César valorizava seus prazeres. Os triunfos e as celebrações que os acompanhavam durariam a maior parte do mês de setembro.

Antes de entrar na cidade para seu primeiro triunfo, sobre a Gália, César convocou uma reunião pública na qual disse ao povo reunido que havia aumentado enormemente as receitas do Estado. Pompeu, ao retornar, havia enfatizado o mesmo ponto, então César estava mais uma vez demonstrando que havia superado seu rival morto. Mas ele também estava enviando uma mensagem de que o Estado tinha recursos para fazer melhor pelo povo de Roma. César também se reuniu com o Senado, garantindo aos presentes que não tinha intenção de agir como Sula. No início do ano, Hírcio havia patrocinado uma lei que proibia ex-pompeianos de ocupar cargos públicos, e isso poderia ter sido interpretado como um reflexo da atitude de César. Agora, César estava sugerindo que Hírcio havia ido longe demais. Ele deixou claro que havia queimado, sem ler, a correspondência de Pompeu, apreendida em Farsalos, e de Cipião, apreendida após Tapso.[26]

O Senado declarou César ditador pelos próximos dez anos e lhe deu o cargo de "supervisor da moral" por três anos. A mensagem implícita, com rumores de resistência ainda vindos da Espanha, era que as pessoas que aceitassem a vitória de César poderiam seguir com suas vidas – talvez não como haviam planejado, já que a benevolência de César seria necessária para qualquer avanço, mas pelo menos não precisariam se preocupar com a morte e a destruição ao estilo de Sula que Pompeu havia prometido. César, ao que parecia, ainda se definia em termos de seus rivais – ele não conseguia definir seu próprio sucesso ou programa sem fazer referência a eles.[27]

O general que celebrava um triunfo era, naquele dia glorioso, o representante de Júpiter na Terra. Suas vestes eram inspiradas nas roupas do próprio Júpiter, tal como ele aparecia em seu grande templo no Capitólio. Isso incluía uma toga tingida de púrpura com bordados dourados, botas vermelhas e uma coroa de louros. É possível que o general também pintasse o rosto de vermelho. Ele entrava na cidade em uma carruagem puxada por quatro cavalos, partindo do Campo de Marte e percorrendo as ruas de Roma até o Capitólio, onde subia a estrada do Fórum até o templo de Júpiter, descia da carruagem e oferecia graças ao deus. Prisioneiros e espólios eram exibidos na procissão à frente do general, juntamente com imagens de grandes momentos da guerra e uma lista de todas as pessoas que haviam sido mortas. Os soldados do general marchavam atrás dele. Essa era a única ocasião em que homens armados podiam estar dentro dos limites da cidade. De acordo com algumas descrições de triunfos, um escravo ficava atrás do general, sussurrando em seu ouvido as palavras *memento mori*, lembrando-o de que ele ainda era humano.[28]

O triunfo gaulês durou o dia inteiro, com prisioneiros e espólios sendo levados pelas ruas junto com imagens ilustrando grandes cenas das guerras. A subida de César ao Capitólio a partir do fórum foi à luz de tochas – quarenta elefantes carregavam as tochas ao lado dele. Foi espetacular, mas o dia não passou sem alguns contratempos. A carruagem de César quebrou quando a procissão se moveu do Fórum Boário para o Fórum, arremessando-o na rua, e ele teve que completar a jornada em um veículo novo. Além disso, os soldados cantavam canções obscenas. Uma delas parece não ter incomodado César:

> Moradores da cidade, cuidem de suas esposas, estamos trazendo o careca adúltero.
> Na Gália, ele gastou uma fortuna, que ele pediu emprestada aqui.

Outra canção o enfureceu:

> César conquistou a Gália, Nicomedes conquistou César. Vejam: César, aquele que conquistou a Gália, agora triunfa. Nicomedes, que conquistou César, não triunfa.

César ficou realmente chateado com esses versos e mais tarde juraria que Nicomedes não o havia estuprado. Quanto à roda quebrada, isso poderia ter sido visto como um mau presságio, mas, como o acidente ocorreu em frente ao templo da Fortuna erguido por Lúculo, foi interpretado como um bom sinal.

Ainda assim, César tentou corrigir isso subindo os degraus do templo de Júpiter de joelhos. Antes disso, o povo romano tinha visto Vercingétorix. Ele tinha sido mantido vivo para este momento e marchou junto com os outros prisioneiros à frente da carruagem de César. Ele foi executado quando sua participação na procissão terminou.[29]

O triunfo pela guerra de Alexandria transcorreu mais tranquilamente, embora o povo romano tivesse pena da irmã de Cleópatra, Arsínoe, que foi exibida da mesma forma que Vercingétorix no dia anterior. Uma adolescente não deveria ser tratada como um chefe gaulês. César poupou sua vida, o que pode não ter agradado Cleópatra. Ela havia chegado à cidade com seu irmão mais novo (agora também, de acordo com a tradição egípcia, seu marido oficial), bem como seu filho. César a instalou em uma vila a oeste do rio Tibre.[30]

O triunfo do Ponto foi a atração seguinte. Este foi um grande sucesso. A multidão se deleitou com uma pintura de Fárnaces em fuga e aceitou a mensagem pós-batalha de César (exibida em cartazes): o ar estava repleto de gritos de *veni, vidi, vici*. O triunfo pela guerra africana, no entanto, levantou questões sobre o julgamento de César. Estavam incluídas pinturas das mortes de Cipião e Catão. O argumento de César era que eles não eram mais romanos, mas servos de um tirano africano (cuja morte também foi retratada). Mas muitos achavam que César estava comemorando o triunfo como uma vitória sobre seus compatriotas romanos; muitos também achavam que César havia se tornado ridículo ao protestar contra Nicomedes.[31]

Após o triunfo africano, César dedicou o Templo de Vênus, a peça central do novo fórum que ele havia começado em 54. Mais uma vez, ele foi acompanhado por seus elefantes carregando tochas e uma enorme multidão de espectadores. O outro assunto pendente de 54 era a celebração da memória de Júlia. Houve grandes banquetes e outros entretenimentos. Um novo teatro de madeira foi construído no Fórum para combates de gladiadores e caças de animais. E girafas foram exibidas em Roma pela primeira vez! Outra novidade, possivelmente com o objetivo de refletir a importância do papel de César no governo da moralidade pública, foi a flexibilização das regras sobre quem poderia participar dos espetáculos. Tradicionalmente, as pessoas que se apresentavam em público eram excluídas da sociedade educada. Portanto, foi notável que César permitisse que membros da ordem equestre lutassem como gladiadores, e controverso quando ele pagou ao famoso poeta Quinto Labério uma quantia enorme para aparecer no palco, o que normalmente lhe custaria seu próprio status equestre (apenas um autor que permanecesse fora do palco era considerado respeitável). Mas depois que Labério recitou algumas linhas sobre se curvar à necessidade quando compelido pelo "homem de mente misericordiosa... que se eleva acima de nós", César lhe deu um anel de ouro, restaurando seu status como equestre. Ao fazer isso, César mostrou ao povo que era capaz de lidar com críticas, o que era importante após sua reação às canções sobre seu relacionamento com Nicomedes.[32]

Além dos eventos gladiatórios e teatrais, César havia organizado batalhas no Circo e uma batalha naval simulada em uma área que ele havia escavado e inundado no Campo de Marte. Ao contrário dos combates gladiatórios, que raramente eram travados até a morte, as pessoas envolvidas nessas batalhas eram prisioneiros condenados à pena capital. Os espetáculos sangrentos não eram populares entre todos. Dio nos conta que algumas pessoas diziam que os eventos eram uma demonstração extravagante da sede de sangue inabalável de César.[33]

Quando as festas terminaram, era hora de voltar ao trabalho. As tropas que estavam sendo desmobilizadas precisavam de seus benefícios de aposentadoria, fixados no nível extremamente generoso de cinco mil denários, aproximadamente o dobro do salário total que um homem que tivesse servido por vinte anos receberia. César agora também os instalou nas terras que havia prometido antes da campanha africana. Ao povo de Roma que estava nas listas dos que recebiam grãos gratuitos, ele deu presentes substanciais de grãos e azeite, além de quatrocentos denários. Esta foi uma vitória para todos os menos afortunados.[34]

Depois de distribuir os presentes, César começou a fazer mudanças fundamentais. Entre os poderes que o Senado lhe havia concedido estava o direito de nomear candidatos para as eleições dos anos seguintes. Ele nomearia metade dos pretores, edis e questores a cada ano. A outra metade não teria seu apoio direto, colocando aqueles que não alcançassem seu favor em uma desvantagem cara. O aumento no número de pretores permitiu que ele decretasse que nenhuma pessoa ocuparia o cargo de governador provincial como ex-pretor por mais de um ano, ou como ex-cônsul por mais de dois anos. As relações de Roma com seus vizinhos passariam a ser ditadas pelo centro – César aboliria seu próprio exemplo. Ele aumentou o número de senadores de seiscentos para cerca de novecentos para recompensar seus seguidores, entre os quais havia um número considerável de gauleses e até mesmo alguns homens da Espanha. Ele também reformou os tribunais, eliminando os "tribunos do tesouro" que compunham um terço de cada júri desde as reformas do júri de 70, de modo que agora apenas senadores e equestres serviriam.[35]

Como responsável pela moral pública, César tinha poderes de censor, que utilizou para criar novos cidadãos e aprovar uma lei que tornava as famílias com três ou mais filhos elegíveis para a distribuição de terras. Ele reduziu o número de romanos elegíveis para a distribuição de grãos de 300.000 para 150.000, provavelmente com base no argumento de que a inscrição na lista havia sido gerenciada de forma incompetente por Clódio, de modo que pessoas que não deveriam ser elegíveis haviam sido incluídas. Em seguida, fundou duas novas colônias, em Cartago e Corinto, e outras colônias em locais menos notáveis no sul da França e também na Itália. Ao todo, ele enviou 80.000 pessoas, tanto veteranos quanto membros da classe mais baixa de Roma, para habitar suas novas colônias. Embora possa parecer que ele estava desfazendo duas atrocidades do século anterior – Cartago e Corinto haviam sido destruídas por Roma em 146 –, o principal efeito das novas colônias foi estabelecer grandes populações gratas a César em áreas que haviam recentemente passado para seu domínio. Ele também enviou novos colonos para cidades em toda a Itália, cujas constituições ele havia reformado para tornar o governo mais eficiente, e ordenou que um terço de todas as pessoas empregadas em grandes propriedades fossem livres, uma lei que provavelmente era mais retórica do que prática, já que a propriedade típica já era cultivada em grande parte por agricultores livres. César também parece ter aplicado leis contra gastos extravagantes de forma bastante severa. Por um lado, essa política reconhecia o fato de que os habitantes menos afortunados de Roma se sentiam ofendidos com gastos luxuosos; por outro lado, também enviava uma mensagem aos subordinados de César de que comportamentos como o de Antônio no ano anterior não seriam tolerados.[36]

A combinação de distribuições de ganhos eficazes e programas de assentamento, especialmente aqueles em Cartago e Corinto, remetia aos programas defendidos por políticos de tendência popular desde a época de Caio Graco, que tentou iniciar a refundação de Cartago e Corinto em 123 – um programa interrompido por seus inimigos dois anos depois. Era preciso um ditador, e não um democrata, para fazer tal programa funcionar – um ponto que César vinha defendendo há algum tempo. Esperava-se que os beneficiários de todos esses benefícios fossem gratos e leais ao regime que lhes havia proporcionado. Como Salústio escreveria mais tarde, a carreira de César foi dedicada a criar gratidão para consigo mesmo.[37]

A reforma mais duradoura de César foi a mudança no calendário. O ano oficial estava agora muito desalinhado com as estações: para impedir que pessoas de quem não gostava tivessem mandatos mais longos, nos últimos anos César não havia inserido os meses "intercalares" que eram a forma usual de corrigir esse problema. Agora, ele utilizou os cálculos de um matemático alexandrino que o havia acompanhado de volta do Egito para criar o ano de 365 dias, incluindo um ano bissexto a cada quatro anos, que é a base do nosso calendário atual. Para dar ao novo sistema seu ponto de partida adequado, ele já havia inserido um mês intercalar após fevereiro e agora inseriu mais dois antes do final do ano, tornando 46 o ano mais longo já registrado, com 445 dias.[38]

* * *

À medida que o longo ano avançava, César precisava avançar com sua prometida política de reconciliação, a fim de amenizar a memória dos massacres africanos. Ele havia escrito a Cícero após a Guerra de Alexandria, dizendo-lhe que era bem-vindo a voltar para casa. Agora era hora de um perdão teatral, no qual Cícero desempenhou um papel ativo. Em uma reunião do Senado em outubro (segundo nosso calendário), Calpúrnio Pisão pediu o perdão de César para Marcelo, o brutal cônsul de 51, que vivia na ilha de Lesbos desde Farsalos. César concordou. Cícero levantou-se para agradecer. Alguns, disse ele, poderiam pensar que as honras da guerra eram compartilhadas entre um general e seu exército, e que a Fortuna desempenhava um papel no sucesso de um general. Mas, neste caso, a Fortuna se curvou a César, e a política de perdão foi exclusivamente dele. César, assim, superou por equidade e compaixão todos os outros vencedores nas guerras civis e, assim, mostrou a superioridade de sua causa. Pois, enquanto Pompeu ameaçava aqueles que não o seguiam, César buscava reconstruir uma sociedade fragmentada, restaurando sua fibra moral ao fazê-lo. Mas ele precisava ter cuidado: sua segurança era crucial para o bem-estar de todos, e ele não podia sair por aí dizendo que já havia vivido o suficiente para a glória ou a natureza.[39]

Cícero parece ter ficado genuinamente satisfeito com o curso dos acontecimentos, escrevendo logo após a decisão de César a favor de Marcelo que as coisas estavam melhorando:

Ninguém é tão hostil ao curso que Pompeu tomou com mais ânimo do que previsão a ponto de ousar nos chamar de maus cidadãos ou homens maus. A esse respeito, admiro a responsabilidade, a justiça e a sabedoria de César. Ele nunca se refere a Pompeu de outra forma que não seja respeitosa. Ele fez algumas coisas duras com ele, mas essas foram ações de guerra e vitória, não de César. E veja como ele nos recebeu. Cássio é um legado; ele nomeou Bruto governador da Gália; Sulpício, da Grécia; e restaurou Marcelo, com quem estava realmente zangado, à sua plena dignidade. Seria inconcebível, nessas circunstâncias, que outras pessoas não fossem tratadas da mesma forma.[40]

A ironia do fato de que as duas primeiras pessoas mencionadas aqui como beneficiárias da misericórdia de César – Cássio e Bruto – organizariam a conspiração contra César pouco mais de um ano depois pode ser óbvia para nós de uma forma que nunca teria sido para Cícero.

Cícero não havia encerrado o assunto da clemência de César. Alguns meses após a restauração de Marcelo, um privilégio que ele demorou a aceitar e nunca chegou a desfrutar plenamente, já que foi assassinado a caminho de casa, Cícero assumiu a causa de Quinto Ligário, que havia servido sob Escipião no norte da África. Os irmãos de Ligário procuraram Cícero para falar sobre a situação do irmão, pois, embora ele tivesse sido perdoado, continuava no exílio. Mas um homem chamado Quinto Élio Tuberão obteve permissão para se opor ao retorno e acusar Ligário de traição.[41] Tuberão não gostava de Ligário porque este havia impedido seu pai de assumir o cargo de governador da África em 49, recusando-se até mesmo a deixá-lo, ou qualquer membro de sua família (incluindo o próprio Quinto, que estava doente no navio), desembarcar. A família então partiu para a Grécia para se juntar a Pompeu antes de Farsalos. Tuberão foi perdoado após a batalha, e outro aspecto da acusação era seu desejo de demonstrar sua lealdade ao governo processando um opositor leal ao regime.

O caso foi julgado no Fórum. César, em seu papel de ditador, presidiu a audiência pessoalmente. Sua posição era complicada, como Cícero aponta ao representar Ligário. Por um lado, Cícero sugere que Tuberão estava minando a clemência de César. Se não fosse essa clemência, muitos membros do partido vitorioso fariam exatamente o que Tuberão estava fazendo – buscando vingança pessoal. Por outro lado, como César poderia fazer o bem ao

Estado se permitisse que os criminosos prosperassem? Na verdade, a genialidade da posição de César era que seus inimigos não eram mais vistos como criminosos. A Guerra Civil tinha sido um conflito em que ambos os lados tinham o melhor interesse do Estado em mente, mesmo que um desses dois lados estivesse profundamente enganado. A generosidade dessa visão é um sinal da humanidade e clemência de César. Cícero pede a César que honre a paixão dos vizinhos de Ligário, todos sabinos, "a flor da Itália", que vieram apoiar sua causa. César não consegue ver que, se Ligário tivesse sido autorizado a permanecer na Itália, sua visão teria sido idêntica à de seus irmãos? Como tantos outros, ele era um pompeiano relutante. Assim como César havia restaurado Marcelo ao Senado, ele agora poderia restaurar Ligário à Itália. Ele devia mostrar misericórdia a todos, não apenas aos ricos e famosos.[42]

César chorou ao ouvir Cícero – assim diz Plutarco – e absolveu Ligário. Todo o caso pode ter sido um teatro judicial que ocorreu somente após um período significativo de negociações, mas foi um teatro que deixou sua marca. Apesar das muitas mortes na África, César estava genuinamente comprometido com uma política de reconciliação, e que lugar melhor para mostrar isso do que no meio do Fórum? Sua experiência de vida lhe ensinou que a paz sem reconciliação não seria paz, e ele deveria ser visto tratando os gauleses melhor do que os romanos? César continuava a traduzir para Roma a política que finalmente funcionara na Gália. Era um passo lógico, mas sua equiparação implícita da aristocracia romana aos gauleses derrotados teve o efeito de enfatizar que os valores aristocráticos tradicionais, como a dignidade, alcançada por meio de realizações pessoais competitivas, deveriam estar subordinados à gratidão.[43]

A absolvição de Ligário ocorreu no contexto dos preparativos para uma nova campanha. Esta seria na Espanha, onde os filhos de Pompeu, Cneu e Sexto, juntamente com Labieno, haviam reunido uma ameaça genuína à posição de César na península. Antes de partir, porém, César precisava refletir sobre o futuro. Agora com mais de cinquenta anos, uma idade que poucos alcançavam, ele não tinha herdeiros. Além de seu filho com Cleópatra, havia filhos que várias mulheres na Gália haviam dado à luz, ou pelo menos era o que diziam os rumores. Mas ele não tinha filhos com Calpúrnia. Apesar de suas infidelidades persistentes, ela parecia amá-lo, e ele a amava. O fato de não poderem ter filhos juntos era motivo para divórcio segundo a lei romana, e a ausência de um filho após uma década de casamento certamente teria sido motivo para divórcio se César não a valorizasse. O valor dela pode ter tido uma dimensão política, além de pessoal. Enquanto Ópio, Balbo, Hírcio e outros membros do círculo íntimo de César cuidavam da gestão das políticas públicas, especialmente em relação à acomodação dos veteranos, Calpúrnio e Calpúrnia podem ter atuado como intermediários com o Senado – daí o papel de Calpúrnio na restauração de Marcelo.[44]

Dado que um herdeiro biológico claramente não estava à vista e a paternidade do filho de Cleópatra era veementemente negada, quem seria o herdeiro? O patrimônio de César era enorme e quem quer que o herdasse ascenderia instantaneamente à proeminência. Os candidatos mais óbvios eram seus quatro sobrinhos-netos. Um deles era Antônio, que claramente manchara sua reputação com suas escolhas de estilo de vida. Outro era Quinto Pápio, que havia servido como legado na Gália e estava prestes a ser empregado na mesma função durante a campanha espanhola. Embora fosse um bom subordinado, Pápio parece não ter impressionado César como um possível sucessor. Um terceiro sobrinho-neto era o muito mais jovem Pinário Scarpo, cuja ausência nos registros de desses anos sugere a opinião desfavorável de César sobre suas capacidades. Restava um último sobrinho, Caio Otávio. Ele tinha 17 anos em 46. Era hora de ele se familiarizar com seu tio. Um biógrafo contemporâneo o descreve como companheiro constante de César na segunda metade daquele ano. Isso pode até ser verdade: algo entre os dois claramente deu certo.[45]

Os pensamentos de César sobre o futuro podem ter ganhado uma urgência especial devido a questões de saúde. A visibilidade dessas questões pode ter sido a razão pela qual o autor da *Guerra Africana* enfatizou que César realmente não estava perdendo o jeito, negando explicitamente a história de que ele havia perdido o controle da batalha de Tapso. É provável que César estivesse sofrendo uma série de "miniderrames", também conhecidos como ataques isquêmicos transitórios. Os efeitos desses eventos incluem depressão, apatia e mudanças de humor notáveis. Como veremos, haveria evidências crescentes desses sintomas durante o ano seguinte da vida de César, mas como não havia um diagnóstico clássico de ataques isquêmicos transitórios, César parece ter respondido às suas dificuldades espalhando a história de que sofria da "doença sagrada" ou, em nossos termos, epilepsia. Pelo menos, se ele tivesse uma "doença sagrada", os sintomas que as pessoas observavam significavam que César estava em contato com o divino.[46]

* * *

Mesmo com sua saúde em declínio, César precisou mais uma vez entrar em campo. O problema na Espanha vinha se agravando há algum tempo. Depois de destituir Varrão do cargo de governador do sul da Espanha, César nomeou em seu lugar Caio Cássio Longino, primo de seu futuro assassino e associado de Antônio como tribuno em janeiro de 49. Cássio havia sido questor na Espanha sob o comando de Pompeu alguns anos antes e, portanto, era razoável supor que conhecesse o território. A nomeação acabou sendo um erro terrível. Depois de obter uma pequena vitória em Portugal, Cássio começou a saquear a província, alienando tanto os líderes quanto seus próprios soldados, muitos dos quais haviam sido recrutados durante o governo de Pompeu. Cássio sobreviveu a uma tentativa de assassinato, mas descobriu que metade da guarnição se rebelara contra ele sob a liderança de seu próprio questor. Incapaz de acalmar a situação e fornecer o apoio que César havia solicitado para a campanha africana, ele foi destituído do cargo por Lépido, governador da Espanha Citerior, no final de 47. Reunindo sua riqueza ilícita, Cássio tentou deixar a província por mar. Ele se afogou.[47]

O sucessor de Cássio foi Caio Trebônio, um dos legados mais experientes de César, mas ele foi incapaz de trazer ordem à província, onde a memória de Pompeu ainda era muito positiva e onde as pessoas olhavam para o Norte da África na esperança de um desastre cesariano. Quando chegaram as notícias da vitória de César, os líderes pró-Pompeu, sabendo que a clemência de César estava se esgotando, elegeram comandantes para seus homens e começaram a formar novas legiões. Trebônio foi expulso e os filhos de Pompeu, Cneu e Sexto, que haviam escapado do desastre no norte da África, apareceram entre eles, com Cneu assumindo o comando do exército.[48]

César agora sabia que as forças reunidas pelos Pompeus eram substanciais – onze legiões no total, combinando recrutas recentes, sobreviventes de Tapso que haviam acompanhado os filhos de Pompeu da África e homens que haviam sido dispensados após a rendição de Afrânio em 49. César enviou três legiões do exército reformado na Itália para se juntar às suas cinco legiões que já estavam na Espanha. O exército veterano estava agora sendo instalado em várias colônias, então essa não seria uma força com a qualidade daquela que havia lutado em Tapso. Ainda assim, os soldados recrutados para a campanha africana haviam adquirido uma experiência significativa em batalha e certamente estariam em boa forma quando completassem a marcha para a Espanha. As legiões na guarnição da Espanha Próxima, entretanto, incluíam três que haviam sido criadas antes da travessia do Rubicão. Pode ter sido um exército menor, mas estava mais bem preparado para a batalha.[49]

A decisão de César de ir pessoalmente para a Espanha foi tomada após a partida das três legiões italianas, possivelmente como resultado de relatos sobre o fracasso de Trebônio em conter o crescimento do apoio à causa pompeiana. Ele partiu sem ter concluído as eleições para o ano seguinte. Ele não queria uma repetição da conduta de Célio em 48 ou de Dolabela em 47. A vida política ficaria, portanto, sob o controle de nomeados, em vez de magistrados eleitos. Lépido, como seu colega consular, conduziu uma eleição restrita, na qual um cônsul (o próprio César) foi eleito para o ano seguinte. Nenhum pretor, edil patrício ou questor foi eleito. Enquanto César estivesse ausente, Lépido ficaria no controle titular de Roma como mestre de cavalaria de César. A autoridade administrativa real estava nas mãos de um grupo de seis prefeitos nomeados (um cargo novo) que administrariam o governo da Itália, o que envolveria principalmente a colonização de veteranos. Outros dois prefeitos administrariam o tesouro no lugar dos questores. Os prefeitos tinham todos os atributos dos magistrados com *imperium:* lictores, o direito a uma faixa roxa em suas togas e a cadeira oficial (*sella curulis)* de um magistrado de alto escalão. O que eles não tinham era o poder de agir de forma independente: Cícero escreveria a um desses funcionários, dizendo que entendia que "Caio César lhe atribuiu uma tarefa, não lhe pediu para exercer seu poder discricionário". As linhas de comunicação voltavam para César através do círculo interno. Balbo parece ter supervisionado a reorganização do governo municipal na Itália, função na qual Cícero se comunicava com ele. César, observou Cícero, raramente mudava uma decisão tomada por Balbo ou Hírcio e, por isso, Cícero se referia aos dois como "os reis". Não era uma avaliação injusta. O governo da Itália nos dez meses seguintes se assemelharia muito ao de Cleópatra no Egito, com a administração cotidiana sendo tarefa dos agentes escolhidos pelo governante ausente.[50]

César chegou à Espanha em janeiro, tendo escrito um poema sobre sua viagem durante os vinte e quatro dias que levou para fazer a viagem de Roma a Sagunto. Até mesmo seus próprios homens ficaram surpresos com a velocidade da viagem. Então, as coisas desaceleraram. César adoeceu. O fato de isso ter sido notado e ter influenciado a campanha é outro sinal de que sua saúde estava se tornando um problema.[51] Depois de se recuperar da doença, César uniu as tropas da Itália às que já estavam na Espanha. As forças se reuniram em Porcuna, uma pequena cidade a cerca de 50 km de Córdoba. As forças pompeianas estavam concentradas em torno de Córdoba, a principal cidade do sul da Espanha.

Nossa principal fonte para a campanha é muito diferente de qualquer narrativa anterior das guerras de César. O autor da *Guerra da Espanha* observa os eventos do dia a dia e faz questão de enfatizar a brutalidade impressionante das facções pró-Pompeu nas comunidades espanholas em relação aos seus vizinhos pró-César. Nesse sentido, a narrativa confirma as suspeitas sobre a brutalidade inerente do jovem Cneu Pompeu. Quando a campanha estava começando, Cássio escreveu a Cícero: "Você sabe como Cneu é tolo, como ele confunde crueldade com coragem". Mas, embora transmita uma forte sensação da experiência do conflito, nosso autor não consegue dar uma imagem clara da estratégia geral. Sua visão da guerra é a partir da base.[52] A *Guerra da Espanha* revela gradualmente que o primeiro objetivo de César era enviar uma mensagem a seus apoiadores na província, prometendo seu apoio. Depois disso, ele queria forçar o jovem Pompeu a uma batalha frontal. Assim que César recebesse uma força substancial de cavaleiros de Bogudes, na Mauritânia, ele teria uma clara vantagem no número de sua cavalaria, e parece que tanto ele quanto o jovem Cneu Pompeu concordavam que havia uma vantagem qualitativa na infantaria de César para compensar o número superior de Pompeu. Pompeu fez tudo o que pôde para evitar o tipo de batalha que César estava tentando forçar.

A ação inicial da campanha foi o socorro de César à cidade sitiada de Montemayor (antiga Úlia), trinta quilômetros a sudeste de Córdoba. Ele então se mudou para a área ao redor de Córdoba, onde descobriu que não poderia obter o controle das pontes sobre o Guadalquivir. Portanto, ele se mudou para o sudoeste, sitiando a cidade de Ategua (não há nenhuma cidade moderna no local) no final de janeiro. O cerco durou até 19 de fevereiro, quando o povo de Ategua percebeu que Pompeu havia abandonado os esforços para socorrê-los e se rendeu. A ação mudou então para o sudeste de Córdoba, para a área ao redor de Espejo. Após alguns combates de baixa intensidade, Pompeu incendiou o local e se retirou para a área ao redor de La Lantejuela (antiga Munda), na província moderna de Sevilha. Em 16 de março, Pompeu reuniu seus homens no topo de uma colina próxima à cidade. César permaneceu firme sem atacar, mas no dia seguinte, quando Pompeu posicionou suas tropas na mesma colina, César ordenou que o exército atacasse. Após a ordem ser dada, os homens de César "iniciaram a batalha, entoando gritos de guerra. Embora a coragem de nossos homens fosse superior, o inimigo se defendeu ferozmente do terreno mais elevado. Ambos os lados gritaram, lançaram suas armas e se enfrentaram tão ferozmente que nossos homens quase perderam a confiança na vitória." César disse mais tarde que essa batalha foi a única em que sentiu que estava lutando por sua vida. Tanto ele quanto o filho de Pompeu participaram pessoalmente da luta.[53]

A batalha foi decidida por acidente e exaustão. A Décima Legião, com César lutando em suas fileiras, mantinha a ala direita e empurrava as forças pompeianas para trás, momento em que Bogudes liderou um ataque pela ala esquerda dos pompeianos, mirando seu acampamento. Vendo isso, Labieno retirou tropas de suas reservas para enfrentar os homens de Bogudes e, quando seus homens viram seu apoio se afastando, presumiram que Labieno estava recuando. A linha entrou em colapso. A vitória de César seria completada no dia seguinte, quando as tropas que haviam fugido para La Lantejula se renderam. Dio afirma que elas foram bloqueadas por pilhas de cadáveres que as tropas de César haviam empilhado ao redor da cidade. O momento da morte de Labieno não está registrado, apenas que seu corpo foi encontrado no campo.[54]

Enquanto o autor da *Guerra Espanhola* se concentra na perseguição de vários pompeianos após a batalha, culminando na morte de Cneu Pompeu, parece que César tinha outras questões com que se preocupar. O sucesso pompeiano em reunir apoio das cidades da Espanha Ulterior poderia ser convenientemente atribuído à venalidade do falecido Cássio, mas era, na verdade, um sinal de um problema mais profundo, que teria de ser enfrentado tanto aqui como noutros locais. Pompeu tinha raízes profundas na Espanha, assim como nas províncias orientais. César pode ter pensado que tinha conexões substanciais próprias, mas estas claramente não eram suficientes para garantir a lealdade ao seu regime. O autor da *Guerra da Espanha* inclui um discurso em que César repreende o povo de Sevilha por não apreciar todas as coisas boas que ele havia feito por eles como questor e governador da província e, mais tarde, como cônsul. Em vez disso, diz ele, eles agrediram os magistrados do povo romano e abriram suas portas para seus inimigos.[55]

Uma coisa era repreender o povo por deslealdade, outra era resolver a situação. O processo de reconstrução da província levou mais tempo do que a campanha. Há indícios de que várias cidades espanholas receberam agora assentamentos de veteranos e promoção ao status de colônias ou municípios romanos como recompensa pela lealdade ao regime. Ao lado de César durante esses meses estava o jovem Otávio, que se juntou a ele quando os combates terminaram e parecia ter cada vez mais influência na representação de várias comunidades espanholas perante César.[56]

César finalmente voltou para Roma em setembro. Sua relação com Otávio agora se aprofundou. Otávio claramente impressionou César com sua conduta na Espanha, e César encontrou seu herdeiro. Assim que chegou a Roma em outubro, ele escreveu seu novo testamento. Otávio foi nomeado herdeiro principal e seria adotado como filho de César após sua morte.[57]

18
Os idos de março

Dois incidentes ocorridos no início da campanha espanhola ilustram problemas que se revelariam muito menos controláveis do que os pompeianos. As questões eram inveja profissional e insuficiência ideológica. O primeiro incidente estava relacionado a um encontro entre Antônio e Trebônio em Narbonne; o segundo foi esclarecido por um livro que Cícero escreveu sobre o tema Catão.

Mais tarde, espalharam-se rumores sobre a conversa entre Antônio e Trebônio. O suposto tema da conversa, afirmado por Cícero e outros após o assassinato de César, era uma conspiração para matá-lo. Trebônio, apesar de todos os seus anos de serviço sob César, se juntaria à conspiração, e a suspeita era de que Antônio, magoado por ter sido afastado do centro dos assuntos, estava pensando em se juntar a uma conspiração para matar César. Essa suspeita, que surgiu após o encontro de Antônio com Trebônio em 45, parece ter sido uma invenção de seus inimigos, que buscavam manchar sua reputação junto aos partidários de César.[1] Mas conspirações, reais ou previstas, estavam no ar desde Tapso. Em seu discurso por Marcelo, Cícero pediu a César que fosse cauteloso. Seu estilo, fora do círculo encantado de seus assessores mais próximos, estava começando a irritar as pessoas. O alto padrão de responsabilidade que ele exigia fazia com que os subordinados se perguntassem se suas carreiras estariam em risco se as coisas não corressem bem, como havia acontecido recentemente com Trebônio e Antônio. Não havia um processo para julgar o mérito. A questão de saber se uma carreira continuaria ou não só César poderia responder.[2]

Enquanto isso, o novo livro de Cícero, *Catão*, retratava o homem como um repositório das virtudes políticas tradicionais romanas. Nunca um homem que buscava popularidade pela popularidade, Catão buscava um Estado que fosse honesto, no qual magistrados agindo com integridade no interesse da comunidade preservassem a ordem herdada de seus ancestrais. O bem do povo comum seria garantido pelas ações de funcionários que tinham em vista o que o Estado poderia realizar, em vez do que os faria parecer bem. Como suas propostas legislativas do final dos anos 50 deixaram claro, a riqueza do império não deveria corromper a política interna: Catão preferiu morrer a renunciar aos seus princípios e viver em um Estado no qual as tradições do passado não podiam mais ser mantidas. Ele era um símbolo de integridade. Em suma, o Catão de Cícero provavelmente se parecia muito com o personagem cuja conduta foi resumida por Salústio alguns anos depois em seu relato da conspiração catilinária: íntegro, austero, um flagelo para os perversos, contido, moderado e um modelo de retidão.[3]

É preciso questionar, dadas as relações frequentemente frias entre os dois homens, até que ponto essa descrição de Catão era irônica da parte de Cícero. O Catão que ele descreveu era um ideal, e não a pessoa real. E esse ideal havia sido ilustrado pela imagem horrível do falecido Catão carregado no triunfo africano. Como figura ideal do passado, Catão morto era mais perigoso para César do que Catão vivo. César percebeu o que Cícero estava tramando e, durante toda a campanha espanhola, trabalhou em sua resposta ao livro de Cícero. Seu livro *Anti-Catão*, em dois volumes, foi concluído um dia ou dois antes de sua vitória em Munda. O livro começava com elogios generosos a Cícero: sua carreira era comparável à dos grandes estadistas atenienses Péricles e Terâmenes, seu estilo era incomparável, ele era o pai das letras latinas, suas realizações culturais superavam as de todos os generais de Roma. Catão, por outro lado, era, segundo César, um idiota ganancioso e bêbado com uma vida sexual peculiar. Baseando-se explicitamente no ataque de Metelo Cipião a Catão alguns anos antes, em, César ofereceu uma visão de Catão não como um político ideal, mas como uma figura sombria com quem ninguém conseguia realmente se dar bem.[4]

Apesar da resposta ao seu livro, Cícero ficou satisfeito com a bajulação de César. Ele ficou muito menos feliz com o pedido que se seguiu imediatamente após a distribuição do *Anti-Catão* em Roma. Era para que ele escrevesse uma carta aconselhando César sobre a constituição ideal. O pedido veio em um momento muito difícil para Cícero, que estava lidando com a morte de sua amada filha Túlia. Ela havia falecido em março, e Cícero se retirou da vida pública em um estado de profunda depressão. Mesmo que estivesse em sua melhor forma, é improvável que ele tivesse sucesso na tarefa, que deveria ser revisada por Ópio e Balbo antes de ser enviada a César, que decidiria se deveria ser lida por um público mais amplo.[5] Cícero reclamou que os modelos que lhe foram sugeridos por César eram inúteis. Entre eles estavam livros escritos pelos filósofos gregos Aristóteles e Teofrasto, que aconselharam Alexandre, o Grande, quando ele assumiu o trono da Macedônia em 336 a.C. César era agora um estadista maduro, não um jovem de vinte anos. Além disso, dado que Alexandre era um alcoólatra temperamental, propenso a acessos de raiva que resultaram na morte de alguns de seus conselheiros mais próximos, os conselhos dos filósofos não pareciam ter adiantado muito.[6]

Um ponto mais essencial surge das reclamações de Cícero. Um deles era que César estava procurando um livro que pudesse oferecer uma justificativa teórica para seu estilo de governança verticalista. Ele havia rejeitado os massacres ao estilo de Sula, mas também observou que Sula não tinha ideia de quando havia renunciado à ditadura. Como seria o Estado romano com César como seu chefe permanente? Parece que César não tinha uma ideia clara, e era por isso que estava pedindo a ajuda de Cícero. Até então, suas tentativas de encontrar um novo estilo de governo não tinham sido muito bem-sucedidas. Ele não podia continuar com um sistema em que não havia magistrados tradicionais, como havia sido o caso de janeiro a setembro de 45. As magistraturas conferiam status dentro da aristocracia, e mesmo os seguidores de César não iriam aceitar a continuação da situação atual. Mas como as magistraturas funcionariam com um ditador permanente que poderia anular qualquer decisão tomada por um magistrado? E como o ditador governaria depois de partir para a guerra contra os partos, que César anunciou, durante o verão de 45, como sua próxima grande operação? Estava claro que era preciso encontrar uma solução que não levasse à repetição do caos de 48 e 47, mas o novo sistema também precisava se parecer o suficiente com o sistema tradicional para satisfazer os antigos pompeianos, que César ainda tentava reconciliar com seu regime.[7]

Cícero não conseguiu produzir algo satisfatório. Ópio e Balbo não ficaram mais felizes com seu trabalho do que o próprio Cícero. César foi educado, mas também reconheceu que o que Cícero lhe havia apresentado em maio era inviável. Ainda assim, ele queria manter boas relações com ele. Ele enviou a Cícero uma carta de condolências pela morte de Túlia, que Cícero descreveu como gentil. Ele também expressou sincero prazer com a versão publicada do discurso para Ligário, que Cícero apresentou ao mundo em junho.[8] César compreendeu que não havia precedente ideológico para o sistema que estava propondo: ditadura perpétua sobre a forma tradicional da constituição. E, quando o verão deu lugar ao outono e César voltou a Roma, houve uma série de fiascos de relações públicas. Por trás de todos eles estava a questão que atormentava Cícero enquanto tentava redigir sua carta no início do verão: César poderia agir como um rei sem ser formalmente um?

Como vimos na discussão de César sobre Celtilo, pai de Vercingétorix, *regnum*, "reinado", era uma das palavras mais obscenas da política romana. Outra palavra perigosa era *rex*, "rei". Um *rex* podia ser tolerado em contextos religiosos: acreditava-se que alguns dos ritos do Estado romano descendiam do período em que havia um rei e, por isso, um membro do colégio dos pontífices era designado para desempenhar o papel de "rei dos sacrifícios", cuja função era anunciar os festivais mensais e conduzir um sacrifício público no primeiro dia de cada mês e nos dias 24 de março e 24 de maio. O "rei dos sacrifícios" era um vestígio de uma era passada, anterior à liberdade política, *libertas*, que definiu a constituição republicana estabelecida quando Lúcio Bruto expulsou o último rei de Roma. *Regnum* era o oposto dessa constituição. A escolha de Sula de ser um ditador com mandato limitado em vez de um *rex* vitalício representou um reconhecimento implícito da impossibilidade ideológica de recriar a monarquia arcaica.[9]

Quando César voltou a Roma em setembro, sua incapacidade de articular uma visão de sua posição sem usar a palavra *rex* tornou-se um problema ainda maior. Não ajudou o fato de o Senado ter votado honras para ele inspiradas nas concedidas aos governantes dos reinos orientais. Nos últimos anos, tais honras haviam sido concedidas por comunidades provinciais a governadores romanos, incluindo Cícero, que brincava sobre sua deificação nas comunidades da Cilícia, e muitos governadores da Ásia, incluindo o irmão mais novo de Cícero. Típico das honras divinas no Oriente seria a inclusão de uma estátua do homenageado humano em procissões que, de outra forma, consistiam em imagens divinas e em templos. Mas o que era feito nas províncias ficava nas províncias. Quando Cícero voltou da Cilícia, ele não queria ser chamado de deus; o que ele queria era um triunfo romano. Isso, e não a deificação provincial, seria o auge de sua carreira. (Catão, infelizmente, bloqueou o triunfo.)[10]

Agora, em Roma, porém, César havia recebido honras e privilégios que lembravam o culto ao governante. Ele pode não ter sido consultado sobre todas essas decisões, muitas das quais foram tomadas enquanto ele estava na Espanha. Uma delas era conceder a César o consulado por dez anos, além da ditadura. Outra foi dar-lhe o controle das magistraturas plebeias – os únicos cargos que haviam sido preenchidos por eleição em 46. Outra ainda foi incluir sua estátua entre as estátuas dos reis de Roma e Lúcio Bruto no Capitólio. Depois, houve a decisão de incluir outra estátua de César na procissão realizada para abrir os jogos celebrados para marcar o "aniversário" oficial de Roma em 21 de abril. A notícia da vitória em Munda chegou um dia antes do festival, e a estátua de César, em trajes triunfais, foi carregada ao lado da do fundador de Roma, Rômulo, a quem César, como descendente de Enéas, era parente. A estátua de César, com a inscrição "ao deus invencível", foi então colocada perto da estátua cultual de Rômulo em seu templo. Outra estátua de César, feita de hera e colocada no templo de Júpiter Capitolino, foi incluída na procissão de abertura dos jogos em homenagem à deusa da vitória em julho. Esses jogos já haviam sido realizados em homenagem à conexão de Sula com a deusa; após sua morte, eles se tornaram simplesmente a celebração de Vitória. Em 46, eles se tornaram os jogos em homenagem à Vitória de César. Cícero não foi o único a ficar chocado com a visão da estátua de César na procissão.[11]

A celebração da recente vitória de César na Espanha também foi provavelmente um erro. César desejava celebrar um triunfo, que foi devidamente votado pelo Senado. Ele insistiu que a campanha não tinha sido uma guerra civil. O exército do jovem Pompeu era espanhol, então a guerra, segundo César, era uma guerra estrangeira. Mas essa sutileza foi perdida para pessoas como Cícero e, que viam a campanha como uma continuação da guerra que começou em 49. Uma coisa era (embora nem todos achassem de bom gosto) exibir imagens das mortes de Cipião e Catão no triunfo africano, mas aquela guerra havia acrescentado uma nova província e contado com um rei estrangeiro genuíno. Não havia rei espanhol, nem nova província a ser conquistada na Espanha. A conclusão que as pessoas podiam tirar do triunfo espanhol era que os romanos que lutaram contra César agora deixavam de ser romanos.

A situação não melhorou quando um tribuno chamado Pôncio Áquila não se levantou de seu assento para saudar César quando a procissão passou pelos bancos onde os tribunos estavam sentados. César perguntou se Pôncio desejava tirar a República de suas mãos. Essa reivindicação de poder era um pouco explícita demais para o conforto de muitas pessoas.[12] Outra questão relacionada ao triunfo espanhol foi sua celebração em 27 de setembro, pouco antes da abertura do festival em homenagem a Vênus, a Ancestral *(Venus Genetrix)*. A associação do triunfo com o festival parecia mais uma afirmação da ascendência divina de César.[13]

Outro passo em falso foi a decisão de conceder triunfos a Fábio Máximo e Pédio. Estes foram celebrados alguns dias após o festival de Vênus. Embora não houvesse regras rígidas e rápidas que regessem as circunstâncias em que um triunfo seria concedido, uma constante era que o general tinha de estar lutando sob seus próprios auspícios e, portanto, responsável por canalizar o favor divino que possibilitou sua vitória. Esse não era realmente o caso de Fábio e Pédio, que serviam como legados, e a implicação era que um triunfo não dependia da conquista, mas do patrocínio de César. E o fato de César já ter uma grande equipe significava que havia poucas oportunidades disponíveis para outros que quisessem progredir por meio de seu favor.[14]

A situação tornou-se ainda mais complicada quando privilégios adicionais concedidos a César pelo Senado o afastaram cada vez mais de seus colegas. Um desses privilégios era o direito de usar em todas as ocasiões as vestes que um homem usava apenas para celebrar um triunfo. A esse conjunto impressionante, César acrescentou calçados avermelhados, que ele dizia serem o traje dos antigos reis de Alba Longa, seus ancestrais. Por causa dessa suposta conexão com Alba, César também recebeu o direito de entrar na cidade a cavalo após o Festival Latino anual, celebrado no Monte Cavo, fora da antiga Alba – tradicionalmente, nessa ocasião, todos os magistrados entravam na cidade a pé. César também foi homenageado como "o libertador" e um novo templo dedicado à Liberdade foi construído em conexão com esse título. Ele recebeu até mesmo uma nova casa, e foi decretado que uma ação de graças deveria ser celebrada em seu nome sempre que uma vitória fosse anunciada, mesmo que ele não estivesse presente na batalha. Outros presentes dados a César incluíram o título de *imperator*, "general vitorioso", como um cognome adicional que seria passado para seus herdeiros; uma cadeira dourada para funções públicas;

e estátuas na Rostra que exibiriam as condecorações por bravura que César havia conquistado em sua juventude em Mitilene. Em conjunto, todas essas honras enfatizam o sucesso militar de César dentro da tradição romana. Algumas delas – o direito de usar roupas especiais em público – ecoam as honras concedidas a Pompeu quando ele retornou da guerra mitridática, continuando assim a competição implícita de César com seu rival falecido, que havia sido tão perceptível quando ele retornou a Roma em 46. As desculpas de César para suas vestes albanas e o título de "libertador" podem ter tido a intenção de desviar a atenção das conversas sobre o *regnum*, mas o efeito total das honras foi enfatizar o afastamento de César da posição ocupada por qualquer magistrado tradicional.[15]

As celebrações de César não foram acompanhadas por nenhum novo programa importante que pudesse ser usado para mostrar um modelo atraente para o futuro. Por outro lado, os elementos-chave dos programas anunciados em 46 ainda estavam sendo executados: soldados estavam sendo estabelecidos em toda a Itália e em alguns centros provinciais; pessoas de Roma também estavam recebendo lotes de terra, e as obras de novos assentamentos coloniais para romanos estavam começando em Corinto e Cartago. Novos projetos estavam em andamento em Roma, incluindo a construção de um novo edifício enorme no Campo de Marte – "os currais de Júlio" – que serviria para abrigar os eleitores nas eleições. Outros projetos de construção comemorativos incluíam uma nova casa do Senado alinhada com o templo de *Vênus Genetrix* e alguns projetos em toda a Itália, como a drenagem dos pântanos Pontinos.[16]

Entre os projetos de construção e as honras divinas, estava ficando difícil conciliar a realidade pública de César com a imagem que ele parecia querer projetar como uma pessoa afável que ainda gostava da companhia de seus semelhantes. Ainda assim, Cícero oferece uma imagem poderosa desse período da pessoa que César ainda esperava ser. Em 19 de dezembro, César foi jantar na casa de Cícero, perto da moderna Pozzuoli. Cícero estava preocupado com o resultado da visita. Ele havia notado a grande escolta armada que acompanhava César quando ele estava hospedado na casa de Márcio Filipo na noite anterior. Filipo era o guardião de Otávio, e Cícero claramente tinha alguém em sua casa observando o que estava acontecendo. Ele sabia que César, depois de passar a noite lá, teve uma longa conversa em particular com Balbo. Então, por volta das duas da tarde, ele tomou um banho e recebeu uma notícia sobre seu antigo associado Mamurra. Essa notícia pode ter sido ruim, já que Cícero achou digno de nota que a expressão de César não mudou quando ele a ouviu. Em seguida, seguiram para o jantar na casa de Cícero. César estava em boa forma, algo que Cícero atribui ao fato de ele seguir um programa de vômito induzido, que a teoria médica antiga recomendava que as pessoas fizessem durante os meses de inverno. A conversa deles se voltou para assuntos literários, e Cícero disse que César se divertiu. Ele concluiu que o jantar não tinha sido uma ocasião desagradável.[17]

Este agradável jantar literário com um velho amigo, embora com quem César tivesse algumas divergências, nos mostra César como seus associados mais próximos também o viam – inalterado por seu grande sucesso, capaz de tratar os outros como iguais, tentando entreter em vez de insistir em ser entretido, moderado em seus hábitos pessoais e seguindo as ordens de seu médico. E, pouco antes do jantar, Cícero havia proferido o último discurso que faria perante César em nome de um ex-pompeiano. O réu era o rei Deiótaro da Galácia, com quem César havia se reconciliado anteriormente durante a campanha contra Fárnaces. Agora, porém, o neto de Deiótaro o acusava de ter conspirado para assassinar César em seu caminho de volta da batalha decisiva em Zela. Cícero aproveitou a ocasião do julgamento de Deiótaro para discutir o perdão de César às pessoas que "preferiram sua amizade com Pompeu" à sua amizade com ele, e ridicularizou como fofoca de rua as críticas a César por permitir que sua estátua fosse colocada ao lado das dos reis. Ele rejeitou os rumores de que as pessoas achavam César um tirano e profundamente impopular. César não decidiu o caso imediatamente, mas o fato de Cícero já estar circulando um rascunho de seu discurso antes da decisão de César sugere fortemente que César havia indicado para que lado estava inclinado. Sua presença na casa de Cícero para o jantar foi uma pista adicional.[18]

***

A diferença de tom entre a defesa de Deiótaro por Cícero e seus discursos em favor de Marcelo e Ligário apenas um ano antes mostra como o estilo de gestão de César havia se tornado um problema durante os meses intermediários. Embora César pudesse ser agradecido por sua misericórdia em 46, Cícero agora tinha que lidar com sua impopularidade e acusações de tirania. Em 46, Cícero pôde pedir a César que tomasse cuidado com conspirações, alegando que sua morte destruiria o Estado. Essas conspirações podem ter sido hipotéticas. Mas no início de 44 – o ano que começou pouco depois daquele agradável jantar – isso não era mais o caso, e o comportamento público de César estava favorecendo seus inimigos. Embora César pudesse trocar gentilezas com Cícero – um tom que ele até pediu desculpas por manter Cícero esperando, dizendo que entendia por que as pessoas o odiavam –, ele na verdade conversava com pouquíssimas pessoas.[19] E aquelas com quem ele conversava eram pessoas que tinham interesse em concordar que César havia criado um novo regime, mesmo que ele não pudesse oferecer uma estrutura ideológica coerente para isso. O antigo sistema estava morto.

Três incidentes em dezembro de 45 e janeiro de 44 ilustram a crescente falta de jeito de César em lidar com os vestígios do governo republicano e, em dois desses incidentes, sua percepção de que estava fazendo as coisas erradas. O primeiro ocorreu enquanto ele supervisionava a construção de seu novo fórum, sentado na plataforma do Templo de Vênus. Ele foi abordado por lá pelos cônsules e um grupo de outros senadores, que lhe trouxeram decretos honorários que acabavam de ser votados pelo Senado. César não se levantou de seu assento para cumprimentá-los. Sua omissão foi interpretada como um sinal de arrogância real. Várias histórias circularam posteriormente para justificá-lo. De acordo com uma delas, ele estava doente, com diarreia. De acordo com outra, ele não percebeu a aproximação deles. De acordo com uma terceira história, foi Balbo quem o aconselhou a permanecer sentado para lembrar ao Senado a nova ordem. As desculpas reconhecem a gravidade do erro de César.[20]

O incidente seguinte foi aquele pelo qual César não pediu desculpas. Fábio Máximo, que assumira o consulado com Trebônio em outubro, morreu repentinamente em 30 de dezembro, um dia antes de realizar as eleições para os questores de 44 e dois dias antes de os novos cônsules assumirem o cargo em 1º de janeiro. Quando sua morte foi anunciada, César convocou a assembleia centuriada *(comitia centuriata)* para eleger um novo cônsul, em oposição à assembleia tribal que se reunira para escolher os questores. À uma da tarde, a assembleia terminou a votação e Canínio Rébilo, um ex-legado de César, seria cônsul pelo resto do dia. Rébilo, de uma família que, embora senatorial, podia se orgulhar de poucos detentores de cargos públicos, talvez estivesse emocionado por poder viver sua vida com a dignidade de um ex-cônsul. Outros achavam que César estava profanando o cargo. Cícero podia brincar sobre isso, dizendo que ninguém tomava café da manhã no consulado de Canínio e que este era tão vigilante que nenhum crime foi cometido durante seu mandato como cônsul, e que ele nem mesmo dormia. Mas ele também ficou indignado com o que considerava uma desmoralização do cargo, escrevendo: "É incrível como me sinto miserável por fazer parte dessas coisas. [...] E se eu descrevesse outras coisas como essa? Há inúmeras coisas desse tipo." A incapacidade de César de compreender o quanto as pessoas estavam chateadas transparece em uma carta que ele escreveu a um amigo, dizendo que o Estado não passava de um nome sem corpo ou forma. Ele deveria ter guardado isso para si.[21]

O terceiro incidente ocorreu no final de janeiro de 44. Em algum momento, uma pessoa colocou uma coroa real em uma das estátuas de César na Rostra. Dois tribunos, Marulo e Flávio, removeram a coroa, prenderam a pessoa que a havia colocado lá e elogiaram César por não querer ser rei. Então, quando César estava entrando na cidade após o Festival Latino em 26 de janeiro, algumas pessoas gritaram que ele era rei. Os tribunos prenderam a primeira pessoa que fez isso. Na reunião seguinte do Senado, César atacou os tribunos por suas ações, dizendo que eles estavam incitando a sedição contra ele. Eles responderam que ele os estava impedindo de cumprir seu dever. César então apoiou uma moção de um de seus colegas tribunos para removê-los do cargo e usou seu poder como censor para expulsá-los do Senado. O incidente tornou suas declarações de desinteresse pelo título real mais difíceis de serem levadas a sério por alguns.[22]

As discussões sobre a realeza foram intensificadas por outra série excepcional de honras que o Senado votou para César no ano novo. Entre elas estava o título de Pai da Pátria, que apareceria nas moedas que logo seriam cunhadas com seu retrato. Embora moedas com as imagens de Mário e Sula em carruagens triunfais tivessem sido emitidas durante suas vidas, elas não traziam retratos: moedas com retratos eram características dos reis orientais. Além disso, sacrifícios passariam a ser oferecidos no aniversário de César, e o quinto mês, o mês de seu nascimento, seria renomeado Júlio (daí nosso julho). O Senado também criou um culto a Júpiter Júlio, nomeando o colega consular de César, Antônio, como seu sacerdote. Além dessas honras divinas, César também seria censor sem colega, e o Senado jurou proteger sua vida e defender suas decisões como se elas tivessem força de lei. Finalmente, no final de janeiro ou início de fevereiro, ele se tornou ditador perpétuo. Não está claro se César pediu ou desejou tudo isso. Seus amigos sugeriram mais tarde que muitas dessas medidas haviam sido propostas simplesmente para irritar as pessoas e justificar a conspiração que agora começava a tomar forma.[23]

Para César, ao que parece, o que mais importava era a iminente guerra contra os partos. Os preparativos para a guerra eram em grande escala e devem ter consumido muito do seu tempo. Havia seis legiões na Síria, seis na Grécia ocidental e três na Ilíria. Mais uma legião foi enviada para o Oriente através do Egito. O plano de guerra, que previa uma longa marcha pelas terras altas do leste da Turquia e norte do Iraque, seguida de uma descida para o centro do Iraque, provavelmente seguindo o rio Tigre, era essencialmente o mesmo plano de guerra seguido pelos imperadores romanos posteriores em suas invasões bem-sucedidas da Pártia, e deve ter exigido um trabalho logístico significativo e dependido da exploração de informações coletadas durante as campanhas de Pompeu na década de 60. Esperava-se que a guerra durasse três anos, e César designou magistrados para o período em que estaria ausente.[24]

Essa campanha na Pártia, cujo planejamento sugere que César não havia perdido nenhum de seus instintos essenciais como general, o levaria para fora de Roma e longe da cena política cada vez mais conturbada, onde seus instintos como político pareciam estar falhando. Ele não tinha noção da irritação que estava causando ao rejeitar o sistema político tradicional. Seus assassinos, que nessa época estavam começando a se reunir sob a liderança de Caio Cássio, publicariam mais tarde uma lista de eventos que justificavam sua ação. Esses incluíam sua falha em se levantar para os senadores, seu confronto com Marulo e Flávio e um terceiro evento – agora muito famoso – que ocorreria no festival de Lupercália, em 15 de fevereiro.

* * *

A Lupercália era um festival de fertilidade extremamente antigo, através do qual se implorava aos deuses que protegessem os rebanhos dos lobos e incentivassem a fertilidade feminina. Para esse fim, um grupo de sacerdotes sacrificava uma cabra e um cão e, após um banquete sacrificial, cortava tiras da pele dos animais sacrificados e corria pelas ruas batendo nas mulheres que encontravam, a fim de promover a gravidez. As mulheres estavam com os seios à mostra e os sacerdotes costumavam usar apenas uma tanga. Neste dia, em 44, Antônio era o líder do sacerdócio que conduzia o festival.

César estava sentado na Rostra quando os sacerdotes entraram correndo no Fórum. Uma pessoa, seja alguém de seu círculo íntimo ou um pretor (a tradição é incerta nesse ponto), colocou uma coroa real dentro de uma coroa de hera aos pés de César. A multidão pediu a Lépido, que estava novamente servindo como mestre de cavalaria, que colocasse a coroa na cabeça de César. Quando Lépido hesitou, Caio Cássio, um dos pretores do ano – e mesmo então conspirando para matar César – colocou a coroa no colo de César. Então chegou Antônio, quase nu. Ele subiu na Rostra e colocou a coroa de hera na cabeça de César. César a removeu, jogando-a na multidão. Então Antônio produziu outra diadema, que novamente colocou na cabeça de César. A multidão gritou "salve, rei!" Mas César novamente removeu a diadema e ordenou que fosse dada a Júpiter Capitolino, pois era mais apropriado para ele.

Qual era o objetivo dessa encenação? Era para provar que César não queria ser rei? César estava ouvindo a multidão para ver para que lado a opinião estava se inclinando? Era apenas uma bajulação idiota inventada por Antônio? Fosse o que fosse – e suspeito que a primeira opção seja a correta, já que duvido que César tivesse permitido que algo tão elaborado e público acontecesse por acaso –, isso e nada adiantou para ele. Adiantou muito para Cássio e seus cúmplices, pois "esse ato, tanto quanto qualquer outra coisa, serviu para unir os conspiradores, já que forneceu prova manifesta das suspeitas que eles nutriam".[25]

Não podemos ter certeza de quando Cássio iniciou as conversas que levaram à formação de um grupo de conspiradores, mas o autor da descrição do incidente da Lupercália que acabamos de citar deixa claro que ele já estava trabalhando intensamente antes de 15 de fevereiro. A biografia de Bruto, o homem mais famoso a se juntar à conspiração, escrita por Plutarco, nos dá uma ideia de como Cássio agia. Plutarco mostra-o abordando pessoas que ele achava que seriam simpáticas à sua visão e exortando-as a juntar-se ao grupo de pessoas com ideias semelhantes. Partes do livro de Cícero, *Sobre as obrigações*, escrito após o assassinato, podem nos dar uma ideia do que foi dito nessas conversas: César era um tirano que tinha esmagado o Estado pela força. O seu estilo atual era em desacordo com a ordem natural da sociedade, na qual as pessoas escolhiam líderes com reputação de justiça e prudência. A legislação agrária e as leis de dívida de César haviam minado o Estado, destruindo a unidade entre as classes e o comércio justo. E daí se César era um amigo? Se um homem assassina um tirano que é seu amigo, seu ato será visto como nobre, e não como perverso; a natureza não proíbe que se mate tal pessoa; mesmo um filho que mata seu pai é justificado em seu ato se seu pai for um tirano.[26]

César estava ciente da possibilidade de que uma ou mais conspirações estivessem em andamento. Rumores nesse sentido circulavam desde pelo menos 46, quando Cícero disse a César que ele precisava tomar cuidado, mas os boatos eram, obviamente, difíceis de analisar. Antônio realmente havia conspirado com Trebônio? Ele agora demonstrava exuberante lealdade, embora de forma um tanto excessiva. Dolabela, que também era leal, havia sido associado a uma suposta conspiração na época em que César jantou com Cícero. César estava suficientemente convencido de que essa alegação era falsa, a ponto de apoiar a candidatura de Dolabela ao consulado quando ele próprio deixou o cargo para partir para a guerra contra os partos. César deveria prestar atenção à pichação pintada em uma estátua de Lúcio Júnio Bruto, o homem que expulsou os reis e estabeleceu a República quase quinhentos anos antes? "Quem dera você estivesse vivo", alguém havia rabiscado. Será que essas palavras realmente inspirariam o filho de Servília, que afirmava ser descendente do antigo Brutus (Placa 15 A-C), a agir? Certamente nenhum conspirador sensato divulgaria versos comparando o antigo Bruto, escolhido primeiro cônsul de Roma após expulsar os reis, com César, que agora era rei após ter expulsado os cônsules? Ninguém – certamente não Bruto – poderia ser tão estúpido a ponto de chamar atenção para si mesmo como conspirador. E Cássio parecia muito leal durante aquela cena na Lupercália. Certamente qualquer alegação de que esses homens estavam organizando um plano de assassinato era apenas fofoca maldosa. César sabia que era indispensável e presumia que as pessoas ao seu redor reconheciam que, se ele fosse assassinado, outra guerra civil certamente se seguiria. Ele dispensou seus guarda-costas.[27]

A conspiração real que levaria ao assassinato de César parece ter surgido apenas quando Bruto concordou em se juntar a Cássio, que era casado com uma de suas irmãs, algum tempo depois da Lupercália. César partiria para a campanha contra os partos em pouco mais de um mês. O tema da realeza voltou a surgir na primeira reunião do Senado após o incidente da Lupercália, quando um membro do conselho que supervisionava a coleção de oráculos sibilinos do Estado disse que a coleção continha um oráculo afirmando que apenas um rei poderia derrotar os partos. As pessoas que se convenceram de que César era efetivamente um rei precisavam agir rapidamente.[28] Haveria uma reunião do Senado em 15 de março, o "ides" ou ponto médio do mês, apenas três dias antes de César partir para a campanha contra os partos. A reunião seria realizada no Teatro de Pompeu, um dos poucos lugares onde o Senado ampliado poderia se reunir enquanto sua nova casa de reuniões ainda estava em construção. Na noite anterior à reunião, César jantou na casa de Lépido. O tema da morte surgiu. César disse que achava que a melhor morte era repentina e inesperada.[29]

Plutarco comenta que pessoas famosas não morrem simplesmente. Suas mortes são acompanhadas por presságios de todos os tipos: luzes brilhantes no céu noturno, sons terríveis à noite, sonhos assustadores. Diz-se que Calpúrnia acordou de um sonho e implorou ao marido que não participasse da reunião do Senado. Sacrifícios infelizes também teriam dissuadido César. Pode haver alguma verdade na história de que ele realmente não estava se sentindo bem, pois vários relatos do assassinato concordam que Décimo Bruto, que estava envolvido na conspiração, teve que ir à sua casa e convencê-lo a comparecer.[30]

César chegou ao Teatro de Pompeu e entrou na cúria, ou salão, onde a reunião seria realizada. Antônio deveria estar sentado com ele quando a reunião começou, mas Trebônio, que agora fazia parte da conspiração, chamou-o à parte para discutir um espetáculo de gladiadores. Antônio era um homem forte e leal a César, então os conspiradores queriam ter certeza de que ele não estaria lá para protegê-lo.[31] Quando César entrou na reunião, o Senado se levantou em sinal de respeito. César sentou-se perto de uma estátua de Pompeu. Os conspiradores se reuniram ao seu redor sob o pretexto de apoiar um pedido de Tílio Cimbro para que César restaurasse seu irmão do exílio. No meio do pedido, Cimbro agarrou César. Servílio Casca o esfaqueou. Então, o resto dos conspiradores se aglomerou ao redor de César, esfaqueando-o e, ocasionalmente, uns aos outros. No início, César resistiu. Então ele parou e cobriu a cabeça. Será que foi porque viu Bruto na multidão? No final, ele caiu, esfaqueado 23 vezes. A estátua de Pompeu ficou sobre seu corpo.[32] Os senadores que testemunharam a cena fugiram. Os assassinos, brandindo suas adagas, subiram ao Capitólio para anunciar seu feito. Algum tempo depois do assassinato, alguns escravos de César recolheram seu corpo e o levaram para casa.

César estava morto. Mas não sairia de cena.

19

O legado de César

O planejamento apressado do assassinato de César e as fantasias dos principais atores ficaram claros nos dias seguintes aos idos de março. Bruto, Cássio e seus associados acreditavam genuinamente que, com César morto, poderiam restaurar o governo tradicional da República. Assim como Cícero, que não participou da conspiração, eles acreditavam que os excessos dos últimos meses de César haviam afastado o povo de qualquer forma de regime monárquico. Dois dias após o assassinato, os assassinos fizeram uma paz temporária com Antônio e Lépido. Eles manteriam seus cargos e receberiam anistia pelo assassinato, ao mesmo tempo em que o Senado declarava que todas as decisões oficiais de César (incluindo aquelas ainda não publicadas) permaneceriam válidas e que César receberia honras divinas.

Um dia depois, a situação mudou. Os termos do testamento de César, que concedia generosas doações em dinheiro e parques ao povo de Roma, tornaram-se conhecidos. Uma enorme multidão se reuniu no Fórum em 20 de março para o funeral. O evento foi cuidadosamente encenado, com um coro cantando poemas em homenagem a César e uma estátua de cera exibindo as 23 feridas que ele havia sofrido girando em uma máquina acima do cadáver. Antônio encerrou a apresentação com um discurso emocionado. A multidão tomou posse do corpo, que estava programado para ser cremado no Campo de Marte, e o queimou no que hoje é o local do templo do Divino Júlio, no coração do Fórum.[1]

O povo romano havia se manifestado. O testamento generoso de César reforçou sua imagem como amigo do povo, mas era a memória de César que eles valorizavam mais do que seu dinheiro. Ele não havia mentido para eles;

não havia dito que o bem-estar deles era ruim para o Estado como um todo. Ele protegeu o povo da ruína econômica e providenciou recursos para seus veteranos sem empobrecer os outros. Suas ações promoveram o bem-estar da pessoa comum de maneiras que o governo da República não havia feito. Um governante eficiente que zelava pelos interesses do povo era mais importante do que instituições democráticas que os haviam decepcionado enquanto enriqueceram ainda mais os ricos.

Em poucos meses, Bruto e Cássio partiram de Roma, aproveitando-se das divisões entre os seguidores de César – a desconfiança de Balbo, Hírcio e outros do círculo íntimo em relação a Antônio e Lépido. Eles acabariam aproveitando as posições que mantinham para levantar exércitos no Oriente, onde sua causa ainda podia ser vista como pompeiana. O afeto pela maioria dos romanos por César tornara sua posição em Roma insustentável. As coisas não tinham corrido como eles esperavam. Cícero descreve uma reunião familiar em Antium, em junho, na qual Bruto e Cássio lamentaram as oportunidades perdidas e Servília teve que intervir para exigir ações práticas.[2]

Logo após a partida dos principais assassinos de César, seu sobrinho e herdeiro Caio Otávio – agora chamado Otávio, para refletir seu novo status como filho adotivo póstumo de César – chegou a Roma. No final de julho, Otávio celebrou jogos em homenagem ao seu tio falecido. Organizadas por Matius, outro membro do círculo íntimo de César, essas celebrações estabeleceram a proeminência de Otávio em Roma.[3] Apoiado pelos verdadeiros amigos de César, Otávio conseguiu primeiro chegar a um acordo com Antônio, que não conseguiu assumir o controle efetivo do legado de César, e depois sobreviveu a uma atuação pouco impressionante nas batalhas de Filipos, nas quais as forças dos assassinos, reunidas a partir de antigos pompeianos, foram destruídas. Com o apoio contínuo dos mais devotos partidários de César, ele construiu a organização que herdara até que, anos mais tarde, em uma campanha cuja atenção aos detalhes César teria apreciado, ele esmagou as forças conjuntas de Antônio e Cleópatra em Ácio, completando sua vitória em 30 a.C. quando capturou Alexandria e os dois amantes cometeram suicídio.

As gerações posteriores debateriam o significado da carreira de César. Ele foi destrutivo ou criativo? Ele arruinou a democracia ou criou a monarquia? Lucano, em sua *Farsália*, apresenta César como uma figura totalmente ameaçadora ao longo da maior parte do poema, que se interrompe com sua chegada a Alexandria e sugere mais corrupção. Escrevendo como escreveu sob o reinado de Nero, um descendente biológico do rival de César, Domício Enobarbo, isso pode não ter sido exatamente a linha anti-*establishment* que parece à primeira vista: César está sendo contrastado com Nero, que Lucano apresenta como totalmente encantador. Mas, ao contrário de Lucano, a maioria dos relatos clássicos vê César como uma grande figura e, em última análise, republicana, mas destruída no final por sua própria arrogância. Ele era imensamente talentoso, um grande general, mas não tinha visão para construir um novo sistema de governo. Apenas Suetônio o apresenta como o primeiro imperador, o primeiro dos governantes que a História conheceria como Césares.[4]

Suetônio estava certo. A formação da monarquia dependia da organização por César de um exército poderoso, cujas tropas eram leais a ele, e de um corpo de oficiais experientes que compreendiam que sua função era inspirar seus subordinados por meio de um comportamento exemplar, enquanto executavam as ordens de seu general. Além disso, a monarquia imperial romana precisaria tanto de uma equipe logística de alto nível, trabalhando com as comunidades locais para apoiar o exército, quanto de um aparato administrativo com competência para gerenciar tanto a população militar quanto a civil. O historiador Tácito mais tarde relembraria o poder de Ópio e Balbo em definir a direção da administração da casa imperial, escrevendo que eles, "com os recursos de César, foram os primeiros [equestres] a estabelecer as condições de paz e os termos da guerra".[5]

Otávio, que mais tarde assumiu o nome de Augusto, dependia da organização de César para garantir seu futuro. E ele tinha o exemplo dos idos de março diante de si. Ele reconheceu a necessidade de articular um governo que combinasse as instituições da República com um Estado burocrático para apoiar o exército no qual o regime baseava seu poder. A criação de uma monarquia burocrática foi algo positivo? É difícil, nos dias de hoje, sugerir que uma monarquia possa ser uma forma de governo melhor do que uma democracia, mas uma democracia corrupta que não serve aos interesses dos cidadãos comuns traiu o pacto social do qual ela depende. Quando, após o assassinato de um monarca verdadeiramente terrível, Calígula, surgiu a questão de se a democracia deveria ser restaurada, o povo de Roma rejeitou a ideia. Eles se lembravam de como seus ancestrais haviam sido traídos.[6]

A memória de César que foi transmitida ao mundo moderno vem em grande parte da tradição biográfica. A oportunidade de conhecer o próprio homem através de suas memórias foi amplamente perdida. Um César simplificado por seus biógrafos provou ser mais fácil de compreender do que a figura complexa que conhecemos através de suas próprias palavras. E foi seu destino final que moldou os julgamentos posteriores. Dante pendurou Bruto e Cássio no focinho de Satanás, juntamente com Judas Iscariotes.[7] Shakespeare, auxiliado pela eloquente tradução de Thomas North das *Vidas* de Plutarco, ofereceu uma visão mais complexa dos idos de março. O público original de *Júlio César*, de Shakespeare, em 1599, especialmente os membros da corte de Elizabeth, viviam com uma monarca idosa que não tinha um herdeiro óbvio e que frequentemente era ameaçada de assassinato. A conclusão da peça, baseada na biografia de Bruto escrita por Plutarco para uma cena em que o fantasma de César assombra seus assassinos até a morte, incentiva o público a ver a morte de César de forma negativa: o assassinato foi errado. Ou será que não? César era uma figura trágica, ou Bruto é que havia sido? César era um rei? Para Shakespeare, que destaca o incidente da Lupercália, ele explicitamente não era. Na peça, é Bruto quem convence Cássio de que "nosso caminho pareceria muito sangrento" se eles matassem Antônio, além de César. Eles se levantam apenas "contra o espírito de César" e Bruto deseja "que então pudéssemos alcançar o espírito de César/ E não desmembrar César". César, por sua vez, é vítima de sua própria vaidade: "As coisas que me ameaçavam/ Nunca olharam além das minhas costas. Quando elas virem/ O rosto de César, desaparecerão". Pois "os covardes morrem muitas vezes antes de suas mortes;/ Os valentes nunca provam a morte mais de uma vez".[8]

O César de Shakespeare, autoconfiante ao ponto da arrogância, falando de si mesmo como se estivesse nas páginas de seus comentários, moldou as percepções modernas do homem que um dia existiu. Perdemos o senso de humor que transparece nos comentários e podemos perder de vista o homem que sabia que nem sempre acertava, que sabia como corrigir seu curso. O César de Shakespeare, francamente, não é o homem que poderia inspirar a lealdade de seus seguidores. Ele é um colosso demais. Mas a questão de Shakespeare sobre o efeito do assassinato político permanece potente até hoje. Quer César seja retratado como Barack Obama (como foi na produção de Bob Melrose em 2012) ou como Donald Trump (como foi na produção de

Oskar Eustis em 2017, para horror dos comentaristas conservadores que não tinham visto a produção ou pareciam não conhecer muito bem a peça), o resultado continua a ser que os assassinos arruínam a si próprios e à sociedade que pensavam preservar.[9]

Mesmo antes de Shakespeare consagrar César, o colosso, na consciência moderna, César já havia se tornado um símbolo da soberania. No mundo romano, seu nome se tornou um título que designava o herdeiro aparente do reinante Augusto, uma curiosa inversão da relação real, mas que reflete a percepção geral de que foi Augusto quem finalizou o processo político iniciado por César. A conexão com a ideia de poder supremo foi igualmente consagrada nos títulos de *kaiser* e *czar*. Na Roma medieval, monumentos falsamente atribuídos a ele, incluindo o obelisco do Vaticano, definiram uma identidade cívica romana em oposição ao papado.[10]

À medida que o século XVIII dava lugar ao século XIX, a imagem de César começou a mudar, embora continuasse a ser colossal. Para Voltaire, César era um líder ideal; para Frederico da Prússia, era um modelo a seguir, um grande soldado e um homem de cultura. Ao reivindicar o manto de César, Frederico conseguiu retirar ao imperador do Sacro Império Romano a pretensão de ser o descendente espiritual de César. Napoleão Bonaparte se considerava superior a César como imperador, mas em seus últimos dias em Santa Helena, ele escreveu uma série de notas sobre a vida e as obras do líder romano, nas quais um espírito de competição se alterna com uma avaliação muito fria e inteligente dos objetivos de César.[11] Para o sobrinho de Napoleão, Napoleão III, que se apresentava como "o poder tutelar e democrático do herói plebeu que garantiu a independência dos povos e foi o verdadeiro representante de nossa revolução", César era um objeto de fascínio genuíno. Napoleão III lançou as bases para grande parte dos estudos modernos sobre as guerras gaulesas, ao mesmo tempo em que homenageava Vercingétorix como o pai espiritual da França. A imagem de Vercingétorix no monumento que Napoleão III ergueu em Alise-sur-Reine é agraciada com as feições de Napoleão (Placa 14), e a inscrição diz: "A Gália unida, formando uma única nação, animada por um espírito comum, pode desafiar o universo". Menos bem-sucedida foi a tentativa de Napoleão III de alcançar o que ele entendia ser o estilo carismático de governo militar de César. Sua conexão com

Vercingétorix parece especialmente apropriada, dada sua derrota catastrófica e captura pelo exército alemão na batalha de Sedan, em 1871.[12]

A visão de Napoleão III sobre César corresponde, em certa medida, à criada por Theodor Mommsen em sua grande *História de Roma*, que termina em 46 a.C. com a realização do sonho dos Gracos por César, preservado através do "partido político" que eles formaram e do qual ele assumiu a liderança. Este César corresponde às simpatias políticas do próprio Mommsen (ele era um apoiador da revolução de 1848) e era admirado por Karl Marx, contemporâneo de Mommsen.[13] À luz da apreciação de Marx, talvez seja irônico que outra pessoa que admirava o César de Mommsen fosse Benito Mussolini. Em tempos mais recentes, versões cinematográficas italianas da carreira de César têm sido empregadas em contextos de nacionalismo agressivo. Na França, a figura de César como inimigo da nação continua sendo contestada, e ao mesmo tempo, tida como um fascinante modelo a ser seguido. Nos Estados Unidos, a imagem de César como ditador pode ser usada para representar a antítese da liderança democrática, mas César também pode aparecer de forma mais positiva em obras que compartilham a visão dele apresentada em *César e Cleópatra*, de George Bernard Shaw. Na peça de Shaw, César aparece como professor e mentor da jovem rainha, e também pode ser visto sob essa ótica na interpretação de Rex Harrison no filme *Cleópatra*, de 1963.[14]

As tradições multivalentes relativas a César hoje são uma homenagem adequada à complexidade do homem e de suas realizações. Suas habilidades foram amplamente atestadas por aqueles que o conheceram; sua extraordinária capacidade como líder é revelada página por página em seus próprios escritos. Mas o mesmo ocorre com sua abordagem fundamentalmente autoritária em todas as questões. César descobriu que cresceu em uma sociedade disfuncional. Ele viu soluções para a miséria que assolava muitos de seus contemporâneos, e era genuinamente solidário com aqueles que nasceram em circunstâncias muito diferentes das suas. Ele compreendeu claramente a importância de incorporar os derrotados em sua organização vitoriosa. Ele destruiu a ordem política em que cresceu e forneceu uma estrutura para que seu sucessor criasse um novo sistema político que duraria séculos. Mas ele próprio não conseguiu descobrir esse caminho a seguir.

O sucesso de César foi tanto o resultado do fracasso de outros quanto de seu próprio gênio acima da média. A questão final que sua carreira nos deixa é esta: como e quando a democracia que perdeu a fé de seus cidadãos pode reconquistar sua confiança? A carreira de César mostra como um estado alternativo pode ser construído com base em estruturas corporativas que são inerentemente autocráticas. A democracia não pode coexistir com César.

O elenco

Todas as datas são a.C.

Emílio Lépido, Marco: Cônsul de 77 que tentou derrubar o regime de Sula; derrotado por Lutácio Catulo e Pompeu, morreu na Sardenha.

Emílio Lépido, Marco: Filho do anterior; *interrex* em 52, pretor em 49, governador da Espanha Próxima em 48-47, cônsul em 46; e mestre de cavalaria em 46-44. Após a morte de César, foi membro do triunvirato formado no final de 43.

Afrânio, Lúcio: Tenente de longa data de Pompeu nas décadas de 70 e 60, foi cônsul em 60 e legado de Pompeu na Espanha de 55 a 49, quando se rendeu a César em Lerida. Também serviu sob o comando de Pompeu em 48 e foi morto após Tapso.

Ambiórix: Líder dos eburões, responsável pela destruição da força comandada por Sabino e Cota. Ele escapou da tentativa de César de matá-lo em 53 e, mais tarde, desapareceu após a revolta de 52.

Ânio Milo, Titus: Tribuno da plebe em 57, defendeu o retorno de Cícero do exílio, organizando gangues armadas para apoiar seu programa. Pretor em 55. Sua gangue foi responsável pelo assassinato de Clódio em 19 de janeiro de 52, após o qual ele foi condenado por violência e exilado em Marselha. Ele retornou a Roma em 48 sem a permissão de César, fomentou uma rebelião e foi morto.

Antônio Gnifo, Marco: Libertado que era gramático de César; suas opiniões sobre a língua influenciaram as do próprio César.

Antônio Híbrida, Caio: Legado de Sula na Grécia, mais tarde processado por César por corrupção e expulso do Senado em 70. Foi pretor em 66 (?), cônsul em 63 e governador da Macedônia em 62-60.

Antônio Crético, Marco: Pretor em 74; designado para a campanha contra os piratas ao redor de Creta em 73-71.

Antônio, Marco: Filho do anterior, serviu sob Gabínio na Síria em 54, foi questor na Gália em 52, legado na Gália em 51-50, tribuno em 49, mestre de cavalaria em 48-47 e cônsul em 44. Era sobrinho de César, sendo filho de Júlia (1), filha de Lúcio César (cônsul em 90).

Aurunculeio Cota, Lúcio: Legado de César de 57 a 54; morto em combate contra os eburões.

Apuleio Saturnino, Lúcio: Tribuno da plebe em 103 e 100. Embora se apresentasse como aliado de Mário enquanto este estava em campanha, patrocinando uma lei para dar terras aos seus veteranos, seu programa geral, que incluía a eliminação do controle senatorial dos tribunais de júri e uma lei que previa subsídios de grãos para a população de Roma, foi apoiado com um alto nível de violência, levando à aprovação do *senatus consultum ultimum* em 100 e à sua prisão por Mário. Mais tarde, ele foi assassinado por uma multidão.

Ariovisto: Líder dos mercenários germânicos que derrotaram os éduos em nome dos sênones em 62. Ele foi nomeado "amigo e aliado" do povo romano em 59, mas foi derrotado por César em 58.

Arsínoe IV: Irmã e rival dinástica de Cleópatra VII.

Asínio Polião, Caio: Serviu sob César em 49-48; tribuno da plebe em 47; legado de César em 46-45. Amigo de Catulo e autor de uma história extremamente influente do período a partir de 60, conhecida hoje apenas por citações em autores posteriores.

Átia: sobrinha de César, filha de Júlia (4) e Marco Ácio Balbo. Ela era mãe de Caio Otávio (Otávio), o futuro imperador Augusto.

Balbo: ver Cornélio Balbo, Lúcio.

Bíbulo: ver Calpúrnio Bíbulo, Marco.

Bogudes: rei da Mauritânia, ele inicialmente governou em conjunto com Boco, por quem foi expulso após o assassinato de César.

Bruto: veja Júnio Bruto, Marco.

Cecílio Metelo, Quinto: cônsul em 109, foi substituído como comandante na guerra contra Jugurta por Mário, seu antigo subordinado, em 107. Ele entrou brevemente em exílio em 100, quando se recusou a fazer o juramento exigido dos senadores na lei fundiária de Saturnino. Ele retornou em 99. Cícero alegou que seu exílio e retorno foram modelos para o seu próprio.

Cecílio Metelo Nepos, Quinto: Legado sob Pompeu em 67-63, tribuno da plebe em 62, pretor em 60 e cônsul em 57.

Cecílio Metelo Pio Cipião Násica, Quinto: Pretor em 55; *interrex* em 54, cônsul em 52 e governador da Síria em 49-48. Pai da quinta esposa de Pompeu. Comandante das forças anti-César na campanha de Tapso, foi morto após a batalha.

Célio Rufo, Marco: Amigo e correspondente de Cícero. Tribuno da plebe em 52, apoiou Milo. Edil em 50. Como pretor em 48, apoiou um programa de reforma da dívida. Destituído do cargo, foi morto ao ajudar Milo em sua rebelião contra César.

Cesarião: Filho de César e Cleópatra VII.

Calpúrnia: Terceira esposa de Júlio César; filha de Lúcio Calpúrnio Pisão.

Calpúrnio Bíbulo, Marco: Edil em 65, pretor em 62, cônsul em 59, governador da Síria em 51-50 e comandante da frota de Pompeu em 49-48, cargo no qual faleceu.

Calpúrnio Pisão, Caio: Cônsul em 67 e governador da Gália Transalpina em 66-64. Processado por corrupção por César em 63.

Calpúrnio Pisão, Lúcio: Pretor em 61, cônsul em 58 e governador da Macedônia em 57-55. Patrono dos filósofos epicuristas e proprietário da biblioteca descoberta na Vila dos Papiros, em Herculano. Pai de Calpúrnia, esposa de César.

Cássio Longino, Caio: Questor na Síria em 53 e serviu na frota de Pompeu em 49-48. Legado de César em 47-46 e líder da conspiração para assassiná-lo em 44.

Cássio Longino, Quinto: Questor de Pompeu na Espanha em 52, tribuno da plebe em 49 e governador da Espanha Ulterior em 48-47, cargo do qual se afastou antes de morrer.

Catilina: ver Sérgio Catilina, Lúcio.

Catão: ver Pórcio Catão, Marco.

Cícero: ver Túlio Cícero, Marco.

Cleópatra VII: rainha do Egito, 51-30.

Clódia: Membro influente da família Clódia; irmã de Públio Clódius e provavelmente a Lésbia da poesia de Catulo.

Clódio Pulcro, Públio: Legado de Lúculo em 68, envolvido em um relacionamento escandaloso com Pompeia (segunda esposa de César) em 62, e tribuno em 58, quando aprovou leis anexando o Chipre e exilando Cícero pela execução dos catilinarianos. Ele foi morto por seguidores de Milo em 52. Seu nome é uma variante dialética do nome Cláudio.

Clódio, Sexto: Assistente principal do anterior.

Cômio: Empossado por César como rei dos atrébates antes de 55, ele se juntou à revolta de 52 como comandante sênior da força de socorro em Alésia. Em 51, fugiu para a Grã-Bretanha, onde fundou uma dinastia.

Cornélia (1): Filha de Lúcio Cornélio Cina, casou-se com César em 84, foi mãe de sua filha Júlia e morreu em 69. César recusou a ordem de Sula para se divorciar dela.

Cornélia (2): Quinta esposa de Pompeu, ela é Cornélia e não Cecília, porque seu pai foi adotado pela família Cecília.

Cornélio Balbo, Lúcio: Serviu sob Pompeu, que lhe conferiu a cidadania, na guerra contra Sertório. Em seguida, serviu sob César em seu mandato como governador da Espanha Ulterior (61-60). Acompanhou César de volta a Roma e já atuava como intermediário de César com Cícero no final de 60. Durante os anos das campanhas gaulesas de César, ele alternou entre servir na equipe de César na Gália e representar César em Roma. Depois de 47, ele e Ópio administraram o governo de César na Itália. Seu apoio a Otávio após o assassinato de César foi crucial para o sucesso de Otávio. Como cônsul em 40, ele foi o primeiro provinciano a ocupar esse cargo. Ele contribuiu para a tradição biográfica sobre César.

Cornélio Cina, Lúcio: Cônsul em 87, ele tomou o poder em Roma, estabelecendo um regime anti-Sulano com Mário como colega. Ele morreu em 84. Sua filha Cornélia foi a primeira esposa de César.

Cornélio Dolabela, Cneu: Cônsul em 81 e governador da Macedônia em 80-77. Ele foi processado em 76 por César por corrupção no último cargo.

Cornélio Dolabela, Públio: Legado de César, provavelmente em 49-48, e tribuno da plebe em 47, cargo no qual introduziu uma legislação radical sobre dívidas. Foi cônsul após o assassinato de César em 44. Terceiro marido da filha de Cícero, Túlia.

Cornélio Lêntulo Sura, Públio: cônsul em 71, mas expulso do Senado em 70. Foi pretor em 63, cargo no qual se juntou à conspiração catilinária e foi executado.

Cornélio Sula, Lúcio: Questor de Mário em 107, legado de Lutácio Catulo em 101, pretor em 97(?), e legado na Campânia em 89. Como cônsul em 88, marchou sobre Roma quando foi destituído do comando contra Mitrídates VI, massacrou seus inimigos e reformou a constituição. Declarado inimigo público por Mário e Cina em 87, derrotou Mitrídates em 85 e retornou em 83 à Itália, onde saiu vitorioso na guerra civil subsequente no final de 82 e foi nomeado ditador. Como ditador, instituiu em 81 um programa para o assassinato em massa de seus inimigos políticos por meio de proscrições e uma série de reformas políticas. Foi cônsul e ditador em 80 e ainda era ditador em 79, quando renunciou ao cargo para se aposentar e voltar à vida privada. Morreu em 78.

Crasso: ver Licínio Crasso, Marco.

Curião: ver Escribônio Curião, Caio.

Deiótaro: rei de um distrito na Galácia; nomeado por Pompeu em 63 (?) após a derrota de Mitrídates, ele governou até 41 (?). Ele foi julgado sob suspeita de conspirar para assassinar César em 45 e foi defendido por Cícero.

Diviciaco: figura proeminente entre os éduos durante os primeiros anos de César na Gália; também famoso como druida.

Dolabela: ver Cornélio Dolabela.

Domício Enobarbo, Lúcio: Pretor em 58, cônsul em 54 e legado de Pompeu em 49-48. Morreu em Farsalos. Notável por sua má gestão das operações em torno de Corfínio em 49 e pela rendição de seu exército a César.

Domício Calvino, Lúcio: tribuno da plebe em 59, pretor em 56, cônsul em 53 e governador da Ásia em 48-46.

Dumnórix: Líder dos éduos, que César apresenta na *Guerra da Gália* como sendo especialmente problemático. César mandou executá-lo em 54.

Fábio, Caio: Tribuno da plebe em 55. Legado de César na Gália e depois na Espanha, 54-49.

Fábio Máximo, Quinto: Edil em 57, pretor em 48(?), legado de César na Espanha em 46-45 e cônsul em 45, quando morreu no cargo no último dia de seu mandato.

Gabínio, Aulo: Tribuno da plebe em 67, cargo no qual apresentou o projeto de lei que criou o comando especial contra os piratas para Pompeu. Legado de Pompeu em

66-63, cônsul em 58, governador da Síria em 57-54. Ele foi exilado, mas retornou sob anistia de César em 49 e serviu como legado de César em 49-48, cargo no qual faleceu.

Graco: ver Semprônio Graco.

Hírcio, Aulo: Um dos assessores mais confiáveis de César, ele completou o Livro 8 da *Guerra da Gália* e provavelmente foi o editor da *Guerra Alexandrina*. Cônsul em 43, cargo no qual faleceu.

Juba: Filho de Hiempsal II e seu sucessor como rei da Numídia, que governou de 60 a 46.

Júlia (1): Filha de Lúcio Júlio César, cônsul em 90 e primo em terceiro grau de Júlio César. Mãe de Marco Antônio.

Júlia (2): Irmã do pai de César e esposa de Caio Mário.

Júlia (3): A mais velha das duas irmãs de César, casou-se com Lúcio Pinário e depois com Caio Pédio.

Júlia (4): A mais nova das duas irmãs de César, ela se casou com Marco Ácio Balbo. Sua filha Atia se casou com Caio Otávio e foi mãe do imperador Augusto.

Júlia (5): Filha de Júlio César e esposa de Pompeu. Ela morreu em 54.

Júlio César, Caio: Pai de César. Pretor por volta de 92 e governador da Ásia por volta de 91.

Júlio César, Lúcio (1): Pretor em 95, cônsul em 90 e censor em 89. Assassinado pelas forças de Mário em 87.

Júlio César, Lúcio (2): Filho do anterior, foi cônsul em 64 e serviu como legado de César na Gália de 52 a 49. Foi autor de uma história da família Júlio.

Júlio César, Lúcio (3): Filho do anterior, aliou-se a Pompeu na Guerra Civil, servindo como embaixador de Júlio César em 49. Continuou a apoiar os pompeianos após Farsalos e foi executado após a batalha de Tápsa.

Júlio César, Sexto: tio paterno de César, foi pretor em 95 e cônsul em 91. Morreu sitiando Asculum em 90.

Júlio César Estrabão Vopisco, Caio: Irmão de Lúcio Júlio César (1), famoso por seu senso de humor como orador. Assassinado pelos partidários de Mário em 87.

Júnio Bruto, Marco: Filho da amante de César, Servília, foi questor em 53 e serviu sob Pompeu em 49-48. Perdoado por César, foi pretor em 44, cargo no qual se tornou líder da conspiração contra César em 44. Cometeu suicídio em 42 após sua derrota na Batalha de Filipos.

Labieno, Tito: Tribuno da plebe em 63; foi legado de César na Gália de 58 a 50, mas desertou para Pompeu em 49. Sobreviveu a Farsalos e à campanha de Tapso, mas morreu em Munda em 45.

Licínio Crasso, Marco: Pretor em 73 (provavelmente), comandou as forças romanas contra Espártaco em 72-71 e foi cônsul em 70, censor em 65, cônsul pela segunda vez em 55 e governador da Síria em 54-53. Morreu em batalha contra os partos em Carras.

Licínio Crasso, Púlio: Filho do anterior. Legado de César na Gália em 57 e 56.

Luceio, Lúcio: Candidato consular malsucedido (com César) em 60. Notável historiador. Alinhou-se com Pompeu na Guerra Civil.

Lucrécio Caro, Tito: Autor de *De rerum natura*, uma brilhante exposição poética da filosofia epicurista.

Lutácio Catulo, Quinto (1): Cônsul em 102. Como procônsul no ano seguinte, afirmou ter desempenhado um papel importante na vitória em Vercellae contra os cimbros, juntamente com Mário. Foi elogiado por Cícero como um dos principais oradores de sua geração. Em 87, ele se aliou contra Mário e Cina e cometeu suicídio. Ele era meio-irmão de Lúcio Júlio César (1) e Caio Júlio César Estrabão Vopisco.

Lutácio Catulo, Quinto (2): Filho do anterior, foi cônsul em 78. Em 87, fugiu de Roma para servir Sula, a quem passou a admirar e cujas memórias completou. Opôs-se à *Lex Gabinia* em 67 e à *Lex Manilia* em 66. Foi derrotado por César na eleição para *pontifex maximus* em 63.

Mário, Caio: Serviu com Cipião Emiliano na Espanha em 133, tribo da plebe em 119, pretor em 115, legado de Quinto Cecílio Metelo durante a Guerra Jugurtina em 109-108 e cônsul em 107, 104-100 e 86. Ele reorganizou o exército romano durante suas campanhas contra os cimbros e os teutões. Casou-se com Júlia (2), irmã do pai de César. Exilado por Sula em 88, ele retornou com Cina para tomar o poder em 87. Morreu pouco depois de assumir o cargo de cônsul em 86. César o apresentou como um modelo a ser seguido.

Metelo Cipião: ver Cecílio Metelo Pio Cipião Násica, Quinto.

Mitrídates VI: rei do Ponto de 120 a 63, travou guerras contra Roma em 89-84, 83-81 e 74-63.

Múcia: terceira esposa de Pompeu, mãe de seus três filhos.

Nicomedes IV: rei da Bitínia, 94-74.

Otávio, Caio: Pretor em 63. Marido de Átia, filha de Júlia (4) e Ácio Balbo.

Otávio, Caio (Otávio): Filho do anterior. Nomeado herdeiro de César, mais tarde tornou-se o imperador Augusto.

Opímio, Lúcio: Cônsul em 121, aprovou o primeiro *senatus consultum ultimum*, que utilizou para reprimir (e assassinar) os seguidores de Caio Graco.

Ópio, **Caio**: Cavaleiro romano que foi um dos seguidores mais importantes de César, trabalhando em estreita colaboração com Cornélio Balbo na Gália e em Roma. Após os idos de março, prestou importante assistência a Otávio. Produziu uma significativa biografia de César que foi usada por biógrafos posteriores.

Petreio, Marco: Legado em 63-62, função na qual comandou a campanha contra Catilina. Ele também foi legado de Pompeu na Espanha em 55-49 e comandou as forças pompeianas na campanha de Lérida. Ele também serviu contra César na campanha de Tapso, na sequência da qual foi morto.

Pompeia: Filha de Quinto Pompeu Rufo e Cornélia, filha de Sula, ela se casou com César em 67. Eles se divorciaram em 61 como resultado do envolvimento dela no escândalo de *Bona Dea*.

Pompeu Rufo, Quinto: Cônsul em 88 como colega de Sula, cuja filha se casou com seu filho. Assassinado a mando de Pompeu Estrabão.

Pompeu Estrabão, Cneu: Cônsul em 89, desempenhou um papel importante na repressão da revolta italiana. Pai de Pompeu, o Grande. Morreu em 87.

Pompeu, Cneu (Pompeu, o Grande): Cônsul em 70, 55 e 52. Ele reuniu várias legiões às suas próprias custas para se juntar ao lado de Sula na guerra civil contra os marianos (83-81) e recebeu então ordens para combater os rivais sobreviventes de Sula na Sicília e norte da África. Depois disso, passou a se autodenominar "o Grande", sugerindo que era a versão romana de Alexandre. Ele assumiu o comando na Espanha em 76–70, contra os piratas em 67 e contra Mitrídates VI em 66-62. Primeiro aliado de César e depois seu oponente na Guerra Civil. Morto no Egito em 48, após a Batalha de Farsalos.

Pompeu, Cneu (o Jovem): Filho mais velho de Pompeu e Múcia. Morreu na Espanha em 45.

Pompeu, Sexto: O mais novo dos filhos de Pompeu com Múcia, atuou na campanha de Munda e, posteriormente, tornou-se uma figura poderosa após o assassinato de César, até ser derrotado por Caio Otávio (Otávio), o futuro imperador Augusto, em 36.

Pompeu: ver Pompeu, Cneu (Pompeu, o Grande).

Pórcio Catão, Marco (o Velho): cônsul em 195 e censor em 184. Foi o autor da primeira História de Roma em latim.

Pórcio Catão, Marco (o Jovem): o adversário político mais notável de César. Questor em 64, tribuno da plebe em 62, designado para anexar o Chipre em 58-57, pretor em 54. Sua mãe, Lívia, era mãe de Servília, fruto de seu primeiro casamento com Servílio Cepião. O pai de Catão, segundo marido de Lívia, era neto de Marco Pórcio Catão, o Velho (ver acima).

Ptolomeu XII: Rei do Egito, 80-58 e 55-51. Ele foi expulso do trono por um protesto alexandrino e, mais tarde, restaurado por Aulo Gabínio.

Ptolomeu XIII: Rei do Egito, 51-47, como co-governante com sua irmã, Cleópatra VII.

Salústio: ver Salústio Crispo, Caio.

Salústio Crispo, Caio: Questor em 55 ou 54 e tribuno da plebe em 52, função na qual apoiou a acusação dos seguidores de Milo. Expulso do Senado em 50, foi reintegrado por César e serviu como pretor em 46. Após o assassinato de César, escreveu três importantes obras históricas: *A Conspiração de Catilina*, *A Guerra Jugurtina* e *As Histórias.*

Escribônio Curião, Caio: Tribuno da plebe em 50 e legado de César em 49, ano em que foi morto em batalha contra Juba, no norte da África.

Semprônio Graco, Caio: Tribuno da plebe em 123-122. Irmão mais novo de Tibério Semprônio Graco.

Semprônio Graco, Tibério: Tribuno da plebe em 133.

Servília: Mãe de Marco Júnio Bruto, fruto de seu primeiro casamento, e amante de longa data de César. Era meia-irmã materna de Marco Pórcio Catão, o Jovem.

Servílio Vácia Isáurico, Públio (1): Serviu sob Sula na Guerra Civil. Cônsul em 79. Posteriormente, serviu como governador da Cilícia, onde adotou o nome Isáurico ("vencedor em Isauria", uma região da Cilícia) para comemorar as vitórias sobre os piratas da região. César serviu sob seu comando.

Servílio Vácia Isáurico, Públio (2): Filho do anterior. Pretor em 54 e cônsul em 48.

Sula: ver Cornélio Sula, Lúcio.

Sulpício Rufo, Públio: Tribuno da plebe em 88, que patrocinou uma série de leis, incluindo uma que alterava a forma como os novos cidadãos seriam distribuídos pelas trinta e cinco tribos originais e outra que transferia o comando contra Mitrídates de Sula para Mário. Ele foi morto por ordem de Sula.

Terêncio Varrão, Marco: Notável intelectual que aconselhou tanto Pompeu quanto César. Foi governador da Espanha Ulterior em 49.

Titúrio Sabino, Quinto: Legado de César de 57 a 54, quando morreu em combate contra os eburões. César o culpou pelo desastre em que foi morto. Ele pode ter servido anteriormente sob Pompeu.

Túlio Cícero, Marco: A figura literária mais importante de sua geração. Cônsul em 63.

Túlio Cícero, Quinto: Irmão mais novo de Marco Túlio Cícero. Pretor em 62, governador da Ásia em 62-58, legado de Pompeu em 58-56 e legado de César em 54-52.

Trebônio, Caio: Tribuno da plebe em 55, cargo no qual apresentou o projeto de lei que conferia mandatos de cinco anos a Pompeu e Crasso. Foi legado de César em 54-49, pretor em 48, governador da Espanha Ulterior em 47-46, legado de César na Espanha em 46-45 e cônsul de 1º de outubro a 31 de dezembro de 45. Ele se juntou à conspiração contra César.

Valério Catulo, Caio: O poeta mais brilhante da geração de César.

Vercingétorix: Líder da grande revolta gaulesa de 52.

Linha do tempo

Todas as datas são a.C.

133: Tribunato de Tibério Graco.
123-122: Tribunatos de Caio Graco.
121: Aprovação do primeiro "decreto definitivo" (*senatus consultum ultimum*); assassinato de Caio Graco.
112: Início da Guerra Jugurtina.
107: Primeiro consulado de Caio Mário.
106: Nascimento de Cícero e Pompeu.
105: Jugurta capturado; cimbros e teutões destroem exércitos romanos na Gália.
104: Segundo consulado de Mário.
103: Primeiro tribunato de Saturnino.
102: Quarto consulado de Mário, que derrota os teutões em Aquae Sextiae.
101: Quinto consulado de Mário, que derrota os cimbros em Vercellae.
100: Sexto consulado de Mário; nascimento de Júlio César em 12 de julho; *senatus consultum ultimum* aprovado para suprimir Saturnino.
91-88: Guerra Social.
89-85: Primeira Guerra Mitridática.
88: O tribuno Sulpício transfere o comando contra Mitrídates de Sula para Mário; Sula marcha sobre Roma, massacra rivais políticos e retoma o comando contra Mitrídates.
87: Mário e Cina expulsam os partidários de Sula e tomam o poder em Roma, morte de Pompeu Estrabão, pai de Pompeu, o Grande.
86: Sétimo consulado de Mário.
85: Sula derrota Mitrídates.
84: Casamento de César e Cornélia.
83-81: Retorno de Sula à Itália.
81: Sula captura Roma e publica o édito de proscrição.

80: Reformas constitucionais de Sula; César junta-se à equipe de Minúcio Termo, recebe a coroa cívica por bravura.
78: Morte de Sula; revolta de Lépido.
77: Pompeu recebe *imperium* especial para derrotar Lépido e combater Sertório na Espanha.
76: César processa Dolabela e Antônio Híbrida.
75: Começa a Terceira Guerra Mitridática.
73: Começa a revolta de Espártaco; César serve sob o comando de Antônio na Grécia, período durante o qual pode ter sido feito refém por piratas; César é escolhido como membro do colégio dos pontífices.
72: A Guerra Sertoriana chega ao fim; César serve como tribuno militar sob o comando de Crasso.
71: Espártaco é derrotado; Pompeu retorna à Itália.
70: Primeiro consulado de Pompeu e Crasso; César serve como questor na Espanha Ulterior.
69: César profere elegias fúnebres por sua tia Júlia e sua esposa Cornélia.
68: César se casa com Pompeia.
67: A *Lex Gabinia* é aprovada, nomeando Pompeu para um comando especial para reprimir a pirataria; o exército de Lúculo se amotina; Mitrídates reconquista o Ponto.
66: A *Lex Manilia* confere a Pompeu o comando contra Mitrídates.
65: César é eleito edil e restaura os monumentos dedicados a Mário.
63: César é eleito *pontífice máximo* e pretor; conspiração de Catilina; Pompeu finaliza sua vitória sobre Mitrídates.
62: César serve como pretor; escândalo de *Bona Dea* no final do ano; Pompeu retorna à Itália.
61: César se divorcia de Pompeia e inicia seu mandato como governador da Espanha Ulterior.
60: César eleito cônsul para 59.
59: César atua como cônsul e recebe a Gália Cisalpina, a Gália Transalpina e a Ilíria por cinco anos; Júlia se casa com Pompeu; César se casa com Calpúrnia.
58: César derrota os helvécios e Ariovisto; exílio de Cícero.
57: César derrota as tribos belgas; Cícero retorna do exílio.
56: César derrota os vênetos; encontro em Luca entre César e Pompeu; Cícero profere o discurso *Sobre as Províncias Consulares*.
55: Pompeu e Crasso são cônsules pela segunda vez; César derrota os usípetes e os tencteros, invade a Germânia e a Britânia; a *Lex Pompeia Cassia* prorroga o comando de César na Gália por mais cinco anos.
54: César invade a Grã-Bretanha pela segunda vez; desastre de Sabino e Cota; Crasso é governador na Síria; mortes de Aurélia e Júlia.
53: César vinga o desastre de Sabino e Cota, invade a Germânia; Crasso é morto em Carras.

52: Assassinato de Clódio; Pompeu torna-se cônsul único; revolta de Vercingétorix; plebiscito apoiado por Pompeu concede a César o direito de concorrer ao consulado à revelia (*ratio absentis*); Pompeu apoia a aprovação de um projeto de lei que impõe um intervalo de cinco anos entre o exercício do cargo e o governo provincial; Pompeu casa-se com Cornélia.

49: César atravessa o Rubicão; Pompeu retira-se para a Grécia; César derrota Afrânio e Petreio na Espanha; derrota de Cúrio no Norte da África; César torna-se ditador pela primeira vez em dezembro.

48: César atravessa o Adriático e é derrotado em Dürres; César derrota Pompeu em Farsalos; Pompeu é assassinado no Egito; César chega a Alexandria e inicia um relacionamento com Cleópatra.

47: César instala Cleópatra como rainha do Egito; nascimento de seu filho Cesarião; derrota de Fárnaces em Zela; César retorna à Itália e, como ditador, lida com motins militares e crises financeiras antes de partir para a África.

46: César, como ditador e cônsul, derrota as forças pompeianas em Tapso; suicídio de Catão; César comemora quatro triunfos no outono e reforma o calendário, estabelecendo o ano de 365 dias; Cícero profere os discursos *Em nome de Marcelo* e *Em nome de Ligário*.

45: César, como ditador e cônsul, derrota as forças pompeianas em Munda, administra a Itália por meio de prefeitos até seu retorno no outono, escolhe Caio Otávio como seu principal herdeiro e escreve *Anti-Catão*.

44: César torna-se ditador vitalício e é assassinado em 15 de março.

Glossário

edis Originalmente, magistrados plebeus encarregados de supervisionar os cultos plebeus no monte Aventino. O cargo foi aberto aos patrícios em 367 a.C., quando o cargo de edil curul foi criado para eles. A partir de então, os edis curules e os edis plebeus eram eleitos em anos alternados (com os edis curules sendo eleitos nos anos pares), embora em alguns anos (por exemplo, em 65 a.C.) tanto os edis plebeus quanto os curules fossem eleitos. As funções dos edis incluíam a realização de certos jogos, a supervisão do mercado e a manutenção da ordem pública.

comitia centuriata A assembleia de votação romana baseada na divisão do povo romano em cinco classes e 193 centúrias. A *comitia centuriata* só podia ser convocada por um magistrado com *imperium* e podia eleger magistrados com *imperium*, declarar guerra e paz e promulgar leis.

comitia populi tributa Assembleia criada com base no modelo do *concilium/comitia plebis*, na qual as unidades de votação eram as trinta e cinco tribos. Ao contrário do *concilium/comitia plebis*, os patrícios eram admitidos. A assembleia podia aprovar leis e eleger edis curules, questores e comissários especiais.

concilium/comitia plebis tributa Originalmente formada como uma assembleia apenas de plebeus e presidida pelos tribunos. Ela elegia tribunos da plebe e edis plebeus e podia aprovar moções – plebiscitos – que eram vinculativas para todos os membros da comunidade romana. As unidades de votação eram as trinta e cinco tribos. Ao longo da história da República, esta foi a assembleia através da qual as leis propostas pelos tribunos eram aprovadas.

censores Dois censores eram eleitos a cada cinco anos para mandatos de dezoito meses. Sua principal função era elaborar listas de cidadãos romanos, o que também envolvia a supervisão da moral da comunidade. Eles também eram responsáveis pelo arrendamento de propriedades públicas geradoras de receita.

coorte Uma unidade militar que formava um décimo de uma legião sob as reformas do exército mariano. Cada coorte tinha seis centuriões e era a unidade tática básica da legião. Unidades auxiliares de infantaria também eram formadas como coortes, embora não fossem reunidas em legiões.

Cônsul O mais alto magistrado da República Romana. Os romanos entendiam que o termo derivava do verbo *consulo*, aconselhar-se, uma vez que o aspecto crucial do consulado era que tinha de haver dois em qualquer momento (um cônsul que morresse no cargo tinha de ser substituído por um sufecto). O *imperium* de um cônsul era superior ao de qualquer outro magistrado, a menos que um ditador estivesse no cargo.

denário (plural **denarii**) Moeda de prata básica no sistema monetário do final da República. Valia quatro sestércios.

ditador Originalmente um cargo criado apenas por um magistrado sênior, o detentor tinha *imperium* superior a todos os outros magistrados. Originalmente, o poder do ditador era definido por uma tarefa específica, após a conclusão da qual o cargo expiraria, ou por um prazo específico. Sula eliminou o prazo teórico para si mesmo.

Epicurismo Doutrina derivada do pensamento do filósofo grego Epicuro (341–270 a.C.). Seu princípio central era que o objetivo da filosofia era garantir uma vida feliz. Epicuro ensinava, com base em teorias anteriores, que toda a matéria era composta de átomos e que a mudança era o resultado do rearranjo desses átomos. Os deuses eram eles próprios o produto da combinação atômica e não se importavam com os seres humanos.

Ordem equestre Originalmente referindo-se à cavalaria no exército primitivo, em meados do período republicano (se não antes), o termo "equestre" era usado para definir a ordem que se situava logo abaixo do Senado.

flamen dialis O sacerdote de Júpiter. Ele era sempre um patrício e era escolhido pelos pontífices. O *flamen dialis* estava sujeito a um sistema tão elaborado de regras e tabus que era praticamente impossível para ele ter uma carreira política.

imperium Poder legal de um ditador, cônsul ou pretor, classificado de acordo com o cargo ou último cargo ocupado, a menos que um acordo especial fosse feito por meio de uma lei aprovada pelo povo romano.

mestre da cavalaria (*magister equitum*) No período republicano, este termo para um comandante da cavalaria referia-se ao magistrado que era o segundo no comando depois do ditador. Todos os ditadores nomeavam um.

nobiles Membros da aristocracia romana que vinham de famílias que, em algum momento de sua história, haviam produzido um cônsul.

paterfamilias O chefe de uma família romana. A lei romana concedia ao *paterfamilias* poder de vida e morte (*patria potestas*) sobre todos os membros de sua família e seus servos dentro de sua casa.

patriciano Membro da elite governante de Roma. As famílias aristocráticas que compunham a ordem patrícia afirmavam ser descendentes dos senadores originais da cidade.

pilum (plural **pila**) Um dardo pesado que era a arma de projétil padrão do legionário romano.

plebeu Qualquer cidadão romano que não fosse patrício.

pomerium A fronteira sagrada da cidade de Roma.

pontifex maximus O chefe do conselho dos pontífices. O cargo era eletivo.

pontífices Um colégio de sacerdotes romanos que supervisionava assuntos relacionados ao culto estatal – sacrifícios, festivais e outros rituais – e aconselhava os magistrados em questões de lei religiosa.

pretor Magistrado romano em segundo lugar na hierarquia, depois do cônsul. Sula aumentou o número de pretores de seis para oito e designou-lhes a administração dos tribunais permanentes em Roma. César expandiu seu número para dezesseis.

proscrição Sob Sula, a palavra passou a significar a publicação de uma lista de cidadãos condenados à morte como inimigos do Estado. Os proscritos por Sula não tinham direito à *provocatio*.

provocatio Literalmente, "ato de convocar". O termo passou a significar o direito de qualquer cidadão romano de apelar ao povo romano contra o exercício do poder de coerção física de um magistrado.

publicanus (plural ***publicani***) Um empreiteiro de obras públicas, especialmente de cobrança de impostos.

questor O magistrado romano de menor hierarquia. Os questores eram responsáveis pelas finanças do Estado. Após a lei de Sula que regulamentava as etapas da carreira senatorial, a eleição para o cargo de questor qualificava uma pessoa para ser senador.

regnum Literalmente, o cargo ou poder de um rei. No vocabulário político do final da República, este termo opunha-se a *libertas*, significando governo autocrático ou despótico.

senatus consultum O "conselho do senado" ou um decreto do Senado. Um *senatus consultum* não tinha autoridade legal, que só poderia ser conferida se uma assembleia do povo votasse a favor de um *senatus consultum*.

senatus consultum ultimum O "decreto definitivo do Senado" supostamente conferia aos magistrados o poder de tomar qualquer medida que considerassem necessária para proteger o Estado contra danos, incluindo a morte de cidadãos romanos sem julgamento. O *senatus consultum ultimum* foi aprovado pela primeira vez em 121 a.C.

sestertius (plural **sestertii**) A moeda romana básica de bronze.

Estoicismo Sistema de pensamento criado por Zenão de Cítio (335-263 a.C.), segundo o qual o mundo físico é composto por objetos materiais cujas interações são regidas pelas leis do destino. A ética estoica sustentava que a virtude, que servia para colocar as coisas em sua devida ordem, era suficiente para a felicidade, que nada além da virtude era bom e que as emoções eram ruins quando contrárias à virtude.

tribuno Inicialmente, um funcionário ligado às tribos (a palavra deriva de *tribus*). O número de tribunos foi estabilizado em dez em 455 a.C. Os tribunos eram plebeus e eleitos para o cargo pelo *concilium plebis*. Tinham o poder de apresentar legislação perante a *comitia tributa* e o *ius intercessionis* (direito de intercessão) ou poder de veto, o que lhes permitia paralisar os assuntos públicos. Em teoria, os tribunos possuíam *sacrosanctitas*, ou seja, eram "protegidos por sanção religiosa contra danos", libertando assim um tribuno, enquanto no cargo, da ameaça de violência nas mãos de um detentor do *imperium*.

Virgens Vestais Grupo de seis mulheres que eram servas de Vesta, a deusa padroeira do lar e do coração romano. As vestais eram encarregadas de manter acesa a chama eterna, simbolizando a força duradoura do Estado, no Templo de Vesta, no Fórum.

Notas

Todas as abreviações de obras clássicas seguem o Oxford Classical Dictionary.

Capítulo 1

1. Para a conexão com Bovillae, ver Tac. *Ann.* 2.41, 15.23.2, com S. Weinstock, *Divus Julius* (Oxford, 1971), 5–7; D. Potter, "Rome and Bovillae through the Early Decades of the Empire", em *Ancient Bovillae: History, Art and Archaeology of a Lost City on the Roman Hinterland* ed. P. Hatlie (Ann Arbor, 2025): 24–29. A tentativa de negar a conexão em E. Badian, "From the Iulii to Caesar", em *A Companion to Julius Caesar*, ed. M. T. Griffin (Oxford, 2007), 13–14, é perversa.
2. Para o nascimento de César, ver M. Carroll, *Infância e primeira infância no mundo romano: "Um fragmento de tempo"* (Oxford, 2015), 56–59; A. Bonnell-Freidin, *Parto romano: a gravidez e seus riscos na Roma imperial* (Princeton, 2024): 38–40 (parteiras); 166–208 sobre a tecnologia da esperança (amuletos). Para especulações sobre a conexão com o cognome de César, ver Plin. *HN* 7.47. Ver F. M. Galassi e H. Ashrafian, *Julius Caesar's Disease: A New Diagnosis* (Barnsley, 2016), 8 refutando a conexão com a epilepsia; e ver também p. 271 abaixo.
3. Ver Plut. *Mar.* 6.2 para a data do casamento após o seu pretado. Sobre o estatuto dos Júlios nesta altura, ver R. Syme, *Sallust* (Berkeley, 1964), 161; e E. Gruen, *The Last Generation of the Roman Republic* (Berkeley e Los Angeles, 1974), 75.
4. *CIL* 14.2387 com discussão em M.G.G. Cercere, "Inscriptions from the Area of Bovillae," em *Ancient Bovillae: History, Art and Archaeology of a Laost City on the Roman Hinterland* ed. P. Hatlie (Ann Arbor, 2025): 130–2.
5. Para todas as opções, ver SHA *Ael.* 2.3–4. Para "cesariana", ver Plin. *HN* 7.47; Serv. *ad Aen.* 10.316. Para o elefante, ver *RRC* n.º 443.
6. A. Ernout e A. Meillet, *Dictionnaire étymologique de la langue latine*, 4ª ed. (Paris, 2001), 84.

7. Para tribos romanas em geral, consulte L. R. Taylor, *The Voting Districts of the Roman Republic: The Thirty-Five Urban and Rural Tribes*, 2ª ed., ed. J. Linderski (Ann Arbor, 2013), 40–41, 363.
8. *FRH* 5 F11, com C. Smith, "Caesar and the History of Early Rome", em *Cesare: Precursore o visionario? Atti del convegno internazionale, Cividale del Friuli 17–19 settembre 2009*, ed. G. Urso (Pisa, 2020), 252, e, de forma mais geral, 250–253, 261–264.
9. A moeda em questão é *RRC* n.º 320; *FRH* 5 F8 para Catão.
10. A. Erskine, *Troia entre a Grécia e Roma: Tradição local e poder imperial* (Oxford, 2001), 17–23, para a história mítica dos Júlios, e 147 para Enéas na Etrúria.
11. Lívio 27.22.9, 29.4–6 (pretor de 208); e *CIL* 13.1 (cônsul de 157). Ele provavelmente também é o ex-pretor em Dessau, *ILS* 19. Ver também Smith, "Caesar and the History of Early Rome" (César e a história da Roma antiga), 251.
12. Para a ascendência dos Marcii, ver Suet. *Iul*. 6.1.
13. R. Bagnall e B. W. Frier, *The Demography of Roman Egypt* (Cambridge, 1994), 81–90. As evidências egípcias estão claramente alinhadas com outras evidências sobre a expectativa de vida no mundo romano.
14. Para a idade no casamento, ver S. Treggiari, *Roman Marriage:* Iusti Coniuges *from the Time of Cicero to the Time of Ulpian* (Oxford, 1991), 398–403. Para Cícero e sua família, ver A. E. Hanson, "The Roman Family", em *Life, Death, and Entertainment in the Roman Empire*, ed. rev., ed. D. Potter e D. J Mattingly (Ann Arbor, 2010), 47–48.
15. Para dotes, ver Treggiari, *Roman Marriage*, 323–364.
16. Ver agora B. D. Shaw, "The Company-State Model and the *societates* publicanorum", *Historia* 71 (2022): 78–127.
17. D. Potter, *The Origin of Empire: Rome from the Republic to Hadrian* (Londres, 2019), 116, sobre o esquema da Ligúria. Ver P. Kay, *Rome's Economic Revolution* (Oxford, 2014) sobre a expansão econômica do século II.
18. Cic. *Mur*. 76. Para mais informações sobre o cargo de edil, ver pp. 10; 65–66 abaixo.

Capítulo 2

1. L. R. Taylor, *Roman Voting Assemblies* (Ann Arbor, 1966).
2. D. W. Rathbone, "The Control and Exploitation of *ager publicus* in Italy under the Roman Republic," em *Tâches publiques et enterprise privée dans le monde romain*, ed. J.-J. Aubert (Genebra, 2003), 135–178; J. Rich, "Lex Licinia, Lex Sempronia, B. G. Niebuhr and the Limitation of Landholding in the Roman Republic", em *People, Land, and Politics: Demographic Developments and the Transformation of Roman Italy, 300 a.C.–14 d.C.*, ed. L. de Light e S. Northwood (Leiden, 2008), 519–572; e S. T. Roselaar, *Terras Públicas na República Romana: Uma História Social e Econômica do Ager Publicus na Itália, 396–89 a.C.* (Oxford, 2010).
3. D. L. Stockton, *Os Gracos* (Oxford, 1979), 61–86.
4. Stockton, *Gracchi*, 114–161.
5. Cic. *Cat*. 1.4; *Fil*. 8.14; e Plut. *C. Gracch*. 14.3.

6. Sall. *Iug.* 42; e R. Syme, *Sallust* (Berkeley, 1964): 160–171, sobre suas opiniões políticas. Ver também D. Potter, *The Origin of Empire: Rome from the Republic to Hadrian* (Londres, 2019): 145, 155–157.
7. Plut. *Mar.* 3.1.
8. Plut. *Mar.* 4.2–4 (tribuno), 5.3–5 (julgamento), 6.1 (governador da Espanha); Sall. *Iug.* 8.1–2 (conexão com Jugurta, embora sem mencionar Mário diretamente, mas uma conexão pode estar implícita em *ea tempestate in exercitu nostro fuere conplures novi atque nobiles*).
9. Sall. *Iug.* 16.5 (acordo), 20.1: *omnia Romac vcnalia cssc.*
10. Sall. *Iug.* 26 (assassinatos), 28.4–29 (campanha de 111), 38.9 (rendição).
11. Lívio, *Per.* 63; Flor. 1.39.4; Dio Cass. 26 fr. 88; Fest. *Brev.* 9.1; Amm. Marc. 27.4.4 (derrota de Catão); Estrabão 5.1.8; Lívio, *Per.* 63; Vell. Pat. 2.12.2; Plut. *Mar.* 16.5; App. *Celt.* 13 (derrota de Carbo pelos cimbros); Sall. *Iug.* 40 (Scaurus); Plut. *Mar*, 4.1 (Mário como cliente hereditário dos Caecilii).
12. D. Potter, "Caesar and the Helvetians," *New Perspectives on Ancient Warfare*, ed. G. Fagan e M. Trundle (Leiden, 2010), 311–312.
13. Sall. *Iug.* 64.1–4 (Metelo a Mário), 65.4–5, 73.3–7; Plut. *Mar.* 8.3–9; Dio Cass. fr. 89.3 (eleição de Mário); e Syme, *Salústio*, 158–160.
14. Sall *Iug.* 73.7: *Et postea populus a tribuno plebis T. Manlio Mancino rogatus, quem vellet cum Iugurtha bellum gerere, frequens Marium iussit.*
15. Sall. *Cat.* 96.
16. *FRH* 25 F66a–b; Flor. 1.38.4; Gran. Licin. p. 17B; Plut. *Mar.* 16.5, 19.2; Dio Cass. fr. 91.
17. Plut. *Mar.* 16
18. Lívio, *Per* 68 (ambas as batalhas); Plut. *Mar.* 17 (figuras religiosas), 18–21 (derrota dos teutões), 24–27; Plut. *Sull.* 4 (derrota dos cimbros). Para o templo, ver A. Carandini e P. Carafa, eds., *The Atlas of Ancient Rome: Biography and Portraits of the City*, trad. A. C. Halaveis (Princeton, 2017), 503–504.
19. Gran. Licin. p. 13F; *Auct, ad Her.* 1.14; Val. Max. 4.7.3 (julgamentos de Cepião e Mallius); Cic. *De or.* 2.25, 28, 47; *Off.* 2.14; Val. Max. 8.5.2; Tac. *Ann.* 1.72 (lei *maiestas*); Cic. *Verr.* 2.1.9; *Brut.* 62; *Rab. Post.* 4; *Balb.* 23; Asc. *Scaur.* 21C (lei da extorsão); Lívio, *Per.* 69; Val. Max. 9.7.1, 7. 3; Flor. 2.4; App. B *Civ* 1.28; [Aur.Vict,] *De vir. ill.* 73 (eleição de Saturnino).
20. Lívio, *Per.* 69; App. *B Civ* 1.29 (lei fundiária); Cícero, *Balb.* 21; [Aur.Vict,] *De vir. ill.* 73 (lei fundiária); *Auct. ad Her.* 1.12 (lei cerealífera). Para exemplos de cláusulas de juramento, ver M. H. Crawford, *Roman Laws and Statues*, BICS suppl.64 (Londres, 1996) n.º 7, 14–22.
21. Cic. *Rab Post.* 7 *Brut.* 62; Lívio, *Per.* 69; Vell. Pat. 22.12; Val. Max. 3.2.18, 8.6.2; Flor. 2.4; Plut. *Mar.* 30; App. B *Civ* 1.33, com P. Hinard's n. 233 em P. Goukowsky, ed., *Appien: Histoire romaine*, vol. 13 (Paris, 2008); Oros. 5.17; [Aur. Vict.] *De vir. ill.* 73. Para a data, ver J. L. Beness e T. W. Hillard, "The Death of Lúcio Equitius on 10 December 100 B.C.", *CQ* 40 (1990): 269–272 (salientando que Equitius morreu após o assassinato de Saturnino e seus companheiros).

Capítulo 3

1. M. Carroll, *Infância e primeira infância no mundo romano: "Um fragmento de* tempo" (Oxford, 2015), 63.
2. A. E. Hanson, "The Roman Family" (A Família Romana), em *Life Death, and Entertainment in the Roman Empire*, ed. rev., ed. D. Potter e D. J. Mattingly (Ann Arbor, 2010): 39–40; e Carroll, *Infancy and Earliest Childhood*, 64–65 (desmame), 72–75 (envolver o bebê em panos); A. Bonnell-Freidin, *Birthing Romans: Childbearing and its Risks in Imperial Rome* (Princeton, 2024): 35–37 (amamentação).
3. Tac. *Dial*. 28 (A reputação de Aurélia como mãe).
4. Quint. *Inst*. 1.1.25–26.
5. Quint., *Inst*. 1.1.30–32.
6. Quint., *Inst*. 1.1.12–14.
7. Agostinho. *Conf*. 1.13.22
8. Hanson, "Roman Family", 37, fig. 2, sobre brinquedos; S. Bonner, *Education in Ancient Rome: From the Elder Cato to the Younger Pliny* (Abingdon, 2012), 37.
9. Sobre a escravidão como um aspecto não produtivo da economia da elite e sobre a especialização ostensiva, ver S. Treggiari, "Jobs in the Household of Livia", *Papers of the British School at Rome* 43 (1975), 48–77; K. Bradley, *Slavery and Society at Rome* (Cambridge, 1995), 59–63; e G. E. M. de Ste. Croix, *The Class Struggle in the Ancient Greek World* (Londres, 1981), 133–173.
10. H. Mouritson, *The Freedman in the Roman World* (Cambridge, 2011), 120–205 (especialmente 132–133 sobre a idade da alforria).
11. K. Hopkins, "Novas evidências sobre a escravidão romana", em Potter e Mattingly, *Vida, morte e entretenimento*, 110–134; e Mouritson, *O homem livre no mundo romano*, 27, sobre abuso sexual. Ver também A. Richlin, *Teatro escravo na República Romana: Plauto e a comédia popular* (Cambridge, 2017).
12. Cícero, *Comment. pet*. 5 (Cícero e seus escravos); Mouritson, *Freedman in the Roman World*, 44–46; S. Treggiari, *Roman Freedmen During the Late Republic* (Oxford, 1969), 218–219 (sobre Cícero e Tiro); e E. J. Champlin, *Julgamentos finais: dever e emoção nos testamentos romanos, 200 a.C.–250 d.C.* (Berkeley e Los Angeles, 1991), 137 (legados a concubinas).
13. Para o jovem com disco comprimido, consulte: https://kslnewsradio.com/1937431/bodies-of-man-and-his-slave-unearthed-from-ashes-at-pompeii/. A alegação de que um moinho relatado em Pompeia era o local de punições a escravos é exagerada – ele faz parte de uma grande cozinha em uma casa grande e rica. Para o relatório errôneo, consulte: https://www. nytimes.com/2023/12/08/world/europe/pompeii-ruins-slaves.html. (Sou grato aos membros da equipe arqueológica de Pompeia pela visita ao local em julho de 2024). Veja também Sen. *Ep.* 47 (escravos em pé durante jantares).
14. H. Thompson, "Iron Age and Roman Slave-Shackles" (Idade do Ferro e Grilhões Romanos), *Archaeological Journal* 150 (1983): 57–168; Gai. *Inst*. 1.53 (proteções para escravos no período imperial); *AE* 1971 n.º 88 (texto de Pozzouli); Diod Sic. 34.4 (maus-tratos a escravos e revolta siciliana), com P. Morton, *Slavery and Rebellion in Second-Century bc Sicily: from Bellum Servile to Sicilia Capta* (Edimburgo, 2024), 129–152.

Capítulo 4

1. A análise crítica da tradição biográfica continua sendo H. Strasburger, *Caesars Eintritt in die Geschichte* (Munique, 1938), reimpresso em H. Strasburger, *Studien zu alten Geschichte* (Hildesheim, 1982). Ver também G. B. Townend, "C. Oppius on Julius Caesar," *AJPhil;* 108 (1987): 325–342 e, para Suetônio, G. W. Bowersock, "Suetonius and Trajan." Em *Hommages à Marcel Renard*, vol. 1, ed. J. Bibauw, Collection Latomus 101. (Bruxelas, 1969): 119–25; para Plutarco, ver C.B.R. Pelling, *Plutarco*, César (Oxford, 2011): 13–58 *Plutarco*, César. Oxford, 2011.
2. Para a caracterização de Estrabão, ver Cic. *Brut.* 177. As passagens citadas no texto são: Cic. *De or.* 2.270 (*Genus est perelegans et cum gravitate salsum cumque oratoriis dictionibus tum urbanis sermonibus accommodatum)*; 2.273 (*"quidni" inquit "meminerim? Numquam enim recepissem, nisi tu perdidisses")*.
3. Suet. *Iul.* 55, sobre o uso da obra de Estrabão por César; Caes. B *Gall.* 1.44.9, com p. 139 abaixo; *BCiv.* 1.19 (*Cum vultus Domiti cum oratione non consentiret, atque omnia trepidantius timidiusque ageret, quam superioribus diebus consuesset)*, com p. 209 abaixo; Suet. *Iul.* 34 (*professus ante inter suos, ire se ad exercitum sine duce et inde reversurum ad ducem sine exercitu)*, com pp. 215–216 abaixo. Ver também A. Garcea, *Caesar's* De Analogia: *Edition, Translation and Commentary* (Oxford, 2012), 19–20.
4. Suet. *Gram. et rhet.* 6.
5. Ver Garcea, *Caesar's* De Analogia, 20–21.
6. Suet. *Gram. et rhet.* 7.2.
7. D. Potter, *The Origin of Empire: Rome from the Republic to Hadrian 264 a.C.–138 d.C.* (Londres, 2021), 146–154, com bibliografia na p. 406; a questão da contribuição dos aliados para os exércitos de Roma é complexa; ver P.A. Brunt, *Italian Manpower 225 a.C.–14 d.C.* (Oxford, 1971), 432–433; R.E. Smith, *Serviço no Exército Romano Pós-Mariano* (Manchester, 1958): 3; 16–26; Informações contraditórias são fornecidas por Vell. Pat. 2.15.1: os aliados contribuíram com o dobro do número de romanos, o que é incorreto para o século II, embora seja aproximadamente correto para o período da guerra de Aníbal (ver Brunt, *Italian Manpower,* 678), Pol. 6.26: a infantaria aliada era equivalente em força às unidades cidadãs, o que não seria contraditório se os exércitos de guarnição consistissem em uma legião cidadã e uma legião aliada, como parece ser o caso em Plut. *Caes.* 12.1; App. *Ill.* 10; ver também F. Bigloni, *The War Economy of the Roman Republic (406-1 00 BCE) Mnemosyne Supplement* 487 (Leiden, 2025): 102–155.
8. Malcovati, *ORF* p. 191 (discurso de Caio Graco sobre a conduta dos magistrados na Itália); e Asc. *Corn.* 67C (expulsão dos italianos).
9. App. *B Civ.* 1.35. Ver também Vell. Pat. 2.13; Tito Lívio, *Per.* 71; Diod. Sic. 37.10 (aumento do tamanho do Senado); App. *B Civ.* 1.35; Vell. Pat. 2.14; Flor. 2.35; Tito Lívio, *Per.* 71 (franquia); App. B *Civ.* 1.35–36; Lívio, *Per.* 71 (lei agrária). Cic. *Dom.* 41, 50; *Leg.* 2.14, 31; Diod. Sic. 36.10; Asc. *Mil.* 68C; Flor. 2.5. Ver, em geral, E. Gabba, "Roma e Itália: A Guerra Social", em *The Cambridge Ancient History,* 2ª ed., vol. 9, ed. J. A. Crook, A. Lintoot e E. Rawson (Cambridge, 1994), 111–113.

10. Para o início da guerra, ver App. *B Civ.* 1.38; Flor. 2.6; Lívio, *Per.* 72; Obseq. 114–115, com P. A. Brunt, *The Fall of the Roman Republic* (Oxford, 1998), 98–102. Para as campanhas de 90, ver App. B *Civ.* 1.40–47; Lívio, *Per.* 73–74; Oros. 5.18. Para a *lex Julia de civitate*, ver App. B *Civ.* 1.49; Gell. 4.4.3; Cic. *Balb.* 21; Vell. Pat. 2.16, com Brunt, *Fall*, 105–108.
11. Apêndice *BC* 1.40; 46 para o retorno de Sula à ação; para o comentário de Mário, ver Plut. *Mar.* 33.2.
12. Para as campanhas de Estrabão, ver Cic. *Balb.* 50; App. *B Civ.* 1.47; Oros. 5.18.10, 17; Lívio, *Per.* 70. A inscrição em questão é *ILS* 8888, com N. Criniti, *L'Epigrafe di Asculum di Gn. Pompeo Strabone* (Milão, 1970).
13. App. *Mith.* 18–19, com A. N. Sherwin-White, *Roman Foreign Policy in the East, 168 B.C. to A.D. 1* (Londres, 1984), 121–127.
14. Plin. *NH* 33.48; App. *Mith.* 21, com B. C. McGing, *The Foreign Policy of Mithridates VI of Pontus* (Brill, 1986), 105.
15. Para Mitrídates e o manto de Alexandre, ver App. *Mith.* 117. Para outra fantasia de Alexandre, ver App. *Mith.* 20, com a nota em P. Goukowsky, *Appien: Histoire romaine*, vol. 7 (Paris, 2003), 147–148 e McGing, *Foreign Policy of Mithridates*, 101. Para Atenas, ver *BNJ* 87 F36. Para o massacre, ver *BNJ* 434.22.9 (Mêmnon, um contemporâneo); Cic. *Man.* 7, 11; *Flac.* 57; App. *Mith.* 22, com Goukowsky *Appien: Histoire romaine*, 7:n212.
16. Plut. *Sull.* 6.8–9. Para os eventos de 88, ver também R. Seager, "Sula", em *The Cambridge Ancient History* 2ª ed., vol. 9, ed. J. A. Crook, A. Lintoot e E. Rawson (Cambridge, 1994), 165–173.
17. Lívio, *Per.* 77; App. *B Civ.* 1.55; Plut. *Sull.* 8 (distribuição de novos cidadãos); Lívio, *Per.* 77; *Auct. ad Her.* 2.45 (reintegração de exilados); Lívio, *Per* 77; Vell. Pat. 2.18; App. *B Civ.* 1.56; Plut. *Mar.* 34; *Sull.* 8; Val. Max. 9.7; Eutr. 5.4; Flor. 2.9; [Aur. Vict.] *De vir. ill.* 67 (transferência do comando para Mário); Plut. *Sull.* 8 (proibição de dívidas), com R. J. Evans, "A lei sulpiciana sobre dívidas: implicações para a elite política e ramificações mais amplas", *Acta Classica* 50 (2007): 81–94.
18. Plut. *Mar.* 35.2–3 em M. Chassignet, *L'annaliste romaine*, vol. 3 (Paris, 2004): 178 F12; Plut. *Sull.* 8.3.
19. Lívio, *Per.* 77; Plutarco, *Sull.* 9; *Mar.* 35; App. *B Civ.* 57–59.
20. Cic. *Sest.* 22; *Pis.* 19; *Planc.* 10; Vell. Pat. 2.19; Diod. Sic. 37.29; Plut. *Mar.* 35–40; *Sert.* 4; Flor. 2.9.8; Oros. 5.19 (a fuga de Mário; Florus e Orosius refletem a versão de Tito Lívio, enquanto Cícero mostra que a história circulava regularmente em sua geração); *Auct. ad Her.* 1.15, 4.22; Cic. *Brut.* 64; Val. Max. 6.5.7 (morte de Sulpício).
21. App. *B Civ.* 1. 59.
22. Sall. *Hist* 2.21; Tito Lívio, *Per.* 77; Val. Max. 9.7; App. *B Civ.* 1.63 (assassinato de Pompeu Rufo).
23. App. *B Civ.* 1.65–66; Plut. *Mar.* 4; App. *B Civ.* 1.65, 67; Plut. *Mar.* 42.2–3; *Pomp.* 3; *Sert.* 5.1.
24. Cic. *De or.*3.8; Tito Lívio, *Per.* 80.
25. Suet., *Iul.* 1.1: *dismissa Cossutia*; o verbo indica divórcio. Plut. *Caes.* 5.7 deixa claro que Pompeia era a terceira esposa de César. Para ser *flamen dialis*, César teria que ser casado

com outra patrícia, como era Cornélia. Tecnicamente, um *flamen dialis* não poderia se divorciar, mas a situação na época era suficientemente irregular para que, presumivelmente, fosse solicitada uma isenção. Também pode ser relevante o fato de César nunca ter realmente assumido o cargo. Para a visão de que Cossutia era apenas noiva de César, ver, por exemplo, C. Meier, *Caesar: A Biography*, trad. D. McLintock (Nova York, 1982), 85. A. Goldsworthy, *Caesar: Life of a Colossus* (New Haven, 2006), 49, é agnóstico, mas inclina-se para o noivado apenas com base na idade. A relação de L. Pédio com César é sugerida por Suet. *Ius.* 83.2, mas ele teve uma carreira significativa a serviço de César (ver Caes. B *Gall.* 11.2.22.3; *BCiv.* 3.32) e, como cônsul em 43, apresentou o projeto de lei que autorizava as proscrições: ver *BNP*, s.v. "Pédio". O casamento com Pinarius é conhecido apenas pela existência de L. Pinarius Scarpo: ver Suet. *Iul.* 83.2; App. B *Civ.* 3.22, com *BNP*, s.v. "L. Pinarius Scarpus". A carreira de Scarpo indica que ele era significativamente mais jovem que L. Pédio.

26. Para César e os Salii, ver G. Rüpke, *Fasti Sacredotium: A Prosopography of Pagan, Jewish, and Christian Religious Officials in the City of Rome 300 a.C. to ad 499*, trad. D. M. B. Richardson (Oxford, 2008), 734. *Flamen dialis:* ver Tac. *Ann.* 3.58, que considero decisivo, a questão não é simples e Suetônio (*Iul.* 1.1) diz que ele era *destinatus*, mas isso indica que ele não completou o processo, contra Vell. Pat. 2.43.1, que afirma explicitamente que ele ocupou o cargo e o perdeu sob Sula (*flamen dialis creatus victoria Sullae... amisisset id sacerdotium).* Plut. *Caes.* 1.3 parece confirmar a versão de Suetônio (César é candidato a um sacerdócio que Sula o impede de assumir); ver também Strasburger, *Caesars Eintritt,* 80. Rüpke, *Fasti Sacerdotium,* 734n1, defende que ele ocupou o cargo por um breve período, mas ver L. R. Taylor, "Caesar's Early Career", C *Phil.* 36 (1941): 115, sobre Aurélia.
27. Acordos fiscais: ver App. *Mith.* 63; Plut. *Sull.* 24.3 (tratado com Mitrídates); 25.2 (multa imposta à Ásia), com F. Santangelo, *Sulla, the Elites and the Empire: A Study of Roman Policies in Italy and the Greek East* (Leiden, 2007), 107–133; M.H. Crawford, *Roman Republican Coinage* (Cambridge, 1975), n. 359; 366–71; 374, e agora, considerando as casas da moeda da Grécia juntamente com as casas da moeda de Sula, ver L.F. Carbone, "Financiando as Guerras de Sula", em D.G. Domíguez, J.G. González e F. Santangelo eds., *Histórias Conectadas das Guerras Civis Romanas (88-30 a.C.)* (Berlim, 2024): 75–120; o número que ela atribui ao exército de Sula na p. 75 n. 6 é substancialmente maior (93.000 homens) do que o exército com o qual Sula retornou à Itália, que contava com 40.000 homens (App. *BC* 1. 363 com P. Goukowsky e F. Hinard, *Appien, histoire romaine XIII Guerres civiles I* (Paris, 2008) n. 465 sobre os números), sugerindo que Sula chegou com um excedente substancial, que foi utilizado para aumentar seu exército para 23 legiões ou cerca de 120.000 homens após chegar à Itália; ver App. *BC* 1. 489; 470 para estes números, e Potter, *Origin of Empire,* 186–188, sobre a importância dos recursos para a guerra civil.
28. Plut. Pompeu, 6–7 para Pompeu com R. Seager, *Pompeu, o Grande: Uma Biografia Política* (2ª ed.) (Oxford, 2002): 26–8. Para Sula e os italianos, ver Santangelo, *Sula*, 67–77.
29. Santangelo, *Sula*, 78–87; e F. Hinard, *Les proscriptions de la Rome républicaine* (Paris, 1985), 67–100, sobre os termos da *lex Cornelia*.

30. Plut. *Caes*. 1.4; Suet. *Iul*. 1.3 (colocando o incidente em diferentes momentos após o retorno de Sula). Para uma discussão sobre o significado dessa passagem e sua importância para Suetônio, ver D. Wardle, "Sula and the 'Prophecy' of Caesar's Destruction of the *Optimates* (Suet. *Iul.* 1.3)", *Akroterion* 66 (2021): 79–96. Para os aspectos ficcionais dos relatos sobre a relação de César com Sula, ver Taylor, "Caesar's Early Career", 116.
31. Sobre este ponto, ver Strasburger, *Caesars Eintritt*, 69–70.

Capítulo 5

1. H. Strasburger, *Caesars Eintritt in die Geschichte* (Munique, 1938): 82 (= *Kleine Schriften* 1:82).
2. App. *Mith*. 65–66; *BNJ* 434.26. com A. N. Sherwin-White, *Roman Foreign Policy in the East, 168 a.C. a 1 d.C.* (Londres, 1984), 149–152.
3. Suet. *Iul*. 49.3, mencionando que ele defendeu um caso em nome dela; F. Russo, "Caesar's *Pro Bithynis* and Heraclea Pontica", *Antichthon* 49 (2015): 94–109; e J. Osgood, "Caesar and Nicomedes", *CQ* 58 (2008): 690–691; fragmentos em A Garcea, *Tout César: discours, rtaites, corespondance et commentaires* (Paris, 2020): Les discours fr. 44–5 (pp. 63–4).
4. Suet. *Iul*. 49.2; e p. 44 abaixo.
5. Suet. *Iul*. 2; para a *corona civica*, ver Plin. *NH* 6.16.5.
6. Para a aposentadoria, consulte Plut. *Sull.* 34.3–4; App. *B Civ.* 1.103. O comentário de César é relatado em Suet. *Iul*. 77, sobre o qual consulte também a página 278 abaixo. Para a localização da aposentadoria de Sula, consulte App. *B Civ.* 1.104; para seu comportamento, consulte Plut. *Sull.* 36 (também para os sintomas de sua doença terminal, sobre os quais compare https://www.mayoclinic.org/diseases-conditions/inflammatory-bowel-disease/symptoms-causes/syc-20353315, de onde vem minha suspeita de que ele sofria de câncer de cólon).
7. Suet. *Iul*. 3; para Lépido, ver J. A. Rosenblitt, *Rome after Sula* (Londres, 2019), 45–79.
8. Para a mudança de carreira, consulte Cic. Cael. 73; *De or*. 1.121; Quint. *Inst*. 12.6.1; 7.3; Tac. *Dial*. 34.7. Para o julgamento, consulte Cic. *Brut.* 317; Val. Max. 8.9.3, com outras fontes em M. C. Alexander, *Trials in the Late Roman Republic: 149 to 50 bc* (Toronto, 1990), 71 n. 140, situando o julgamento em 77. Prefiro a data dada no texto porque Dolabela precisava retornar a Roma para celebrar um triunfo em 77. O erro em Tacitus *Dial.* 34.7, dizendo que César tinha 21 anos na época do julgamento, não sustenta nenhuma das duas visões. Para o sucesso do discurso, ver Vell. Pat. 2.43.3, dizendo que o público favoreceu a posição de César. Para a linha de Dolabela, ver Suet. *Iul.* 49.1, com Strasburger, *Caesars Eintritt,* 36; e Osgood, "Caesar and Nicomedes", 688; fragmentos em Garcea, *Tout César*, Les discours frs. 17–23 (pp. 45–9).
9. Alexandre, *Julgamentos*, 71–72 n. 141. Ver especialmente Asc. *Mil.* 87C (sobre o julgamento dos censores); Plut. *Caes*. 4.1 e Garcea, *Tout César*, Les discours frs 24–5 (pp. 50–51).
10. Val. Max. 6.9.15.

11. Vell. Pat. 2.42; Plut. *Caes.* 2.6–7 (Junco); Vell. Pat. 2.42; Val. Max 6.9.15; Plut. *Caes.* 2.7 (crucificação); Suet. *Iul.* 74.1 (corte da garganta); e *FRH* 70 F31 (decapitação). [Aur. Vict.] *De vir. ill.* 42.3. Suet. *Iul.* 4.2 simplesmente menciona a execução. Para o lugar da história na tradição biográfica, ver J. Osgood, "Caesar and the Pirates, or: How to Make (and Break) an Ancient Life," *GRBS* 57 (2010): 323–327, mostrando que a versão mais antiga da história, enfatizando a incompetência de Junco, provavelmente foi divulgada pela primeira vez por César, provavelmente no início dos anos 60, mas veja abaixo n. 12. É possível que Junco tenha sido atacado por sua incapacidade geral de lidar com piratas, e não pelo sequestro de César em particular.
12. Para a situação financeira da Ásia nesse período, ver Plut. *Luc.* 20. Ver também App. *Mith.* 83 sobre a redução de impostos de Lúculo. Sobre a questão da capacidade jurídica de César, ver L.-M. Günther, "Caesar und die Seeräuber – Eine Quellenanalyse", *Chiron* 29 (1999): 330–331. Ver também A. Goldsworthy, *Caesar: Life of a Colossus* (New Haven, 2006), 74–76; e M. Wyke, *Caesar: A Life in Western Culture* (Londres, 2007), 74, observando que a história se encaixa bem com a imagem de César na vida adulta. O ponto principal da história, tal como Günther o entende, é excelentemente explorado em M. Edwards, *A Coin for the Ferryman* (Las Vegas, 2022): 271–281; o enredo deste romance envolve o sequestro de César por viajantes do tempo da Califórnia.
13. Polieno, *Strat.* 8.23.1. Strasburger, *Caesars Eintritt*, 9–10 (=*Kleine Schriften*, 1:191–192) observa corretamente que a história desafia a análise no contexto de outras versões; para a possibilidade de que seja a mais próxima da realidade, ver Günther, "Caesar und die Seeräuber", 335.
14. Suet. *Iul.* 4.2.
15. Syll3 748; para a relação familiar, ver Plut. *Ant.* 2.1.

Capítulo 6

1. Vell. Pat. 2.43.1, com L. R. Taylor, "Caesar's Early Career", *C Phil* 36 (1941): 117–120.
2. Suet. *Iul.* 5.1; Plut. *Caes.* 5.1, com Taylor, "Caesar's Early Career", 120–121, observando a probabilidade de ele ter servido na guerra contra Espártaco.
3. Oros. 5.24.1. Para a colaboração entre membros das elites municipais e Espártaco, ver Cic. *Verr.* 5.158–170 (o caso de Gavius, falsamente acusado de ser um espião de Espártaco na Sicília; para sua provável residência em Bruttium, ver Z. Rubinsohn, "*Was the Bellum Spartacium a Servile Insurrection?", Rivista di Filogia e di Istruzione Classica* 99 (1971): 291n2.
4. O. Rudenko, "The Making of a Soviet Hero: The Case of Spartacus", *The Soviet and Post-Soviet Review* 47 (2020): 338.
5. Sobre o status dos gladiadores, ver G. Ville, *La gladiature en occident des origines à la mort de Domitien* (Roma, 1981), 227–344.
6. Para o malvado *lanista*, ver Plut. *Crass.* 8.1. Sobre o exército, ver especialmente as batalhas descritas em Plut. *Crass.* 9.3, 7; notar também a ênfase de Appian na aquisição de equipamento legionário pelos homens de Espártaco e sua afirmação de que homens livres lutaram com Espártaco em *B Civ.* 1.117.

7. Plut. *Crass.* 9.7; App. *B Civ.* 1.116, enfatizando o recrutamento apressado das forças romanas.
8. App. *B Civ.* 1.117; Plut. *Crass.* 9.7; 5; Oros. 5.24.4 (o sucesso de Gélio); Plut. *Crass.* 9.7; App. *B Civ.* 1.117–118; Oros 5.24.4–5 (as vitórias de Espártaco); Plut. *Crass.* 11.4, com Rubinsohn, "*Bellum* Spartiacum", 297, sobre o impacto dos apoiadores regionais nos movimentos de Espártaco; Plut. *Crass.* 1.2 (escândalo das vestais). Para a natureza do comando de Crasso, ver F. J. Vervaet, "Erratum to Crassus' Command in the War against Spartacus (73–71 BCE): His Official Position, Forces and Political Spoils", *Klio* 97 (2015): 405–442.
9. Plut. *Crass.* 10.1; App. *B Civ.* 1.118 (decapitação). Para os desenvolvimentos táticos, ver D. Potter, "Caesar and the Helvetians", em *New Perspectives on Ancient Warfare*, ed. G. Fagan e M. Trundle (Leiden, 2010), 325–328; Plut. *Crass.* 10.2–3; Cic. *Verr.* 2.5.4 (plano para fugir para a Sicília); Cic. *Verr.* 2.5.64 (Verres e piratas); Plut. *Crass.* 11.4–7; App. B *Civ.* 1.120 (final com https://www.archaeological.org/wall-built-to--contain-spartacus-discovered/ sobre a descoberta do sítio em Dossone della Melia, no centro-sul da Calábria, em 2024).
10. App. *B Civ.* 1.120, sobre a execução em massa; Plut. *Crass.* 11.7; *Pomp.* 21.2 (Pompeu põe fim à guerra).
11. Suet. *Iul.* 74.1, sobre os piratas. Plutarco conhece uma história em que César disse que Crasso ficaria feliz ao saber que ele havia sido capturado pelos piratas (*Crass.*7.5); embora eu concorde com Straburger (*Caesars Eintritt,* 64) que toda a história é ficção, ela pode refletir o fato de que se sabia que os dois se conheciam antes de 70. Para a possibilidade de que a associação de César com Crasso tenha começado neste momento, ver Taylor, "Caesar's Early Career", 121.
12. Cic. *Verr.* 45; para o processo contra Verres, ver E. Rawson, *Cícero: A Portrait* (Bristol, 1975), 40–41.
13. Para a política faccional do *Pro Roscio Amerino*, ver D. Potter, *The Origin of Empire: Rome from the Republic to Hadrian* (Londres, 2019), 200–201. Para a mudança nos júris, ver Cic. *Div. Caec.* 8; *Verr.* 2.2 (projeto de lei em discussão), 45 (Pompeu anuncia que apoia a reforma dos tribunais). Para o projeto de lei, ver Asc. *Pis.* 17.1–7 (Clark); *Corn.* 67 11–13 (Clark), com discussão em B. A. Marshall, A *Historical Commentary on Asconius* (Columbia, 1985), 115, 237–238; Plut. *Pomp.* 22.3. Restauração dos direitos tribunicianos: ver Vel. Pat. 2.30.4; Lívio, *Per.* 97; Suet. *Iul.* 5.1; Plut. *Pomp.* 22.3, com R. Seager, *Pompeu, o Grande: Uma Biografia Política,* 2ª edição (Oxford, 2002), 37; e E. Gruen, *A Última Geração da República Romana* (Berkeley e Los Angeles, 1974), 27–28. Censores de 70: ver Cic. *Clu.* 119; Lívio, *Epit.* 98 (declaração geral). Para Lêntulo, ver Plut., *Cic.* 17.1; Dio Cass. 37.30.4. Para Antônio, ver Sall. *Hist.* 4.49 (Ramsay); Asc. *In toga candida* 84.20–25C. com Marshall, *Commentary,* 285.
14. Em termos gerais, concordo com a opinião expressa em F. Millar, *The Crowd in Rome in the Late Republic* (Ann Arbor, 1998), que enfatiza a importância dos eleitores e se baseia fortemente no trabalho de Cl. Nicolet, *The World of the Citizen in Republican Rome,* trad. P. S. Falla (Berkeley, 1988). Como Millar corretamente aponta, a importância da política legislativa não significa que a maioria dos cidadãos votasse. A distinção entre política eleitoral e política legislativa é corretamente enfatizada por L. R. Taylor, *Roman*

Voting Assemblies from the Hannibalic War to the Dictatorship of Caesar (Ann Arbor, 1966), 68, 83; e P. A. Brunt, *The Fall of the Roman Republic and Related Essays* (Oxford, 1988), 24–25. Um novo trabalho crucial sobre as estruturas da vida urbana, refletido neste parágrafo, é oferecido por L. Mignone, *The Republican Aventine and Rome's Social Order (*Ann Arbor, 2016); e J. Hartnett, *The Roman Street: Urban Life and Society in Pompeii, Herculaneum and Rome* (Cambridge, 2017), cuja página 297 é citada sobre ruas em diálogo. Para Cícero sobre vizinhança, ver Cic. *Planc.* 43, 72. Sobre locais para aprender as opiniões do povo, ver Cic. *Sest.* 96–106. Para exemplos de grafites eleitorais, ver A. E. Cooley e M. G. L. Cooley, *Pompeii and Herculaneum*, 2ª ed. (Cambridge, 2018), 163–180.

15. C. Rosillo-López, *Public Opinion and Politics in the Late Roman Republic* (Cambridge, 2017), 75–97.
16. Sobre "partidos políticos", ver Potter, *Origin of Empire*, 219–224; H. Mouritsen, *The Roman Elite and the End of the Republic: The Boni, the Nobles and Cicero* (Cambridge, 2024), 110–112; e as obras citadas na nota 14 acima.
17. Suet. *Iul.* 45.
18. Suet. *Iul.* 5.1; Garcea, *Tout César*, Les discours frs 26–27 (pp. 51–52), com Strasburger, *Caesars Eintritt,* 93; Taylor, "Caesar's Early Career," 122; e F. Hinard, *Les proscriptions de la Rome républicaine* (Paris, 1985), 168n85.
19. Suet. *Iul.* 6; Garcea, *Tout César*, Les discours frs 30–31 (pp. 54–55).
20. Plut. *Caes.* 5.2, com C. Pelling, *Plutarco*, César (Oxford, 2011), 150–151.
21. Suet. *Iul.* 6: *Amitae meae Iuliae maternum genus ab regibus ortum, paternum cum diis inmortalibus coniunctum est. Nam ab Anco Márcio sunt Marcii Reges, quo nomine fuit mater; a Venere Iulii, cuius gentis familia est nostra. Est ergo in genere et sanctitas regum, qui plurimum inter homines pollent, et caerimonia deorum, quorum ipsi in potestate sunt reges.* Ver também p. 56 e Garcea, *Tout César*, Les discours frs 28–29 (pp. 53–54).
22. Suet. *Iul.* 46. Para o significado dos bairros econômicos mistos, ver Mignone, *The Republican Aventine*; para as casas de Pompeu, ver I. Shatzman, *Senatorial Wealth and Roman Politics* (Bruxelas, 1975), 389.
23. Para o impacto econômico das minas espanholas, ver P. Kay, *Rome's Economic Revolution* (Oxford, 2014), 44–49.
24. Suet. *Iul.* 7.2; Dio Cass. 37.52.2 (mencionando apenas a estátua de Alexandre e transferindo o evento para o seu pretório); Plut. *Caes.* 32.9 (transferindo-o para a travessia do Rubicão). Para a visão adotada aqui, ver D. Wardle, "Suetonius, Caesar and a Dream of World-Domination", *Athenaeum* 108 (2020): 72–88.
25. Para os costumes sexuais da época, ver S. Treggiari, *Servilia and Her Family* (Oxford, 2019), 99–102; as passagens de Catulo citadas aqui são 87.3 *nulla fides ullo fuit umquam foedere tanta*; 72.5: *nunc te cognovi: quare etsi impensius uror.*
26. D. Potter, *The Victor's Crown* (Londres, 2011), 191, 196 para os gladiadores de César.
27. Treggiari, *Servilia*, 102–117.
28. Suet. *Iul.* 50; e Treggiari, *Servilia*, 104–106 (admitindo que os casos possam ter ocorrido). A opinião aqui expressa está de acordo com J. P. V. D. Balsdon, *Júlio Caesar and Rome* (Londres, 1967), 63–64.

29. Para a casa e o amigo, ver Catull. 68b.68–9. Para Semprônia, ver Sall. *Cat.* 25. Sobre a relação familiar, ver F. Münzer, *Roman Aristocratic Parties and Families*, trad. Th. Ridley (Baltimore, 1999), 250–251. Para Postúmia, ver Catull. 27.
30. Plut. *Brut.*, 1.5, 2.1.
31. Cic. *Lig.* 30: *Causas, César, egi multas, equidem tecum, dum te in foro tenuit ratio honorum tuorum*, com H. C. Gotoff, *Cicero's Caesarian Speeches: A Stylistic Commentary* (Chapel Hill, 1993): 165 (nota sobre *causas dicere*). Ver também Cic. *Fam.* 1.9.12 sobre sua *vetus amicitia* com César.
32. Cic. *Comment. pet.* 1: *Ii rogandi omnes sunt diligenter et ad eos adlegandum est persuadendumque est iis nos semper cum optimatibus de re publica sensisse, minime popularis fuisse; si quid locuti populariter videamur, id nos eo consilio fecisse ut nobis Cn. Pompeium adiungeremus.*
33. Cic. *Brut.* 252, 261–262.
34. Plut. *Luc.* 7–8; App. *Mith.* 72; Cic. *Flac.* 85; Vel. Pat. 2.33.1 para a Ásia e a Cilícia em 74. A Bitínia foi adicionada o mais tardar em 72: ver Lívio, *Per.* 95; para mais detalhes, ver A. N. Sherwin-White, *Roman Foreign Policy in the East, 168 B.C. to A.D. 1* (Londres, 1984), 159–185; e B. McGing, *The Foreign Policy of Mithridates VI Eupator, King of Pontus* (Leiden, 1986), 144–162.
35. *FRH* n.º 22.
36. Plut. *Luc.* 20.3.
37. Plut. *Pomp.* 24.6 (sequestro); 25–26.1; App. *Mith.* 94; Dio Cass. 36.23–36, com D. Potter, "Dio and Pompey: Explaining the Failure of the Republic" (Dio e Pompeu: explicando o fracasso da República), em *The Intellectual Climate of Cássio Dio (O clima intelectual de Cássio Dio)*, ed. A. Kemezis, C. Bailey e B. Poletti (Leiden, 2022), 41–43, sobre o projeto de lei de Gabínio. Ver Cic. *Verr.* 2.2.8 (sobre *o imperium infinitum* de Antônio*)*; Vell. Pat. 2.31.3 (sobre isso como um precedente para Gabínio). Ver também K. M. Girardet, *"Imperia* und *Provinciae* des Pompeu 82 bis 48 v. Chr.", *Chiron* 31 (2001): 171 n. 73.
38. Plut. *Pomp.* 25.4
39. Asc. *Corn.* 72 C; Dio Cass. 36.30.1–4, sobre a aprovação do projeto de lei. Para os "legados de Pompeu", ver J. M. Reynolds, "Cyrenaica, Pompeu e Cn. Cornélio Lêntulo Marcelino", *JRS* 52 (1962): 97–103. Ver também *ICyr.* P.100: https://ircyr2020.inslib.kcl.ac.uk/en/inscriptions/P.100.html.
40. Para o assentamento de piratas longe da Cilícia, ver Estrabão 8.7.5; 14.3.3; Plut. *Pomp.* 28.3–4; App. *Mith.* 96; Serv. *ad G.* 4.127; e J. Reynolds, "Cyrenaica, Pompeu e Cn. Cornélio Lêntulo Marcelino", 102.
41. Reynolds, "Cyrenaica", 99n7.
42. Sall. *Hist.* 5.11 (Ramsay); Dio Cass. 36.14.3; App. *Mith.* 90.
43. Dio Cass. 36.14.4.
44. Ver R. Kallet-Marx, *Hegemony to Empire: The Development of the Roman Imperium in the East from 148 to 62 B.C.* (Berkeley, 1995), 314–315
45. Dio Cass. 36.43.2.
46. Cic. *Leg. Man.* 27, 42–46, 50 (por que Pompeu?), 51–53, 59–66; observe especialmente *Leg. Man.* 52 sobre a oposição de Hortênsio a um único comandante. Ver também Vell.

Pat. 2.33.1; Plut. *Pomp.* 30; *Luc.* 35.7; App. *Mith.* 97; Dio Cass. 36.42–44; Girardet, "*Imperia* und *Provinciae* des Pompeu 82 bis 48 v. Chr.," 176–187 (proposta de Manilius); Dio Cass. 36.31.3 (discurso de Catulo datado do ano anterior); Cic. *Leg. Man.* 60 (rompimento com a tradição em tempo de guerra).

47. Plut. *Crass.* 2.4 sobre a conduta de Crasso.
48. Potter, *Victor's Crown*, 183–185.
49. Cic. *Att.* 4.8.2 (Cícero e Ático); Suet. *Iul.* 10 (sobre o banimento); Plut. *Caes.* 5.9 (sobre o número); Caes. *B Civ.* 1.14.4–5 (gladiadores em 49).
50. Cic. *Mur.* 76.
51. Plut. *Caes.* 10.
52. Suet. *Iul.* 11; Plut. *Caes.* 6.1–5, com R. Morstein-Marx, *Julius Caesar and the Roman People* (Cambridge, 2021), 47 (restauração dos troféus de Mário); Plut. *Caes.* 6.6–7 (comentário de Catulo).
53. Para o escândalo na eleição consular, ver Cic. *Sull.* 11; 49–50; 81; Sall. *Cat.* 18; Asc. *Corn.* 75C; Asc. *In toga candida* 88C; Suet. *Caes.* 9; Dio 36.44.3–5; para os censores, ver Plut. *Crass.* 13.1–2; Dio 37.9.3.
54. Cic. *Cael.* 10–12; *Att.* 1.2.1 (sobre o encanto de Catilina).
55. Para o discurso de Cícero *In toga candida*, ver Asc. 82–94C; sobre a afirmação de Asconius de que César e Crasso apoiaram Catilina, ver R. G. Lewis, *Asconius: Commentaries on Speeches by Cicero* (Oxford, 2006), 291, argumentando que isso foi uma invenção posterior de Cícero que Asconius retomou; ver Marshall, *Commentary*, 285, que é menos agnóstico. Ver, em geral, Rawson, *Cícero*, 56–59.
56. Suet. *Iul.* 11; Dio Cass. 37.10.2. A afirmação de Suetônio não deve ser interpretada como indicando que ele era um *iudex quaestionis*. O ponto crucial é que Cícero o descreve como um promotor (*Lig.* 12 com *schol. Grov.* 271 Stangl). Dio também sugere um papel como promotor. Caso contrário, tudo o que se pode dizer é que o discurso em defesa de Décio não foi considerado o melhor trabalho de César: ver Tac. *Dial.* 21. Nessa perspectiva, sigo Straburger, *Caesars Eintritt*, 117–119 (= *Kleine Schriften* 1:299–301); ver também Gruen, *Last Generation*, 176 n. 124. Dio Cass. 37.10.3 simplesmente diz que Catilina foi absolvido, não que César tivesse algo a ver com a absolvição. Para Catão, ver Plut. *Cat. Min.* 17.4.
57. Cic. *Leg. agr.* 2.31 (poderes dos *decemviri*), com discussão em G. Manuwald, *Cícero, Agrarian Speeches: Introduction, Text, Translation and Commentary* (Oxford, 2018), 258 (sobre a *lex Sempronia* relevante usada como modelo); *Leg. agr.* 1.12, 2.35–62 (finanças). Quanto ao projeto de lei de Labieno, a opinião aqui adotada segue Strasburger, *Caesars Eintritt*, 102n30 (= *Kleine Schriften* 1:284); L. R. Taylor, "The Election of the Pontifex Maximus in the Late Republic," C *Phil.* 37 (1942): 421–424; Rawson, *Cícero*, 69; e C. Rosillo-López, "Can a Dictator Reform an Electoral System?", em *Sula: Politics and Reception*, ed. A. Eckert e A. Thein (Berlim, 2019), 58–61. Agora adoto essa visão por causa de Cic. *Leg. agr* 2.18: *ut comitiis pontifici maximi*, uma vez que não era possível que o projeto de lei de Labieno tivesse sido aprovado na época em que o projeto de lei de Rulo foi apresentado. Ver Manuwald, *Cícero, Agrarian Speeches*, 229, sobre como os dois projetos de lei transformaram o procedimento eleitoral em uma questão *popular*. Para a opinião de que o projeto de lei de Labieno estava ligado à eleição do *pontifex*

maximus, ver Dio Cass. 37.37.2, que o coloca após a conspiração catilinária, o que é claramente errado à luz de Sall. *Cat.* 49.2. Para a opinião de que Sula havia deixado o cargo eletivo ao simplesmente revogar a *lex Domitia* de 102, que tornava todos os cargos pontifícios eletivos, ver Meyer, E. Caesars Monarchie und das Principat des Pompejus: Innere Geschichte Roms von 66 Bis 44 V. Chr. (Stuttgart, 1919), 15. Para a visão de que a lei de Labieno incluía o *pontifex maximus*, ver M. Gelzer, *Caesar: Politician and Statesman*, trad. P. Needham (Oxford, 1969), 46–47 (mais implícito do que explícito); A. Goldsworthy, *Caesar: Life of a Colossus* (New Haven, 2006), 124–125; e J. Rüpke, *Fasti Sacerdotum: A Prosopography of Pagan, Jewish and Christian Religious Officials in the City of Rome, 300 a.C. a 499 d.C.*, trad. D. M. B. Richardson (Oxford, 2008), 735n4.

58. Sall. *Cat.* 49.2; Vell. Pat. 2.43.3; Plut. *Caes.* 7.1–4; Suet. *Iul.* 13; Dio Cass. 37.37.1–3. Gelzer, *Caesar*, 47, relaciona implicitamente o sucesso de César com seus gastos nos jogos edílicos.

Capítulo 7

1. H. Strasberger, *César no julgamento de seus contemporâneos*, 2ª ed. (Darmstadt, 1968), 72–73 (= *Studien*, vol. 1 [Berlim, 1982], 412–413).
2. Plut. *Caes.* 11.3–4.
3. Suet. *Iul.* 53.
4. Cic. *Cat.* 4.7; ver também Suet. *Iul.* 59, observando que ele não se deixava dissuadir de fazer algo por maus presságios.
5. K. Volk, "Caesar, o epicurista? Uma questão de vida ou morte", em *Epicuro em Roma: Perspectivas filosóficas na era ciceroniana*, ed. S. Yona e G. Davis (Cambridge, 2022), 72–86.
6. Ver, por exemplo, Cic. *Leg. agr.* 1.23–24, 2.6–7, 9–10, 15, 102–103 sobre por que ele é um verdadeiro *popularis*. Ver também Plut. *Cic.* 12.6; Cic. *Sull.* 65 (ameaça de veto).
7. Sobre *perduellio*, ver J. E. Gaughan, *Murder Was Not a Crime: Homicide and Power in the Roman Republic* (Austin, 2010): 106–108; para a estranheza do processo em 63, ver Cic. *Rab. per.* 15, 17. Eu situo o julgamento após a eleição pontifical, que considero ter ocorrido no início do ano, dado que o procedimento eleitoral foi discutido em janeiro. Para uma visão diferente, considerando o julgamento como antecedente da eleição, ver M. Gelzer, *Caesar: Politician and Statesman*, trad. P. Needham (Oxford, 1969), 46; Goldsworthy, *Caesar: Life of a Colossus* (New Haven, 2006), 125, coloca-o perto do final do ano.
8. Suet. *Iul.* 12; Dio Cass. 37.27.2 (circunstâncias do julgamento); Cic. *Rab. per.* 20–21 (multidão); Cic. *Rab. per.* 31 (escravo recompensado); Cic. *Rab. per.* 21 (os Iulii), 27: C. *Marium, quem vere patrem patriae, parentem, inquam, vestrae libertatis atque huiusce rei publicae possumus dicere.* A reconstrução do texto segue aproximadamente a discussão em T. R. Holmes, *The Roman Republic*, vol. 1 (Oxford 1923): 452–455. O fato de ter havido dois julgamentos é confirmado por Cic. *Pis.* 4, que deve se referir ao primeiro julgamento. Considero que Cic. *Rab. per.* 6, 9 se refere a Labieno não como juiz, mas como autor do processo no qual o discurso ocorre; a referência a um discurso

contra Cícero por Labieno (*Rab. per.* 10) me parece ser uma característica do processo. Ver também Gelzer, *Caesar*, 45–46; e E. Rawson, *Cicero: A Portrait* (Bristol, 1975), 66–68, 87–88.

9. Cic. *Att.* 2.1.3 (discurso incluído em seu *corpus* consular); Dio Cass. 37.27.3 (Metelo Céler).
10. Cic. *Att.* 1.13.2; Dio Cass. 36.37.2 (vitória de Pisão); Plut. *Pomp.* 27.1; Dio Cass. 36.37.2–3 (a acusação); Cic. *Flac.* 98: *Consul ego nuper defendi C. Pisonem; qui, quia consul fortis constansque fuerat, incolumis est rei publicae conservatus;* Sall. *Cat.* 49.2.
11. R. Seager, *Pompeu, o Grande: Uma Biografia Política*, 2ª edição (Oxford, 2002), 59–62.
12. Suet. *Aug.* 4.1.
13. Sall. *Cat.* 35.3; as eleições consulares devem ser posteriores ao triunfo de Murena, portanto dificilmente podem ter ocorrido antes de julho; para a partida de Murena de sua província, ver Cic. *Mur.* 89; ver também Rawson, *Cícero*, 69, que situa as eleições consulares em julho.
14. Plut. *Ant.* 2.1.
15. Sall. *Cat.* 59.3.
16. Cic. *Cat.* 1.7 (data da revolta de Mânlio), 1.9; Sall. *Cat.* 27.2 (incêndios); Cic. *Cat.* 1.10 (avisado); Sall. *Cat.* 28.2 (papel de Fúlvia); 31.7 (Cícero como um transplantado), 36.1; Dio Cass. 37.33 (Catilina e insígnia consular).
17. Cic. *Mur.* 72: *Odit populus Romanus privatam luxuriam, publicam magnificiam diligit*; e *Mur.* 22: *rei militaris virtus praestat ceteris omnibus.*
18. Plut. *Caes.*; Suet. *Iul.* 13.
19. Cic. *Mur.* 22 (glória militar preferida ao conhecimento das leis), 61, 74 (estoicismo de Catão) e 77 (abrir mão dos gladiadores). Para o debate, ver Plut. *Brut.* 5.3–4; *Catão Min.* 24.1–2. Plutarco sugere que este incidente ocorreu durante o debate sobre a punição dos conspiradores; ver a discussão em Treggiari, *Servília and Her Family* (Oxford 2019), 110–111. A ausência do incidente em Salústio talvez seja resultado de seu desejo de destacar os personagens Catão e César por meio do debate, mas o que Plutarco sugere em *Brut.* 5.3 é que este é um debate anterior, uma vez que o Senado já havia tomado conhecimento da conspiração.
20. Plut. *Caes.* 8.2.
21. Cic. *Cat.* 4.7; Sall. *Cat.* 51.
22. Cic. *Cat.* 4.9: *Se seguirem a opinião de C. César, uma vez que ele seguiu esse caminho na república, considerado popular... tal como exigiam a sua dignidade e a grandeza dos seus antepassados.*
23. Plut. *Catão Min.* 26.1; *Caes.* 8.6.1–2 (projeto de lei sobre grãos), 26.3 (projeto de lei de Metelo). Ver também Rawson, *Cícero*, 89.
24. Cic. *Fam.* 5.1, 2 (carta de Metelo e resposta de Cícero); Suet. *Iul.* 15 (substituindo Catulo); Dio Cass. 37.44.1–2; Cic. *Att.* 2.24.3 (substituindo-o por Pompeu).
25. Suet. *Iul.* 16 (para César); Plut. *Catão Min.* 27–29; Dio Cass. 37.43 (Metelo); ver também Gelzer, *Caesar*, 56–58.
26. Sall. *Cat.* 59.4 (Petreio); 61.4–5 (Catilina e seu exército), 61.7 (perdas de Antônio).
27. Suet. *Iul.* 17.

Capítulo 8

1. Suet. *Iul.* 71.1.
2. Dio Cass. 37.49.1; Cic. *Att.* 1.12.1 mostra que ele estava na Itália antes do final de 62. Ver Cic. *Att.* 1.13.4 (estilo de Pompeu); Plut. *Pomp.* 43.2 (discurso aos soldados), 44.1 (poder); App. B *Civ.* 2.31 (Pompeu no auge de seu poder), com D. Potter, "Dio and Pompey: Explaining the Failure of the Republic", *The Intellectual Climate of Cássio Dio: Greek and Roman Pasts*, ed. A. Kemezis, C. Bailey e B. Poletti (Leiden, 2022), 44–48. Ver Plut. *Pomp.* 44.1; e p. 84 acima para Nepos; Plut. *Pomp.* 44.3 sobre a eleição consular, a referência aqui é especificamente à candidatura de Afrânio.
3. Cic. *Att.* 1.12.3, dizendo que o divórcio foi geralmente aprovado; Plut. *Pomp.* 42.7. Ver também R. Seager, *Pompeu, o Grande: Uma Biografia Política,* 2ª edição (Oxford 2002), 76.
4. Plut. *Caes.* 9.4–7 (descrição dos rituais).
5. Plut. *Caes.* 10.1–5; *Cic.*, 28.2–4; Suet. *Iul.* 6.2.
6. Cic. *Att.* 1.13.3; Suet. *Iul.* 6.2 74.2; Plut. *Caes.* 10.9, *Cic.* 29.2; Dio Cass. 37.45.2.
7. Cic. *Att.* 1.13.3 sobre a posição de Clódio. Sobre a questão da autoridade de César como *pontifex maximus*, ver A. Lintott, *Cicero as Evidence: A Historian's Companion* (Oxford, 2008), 155. Plut. *Cic.* 29.9 afirma que César compareceu como testemunha; Dio Cass. 38.12.1 coloca isso de forma mais correta quando diz que César se recusou a acusar Clódio de adultério. Sobre o pensamento de César, ver W. J. Tatum, *The Patrician Tribune: Publius Clodius Pulcher* (Chapel Hill, 1999), 67–71.
8. Plut. *Caes.* 11.2 (dívidas); Suet. *Iul.* 71 (Masintha).
9. Plut. *Cic.* 29.1. Sobre a afirmação aqui de que Cícero agiu para apaziguar Terência, que estava zangada com seu relacionamento com Clódia, ver S. Treggiari, *Terência, Túlia e Publília: As Mulheres da Família de Cícero* (Londres, 2007), 49–50, sugerindo, de forma bastante razoável, que isso foi uma invenção tardia.
10. Plut. *Caes.* 12.1; Suet. *Iul.* 54 (a ganância de César); Dio Cass. 37.52–53 (incluindo detalhes sobre a ação naval). Para o financiamento dos exércitos provinciais, ver p. 39 n. 27 abaixo; para a redução de impostos, ver Caes. B. *Hisp.* 42.2; ver também A. Goldsworthy, *Caesar: Life of a Colossus* (New Haven, 2006), 148–151, que vê a campanha como um prenúncio do estilo de operação de César na Gália. Ver também Plut. *Caes.* 12.4; Suet. *Iul.*(18).1; Dio Cass. 54.1; App. B *Civ.* 2.27 (triunfo).
11. Plut. *Caes.* 12.2–3 (lei da dívida); Cic. *Balb.* 63 (Balbo como *praefectus fabrum*). Para saber mais sobre como Lúculo lidou com a dívida, veja a página 62 acima.
12. Cic. *Att.* 1.20.5; e Seager, *Pompeu, o Grande*, 81–82.
13. Cic. *Att.* 1.19.4.
14. Cic. *Att.* 1.18.7, 19.6 (*publicani*), 2.1.8 (Catão).
15. Cic. *Att.* 1.19.2; ver também p. 133 abaixo.
16. Para o triunfo, ver Plut. *Caes.* 13.1; *Cat. Min.* 31.3; Suet. *Iul.* 18.1; Dio Cass. 38.54.2; App. *B Civ.* 2.28. A opinião de que a exigência de fazer a profissão pessoalmente data de 63 depende da declaração de Cícero, em janeiro daquele ano, de que esse não era o caso (*Leg. agr.* 2.24) e do fato de que Cícero foi responsável pela última lei comprovada sobre *ambitus* antes de 60: ver Th. Mommsen, *Römische Staatsrecht*, vol. 13 (Berlim,

1871), 503n3. Para a lei de Cícero, ver Dio Cass. 37.29.1; Cic. *Planc.* 83: *mea lege.* Para a presença de César na Itália no início de junho, ver Cic. *Att.* 2.1.9; note também 2.1.7: *si etiam Caesarem cuius nunc venti valde sunt secundi reddo meliorem, num tantum obsum rei publicae?* Isso provavelmente antecipa o resultado da eleição consular, dado que, como Shackleton Bailey, *CLA*, aponta, 2.1.9 (*Favonius meam tribum tulit honestius quam suam, Luccei perdidit)* deve se referir às eleições de 61. Isso provavelmente também é uma previsão de suas chances na próxima eleição consular. Sobre a eleição, ver Suet. *Iul.* 19.1, com S. G. Crissanthos, *The Year of Julius and Caesar* (Baltimore, 2019), 33.

17. Cic. *Att.* 2.1.7 (ver nota 14 acima); Suet. *Iul.* 19.2 para a alocação provincial.
18. Cic. *Att.* 2.3.3–4: *Nam fuit apud me Cornelius, hunc dico Balbum, Caesaris familiarem. is adfirmabat illum omnibus in rebus meo et Pompei consilio usurum daturumque operam ut cum Pompeio Crassum coniungeret.* [4] *Hic sunt haec, coniunctio mihi summa cum Pompeio, si placet, etiam cum Caesare, reditus in gratiam cum inimicis, pax cum multitudine, senectutis otium.* A importância desta passagem é corretamente enfatizada em E. Meyer, *Caesars Monarchie und das Principat des Pompejus: innere Geschichte Roms von 66 bis 44 v. Chr.* (Stuttgart, 1919), 59–62; ver também Chrissanthos, *Year of Julius and Caesar*, 36, 48. A passagem contradiz claramente a tradição narrativa posterior, para a qual ver Plut. *Caes.* 14.1; *Pomp.* 47.2; *Crass.* 13.3–4; Dio Cass. 37.54.3–58; Livy, *Per.* 103, datando a aliança no verão de 60 antes da eleição consular; Suet. *Iul.* 19.2, datando-a para o final de 60, após a eleição consular. Vell. Pat. 2.44.1 não é preciso, mas data a aliança após a eleição; ver também Hor. *Carm.* 2.1.1.
19. Para a abertura do ano consular, ver também C. Meier, *Caesar: A Biography*, trad. D. McLintock (Nova York, 1982), 204–206; e Chrissanthos, *Year of Julius and Caesar*, 50–53.
20. Suet. *Iul.* 20.1 (*acta senatus*), 21 (Crasso falará primeiro até o casamento de Júlia e Pompeu).
21. App. *B Civ.* 2.10; Dio Cass. 38.1.1 (discurso a Bíbulo). Sigo M. Gelzer, *Caesar: Politician and Statesman*, trad. P. Needham (Oxford, 1969), 71, ao situar o discurso em 1º de janeiro. Somente Apiano afirma que ele se dirigiu a Bíbulo, enquanto Dio relata essencialmente o mesmo conteúdo como um discurso aos *optimates*.
22. Termos do projeto de lei sobre terras: ver App. *B Civ.* 2.10 (combinando os dois projetos de lei sobre terras de 59); Dio Cass. 38.1.2–6; Cic. *Fam.*13.4.2 (posse da terra não contestada); Dio Cass. 38.1.5; Cic. *Dom.* 23 (dinheiro de Pompeu). Para o conselho de vinte, ver Dio Cass. 38.1.6; Cic. *Att.* 2.6.2, 7.3. Para o conselho de cinco, ver Cic. *Att.* 2.7.4; *Prov. cons.* 41; *ILS* 46; ver também Gelzer, *Caesar,* 72.
23. Dio Cass. 38.3.
24. Ver Morstein-Marx, *Julius Caesar and the Roman People* (Cambridge, 2021), 127–128, sobre esses precedentes.
25. Dio Cass. 38.7.2; para casos anteriores, ver p. 19 n. 20 acima.
26. Dio Cass. 38.4.4–5.5; Plut. *Pomp.* 47.3–5; *Caes.* 14.4–6.
27. Para a data, ver Morstein-Marx, *Julius Caesar and the Roman People*, 136n73, seguindo L. R. Taylor, "Dating Major Legislation and Elections in Caesar's First Consulship," *Historia* 17 (1968):174–177, contra Crissanthos, *Consulship of Julius and Caesar*, 63–64, que segue Meyer, *Caesars Monarchie*, 71, ao colocar a votação da lei agrária em abril,

especificamente em 4 de abril, mas, como Taylor (p. 174) mostra, os comissários criados sob a lei estavam sendo nomeados em meados de abril (Cic. *Att.* 2.6.2).

28. Dio Cass. 38.6.1–4; Plut. *Pomp.* 48.1–2 (confundindo esta lei com a lei posterior sobre as terras da Campânia); para a data, ver Taylor, "Dating Major Legislation", 180.
29. Suet. *Iul.* 20.1; Dio Cass. 38.6.4–5. Tanto Suetônio quanto Dio afirmam que Bíbulo se retirou para sua casa pelo resto do ano, mas ambos parecem estar confundindo sua retirada com esta ocasião, quando ela deveria estar relacionada à aprovação da lei sobre as terras da Campânia; a sugestão de que ele se recusou a participar das reuniões do Senado em fevereiro é minha e é apoiada por Caes. B *Gall.* 1.43.4 (ver nota seguinte).
30. Caes. *B Gall.* 1.31.9 (Diviciaco), 1.35.1, 40.2–3 e, especialmente, 43.4 sobre o papel de César: *Ubi eo ventum est, Caesar initio orationis sua senatusque in eum beneficia commemoravit, quod rex appellatus esset a senatu, quod amicus, quod munera amplissime missa*, Veja também App. B *Civ.* 2.9.
31. Plut. *Caes.* 14.16, *Cic.* 30.1; App. *B Civ.* 2.14; Dio Cass. 38.12.1–2.
32. Cic. *Att.* 2.9.2. Sobre a cronologia, ver Chrissanthos, *Year of Julius and Caesar*, 60, 66–67, contra Taylor, "Dating Major Legislation", 182–188. Plut. *Caes.* 14.10 e Suet. *Iul.* 22.1 sugerem que a lei foi aprovada após o casamento entre Pompeu e Júlia; Dio Cass. 38.7.5 a situa antes do casamento.
33. O autor deve ser distinguido de Marco Terêncio Varrão, um fiel partidário de Pompeu que serviu na comissão de terras: ver Plin. *NH* 7.176.
34. Casamentos: Plut. *Caes.* 14.7, *Pomp.* 47.6; App. *B Civ.* 2.14. A data, antes de meados de maio, é confirmada por Cic. *Att.* 2.17.1.
35. V. Moesch, *La Villa dei Papiri* (Nápoles, 2009), para as descobertas; sobre os papiros em si, ver R. Janko, "New Fragments of Epicurus, Metrodorus, Demetrius Laco, the *Carmen de Bello Actiaco* and other Texts in Oxonian Disegni of 1788–1792," *Cronache Ercolanesi* 38 (2008): 35–42, sobre *PHerc.* 238a.
36. Cic. *Att.* 2.9.2 (domínio do Senado); Cic. *Att.* 2.16.2 (missão ao Egito); e Suet. *Iul.* 54 (não pagamento). Ver também M. Siani-Davis, "Ptolemy XII Auletes and the Romans", *Historia* 46 (1997): 316.
37. Suet. *Iul.* 20; Dio Cass. 38.7.3. Acho que foi nesse momento que Bíbulo se trancou em sua casa pelos oito meses restantes de seu mandato (Plut. *Pomp.* 48.4), e atribuo isso aos excrementos.
38. Plut. *Caes.* 14.13; para a data, ver Cic. *Att.* 2.24.4.
39. Suet. *Iul.*49 (rainha da Bitínia); ver também Cic. *Att.* 2.19.5.
40. Suet. *Iul.* 20 (consulado de Júlio e César), 22; Dio Cass. 38.8.5 (adição da Gália Transalpina), com Morstein-Marx, *Júlio César e o povo romano*, 168–181. No contexto desta discussão, deve-se notar que, ao conceder a Ariovisto o título de "amigo e aliado" do povo romano, César parece ter eliminado explicitamente o atrito que poderia causar uma guerra na Gália Transalpina, o que também está relacionado com a extrema extensão de sua justificativa para a guerra com Ariovisto, sobre a qual ver p. 136 abaixo. Ver também Suet. *Iul.* 22 (Semíramis).
41. Cic. *Att.* 2.19.3 (teatro); Cic. *Att.* 2.14.1, 16.2, 17.1–2, 23.2 (Sampsigeramus); Cic. *Att.* 2.18.2 (Pompeu sobre o projeto de lei agrária); *Att.* 2.16.1.

42. Cic. *Att.* 2.19.2 (Bíbulo no céu); Cic. *Att.* 2.2–4; Cic. *Vat.* 24–26; Suet. *Iul.* 20; Dio 38.9, com Lintott, *Cícero as Evidence*, 173–174 (Vécio).
43. Cic. *Att.* 2.19.1 (ameaças de Clódio, julho); Cic. *Att.* 2.20.2, 2.21.6, 2.24.5 (Pompeu diz que Clódio não poderá fazer nada contra ele – julho e novembro). Ver também Cic. *Att.* 2.12.2 (ambivalência da relação entre Clódio e César), 2.18.3, 19.4 (César oferece um cargo a Cícero – julho).
44. Suet. *Iul.* 23; A Garcea, *Tout César: discours, rtaites, corespondance et commentaires* (Paris, 2020): Les discours fr. 38–40 (pp. 61–62) e Morstein-Marx, *Julius Caesar and the Roman People*, 182–183.
45. Para os *collegia*, ver Cic. *Pis.* 8, com Asc. *Pis.* 6–7C e H. Flower, *The Dancing Lares and the Serpent in the Garden: Religion at the Roman Street Corner* (Princeton, 2017), 243. Para a forma do nome – Clodius em vez de Cloelius – ver Asc. *Pis.* 8; *Mil.* 30; 33, 37. O fato de Asconius conhecê-lo como Clódio em vez de Cloelius sugere que Clódio é, na verdade, a forma correta de seu nome; para o caso de o nome ser Cloelius, consulte D. R. Shackleton Bailey, "Sestio Clódio-Sextius Cloelius", *CQ* 10 (1960): 41–42. Sou grato ao professor Shackleton Bailey por ter discutido essa questão comigo (e por concordar em discordar). Para o contexto e o de Sestio Clódio, ver B. Hartman, *The Scribes of Rome: A Cultural and Social History of the Scribae* (Cambridge, 2020), 90, 116. Sobre o programa legislativo, ver Tatum, *The Patrician Tribune*, 114–138.
46. Para a legislação relativa ao Chipre, ver L. Cavelli, *Il tesoro di Cipro: Clodio, Catone e la conquista romana dell'isola* (Veneza, 2020), 25–98. Para Cícero sobre sua segurança futura, ver Cic. *Fam.* 1.2.16, com Lintott, *Cicero as Evidence*, 172.
47. Tatum, *Patrician Tribune*, 150–156 (exílio de Cícero).

Capítulo 9

1. Caes. *B Gall.* 1.1.1.
2. Caes. *B Gall* 1.1; para o genocídio de 53 a.C., ver especialmente N. Roymans e N. Fernádez-Goetz, "Caesar in Gaul: New Perspectives on the Archaeology of Mass Violence", em *Proceedings of the Twenty-Fourth Annual Theoretical Roman Archaeology Conference* (Anais da Vigésima Quarta Conferência Anual de Arqueologia Romana Teórica), ed. T. Brindle, M. Allen, E. Dunham e A. Smith (Oxford, 2015), 77–79, com Cic. *Off.* 1.34 sobre o limite da vingança, e discussão em A. M. Riggsby, *César na Gália e em Roma: Guerra em Palavras* (Austin, 2006): 159, 188–189.
3. O que se segue como Posidônio é derivado do Livro 5 de Diodoro Sículo, que, seguindo E. Schwartz, *Griechische Geschichtschreiber* (Leipzig, 1957), 58, considero derivado de Posidônio (ver também os paralelos entre Diodoro e fragmentos de Posidônio identificados como tal, nas notas 5 e 6 abaixo).
4. Diod Sic. 5.33.1 (aparência física e ostentação), 28.3 (bigodes), 26.3 (escravo por uma ânfora de vinho) e 30.1 (vestuário). Para têxteis, ver I. Ralston, "The Gauls on the Eve of the Roman Conquest", em *Julius Caesar's Battle for Gaul: New Archaeological Perspectives*, ed. A. P. Fitzpatrick e C. Haselgrove (Oxford, 2019), 29–30.

5. Diod. Sic. 5.33.2 (armadura), 30.3 (nudez), 29.1 (carruagens de guerra), 32.7 (relações entre pessoas do mesmo sexo), 29.4–5 (colecionar cabeças), com *BNJ* 87 F55 (Posidônio citado por Estrabão).
6. Diod. Sic. 5.31.3 (sacrifício humano), com *BNJ* 87 F55.3 (relato paralelo citado por Estrabão); e Ralston, "Gauls on the Eve of the Roman Conquest", 36–38. Para a afirmação do poder aristocrático, ver M. Poux e M. Demierre, *Le sanctuaire de Corent (Puy-de-Dôme, Auvergene)* (Paris, 2015).
7. Caes. *B Gall.* 6.16.2–5.
8. Caes. *B Gall.* 6.17.1–3, com B. Cunliffe, *The Celtic World* (Nova York, 1979), 70–75, para uma descrição geral das questões.
9. Caes. *B Gall.* 3.22, com A. Goldsworthy, *The Roman Army at War, 100 a.C.–200 d.C.* (Oxford, 1996), 54.
10. Caes. *B Gall.* 1.18.5 (servos montados de Dumnórix); ver também 7.31.5 para os servos da cavalaria de Teutomatus; 7.38.1 (massacre da cavalaria édua equiparado ao massacre da aristocracia) e *B Gall.* 3.59.1 (aristocratas alóbroges e seus servos de cavalaria), 7.19 (agrupamentos de clãs), 5.56 (reunião anual), 5.30.7, 6.3.4, [Caes.] B *Gall.* 8.8.3 (incursões antes da reunião), com Goldsworthy, *Exército Romano,* 56. Utilizo as palavras "estado ou comunidade" em vez de "tribo" para descrever os grupos gauleses porque, como Y. Le Bohec, *Peuples et fédérations en Gaule (58–51 avant J.-C): Lecture socio-juridique du Bellum Gallicum; De l'archéologie à l'histoire* (Paris, 2009) aponta, a palavra "tribo" é uma tradução inadequada para o latim *civitas* (termo usado por César); ver também S. B. Dunham, "Caesar's Perception of Iron Age Gallic Social Structures", em *The Celtic World: Critical Concepts in Historical Studies*, vol. 3, *Celtic History*, ed. R. Karl e D. Stifter (Londres, 2007), 161–172.
11. Caes. *B Gall.* 6.13.1–3, 20 (aristocratas), mas para mais detalhes, ver, por exemplo, *B Gall.* 5.54.2 (expulsão de um líder nomeado por César *publico concilio*). César então lida com o senado tribal em 5.54.3; observe também a implicação de que decisões ruins são tomadas por uma assembleia popular em [Caes] *B Gall.* 8.22.2; ver também 5.4.1, onde César reconcilia os *princípios* dos tréveros com seu candidato. Ver também B. Debatty, "Les organs du politique chez les Sénons", em *Les Sénones. Archéologie et histoire d'un people gaulois*, ed. L. Baray (Gand, 2018), 333–334. Sobre a arqueologia, ver S. Fichtl, "Des campagnes gauloises largement hiérarchisées", em Baray, *Sénones,* 109–117; e Dunham, "Caesar's Perception", 165–169.
12. Caes. *B Gall.* 6.12 (organização aeduan); *B Gall.* 1.15.1, 18.9, 4.6.5, 7.1, 12.1–3 (cavalaria auxiliar gaulesa); e *B Gall.* 4.2, 12, 7.67.5 (superioridade das táticas germânicas).
13. Diod. Sic. 5.27 (ouro); para estradas e excedentes, ver Ralston, "Gauls on the Eve of Roman Conquest", 26–30; para moedas, ver C. Haselgrove, "The Development of Iron Age Coinage in Belgic Gaul", *Numismatic Chronicle* 159 (1999): 134–149; N. Roymans e S. Scheers, "Eight Gold Hoards from the Low-Countries: A Synthesis", em *Gold Hoards from the Low Countries and the Caesarian Conquest of Northern Gaul Amsterdam Archaeological Studies*, ed. N. Roymans, G. Creemers e S. Scheers 18 (2012): 1–46; P. Nouvel, "Historiografia da cunhagem senona", em Baray *Sénones,* 167–169 (resumo); Y. Le Bohec, "César et l'économie pendant la guerre des Gaules", em *Krieg – Gesellschaft – Institutionen: Beitrage zur einer vergleichenden Kriegsgeschichte*, ed. B.

Meßner, O. Schmitt e M. Somme (Berlim, 2005), 326–330; e S. Nieto-Pelletier, A. Lefort e D. B. Foucray, "Les monnaies celtiques et les rouelles: Du sanctuaire celtique et gallo-romain du site des 'Grèves' á la Villeneuve-au-Châtelot (10)", em Baray *Sénones,* 172–193. Para César sobre Pompeu, ver p. 221 abaixo.

Capítulo 10

1. D. Potter, "Caesar and the *Bellum* Gallicum", em *People and Institutions in the Roman Empire: Essays in Memory of Garrett G. Fagan*, ed. A. F. Gatzke, L. L. Brice e M. Trundle (Leiden, 2020), 33–43 antecipa o argumento apresentado neste capítulo sobre a composição do *Bellum Gallicum*; o argumento é apoiado pelo padrão de referências cruzadas entre os livros descritos nas pp. 39–41. Ver Cic. *Fam.* 15.1–2 para os relatos; Caes. B *Gall.* 5.52.5 (*idque adeo haud scio mirandumne...*); Caes. B *Gall.* 2.35.4, 4.38.5, 7.90.7 (celebrações); Caes. B *Gall.* 2.28.2 (Massacre dos Nérvios), 2.33.7 (53.000 atuátucos vendidos como escravos), B *Gall.* 5.49.1 (cerca de 60.000 separados do cerco ao acampamento de Cícero, as tribos envolvidas foram os eburões, nérvios e atuátucos: ver B *Gall.* 5.39.3). Ver também Plin. *NH* 7.91–92; Plut. *Caes.* 15.5 para a carnificina reivindicada por César; Plin. *NH* 97–98; Plut. *Pomp.* 45.3 para Pompeu. Ver, em geral, D. S. Potter, "Measuring the Power of the Roman Empire", em *East and West in the Roman Empire of the Fourth Century: An End to Unity?*, ed. R. Dijkstra; S. Van Poppel e D. Slootjes (Leiden, 2015), 26–48.
2. Apresentação pública: ver T. P. Wiseman, "The Publication of *De Bello* Gallico", em *Julius Caesar as Artful Reporter: The War Commentaries as Political Instruments*, ed. K. Welch e A. Powell (Londres, 1998), 4–6; para o alcance da comunicação da Gália, ver R. Morstein-Marx, *Julius Caesar and the Roman People* (Cambridge, 2021): 208–15. Para Ariovisto, ver Caes. B *Gall.* 1.44.12, com p. 139 abaixo. Diálogo de Melos: Caes. B *Gall.* 1.36.1 (*ius est belli, ut qui vicissent, iis quos vicissent, quemadmodum vellent, imperarent)*, com Thuc. 5.105. Ver também J. F. Gaertner e B. C. Hausburg, *Caesar and the* Bellum Alexandrinum: *An Analysis of Style, Narrative Technique, and the Reception of Greek Historiography* (Göttingen, 2013), 137–139, sobre outros elementos tucídideos. Ver também Caes. B *Gall.* 5.27 (Ambiórix), 20–30.1 (Sabino no conselho), 33.1 (comportamento de Sabino durante a emboscada). Para Sabino, ver Caes. B *Gall.* 3.17.7, com "Júlio César e a apresentação do massacre". Em *Júlio César como repórter habilidoso: os comentários de guerra como instrumentos políticos*, editado por K. Welch e A. Powell, Londres, 1998, 111–137. Vesontio: Caes. B *Gall.* 1.40.1: *quod aut quam in partem aut quo consilio ducerentur sibi quaerendum aut cogitandum putarent.*
3. Assassinato de Dumnórix: Caes. *B Gall.* 5.6.1; observe também 5.3.1, referindo-se a 1.37.3. Crasso: Potter, "Caesar and *the Bellum* Gallicum", 41. Pompeu: Caes. *B Gall.* 6.1.2, 7, 7.1.1, 6.1.
4. Para a qualidade literária desta etnografia, ver E. Allen-Hornblower, "Beasts and Barbarians in Caesar's *Bellum Gallicum* 6.21–8", *CQ* 64 (2014): 682–693. T. Creer, "Ethnography in Caesar's Gallic War and its Implications for Composition", *CQ* 69 (2019): 246–263 argumenta que a etnografia dá continuidade ao retrato dos gauleses nos livros 1–5 e, portanto, os livros 1–6 formam uma unidade. A etnografia antecipa

a conduta que César descreve no livro 7 como aristocratas gauleses irresponsáveis que traem Roma em benefício próprio. Para a etnografia britânica, ver Caes. B *Gall.* 5.12–14.

5. Caes. *B Gall.* 6.13.2–3; [Caes.] *B Gall.* 8.22.
6. Caes. *B Gall.* 6.24.2, com Allen-Hornblower, "Beasts and Barbarians," 685.
7. [Caes.] *B Gall.* 8 praef. 7; Cic. *Brut.* 261. Sobre *populus Romanus*, ver Potter, "Caesar and the *Bellum* Gallicum", 41.
8. Caes. *B Gall.* 2.20.1 (fazendo tudo ao mesmo tempo), 25.2 (chamando os centuriões pelo nome). Para Báculo, ver Caes. B *Gall.* 2.25.1; 3.5.; 6.38.1. Para o status dos centuriões, ver D. Potter, "Caesar and the Helvetians", em *New Perspectives on Ancient Warfare*, ed. G. Fagan e M. Trundle (Leiden, 2010), 323. Para hierarquia e *virtus*, ver A. M. Riggsby, *Caesar in Gaul and Rome: War in Words* (Austin, 2006), 92–93.
9. Caes. *B Gall.* 7.19.4–5 (Avaricum); Caes. *B Civ.* 1.7, 85 (discursos sobre as razões da guerra civil); Caes. *B Gall.* 1.25.1 (envio de cavalos); [Caes]. B *Alex.* 10.5 (nenhuma negligência passa despercebida); [Caes.] B *Alex.* 16.3–4 (porto de Alexandria); [Caes.] B *Afr.* 71 (*lanista).*
10. Helvetianos: Caes. *B Gall.* 1.12.6, com M. Rambaud, *La deformation historique chez César* (Paris, 1966), 251–254. Nervios: Caes. B *Gall.* 5.52.6. Ambiórix: Caes. B *Gall.* 6.30.5. Para o papel ativo da Fortuna, ver Caes. B *Gall.* 1.53.7, 5.44.14, 6.30.2, 6.30.3, 6.35.2, 7.20.4. Para a Fortuna como "destino", ver B *Gall.* 2.31.6, 5.55.2, 7.62.7, 7.89.2; como "sorte", B *Gall.* 2.16.3, 2.22.2, 5.34.2; como "oportunidade", B *Gall.* 6.37.7; como "resultado", B *Gall.* 2.31, 4.26.5; como "bem-estar", *BG* 5.3.7, 6.7.6; como "situação", B *Gall.* 1.37.4, 7.1.5, 7.8.4, 7.40.7, 7.54.4, 7.77.1; como "chances", B *Gall.* 3.12.3. Caes. B *Gall.* 3.6.6 (*quod saepius fortunam temptare Galba nolebat;* Galba não queria tentar a Fortuna novamente) não está atribuindo ação decisiva a uma divindade. Ver também Rambaud, *La deformation,* 256–264. Sobre o contraste deliberado com Sula, ver U. Gotter, "Writing Down Uncivil Wars, or: How Roman Generals Justified Themselves in the Wake of Civic Bloodshed", em A *Culture of Civil War:* Bellum Civile *and Political Communication in Late Republican Rome,* ed. H. Börm, U. Gotter e W. Havener (Stuttgart, 2023), 192.
11. Caes. *B Gall.* 1.81 (fortificações do Ródano), 1.10.3 (legiões em 58), 2.2.1 (legiões em 57), 1.23.1 (grãos em Bibracte), 3.9.1 (construção de uma frota). Para a ponte sobre o Reno, ver n. 24 abaixo. Ver também Caes. B *Gall.* 2.12.5 (suessiões), 2.31.1 (atuátucos), 3.14.5 (desmastragem de navios gauleses), 7.69, 73 (trabalhos de cerco em Alésia). Ver também Riggsby, *Caesar in Gaul and Rome,* 73–83.
12. Caes. B *Gall.* 4.17.1–2: *sed navibus transire neque satis tutum esse arbitrabatur neque suae neque populi Romani dignitatis esse statuebat. Itaque, etsi summa difficultas faciendi pontis proponebatur propter latitudinem, rapiditatem altitudinemque fluminis, tamen id sibi contendendum aut aliter non traducendum exercitum existimabat.*
13. Caes. *B Gall.* 4.25.3 (portador da águia), 7.88.1 (César em Alésia).
14. Caes. *B Gall.* 1.7.4 (vitória helvética anterior), com Riggsby, *César na Gália e Roma*, 175–176; Caes. B *Gall.* 1.45.2 (Fábio Máximo), 2.3.1–2 (*deditio* dos remos), 4.20.1 (britânicos auxiliando os gauleses), 4.16.1 (decisão de cruzar o Reno); 2.33.6–7

(escravidão dos vênetos); 3.16.4 (execução do conselho dos vênetos que violaram o acordo); 6.34–5 (devastação das terras dos eburões); 7.11.9 (destruição de Cenabum).

15. Caes. *B Gall.* 1.7, 10 (campanha helvética), 2.2–3.1 (campanha belga), 5.48.2 (resgate de Quinto Cícero), 7.8–9 (campanha de 52).
16. Caes. *B Gall.* 1.16.1, 28.3, 37 (logística em 58), 2.2.2, 4 (logística em 57), 3.7.3 (logística em 56), 4.7.1, 29–32 (questões logísticas em 55), 5.8.1, 20.3–4, 24.1, 6, 47.2 (questões logísticas em 54), 6.10.2, 29.4, 33.4, 43.3, 4.3 (logística em 53), 7.3.1, 10.1, 16.3, 17.2–3, 32.1, 34.1, 36.1, 73.1, 74.2, 75.1, 90.7 (questões logísticas, omitindo a discussão gaulesa sobre o assunto, em 52). Sobre Samarobriva como quartel-general central, ver Caes. B *Gall.* 5.24.1, 47.2; Cic. *Fam* 7.11.2. Sobre Cenabum como quartel-general, Caes. B *Gall.* 7.3.1. Ver também Y. Le Bohec, "César et l'économie pendant la guerre des Gaules", em *Krieg – Gesellschaft – Institutionen: Beitrage zur einer vergleichenden Kriegsgeschichte*, ed. B. Meßner, O. Schmitt e M. Somme (Berlim, 2005), 319–322.
17. Caes. *B Gall.* 4.5: *Sua de rebus Caesar certior factus et infirmitatem Gallorum veritus, quod sunt in consiliis capiendis mobiles et novis plerumque rebus student, nihil his committendum existimavit. Est enim hoc Gallicae consuetudinis, uti et viatores etiam invitos consistere cogant et quid quisque eorum de quaque re audierit aut cognoverit quaerant et mercatores in oppidis vulgus circumsistat quibus ex regionibus veniant quas ibi res cognoverint pronuntiare cogat. His rebus atque auditionibus permoti de summis saepe rebus consilia ineunt, quorum eos in vestigio paenitere necesse est, cum incertis rumoribus serviant e pleri ad voluntatem eorum ficta respondeant.* Para prisioneiros e desertores, ver, por exemplo, B *Gall.* 1.50.3–4, 2.16.1–2, 5.9.1, 18.4, 48.2, 52.4, 7.18.1.
18. Caes. B *Gall.* 1.39.1 (Vesontio), 1.16.5, 18–20, 31, 41.4: *eorum satisfactione accepta et itinere exquisito per Diviciacum, quod ex Gallis ei maximam fidem habebat,* 2.5.2, 14.1, 15.1, 12.5, 7.39.1 (Diviciaco), 1.47.4 (Mettius), 4.21.7 (elogio a Cômio), 1.50.3–4, 2.116.1–2, 5.9.1, 18.4, 48.2, 7.18.1 (prisioneiros e desertores). Para comerciantes como fontes, ver B *Gall.* 4.20–21, 6.24, com Le Bohec, "César et l'economie", 323.
19. Caes. *B Gall.* 2.17.2 (nérvios), 1.21–22 (Consídio), 7.47.2, 52.2 (Gergóvia), 6.36.1 (Quinto Cícero); B *Civ.* 3.51.4: *aliae enim sunt legati partes atque imperatoris: alter omnia agere ad praescriptum, alter libere ad summam rerum consulere debet.*
20. [Caes.] *Bell. Afr.* 54, com S. G. Chrissanthos, "Caesar and the Mutiny of 47 bc," *JRS* 91 (2001): 62.
21. Caes. *B Gall.* 1.18, 5.6.2 (Dumnórix). Ver também *B Gall.* 5.1.7, sobre os pirustae culpando um ataque a indivíduos sem apoio do Estado.
22. Caes. *B Gall.* 5.25.2–4 (Tasget), 5.6.2 (Dumnórix), 4.21.7 (Cômio); Cic. *Fam.* 7.5.2 (piada).
23. Caes. *B Gall.* 4.19.2: *após ter consultado o seu conselho, enviou mensageiros a todas as partes,* 5.2.4: *pois estes nem sequer compareciam às reuniões,* 5.4.3 (Cingetórix), 6.3.4: *Na primeira reunião da Gália, tal como havia estabelecido,* 6.3.6: *Esta decisão foi tomada por sugestão.* Ver também Caes. B *Civ.* 3.59 sobre os benefícios do serviço.
24. Cic. *Cat* 4.9, com p. 83 n. 22 acima.
25. Sobre a iniciativa de Pompeu, ver Caes. *BCiv.* 1.85.

Capítulo 11

1. Caes. *B Gall.* 1.47.4 (Valério Prócilo), 1.19.3 (Valério Troucillus), 5.36.1 (Quinto Pompeu). Ver Just. *Epit.* 43.5.12 sobre o pai do historiador. Observe também Quinto Iunius, um homem da Espanha que costumava caçar com Ambiórix (B *Gall.* 5.27.1). Ver Caes. B *Civ.* 3.59.1–2 sobre os alóbroges.
2. Cic. *Prov. cons.* 32 sobre Pomptino. A data da sua partida é conjectural. Para a data provável da morte do seu sucessor, ver p. 102 acima.
3. Caes. *B Gall.* 1.2–5.
4. Ver Caes. *B Gall*. 1.32.1–3, com a página 136 abaixo, sobre os sequanos que alegavam ser oprimidos por Ariovisto.
5. Caes. *B Gall.* 1.10.1 sobre o destino.
6. Caes. *B Gall.* 1.10.3.
7. Para o tamanho do exército de César, ver J. Harmand, *L'armée et le soldat a Rome de 107 à 50 avant notre ère* (Paris, 1967), 29, mostrando que uma legião recém-criada contava com cerca de 4.000 homens. Para as necessidades alimentares, ver J. P. Roth, *The Logistics of the Roman Army at War*, *264 a.C.–235 d.C.* (Leiden, 1995), 42. A afirmação de que o documento estava em grego (Caes. B *Gall.* 1.29.1–3) acrescenta uma nota de verossimilhança à história: ver A. Mullen, *Southern Gaul and the Mediterranean: Multilingualism and Multiple Identities in the Iron Age and Roman Periods* (Cambridge, 2013), 113, observando que o próprio documento pode ser uma falsificação.
8. Para obter informações sobre o treinamento básico no exército dos EUA, consulte: https://www.goarmy.com/army-life/basic-training.html. Para obter informações sobre o treinamento no exército romano, consulte Harmand, *L'armée et le soldat*, 314–320.
9. Caes. *B Gall.* 1.10.5. Para a data, consulte K. A. Raaflaub e J. T Ramsay, "The Chronology of Caesar's Campaigns", em *The Landmark Julius Caesar*, ed. e trad. K. A. Raaflaub (Nova York, 2017), 137.
10. Caes. *B Gall*. 1.9.3–4.
11. Caes. *B Gall*. 1.35.4. Para os eventos em 61, ver Cic *Att.* 1.19.2: *Nam Haedui fratres nostri pugnam nuper malam pugnarunt, et helvécios sine dubio sunt in armis excursionesque in provinciam faciunt. Senatus decrevit, ut consules duas Gallias sortirentur, delectus haberetur, vacationes ne valerent, legati cum auctoritate mitterentur, qui adirent Galliae civitates darentque operam, ne eae se cum Helvetiis coniungerent.* À luz do conteúdo do decreto senatorial, o *et* na primeira cláusula é conjuntivo.
12. Sobre os tigurinos, ver Caes. *B Gall*. 1.12.4–7, com D. Potter, "Caesar and the Helvetians", em *New Perspectives on Ancient Warfare*, ed. G. Fagan e M. Trundle (Leiden, 2010), 306. Sobre Divico, ver Caes. *B Gall.* 1.13.2.
13. Caes. *B Gall.* 1.15 (encontro de cavalaria), 1.16–18 (grãos). Para o tema Dumnórix, ver D. Potter, "Caesar and the *Bellum* Gallicum", em *People and Institutions in the Roman Empire: Essays in Memory of Garrett G. Fagan*, ed. A. F. Gatzke, L. L. Brice e M. Trundle (Leiden, 2020), 33–43; e p. 117 acima.

14. Caes. *B Gall.* 1.21–22, com p. 124 acima. Ver também K. Welch, "Caesar and his Officers in the Gallic War Commentaries", em *Julius Caesar as Artful Reporter: The War Commentaries as Political Instruments*, ed. K. Welch e A. Powell (Londres, 1998), 101.
15. Para a localização, ver T. R. Holmes, *C. Julii Caesaris commentarii rerum in Gallia gestarum VII A. Hírcio commentarius VIII* (Oxford, 1914), 26, em *B Gall.* 1.24.1.
16. Caes. *B Gall.* 1.24 (disposições), 1.25.1 (cavalo).
17. Plut. *Mar.* 25.1–2. Ver também Potter, "Caesar and the Helvetians", 313–314; A. Goldsworthy, *The Roman Army at War*, 197–206; e Caes. B *Gall.* 1.25.2–3 (César sobre *pila*), 1.25.6–7 (Rendição dos Helvécios).
18. Plut. *Mar.* 19.2–7, com Potter, "Caesar and the Helvetians", 325.
19. Caes. *B Gall.* 1.31–2.
20. Caes. *B Gall.* 1.34; para a questão jurídica por trás dessa narrativa, ver R. Morstein-Marx, *Julius Caesar and the Roman* People (Cambridge, 2021): 200–203.
21. Caes. *B Gall.* 1.35–6.
22. Caes. *B Gall.* 1.37.3.
23. Para uma marcha mais rápida, ver a discussão em Raaflaub e Ramsay, "Chronology", 138. Discordo deles ao pensar que, à luz de *B Gall.* 1.16.3, César teria contado com o transporte fluvial para seus suprimentos.
24. Caes. *B Gall.* 1.391.1 (aterrorizando os germânicos), 1.39.2–5 (tropas redigindo testamentos).
25. Caes. *B Gall.* 1.40.2–4 (germanos no exército de Espártaco), 1.40.8 (táticas de Ariovisto contra os éduos), 1.41.1–2 (Décima legião). Ver também A. Goldsworthy, *Caesar: Life of a Colossus* (New Haven, 2006), 224–228.
26. Caes. *B Gall.* 1.44.9: *non se tam barbarum neque tam imperitum esse rerum ut non sciret neque bello Allobrogum proximo Haeduos Romanis auxilium tulisse neque ipsos in iis contentionibus quas Haedui secum et cum Sequanis habuissent auxilio populi Romani* usados; Caes. B *Gall.* 1.44.12: *Quod si eum interfecerit, multis sese nobilibus principibusque populi Romani gratum esse facturum (id se ab ipsis per eorum nuntios compertum habere)*, sobre a comunicação implícita, ver R. Morstein-Marx, *Julius Caesar and the Roman People* (Cambridge, 2021): 213.
27. Caes. *B Gall.* 1.45–46.2.
28. Caes. *B Gall.* 1.47.4–6.
29. Para a localização, consulte C. B. R. Pelling, "Caesar's Battle-Descriptions and the Defeat of Ariovisto" , *Latomus* 40 (1981): 751–766.
30. Caes. *B Gall.* 1.54.2–3.
31. Para o poema, consulte E. Courtney, *The Fragmentary Latin Poets* (Oxford, 1993), 238 (Varrão Atacinus frs. 1–2). Para César e o pai de Catulo, consulte Suet. *Iul.* 73, com Goldsworthy, *Caesar*, 236–237.
32. Caes. *B Gall.* 2.1.2 (Belgae), 2.5.2 (Diviciaco), 2.3.1–2 (*deditio in fidem*).
33. Caes. *B Gall.* 2.3.2–3 (a oferta de reféns fazia parte da abordagem dos remi).
34. Para a localização desta batalha, ver Pelling, "Caesar's Battle Descriptions", 742–747. Aceito a localização de Berry-au-Bac, que, como observa Pelling, é controversa devido à proximidade com o Aisne, que é crucial para a narrativa.
35. Caes. *B Gall.* 2.7.1 (novas unidades), 2.8–9 (táticas).

36. Caes. *B Gall.* 1.40.8.
37. Caes. B *Gall.* 2.10.4: *ipsos res frumentaria deficere coepit, concilio convocato constituerunt optimum esse domum suam quemque reverti, et quorum in fines primum Romani exercitum introduxissent, ad eos defendendos undique convenirent, ut potius in suis quam in alienis finibus decertarent et domesticis copiis rei frumentariae uterentur.* Ver também Ph. Richardot, *Les erreurs stratégiques des Gaulois face à César* (Paris, 2006), 48.
38. Caes. *B Gall.* 2.12.5–13.1: *e, aos Remos que pediam para serem poupados, concedeu-lhes o perdão. César, tendo aceitado os primeiros reféns da cidade e os dois filhos do rei Galba, bem como todas as armas entregues pela cidade, aceitou a rendição dos suessiões.* Caes. B *Gall.* 2.15.1: *César, por causa da honra de Diviciaco e dos* éduos, *disse que os receberia e preservaria em confiança.* Ver também Goldsworthy, *César,* 243.
39. Caes. *B Gall.* 2.17.1–2, 19.2 (linha de marcha). Para a localização, ver P. Turquin, "La bataille de la Selle (du Sabis) en l'an 57 avant J.-C.," Études Classiques 23 (1955): 113–156.
40. Caes. *B Gall.* 2.22.1 (não é possível formar uma única linha), 2.23 (disposição), 2.26.1 (intervenção de César), 2.26.3–4 (Labieno).
41. *B Gall.* 2.28.2. Ver p. 116 acima sobre esta questão.
42. Para uma discussão sobre o local, ver N. Roymans, "Caesar's Conquest and the Archaeology of Mass Violence in the Germanic Frontier Zone" em *Julius Caesar's Battle for Gaul: New Archaeological Perspectives*, ed. A. P. Fitzpatrick e C. Haselgrove (Oxford, 2019), 115. Para a rendição, ver Caes. B *Gall.* 2.31–33, com L. Grillo, *The Art of Caesar's* Bellum Civile: *Literature, Ideology and Community* (Cambridge, 2012), 95–99, sobre o argumento apresentado por César.
43. Caes. *B Gall.* 2.34, 3.7.
44. Raaflaub e Ramsay, "Chronology", 144.

Capítulo 12

1. Caes. *B Gall.* 3.2.3–5. Ver também K. M. Riggsby, *Caesar in Gaul and Rome: War in Words* (Austin, 2006), 184–187.
2. Caes. *B Gall.* 2.35, 3, 3.7.1, 9.1–2 (sobre o qual ver T. R. Holmes, *C. Julii Caesaris commentarii rerum in Gallia gestarum VII A. Hirtius commentarius VIII* [Oxford, 1914], 107, observando que uma referência à reunião em Luca está oculta aqui).
3. Caes. *B Gall.* 3.8.3: *ut in ea libertate quam a maioribus acceperint permanere quam Romanorum servitutem perferre malint.*
4. Plut. *Pomp.* 49.2 (suposto assassinato); Dio Cass. 38.30 (irritação de Pompeu com Clódio em 58), 39.6 (Milo contra Clódio) com R. Seager, *Pompey the Great: A Political Biography,* 2ª ed. (Londres, 2002): 103–108.
5. Cic. *Red. pop.* 21; *Sest.* 70; *Dom.* 75 (destituição de Cícero); *Att.* 4.1.6–7; *Dom.* 34; *Red. pop.* 34; Plut. *Pomp.* 49.4–5, 50; App. *B Civ.* 2.18.20; Dio Cass. 39.9.3 (lei dos cereais). Ver também Seager, *Pompey The. Great,* 108–9; e K. M. Girardet, *"Imperia* und *provinciae* des Pompeu 82 bis 48 v. Chr.," *Chiron* 31 (2002): 188–190 para a gestão da situação por Pompeu. Para o papel de Cícero na votação de agradecimento a César, ver

Cic. *Prov. cons.* 25–26; ver também Plut. *Caes.* 21.1 e discussão em R. Morstein-Marx, *Caesar and the Roman People* (Cambridge, 2021): 219–21.

6. Para relatos divergentes sobre sua partida, consulte Plut. *Pomp.* 49.6–7; Dio Cass. 39. 12.2–13.3; Livy, *Per.* 104, com P. M. Fraser, *Ptolemaic Alexandria* (Oxford, 1972), 125; e M. Siani-Davis, "Ptolemy XII Auletes and the Romans," *Historia* 46 (1997): 318–319, 322–323. Se o caso relatado em Plut. *Ant.* 25.4 aconteceu, é provável que tenha sido neste momento; para a possibilidade de Pompeu ter visitado Ptolomeu no Egito durante a Guerra Mitridática, ver Siani-Davis, "Ptolemy XII Auletes and the Romans," 314–315.
7. Cic. *Rab. Post.* 6 (empréstimos para subornos); *Fam.* 1.1 (Ptolomeu quer Pompeu); Plut. *Pomp.* 49.6 (a proposta de Canínio). A versão do oráculo no texto foi reconstruída a partir de Cic. *Rab. Post.* 4 e *Q Fr.* 2.3; *Fam.* 1.7. Dio pretende citar o oráculo real em 39.15.2, mas seu texto omite a linha citada por Cícero em *Pro Rabirio Postumo;* ver também Siani-Davis, "Ptolomeu XII Auletes e os romanos", 326–327.
8. Ver R. G. Austin, *M. Tullii Ciceronis pro M. Caelio oratio*, 3ª ed. (Oxford, 1959), viii, 152–154 (Célio); Catull. 66.13–16, 79–82 (Berenice), 29, 113 (Pompeu), 49 (Cícero), 29, 57, 93 (César).
9. Cic. *Q Fr.* 2.3.1–2; *Fam.* 1.5b1, com Seager, *Pompeu, o Grande*, 114–15; E. Gruen, *The Last Generation of the Roman Republic* (Berkeley e Los Angeles, 1974), 442; e W. J. Tatum, *The Patrician Tribune: P. Clodius Pulcher* (Chapel Hill, 1999), 211–213.
10. Sobre as terras da Campânia, ver Cic. *Q Fr.* 2.7.2; Fam. 1.9.8. Sobre as propostas de César, ver Cic. *Q Fr.* 5.3: *Hunc igitur Catonem Lêntulo a legibus removit et eos, qui de Caesare monstra promulgarunt, quibus intercederet nemo.* Essas são, presumivelmente, as medidas que Cícero apoiou posteriormente: ver *Fam.* 1.7.10; *Balb.* 69; *Prov.cons.* 28; Suet. *Iul.* 23: *Mox et ipse a Lucio Antistio tr. pl. postulatus appellato demum collegio optinuit, cum rei publicae causa abesset reus ne fieret.* Sobre a identidade de Antíscio, ver a nota de Shackleton Bailey sobre Cic. Q *Fr.* 2.1.3 e E. Rawson, *Cícero: A Portrait* (Bristol, 1975), 127–128.
11. Cic. *Fam.* 1.9.9 sobre a ordem dos eventos relacionados com Luca (incluindo o encontro anterior de Crasso com César em Ravenna com Seager, *Pompeu, o Grande*, 118, enfatizando corretamente o ponto de que Crasso não estava em Luca). Para exageros, ver Plut. *Caes.* 21.5–7; *Pomp.* 51.3; Cic. *Att.* 4.5.1, com discussão em L. Grillo, *Cicero's De provinciis consularibus oratio* (Oxford, 2015), 15–16. Para Cícero e o projeto de lei a favor de César, ver Cic. *Prov. cons.* 29. Para os comandos provinciais, ver Plut. *Pomp.* (52); *Crass.* 14.6 especificam que o acordo sobre os comandos provinciais foi alcançado em Luca; Dio 39. 33 preserva uma versão em que a extensão do comando de César não fazia parte do acordo.
12. Cic. *Prov. cons.* 17–18, 25–26.
13. Cic. *Prov. cons.* 19.
14. Caes. *B Gall.* 3.8–9.3. Sobre o contexto, ver C. Ando, "Aliens, Ambassadors and the Integrity of Empire," *Law and History Review* 26 (2008): 496–497.
15. Caes. *B Gall.* 3.14.1 (comportamento dos vênetos), 3.15 (batalha decisiva), 3.16.4 (destino da liderança dos vênetos).

16. Caes. *B Gall.* 3.18.5–7 (pessoas que acreditam no que querem), 19.3 (inexperiência e exaustão), 3.19.6 (galos iniciando guerras).
17. Caes. *B Gall.* 3.23.5: *Duces vero ii deliguntur qui una cum Q. Sertorio omnes annos fuerant summamque scientiam rei militaris habere existimabantur.*
18. Caes. *B Gall.* 3.28.1: *quod omni Gallia pacata Morini Menapiique supererant, qui in armis essent neque ad eum umquam legatos de pace misissent.*
19. Cic. *Att.* 4.8a.2, com Seager, *Pompeu, o Grande*, 126–129.
20. D. Potter, *The Origin of Empire* (Londres, 2018), 249–250, sobre Gabínio.
21. Morstein-Marx, *Julius Caesar and the Roman People*, 267, para uma declaração sucinta sobre a questão. Ver também P. J. Cuff, "The Terminal Date of Caesar's Command", *Historia* 7 (1958): 445–471 sobre o ponto de que a data final não estava claramente definida.
22. Suet. *Iul.* 73, referindo-se aos poemas 29 e 57. Para as origens sociais dos associados de César, ver R. Syme, *The Roman Revolution* (Oxford, 1939), 71–75.
23. Tac. *Ann.* 12.60; Para a descrição da bondade e energia de César como general, ver Suet. *Iul.* 55 (indiferença à culinária, de Ópio), 72 (bondade para com Ópio quando este estava doente), 57 (energia). F. Vonder Mühl (*RE*, s.v. "Hírcio") e F. Münzer (*RE*, s.v. "Ópio") datam a formação do "gabinete" para o período após a derrota de Sabino e Cota em 54, mas me parece que deve ter sido antes, já que Catullus 29 (sobre a riqueza de Mamurra) data de 56 ou 55, o que sugere que o grupo principal se formou antes de 54. A sugestão de Vonder Mühl de que Hírcio substituiu Pompeu Trogo como secretário de César é intrigante, mas o gabinete de César parece não ter tido uma hierarquia rígida, de modo que ninguém precisava substituir ninguém.
24. Caes. *B Gall.* 4.1.1–2. Para a localização, ver n. 28 abaixo.
25. A. Garcea, *Caesar's* De Analogia: *Edition, Translation and Commentary* (Oxford, 2012), 24, apontando que a obra deve ser datada após o verão de 56.
26. A passagem citada é Caes. *B Gall.* 4.6.5: *eorumque animis permulsis et confirmatis equitatuque imperator bellum cum Germanis gerere constituit.* Para as negociações, ver *B Gall.* 4.7–8.
27. *B Gall.* 4.9.3 (retorno da cavalaria), 4.12–13 (nobre aquitano). Para Catão, ver Plut. *Caes.* 22.4; *Cato Min.* 51.1–2; Suet. *Iul.* 24.3 (sem mencionar Catão pelo nome); App. *Celt.* 18, com K. Morrell, "Caesar, Catão and the Germani", *Antichthon* 49 (2015): 73–93; e J. Osgood, "The Pen and the Sword: Writing and Conquest in Caesar's Gaul", *Cl. Ant.* 28 (2009): 339.
28. Para uma discussão sobre o local, ver N. Roymans, "Caesar's Conquest and the Archaeology of Mass Violence in the Germanic Frontier Zone", em *Julius Caesar's Battle for Gaul: New Archaeological Perspectives*, ed. A. P. Fitzpatrick e C. Haselgrove (Oxford, 2019), 115–125.
29. Caes. *B Gall.* 4.16.1.
30. Caes. *B Gall.* 4.16.4: *populi Romani imperium Rhenum finire; se considerasse injusto permitir que os germânicos atravessassem a Galia, por que exigiria que tivessem algum tipo de império ou poder além do Reno?*

31. Caes. *B Gall.* 4.18.1, 19.4 (construção de pontes e duração da campanha), 4.19.4: *satis et ad laudem et ad utilitatem profectum arbitratus se in Galliam recepit pontemque rescidit.*
32. Para a data, ver K. A. Raaflaub e J. T Ramsay, "The Chronology of Caesar's Campaigns", em *The Landmark Julius Caesar*, ed. e trad. K. A. Raaflaub (Nova York, 2017), 152. Ver também Caes. B *Gall.* 4.20.1 (bretões e gauleses); 4.20.3–4, 21 (missão de Cômio).
33. Estrabão 4.5.2 para a localização antiga (Ition); para a identificação do local moderno, ver A. P. Fitzpatrick, "Caesar's Landing Sites in Britain and Gaul in 55 and 54 bc: Critical Places, Natural Places", em Fitzpatrick e Haselgrove, *Julius Caesar's Battle for Gaul*, 137. Para Sabino e Cota, ver Caes. B *Gall.* 4.22.5.
34. O caso de Pegwell Bay é apresentado por Fitzpatrick, "Caesar's Landing Sites", 149–155. Ver também Caes. *B Gall.* 4.23.5 (Voluseno), 4.25.3: *ego certe meum rei publicae atque imperatori officium praestitero.*
35. Caes. *B Gall.* 4.27.2–4.
36. Caes. *B Gall.* 4.30–5, com Osgood, "The Pen and the Sword", 342–343, sobre o aprimoramento literário da operação britânica.
37. Cic. *Att.* 4.16.7, 18.5 (citado na nota 47 abaixo); R. Hingley, *Conquering the Ocean* (Oxford, 2022), 29 (retornos previstos); Caes. *B Gall.* 5.14, com Hingley, *Conquering the Ocean*, 33–34 (retornos reais).
38. Cic. *Att.* 4.16.8; Plin. *NH* 36.103; Suet. *Iul.* 26.1, especificando que o fórum foi construído com os espólios da Gália. Ver também R. Raja e J. Rüpke, "Creating Memories in and of Urban Rome: The Forum Iulium", em *Caesar's Past and Posterity's Caesar*, ed. T. A Hass e R. Raja (Turnhout, 2021), 53–66.
39. Cic. *Fam.* 7.5.2 (Trebácio para ser rei na Gália); Caes. *B Gall.* 5.3.4 (os tréveros não comparecem).
40. Caes. *B Gall.* 5.3.5–6.
41. Caes. *B Gall.* 5.4.3.
42. Potter, "Caesar in the *Bellum* Gallicum", em *People and Institutions in the Roman Empire: Essays in Memory of Garrett G. Fagan*, ed. A. F. Gatzke, L.L. Brice e M. Trundle (Leiden, 2020), 38–39.
43. Caes. *B Gall.* 5.6.
44. Caes. *B Gall.* 5.7.
45. Caes. *B Gall.* 5.8.5–6 (desembarque), 9. 3–4 (para a localização, ver Holmes, C. *Julii Caesaris commentarii,* 180–181n, em 5.9.3–4, aceito por Hingley, *Conquering the Ocean,* 31), 5.11.8 (eleição de Cassivelauno), com Holmes, C. *Julii Caesaris commentarii,* 184, sobre a localização. Para a batalha, ver Caes. B *Gall.* 5.18–19.
46. Caes. *B Gall.* 5.20 (Trinovates), com Hingley, *Conquering the Ocean*, 35–36.
47. Caes. *B Gall.* 5.22.4–5. Ver também Cic. *Att.* 4.18.5: *confecta Britannia, obsidibus acceptis, nulla praeda, imperata tamen pecunia exercitum ex Britannia reportabant.*
48. Cic. *Q Fr.* 3.1.10: *De Britannicis rebus cognovi ex tuis litteris nihil esse nec quod metuamus nec quod gaudeamus.*
49. Cic. *Q Fr.* 3.1.17, para a data em que César recebeu a notícia. Para sua reação, ver Plut. *Pomp.* 53.4; Dio Cass. 39.64; Cic. *Q Fr.* 3.1.17.

50. W. Allen, "The British Epics of Quintus and Marcus Cicero", *TAPA* 86 (1955): 143–159.
51. Catull. 29.4. Catull. 20 implica que pelo menos uma campanha britânica havia sido concluída, e o poema pode ser posterior ao almoço relatado em Suet. *Iul*. 73. Ver também Cic. *Q Fr*. 2.9.3: *Lucretii poemata, ut scribis, ita sunt: multis luminibus ingenii, multae etiam artis* (ele tinha o poema em fevereiro). A citação é Lucr. 1.1–2. Para o uso do poema por César, ver C. B. Krebs, *"Caesar, Lucretius and the Dates of De rerum natura and the Commentaries"*, *CQ* 63 (2013): 772–779.
52. Lucr. 1.50–53 (conselho a Mêmio); para o suborno, ver Cic. *Att*. 4.17.2. Para a quantia, ver a nota de Shackleton Bailey sobre o texto de Cic. *Att*. 4.17.2. Appian B *Civ*. 2.19 indica a quantia como sendo de quase vinte milhões de sestércios, o que está fora do alcance de uma fortuna senatorial típica. Ver também Cic. *Att*. 4.17.3 (reação de César).
53. Plut. *Crass*. 16.3–5.

Capítulo 13

1. Caes. *B Gall*. 5.25.
2. Caes. *B Gall*. 5.55.
3. Caes. *B Gall*. 5.28.1; para a identificação de Aduatuca com Tongeren, ver Y. Le Bohec, *César, chef de guerre: Stratégie et tactique de la République romaine* (Mônaco, 2001), 231.
4. Caes. *B Gall*. 5.26–7 (ataque inicial e embaixada); para a descrição de Ambiórix, ver também J. Barlow, "Noble Gauls and Their Other in Caesar's Propaganda", em *Julius Caesar as Artful Reporter: The War Commentaries as Political Instruments*, ed. K. Welch e A. Powell (Londres, 1998), 149–150; e Caes. B *Gall*. 5.27 (conselho de Ambiórix).
5. Caes. *B Gall*. 5.28.3–6; ver também A. M. Riggsby, *Caesar in Gaul and Rome* (Austin, 2006), 193.
6. Caes. *B Gall*. 5.30; ver também Powell, A. "Júlio César e a apresentação do massacre", em *Julius Caesar as Artful Reporter: The War Commentaries as Political Instruments*, ed. K. Welch e A. Powell (Londres, 1998), 111–137.
7. Caes. *B Gall*. 5.33.1–4.
8. Caes. *B Gall*. 5.37.
9. Plut. *Crass*. 31.
10. Caes. *B Gall*. 5.38.
11. Caes. *B Gall*. 5.36.7 (prisioneiros), 40.1 (escreve imediatamente a César), 41 (recusa-se a negociar), 44 (Pulo e Voreno).
12. Caes. *B Gall*. 5.46–48 (César ao resgate).
13. Caes. *B Gall*. 5.49.1 (número de gauleses), 49.7 (número de romanos), 50–51 (derrota dos gauleses).
14. Caes. *B Gall*. 5.52.5.
15. Caes. *B Gall*. 5.53.5 (conspirações), 5.54.1 (César e líderes gauleses).
16. Caes. *B Gall*. 6.54.2 (sênones), 56.5 (expulsão de Cingétorix), 58.1–6 (morte de Indutiomaro).

17. *B Gall.* 5.54.5: *Idque adeo haud scio mirandumne sit, cum compluribus aliis de causis, tum maxime quod ei, qui virtute belli omnibus gentibus praeferebantur, tantum se eius opinionis deperdidisse ut a populo Romano imperia perferrent gravissime dolebant.* Para o uso da primeira pessoa aqui, ver p. 115 acima.
18. Caes. *B Gall.* 6.1.2–4 (ajuda de Pompeu); *B Civ.* 1.85.9 (a lei sobre a administração provincial, um sinal da má vontade de Pompeu); para os termos da lei, ver K. Morrell, *Pompeu, Catão e a Governança do Império Romano* (Oxford, 2017): 214–33.
19. Caes. *B Gall.* 6.1.2–4.
20. Caes. *B Gall.* 3.1–3 (nérvios), 4.2–3 (sênones e éduos), 4.5 (remi e carnutes).
21. Para as evidências arqueológicas, ver N. Roymans, "Caesar's Conquest and the Archaeology of Mass Violence in the Germanic Frontier Zone", em *Julius Caesar's Battle for Gaul: New Archaeological Evidence*, ed. A. P. Fitzpatrick e C. Hazelgrove (Oxford, 2019), 125–131. Ver também Caes. B *Gall.* 6.6 (rendição dos menápios), 43.5–6 (fuga de Ambiórix), 6.31.5 (Catuvolco).
22. Caes. *B Gall.* 6.8.4: *praestate eandem nobis ducibus virtutem, quam saepe numero imperatori praestitistis, atque illum adesse et haec coram cernere existimate.*
23. Caes. *B Gall.* 6.9.2 (decisão de atravessar o Reno), 6.9.5–8 (Ubii), 29.1 (decisão de se retirar).
24. Caes. *B Gall.* 6.30.2, 5 (fuga de Ambiórix), 35.1, 42.1 (Tongeren).
25. Caes. *B Gall.* 6.42.3.
26. Asc. *Mil.* 30–33C; App. *B Civ.* 2.21; Dio Cass. 40.48.2. Sobre as circunstâncias específicas, ver D.H. Barry, "Clódio, Milo and the battle of Bovillae", em *Ancient Bovillae: History, Art and Archaeology of a Lost City in the Roman Hinterland*, ed. P. Hatlie (Ann Arbor, 2025): 85–99. Ver, em geral, E. Gruen, *The Last Generation of the Roman Republic* (Berkeley e Los Angeles, 1974), 150–154. Ver também G. Sumi, "Power and Ritual: The Crowd at Clodius' Funeral", *Historia* 46 (1977): 80–92.
27. Dio Cass. 40.45 (eleições consulares de 53); Asc. *Mil.* 30C (eleições consulares para 52).
28. Asc. *Mil.* 34C (*senatus consultum*). Para esses eventos, consulte J. T. Ramsay, "How and Why Was Pompey Made Sole Consul in 52 bc", *Historia* 65 (2016): 298–324. Para as ações de César, consulte Caes. B. *Gall.* 7.1.2, com T. R. Holmes, C. *Julii Caesaris commentarii rerum in Gallia gestarum VII A. Hirtius commentarius VIII* (Oxford, 1914), 271; e C. B. Krebs, *Caesar* Bellum Gallicum *Book VII* (Cambridge, 2023), 117–118: César pode ter substituído as perdas do ano anterior, uma vez que a força total do exército é indicada como dez legiões em B *Gall.* 6.44.2 e 7.34.2.
29. Asc. *Mil.* 36C (para a eleição); Caes. *B Civ.* 1.32.3; Cic. *Att.* 7.1.4 (papel de Cícero), 3.4,6.2; *Fam.* 6.6.5, 8.3.3, 16.12.3; *Phil.* 2.34; Suet. *Iul.* 26.1, 28; Plut. *Pomp.* 56; App. B *Civ.* 2.25; Dio Cass. 40.51.2. Para a cronologia, ver Ramsay, "How and Why Was Pompey Made Sole Consul", 321.
30. Caes. *B Gall.* 6. 44.2 (execução de Acco), 7.1.4 (queixas sobre o assassinato de Acco). Para os carnutes que iniciaram a conspiração, ver Krebs, *Caesar* Bellum Gallicum *Livro VII*, 119–120.
31. Caes. *B Gall.* 7.3.1; para a forma do nome Gutuatrus, ver [Caes.] *B Gall.* 8.38.3, com Holmes, *C. Julii Caesaris commentarii*, 387 e Krebs, *Caesar* Bellum Gallicum *Livro VII*, 123–4. O plural *ducibus* indica que se trata de um nome e não de um título religioso,

mas, juntamente com Y. Le Bohec, "Le clergé celtique et la guerre des Gaules historiographie et politique", *Latomus* 64 (2005): 871–881, acho totalmente plausível que os druidas tenham apoiado a revolta, mas talvez não seja possível distinguir entre os motivos religiosos e políticos desse apoio (já que os druidas eram membros da aristocracia).

32. Caes. *B Gall*. 7.4–5.
33. Caes. *B Gall*. 7. 8–9.
34. Caes. *B Gall*. 7.9.5, 11. O número de legiões é novamente controverso. K. M. Girardet, *Januar 49 v. Chr.: Caesars Militärputsch; Vorgeschichte, Rechtslage, politische Aspekte* (Bonn, 2017), 61, acrescenta uma décima primeira, apesar da clara implicação do latim de que todo o exército estava com César no final do verão de 53. As disposições aqui descritas são confirmadas em Caes. B *Gall.* 7.9.3 (duas legiões com os lingones), 10.4 (a maior parte do exército em Agedincum/Sens). Em 34.2, César afirma especificamente que o exército era composto por dez legiões; ver também a nota sobre 10.34.2 em C. R. Krebs, *Caesar Bellum Gallicum* Livro VII, 209–210.
35. Caes. *B Gall*. 7.12–13.
36. Caes. *B Gall*. 7.14.
37. Caes. *B Gall*. 7. 17.2 (incompetência dos Boioi e éduos), 17.3 (resistência às adversidades), com J. E. Lendon, "The Rhetoric of Combat: Greek Military Theory and Roman Culture in Julius Caesar's Battle Descriptions", *Cl. Ant.* 18 (1999), 295–304. Ver também Caes. B *Gall.* 19.5 (interesse pela segurança dos homens).
38. Caes. *B Gall*. 7.32.1–2, com K. A. Raaflaub e J. T Ramsay, "The Chronology of Caesar's Campaigns" em *The Landmark Julius Caesar*, ed. e trad. K. A. Raaflaub (Nova York, 2017), 169, para a cronologia, 7.32.3–5 (encontro com os éduos).
39. Caes. *B Gall*. 7.34.2 (missão de Labieno), 36.1 (César em Gergóvia). Para o local, consulte https://musee-gergovie.fr/en/the-gergovie-plateau/archaeological-digs/.
40. Caes. *B Gall*. 7. 39–42 (as questões dos éduos).
41. Caes. *B Gall*. 7.43.5.
42. Caes. *B Gall*. 7.45–51, com M. Reddé, "Pesquisas arqueológicas recentes sobre obras de engenharia militar romana na Guerra da Gália", em *A batalha de Júlio César pela Gália: novas perspectivas arqueológicas*, ed. A. P. Fitzpatrick e C. Haselgrove (Oxford, 2019), 94–98.
43. Caes. *B Gall*. 7.52 (César sobre o que deu errado), 54–55 (Revolta dos Éduos). Sobre a política, ver Ph. Richardot, *Les erreurs estratégiques des Gaulois face à César* (Paris, 2006), 70–71.
44. Caes. *B Gall*. 7.62.10; sobre a inconsistência na narrativa, ver Krebs, *Caesar Bellum Gallicum* Livro VII, 271.
45. Caes. *B Gall*. 7.65–66.1.
46. Suet. *Iul*. 28.2–3 (lei eleitoral de Pompeu e César) com R. Morstein-Marx, *Julius Caesar and the Roman People* (Cambridge, 2021) 265–266, esp. 265 n. 20, discutindo a questão de se a nova lei havia anulado a lei dos dez tribunos; Dio Cass. 56.1 (comandos provinciais, lei eleitoral), 56.2 (extensão do comando espanhol).
47. Para a cronologia, ver Raaflaub e Ramsay, "Chronology", 173; e Krebs, *Caesar Bellum Gallicum* Livro VII, 271–272. Ver também Caes. *B Gall*. 7.66–68. Para o debate sobre

a localização de Alésia e a solução adotada aqui, ver Le Bohec, *César chef de guerre*, 270–276.

48. Caes. *B Gall.* 7.73.1, com M. Reddé, "Recent Archaeological Research", 98–106.
49. Caes. B *Gall.* 7.74.2, com J. F. Donahue, "Sieges, Deception and Bioterrorism: Logistics and Strategy of Food and Drink during the Republic", em *Brill's Companion to Diet and Logistics in Greek and Roman Warfare*, ed. J. F. Donahue e L. L. Brice (Leiden, 2023), 296–301.
50. Caes. *B Gall.* 7.76.2; compare *B Gall.* 5.54.5 e p. 175 acima; para os números, consulte a discussão em *Caesar Bellum Gallicum* Livro VII, 303–304, que aponta que o próprio César é inconsistente nos números que fornece.
51. *B Gall.* 7.77–8.
52. Caes. *B Gall.* 7.80–83.
53. Caes. *B Gall.* 7.88.1–3 com discussão em Krebs, *Caesar Bellum Gallicum* Livro VII, 336–337.
54. Caes. *B Gall.* 7.90; sobre a conduta de Pompeu, ver n. 46 acima.
55. [Caes.] *B Gall.* 8.4–5, com 8.38.3, onde o manuscrito diz *Gutrualtum*, mas fica claro pelo contexto que se trata da mesma pessoa mencionada em *B Gall.* 7.3.1.
56. [Caes.] *B Gall.* 8.21.4–22.
57. [Caes.] *B Gall.* 8.31.1–4, com 38.3 (n. 31 acima).
58. [Caes.] *B Gall.* 8.44.
59. Suet. *Iul.* 35 sobre o tributo. Para a comparação com o fórum, ver A. Goldsworthy, *Caesar: Life of a Colossus* (New Haven, 2006), 355; ver também p. 164 acima sobre o custo. A data é derivada de [Caes.] B *Gall.* 8.49.3: *nulla onera iniungendo defessam tot adversis proeliis Galliam condicione parendi meliore facile in pace continuit*, referindo-se ao verão de 50, sugerindo que o tributo foi fixado em 51.
60. [Caes.] *B Gall.* 8.49.1. Para o número de legiões, a discussão crítica permanece H. M. Ottmer, *Die Rubikon-Legende: Untersuchungen zu Caesar und Pompeu' Strategie vor und nach Ausbruch des Bürgerkriegs* (Boppard am Rhein, 1979), 36; ver também Girardet, *Januar 49 v. Chr.*, 144–147.

Capítulo 14

1. Para a reunião do Senado, consulte Caes. *B Civ.* 1.1–2. Para a cronologia, consulte K. A. Raaflaub e J. T Ramsay, "The Chronology of Caesar's Campaigns", em *The Landmark Julius Caesar*, ed. e trad. K. A. Raaflaub (Nova York, 2017), 180. Apresentarei os meses romanos tradicionais, indicando ocasionalmente as datas de acordo com o calendário juliano quando necessário para maior clareza. Para a citação de Lucano, consulte Luc. 1.125–126: *nec quemquam iam ferre potest Caesarue priorem/ Pompeuue parem*, com A. Goldsworthy, *Caesar: Life of a Colossus* (New Haven, 2006): 372.
2. Caes. *B Civ.* 7.4.1 (Celtilo) com C. B. Krebs, *Caesar Bellum Gallicum Livro VII* (Cambridge, 2023): 126–127. Para Cícero sobre Pompeu, ver Cic. *Dom.* 65: *Cn. Pompeium, quem omnium iudicio longe principem esse civitatis videbat;* ver também *Rep.* 3.26. Para César sobre a perda da posição de liderança, ver Suet. *Iul.* 29; para César trabalhando durante anos para obter a posição de liderança, ver Cic. *Phil.* 2.116.

3. [César] *B Gall.* 8.49.2: *Nihil enim minus volebat quam sub decessu suo necessitatem sibi aliquam imponi belli gerendi, ne, cum exercitum deducturus esset, bellum aliquod relinqueretur quod omnis Gallia libenter sine praesenti periculo susciperet.*
4. [César] *B Gall.* 8.50; para a data da eleição, ver Cic. *Fam.* 8.12.4, 14.1. Para o texto, ver R. Morstein-Marx, *Julius Caesar and the Roman People* (Cambridge, 2021), 278 n. 72.
5. Cic. *Att.* 11.2; Suet. *Iul.* 28; Plut. *Caes.* 29.1; App. *B Civ.* 2.26. Ver também a discussão em L. Canfora, *Júlio César: A Vida e os Tempos do Ditador do Povo*, trad. M. Hill e K. Windel (Berkeley e Los Angeles, 2007), 129–131.
6. Cic. *Fam* 8.1.2; Suet. *Iul.* 28 (comportamento de Marcelo), 8.2.2, 5.3 (negócios interrompidos); Cic. *Att.* 8.5.3 (declaração de Pompeu). O mês em questão seria junho, segundo nosso calendário. Para o problema com a redação da lei, ver pp. 157–158 acima; observe também Cic. *Att.* 7.7.6, afirmando explicitamente que César estava mantendo seu comando após o término legal do prazo. A opinião do próprio César é claramente expressa em Caes. B *Civ.* 1.9.2: *ereptoque semenstri imperio in urbem retraheretur, cuius absentis rationem haberi proximis comitiis populus iussisset*, com J. M. Carter, *Julius Caesar: The Civil War*, livros I e II (Warminster, 1990), ad loc.
7. Cic. *Fam.* 8.8.5–8 (veteranos de César), 8.8.9 (declaração de Pompeu).
8. [César] *B Gall.* 8.52.2–3.
9. Cic. *Att.* 4.17.7; *Fam.*8.4.4; Plut. *Caes.* 29.3; Val. Max. 9.1.6; Vell. Pat. 2.48.4 (valor do suborno; Valério estima em 60 milhões de sestércios, Veleu em 10 milhões); Plut. *Caes.* 29.3; Cic. *Fam.* 8.6.5 (sobre a mudança de Curião, mas atribuindo-a à frustração com os cônsules). Ver também Cic. *Att.* 6.3.4 (expressando desapontamento com Paullus e Curião em junho).
10. Cic. *Fam.* 8.4.4.
11. Suet. *Caes.* 30.3–4; Plut. *Caes.* 46.1. Ambas as passagens repetem Asínio Polião, sobre quem ver *FRH* 56 F31b, com a discussão de Drummond ad loc. Para Célio sobre o medo de César, ver Cic. *Fam.* 8.14. Aceito aqui a opinião de Morstein-Marx, *Júlio Caesar and the Roman People*, 622–624, de que o medo de César era retórico e não genuíno.
12. Cic. *Fam.* 8.14.2 (amores e discussões), 8.14.3.
13. Plut. *Pomp.* 53 (consequências da morte de Júlia), com R. Syme, *The Roman Revolution* (Oxford, 1939), 40.
14. Suet. *Iul.* 50.
15. Plut. *Pomp.* 57.1–3; ver também Dio Cass. 41.6.5.
16. Plut. *Pomp.* 57.5 (batida de pés). Para a oferta de César, ver Suet. *Iul.* 29, com K. M. Girardet, *Januar 49 v. Chr.: Caesars Militärputsch; Vorgeschichte, Rechtslage, politische Aspekte* (Bonn, 2017), 127–132. A data é derivada de Cic. *Fam.* 8.14.2 e referida por César em B *Civ.* 1.9.3, 32.4; para uma visão alternativa, de que esta passagem se refere à carta de César em janeiro de 49, ver Morstein-Marx, *Júlio Caesar and the Roman People*, 288 n. 127, mas essa carta não foi lida e a correspondência entre a proposta e a moção de Curião parece muito próxima. Para a moção de Curião, ver [Caes.] B *Gall.* 8.52.3–5; a proposta era claramente de César: ver Cic. *Fam.* 8.14.2. Para Marcelo com a espada, ver App. B *Civ.* 2.31. Plut. *Pomp.* 59.1 mostra Marcelo levando membros do Senado à casa de Pompeu para pedir que ele assumisse a defesa do Estado.
17. Cic. *Att.* 7.5.4.

18. Suet. *Iul.* 29 (propostas de César sobre as províncias). Ver especialmente Cic. *Fam.* 16.11.2, resumindo a posição de César; ver também *Att.* 7.9.2, levantando duas possibilidades para a paz: que César mantenha seu exército e se torne cônsul ou que renuncie ao seu exército, entregue sua província e se torne cônsul. As duas opções são claramente as oferecidas pelos dois lados.
19. Cic. *Att.* 7.7.6. A declaração de Ático em outubro de que César tinha quatro legiões em Placentia, relatada em *Att.* 6.9.5, parece ser um boato; para o número real, ver Girardet, *Januar 49 v. Chr.*, 136–144; para a tradição falsa, transmitida na historiografia posterior, de que César tinha apenas uma legião, ver R. W. Westall, *Caesar's Civil War: Historical Reality and Fabrication* (Leiden, 2017), 2–3.
20. [Caes.] *B Gall.* 8.52.3 (rumores de que a lealdade de Labieno estava sendo abalada no verão de 50); para a conexão original de Labieno com Pompeu, ver R. Syme, "The Allegiance of Labieno," *JRS* 38 (1938):113–125 (= R. Syme, *Roman Papers* 1 [Oxford, 1979]: 62–75).
21. Veja Dio Cass. 41.4.3–4 sobre a relação entre César e Labieno nesse momento; veja também Syme, *Roman Revolution*, 42.
22. Cic. *Att.* 7.4.2.
23. Cic. *Att.* 7.4.3 (esperança de Cícero de que César não coloque tudo em risco), 7.5.4 (o resultado será um tirano); 7.6.2; cf. Cic. *Att.* 7.7.6–7 (aumento do poder de César), 7.8.5 (discurso de Antônio), 7.8.4 (Pompeu não tem interesse na paz).
24. Apêndice *B Civ.* 2.32; Dio Cass. 41.1.3–4 (carta); Caes. *B Civ.* 1.1–2 (sobre a reunião), com Morstein-Marx, *Júlio César e o povo romano*, 303–307. É provável que César tenha revelado alguns detalhes da carta; o texto do *Bellum Civile*, tal como se encontra, começa com um ablativo absoluto, que não pode ser o início original: ver Carter, *Júlio César:* A Guerra Civil, *Livros I e II*, ad loc. para uma discussão clara sobre o assunto. Ver também Cic. *Fam.* 16.11.2, referindo-se ao conteúdo da carta como ameaçador. Ver também Caes. B *Civ.* 1.2.1 (discurso de Cipião enviado pela boca de Pompeu), 1.2.6 (exigência de que César dispensasse seu exército). Para as qualidades da descrição de César, ver W. Batstone e C. Damon, *Caesar's* Civil War (Oxford, 2006), 43–55, com 109–113 sobre a caracterização de Metelo Cipião.
25. Caes. *B Civ.* 1.2.7, 5.5; Cic. *Fam.*16.11.2; Plut. *Ant.* 5.5; Dio Cass. 41.2.2; e Morstein-Marx, *Julius Caesar and the Roman People*, 307–308.
26. Caes. *B Civ.* 1.7–8, com Batestone e Damon, *Caesar's Civil War*, 56–59; L. Grillo, *A Arte da Guerra Civil de César: Literatura, Ideologia e Comunidade* (Cambridge, 2012), 137; e R. W. Westall, *A Guerra Civil de César: Realidade e Fabricação* (Leiden, 2017), 49. Ver também R. MacMullen, "Personal Power in the Roman Empire," *AJPhil.* 107 (1986): 516–518 (*dignitas* de César).
27. Plut. *Caes.* 32.4–8; App. *B Civ.* 2.35 ver Polião fr. 3a–b em *The Fragments of the Roman Historians*, ed. T. Cornell (Oxford, 2013) com nota de Drummond.
28. Luc. 1.185–205.
29. Suet. *Iul.* 31–32; para as diferentes versões, ver L. Fezzi, *Crossing the Rubicon*, trad. R. Dixon (New Haven, 2019), 149–165.
30. Cic *Att.* 7.22.1 (*celeritas*).

31. Cic. *Att.* 7.10, 11.3 (decisão irracional de abandonar Roma), 7.21.2 (cônsules enviados para buscar o dinheiro do tesouro). Para a autoridade de comando de Pompeu como procônsul, ver K. M. Girardet, "*Imperia* und *Provinciae* des Pompeu 82 bis 48 v. Chr.", *Chiron* 31 (2001): 202–206.
32. Cic. *Att.* 7.11.1 (mencionando a deserção de Labieno em 19 de janeiro), 7.13a2 (sobre seu encontro com Lúcio César em Minturnae em 23 de janeiro). Ver também H. Cornwell, "Negotiation as a Tool for Legitimacy in the Roman Civil War of 49–48 BCE: A New Policy for Achieving Victory", em *New Perspectives on the Roman Civil Wars of 49–30 BCE*, ed. R. Westall e H. Cornwell (Londres, 2024), 23–24.
33. Caes. *B Civ.* 1.14.4–5.
34. Cic. *Att.* 7.14. (Proposta de César), 7.14.2; Caes. B *Civ.* 1.14.4–5 (resposta de Pompeu), 1.9.10–11.3 (condições de Pompeu transmitidas por Lúcio César); Cic. *Att.* 7.19 (Curião ridiculariza a missão de Lúcio César); Caes. B *Civ.* 1.32.8 (Pompeu não tem mais interesse em negociar).
35. Cic. *Att.* 7.21.1 (Cícero a Ático em 8 de fevereiro), 8.11b.3 (Cícero não sabe quais são as intenções de Pompeu). Ver também Cic. *Att.* 7.23.3 (recrutas não comparecem), 8.3.1: *si Pompeu Italia excedat, quod eum facturum esse suspicor.* A certeza é evidente em 21 de fevereiro (Cic. *Att.* 8.7.2: Pompeu está planejando deixar a Itália). Para a pergunta de Pompeu, ver Cic. *Att.* 9.10.2: *Sula potuit, ego non potero?* (18 de março); ver também *Att.* 7.11.2.
36. Cic. *Att.* 8.12d (carta de Pompeu). A descrição de Domício foi retirada de Syme, *Roman Revolution*, 61.
37. Caes. *B Civ.* 1.19.1–4 (declínio de Domício), 1.19.3, 20–22 (rendição); ver também Fezzi, *Crossing the Rubicon,* 201–209; e, sobre a cena da rendição, U. Gotter, "Writing Down Uncivil Wars, or: How Roman Generals Justified Themselves in the Wake of Civic Bloodshed", em *A Culture of Civil War? Bellum civile and Political Communication in Late Republican Rome*, ed. H. Börm, U. Gotter e W. Havener (Stuttgart, 2023), 191–192. Para a topografia do local, ver V. La Salvia e M. Moderato, "Ghost Walls and Vanishing Towns: The Case of Caesar's Siege of Corfinium between Historical Sources and Archaeological-Topographical Data", em Westall e Cornwell, *New Perspectives,* 127–140.
38. Cic. *Att* 9.7c.1, com H. Cornwell, "Negotiation as a Tool for Legitimacy in the Roman Civil War of 49–48 BCE: A New Policy for Achieving Victory", em Westall e Cornwell, *New Perspectives*, 15–16.
39. Cic. *Att.* 9.15a (citado no texto), 9.10.6 ("para Sula"); ver também Canfora, *Júlio César*, 152–156.
40. Caes. *B Civ.* 1.30.2–3; 31.2; App. *B Civ.* 2.40; Dio Cass. 41.1.
41. R. Macfarlane, "*Ab inimicis incitatus*: On Dating the Composition of Caesar's *Bellum Civile*", *Syllecta Classica* 7 (1996): 107–132, sobre a linguagem de César. Ver também Cic. *Att.* 9.10.2, 11.6.6. Para Pompeu, ver Caes. B *Civ.* 1.33.2. Para a mudança na terminologia nos capítulos subsequentes, ver p. 226 abaixo. Sobre a questão da composição, ver o resumo dos estudos em Grillo, *Art of Caesar's* Bellum Civile, 178–179. Minha opinião pessoal é que César publicou resumos das operações, como havia feito na Gália, uma conclusão que é apoiada pelo estudo de Macfarlane sobre a variação linguística no

Livro 1 e pela imagem consistente do exército de Pompeu como bárbaros. Suspeito que o tratamento dado a Cleópatra no Livro 3 indique que César concluiu os comentários tal como os temos em 46, o que concordaria com J. F. Gaertner e B. C. Hausburg, *Caesar and the Bellum Alexandrinum: An Analysis of Style, Narrative Technique, and the Reception of Greek Historiography* (Göttingen, 2013), 39–40, que argumentam que os primeiros capítulos da *Guerra Alexandrina* foram redigidos por César. O nível de inconsistência pode muito bem mostrar que o rascunho não foi dado a um e ao público, pois é claramente menos acabado do que a *Guerra da Gália:* ver em particular C. Damon, *Studies in the Text of Caesar's Bellum Civile* (Oxford, 2015), esp. 10 n. 28.

42. Discussões fundamentais são Syme, *The Roman Revolution*, 61–69; e Morstein Marx, *Julius Caesar and the Roman People*, 352–378.
43. Para Servílio Isáurico e Emílio Lépido, consulte S. Treggiari, *Servilia and Her Family* (Oxford, 2019), 132–133. Para Crasso, Fabius e Sulpício Rufo, consulte Morstein-Marx, *Julius Caesar and the Roman People*, 375–378. Para Públio Sula, consulte J. T. Ramsay, "Who's Who in Caesar", em Raaflaub, *Landmark Julius Caesar,* 661, com D. R. Shackleton Bailey, *Letters to Atticus* (Cambridge, 1965–1970) sobre Cic. *Att.* 4.3.3 para a identificação.
44. Para Pisão, ver Morstein-Marx, *Júlio César e o povo romano*, 365. Para Lúcio César, o mais jovem, ver Suet. *Iul.* 75.3; Dio Cass. 43.12.3, com Morstein-Marx, *Júlio César e o povo romano*, 484. Para Cássio e Bruto, ver Morstein-Marx, *Julius Caesar and the Roman Peple,* 482. Para a decisão de Cícero, ver P. A. Brunt, "Caesar's *Officium* in the Civil War", *JRS* 76 (1986): 12–32.
45. Caes. *B Civ.* 1.32.2–9; Dio Cass. 41.15.2–4.
46. Cic. *Att.* 10.4.8; Plut. *Pomp.* 62; *Caes.* 35.3–4; App. *B Civ.* 2.41; Dio Cass. 41.17.2, com R. Evans, *Questioning Reputations: Essays on Nine Roman Republican Politicians* (Pretória, 2003), 74–76.
47. Cic. *Att.* 10.4.9 ("tudo vem de mim"), 10.4.8 (não realiza reuniões públicas), 10.4.11 (não está zangado com Cícero).
48. Dio Cass. 41.16.1; ver *RRC* n.º 442.

Capítulo 15

1. Para as disposições e o número das legiões, ver H. M. Ottmer, *Die Rubikon-Legende: Untersuchungen zu Caesar and Pompeu' Strategie vor und nach Ausbruch des Bürgerkreiges* (Boppard am Rhein, 1979), 85 n. 326.
2. Caes. *B Civ.* 1.35.1 36.1.
3. Caes. *B Civ.* 1.40–41, com T. R. E. Holmes, *The Roman Republic and the Founder of Empire*, vol. 3 (Londres, 1923), 390–391, sobre o campo de batalha; e W. Batstone e C. Damon, *Caesar's Civil War* (Oxford, 2006), 126.
4. Caes. *B Civ.* 1.44.2; ver também A. Goldsworthy, *Caesar, Life of a Colossus* (New Haven, 2006), 400.
5. Caes. *B Civ.* 1. 54–55.
6. Caes. *B Civ.* 1.53; para o pensamento de Cícero, ver P. A. Brunt, "Cícero's *Officium* in the Civil War", *JRS* 76 (1986): 12–32.

7. Caes. *B Civ.* 1.61.
8. Caes. *B Civ.* 1.64.1–3.
9. Caes. *B Civ.* 1.64.7 (ação da cavalaria), 67 (mini motim), com A. Peer, *Julius Caesar's Bellum Civile and the Composition of a New Reality* (Abingdon, 2015), 68–69.
10. Caes. *B Civ.* 1.72.2; ver também L. Grillo, *The Art of Caesar's Bellum Civile: Literature, Ideology and Community* (Cambridge, 2012), 18–23, sobre o tema da velocidade.
11. Caes. *B Civ.* 1.74–76 com Peer, *Bellum Civile de César*, 74–75.
12. Caes. *B Civ.* 1.84.3–5.
13. Caes. *B Civ.* 1. 85.5 (sentimentos citados no texto), 1.87.4–5 (demissão do exército pompeiano); ver também Westall, *Caesar's Civil War*, 104–107.
14. Caes. *B Civ.* 2.17.1–2 (comunicação com César), 2.17.3 (Varrão responde às notícias de Lerida), 2.18 (preparações de Varrão), esp. 2.18.4, (sobre dinheiro).
15. Caes. *B Civ.* 2.21.2–4; *RRC* n.º 443, com B. Woytek, *Arma et Nummi: Forschungen zur römischen Finanzgeschichte und Münzprägung der Jahre 49 bis 42 v. Chr.* (Viena, 2003), 127–131; e C. Rowan, *From Caesar to Augustus (c. 49 a.C.–14 d.C.): Using Coins as Sources* (Cambridge, 2019), 24.
16. Caes. *B Civ.* 2.12.4 (discurso dos embaixadores), 2.14–16 (traição dos massiliotas), 2.22 (rendição), com Grillo, *Art of Caesar's Bellum Civile*, 92–95.
17. Caes. *B Civ.* 2. 23.6 (passagem citada); e K. A. Raaflaub e J. T Ramsay, "The Chronology of Caesar's Campaigns", em *The Landmark Julius Caesar*, ed. e trad. K. A. Raaflaub (Nova York, 2017), 187, para a data.
18. Para a data, consulte H. C. Avery, "A Lost Episode in Caesar's Civil War", *Hermes* 121 (1993): 457. Para o local, consulte Caes. B *Civ.* 3.10.5 com Damon, *Caesar's Bellum Civile*, 221–223, com Avery, "Lost Episode," 457n18. Sobre a traição de Pulo, consulte a nota 19 abaixo. Para as condições, consulte Dio Cass. 41.40; Florus 2.13.30–33.
19. Para a datação deste evento em relação à derrota de Antônio, observe Caes. *B Civ.* 2.23.1: *Eisdem temporibus*. A referência não pode ser ao fim do cerco de Marselha narrado no capítulo anterior, tornando provável que alguma seção do Livro 2 tenha sido omitida. A referência cruzada em Caes. B *Civ.* 3.67.5, *Tito Pulione, cuius opera proditum exercitum G. Antonii demonstravimus*, mostra que deve ter havido uma narrativa desses eventos nos escritos de César em algum momento. Klotz marca uma lacuna neste ponto em seu texto; ver também Avery, "Lost Episode", 459–460.
20. R. Westall, *Caesar's Civil War: Historical Reality and Fabrication* (Leiden, 2017), 191–192.
21. Caes. *B Civ.* 2.25.3–4; a proposta de Curião não era uma novidade, uma vez que também tinha sido proposta em 63: ver Cic. *Leg. agr.* 2.58. Ver p. 86 para o puxão de barba.
22. Caes. *B Civ.* 2.38.1–2 (informação falsa), 2.42 (vitória de Juba), com Grillo, *Art of Caesar's Bellum Civile*, 35, sobre como os erros de Curião isentam César de responsabilidade.
23. Dio Cass. 41.26.1; App. *B Civ.* 2.47.
24. Dio Cass. 41. 29–24; para a propaganda, enfatizando a Guerra da Gália neste ponto, ver Rowan, *From Caesar to Augustus*, 28–30.
25. Dio Cass. 41.34.5; App. *B Civ.* 2.47, com S. G. Chrissanthos, "Caesar and the Mutiny of 47 bc," *JRS* 91 (2001), 68.

26. Caes. *B Civ.* 2.21.5; ver também Plut. *Caes.* 37.1, que interpreta erroneamente o processo ao afirmar que César foi nomeado ditador pelo Senado; ver também Matthias Gelzer, *César: Político e Estadista*, trad. P. Needham (Oxford, 1969), 219; e M. B. Wilson, *Ditador: A Evolução da Ditadura Romana* (Ann Arbor, 2021), 309–317.
27. Caes. *B Civ.* 3.1.2–3; Suet. *Iul.* 42.3; Plut. *Caes.* 37.1; App. B *Civ.* 2.13; Dio Cass. 41.37–38; sobre o assunto, ver também Cic. *Att.* 7.18.4, 9.9.4, 10.11.2, com Gelzer, *Caesar,* 221; e Goldsworthy, *Caesar,* 409–410.
28. Plut. *Caes.* 37.2; Cic. *Fam.* 13.8.2, com F. Hinard, *Les proscriptions de la Rome républicaine* (Paris, 1985), 217–222 (filhos dos proscritos); Caes. *B Civ.* 3.1.5 (César sobre as restaurações). Ver também R. Syme, *The Roman Revolution* (Oxford, 1939), 61–62. Sobre Messala, ver também *MRR* 2, 285 n.º 9; para Antônio, ver Cic. *Phil.* 2.98; Estrabão 2.13.
29. Sobre o problema da data de publicação, ver capítulo 14 n. 41. Seguindo o mesmo princípio que Wiseman propõe para o *Bellum Gallicum*, o que se segue permite que seções individuais reflitam comunicações ao público no decorrer de 49–48.
30. Ver R. T. Macfarlane, "*Ab inimicis incitatus*: On Dating the Composition of Caesar's *Bellum Civile*", *Syllecta Classica* 7 (1996): 107–132; e p. 211 acima. A crítica em Gaertner e Hausburg, *Caesar and the Bellum Alexandrinum*, 185–188, não entende o ponto ao citar B *Civ.* 3.16.3, 83.4, pois César se refere nesses trechos a animosidades pessoais, não à totalidade da oposição, que é o caso no Livro 1.
31. M. Rambaud, *L'art de la deformation historique dans les Commentaires de César* (Paris, 1966), 257–259, chamando a atenção para o contraste com Pompeu; e p. 120 acima sobre a *Guerra da Gália*.
32. *Commentum Cornuti in Persium* 6.55, sobre Bovillae; para o evento, ver Dio Cass. 41.39.2–3 com D. Potter, "Roma e Bovillae nas primeiras décadas do Império", em *Bovillae Antiga: História, Arte e Arqueologia de uma Cidade Perdida no Interior Romano*, ed. P. Hatlie (Ann Arbor, 2025): 24–6.
33. T. R. Holmes, *The Roman Republic* (Oxford 1923), 3:434–435.
34. Goldsworthy, *Caesar*, 410, sobre este ponto.
35. Lucas 5.44–49 sobre a nomeação e data antes do final de 49, com Caes. *B Civ.* 3.16.4, referindo-se à "opinião do conselho" de que Pompeu deveria receber o controle da guerra. Ver também Dio Cass. 41.43 sobre o Senado no exílio, sem menção à nomeação de Pompeu. Apesar de Vell. Pat. 2.49.2, Pompeu não tinha controle oficial da operação antes disso: ver esp. Cic. *Att.* 8.12.b2 e p. 207 acima; ver também Holmes, *The Roman Republic,* 3:432–432; e K. M. Girardet, "*Imperia* und *Provinciae* des Pompeu 82 bis 48 v. Chr.," *Chiron* 31 (2001): 202–203.
36. Dio Cass. 41.44 1 sobre Pompeu em Tessalônica; para o exército em Veroia, ver Plut. *Pomp.* 64.1; para o tema da barbárie no exército de Pompeu, ver Grillo, *Art of Caesar's Bellum Civile,* 110–117; e Westall, *Caesar's* Civil War, 204–206.
37. Caes. *B Civ.* 3.6.3, com Raaflaub e Ramsay, "Chronology", 187 e Westall, Caesar's *Civil War*, 199–200.
38. Caes. *B Civ.* 3.8.3, com discussão em Peer, *Bellum Civile de Júlio* César, 144, para Bíbulo; Caes. *B Civ.* 3.15.8 sobre o conhecimento público da missão de Vibullus, com Grillo,

Arte do Bellum Civile de César, 28–32. Observe também a opinião de Dio (41.47.2) de que essa não era uma oferta séria, mas sim uma tática para ganhar tempo.

39. Caes. *B Civ.* 3.13.1; e Holmes, *Roman Republic*, 3, 120–121.
40. Caes. *B Civ.* 3.10, com Peer, *Julius Caesar's Bellum Civile*, 117–120, chamando a atenção, com razão, para a conexão com a história em Suet. *Iul.* 30.4.
41. Caes. *B Civ.* 3.18.3–5.
42. Caes. *B Civ.* 3.18.4. Não vejo necessidade de supor uma lacuna após *sum*, embora considere muito atraente a interpretação de Kuebler *ex qua profectus <tamquam fugituvus> reductus*. Para a caracterização de Pompeu aqui, ver Peer, *Julius Caesar's* Bellum Civile, 130.
43. Caes. *B Civ.* 3.17 (Libão), 3.19.8 (Labieno).
44. Caes *B Civ.* 3.18.1 (morte de Bíbulo), 3.25.2 (multiplicidade de comandantes para a frota), 3.26, 29 (viagem de Antônio), 3.30 (Antônio e César unem forças).
45. Caes. *B Civ.* 3.44 (extensão das linhas de cerco), 47.2–3 (reabastecimento das forças de Pompeu).
46. Caes. *B Civ.* 3.47.3–48.2, 58.3–5; ver também App. *B Civ.* 2.61 e Westall, *Caesar's Civil War*, 32 n. 126 para outras versões da história.
47. Caes. *B Civ.* 3.55.1–2.
48. Caes. *B Civ.* 3.61.2 (primeiros homens a desertar), 63.4–5; e Goldsworthy, *Caesar*, 419 (informação).
49. Caes. *B Civ.* 3.68.1 (Fortuna), 70.1 (Pompeu poderia ter vencido a guerra, um comentário retomado na tradição posterior: ver App. *B Civ.* 2. 62), 70.2 (decisão de se retirar). Ver também Batstone e Damon, *Caesar's Civil War*, 123–127.
50. Caes. *B Civ.* 3.73.
51. Caes. *B Civ.* 3.34.3–4.
52. Caes. *B Civ.* 3.80.1.
53. Caes. *B Civ.* 3.81.3 com D.G. Domínguez, "Pain and Gain. Violence against Provincial Cities in the Age of Civil War", em *Connected Histories of the Roman Civil Wars (88-30 BCE)*, ed. D.G. García Domínguez, J. García González e F. Santangelo (Berlim/Boston, 2024): 127–31.
54. Caes. *B Civ.* 3.72 (confiança nas tropas), 81–82 (planos pós-guerra e desejo de Pompeu de permanecer no comando), com Batstone e Damon, *Caesar's Civil War*, 113–118.
55. Cic. *Att.* 11.6.2.
56. J. D. Morgan, "Palaepharsalus – The Battle and the Town," *AJArch.* 87 (1983): 23–54.
57. Caes. *B Civ.* 3.86.2–4 (plano de Pompeu), com Grillo, *Art of Caesar's Bellum Civile*, 114, sobre os estilos contrastantes; Plut. *Caes.* 45.2–3 (instruções de César).
58. Caes. *B Civ.* 3.91.3–4.
59. Caes. *B Civ.* 3.92.5.
60. Caes. *B Civ.* 3.96.3–4.
61. Caes. *B Civ.* 3.99.1–4, mas ver App. *B Civ.* 2.82, Plut. *Caes.* 46.3; *Pompeu*, 72.4 (Polião frs 4 a–c em *The Fragments of the Roman Historians* ed. T. Cornell (Oxford, 2013) com nota de Drummond. Polião estimou as perdas do lado pompeiano em 6.000. Ver também Goldsworthy, *Caesar,* 430.

Capítulo 16

1. Dio Cass.42.2.4–6 (contra a veracidade da tradição), mas ver 41.55.3, afirmando que Orodes não enviou ajuda a Pompeu, apesar de lhe ter sido oferecida a Síria em troca. A partir daqui até ao final do livro, as datas serão apresentadas de acordo com a contagem moderna.
2. Caes. *B Civ.* 3.102–103.
3. *BGU* 8.1828, com J. Bingen, *Hellenistic Egypt: Monarchy, Society, Economy, Culture*, editado com uma introdução por R. Bagnall (Berkeley e Los Angeles, 2007), 68; e D. W. Roller, *Cleopatra: A Biography* (Oxford, 2010), 53.
4. *BGU* 8.1730, com Bingen, *Egito helenístico*, 69; Caes. *B Civ* 3.110.6 (morte dos filhos de Bíbulo). Para a comitiva de Ptolomeu XIII, ver Caes. *B Civ.* 3.108.1 (Pothinus); Plut. *Pomp.* 77.2 (adicionando Teódoto e Áquila); ver também App. B *Civ.* 2.90 e P. M. Fraser, *Alexandria Ptolomaica* (Oxford, 1972), 126; e Roller, *Cleópatra,* 55–59.
5. Plut. *Ant.* 25.4 sobre o decreto do "Senado" com C. Pelling, *Plutarch: Life of Antony* (Cambridge, 1988), ad loc.; Para as contribuições egípcias ao exército de Pompeu, ver Caes. B *Civ.* 3.3.1, 111.3; App. B *Civ.* 2.71 (navios; Appian coloca o número em sessenta), 4.1 (Gabinianos).
6. Caes. *B Civ.* 3.103.2; Estrabão 17.1.11 (fuga para a Síria); Plutarco. *Pomp.* 77; App. B *Civ.* 2.84; Dio Cass. 43.1, com Fraser, *Alexandria Ptolomaica,* 126; T. R. Holmes, *A República Romana e o Fundador do Império*, vol. 3 (Oxford, 1923), 126; e Roller, *Cleópatra,* 58–59.
7. Caes. *B Civ.* 3.103.4 (conversas com os gabinianos), Plut. *Pomp.* 78.3; App. *B Civ.* 2.84 (Pompeu matou para agradar César). Luc. 8. 483–505 faz de Potino a pessoa que deu o conselho.
8. Caes. *B Civ.* 3.104.2–3; Plut. *Pomp.* 78–79 (assassinato); Vell. Pat. 2.53.3; Plin. *NH* 37.13; Dio Cass. 42.5.5. Para as datas de Plutarco, ver Plut. *Pomp.* 79.5; *Cam.,* 19.11; *Mor.* 717c; ver também R. Seager, *Pompeu, o Grande: Uma Biografia Política,* 2ª edição (Oxford, 2002), 168.
9. Seager, *Pompeu*, 168.
10. Caes. *B Civ.* 3.102.1.
11. Cic. *Att.* 10.5.3, 7.1; *Fam.* 7.3.3; *Deiot.* 29; Plut. *Cat. Min.* 55.2; Cic. 39.1, com Holmes, *Roman Republic* 3:220–221.
12. Caes. *B Civ.* 3.106.12. Para a Sexta Legião, ver também Caes. *B Civ.* 3.102.1; [Caes.] *B Alex.* 33.3; para a outra legião, ver *B Civ.* 3.106.1. Para os milagres, ver Caes. *B Civ.* 3.105. Para uma discussão sobre o dinheiro, ver R.W. Westall, *Caesar's Civil War: Historical Reality and Fabication* (Leiden, 2017): 263–70.
13. J. F. Gaertner e B. C. Hausburg, *Caesar and the* Bellum Alexandrinum: *An Analysis of Style, Narrative Technique, and the Reception of Greek Historiography* (Göttingen, 2013), 153–163, argumentando, de forma convincente, que o autor é Hírcio, mas que os capítulos 1–21 se baseiam em um rascunho deixado por César e claramente destinado a ser publicado com o que hoje são os capítulos finais do *Bellum Civile:* observe especialmente [Caes.] B *Alex.* 4.1, onde "como foi mostrado acima" (*ut supra demonstratum)* é uma referência a B *Civ.* 3.112.10–11.

14. Caes. *B Civ.* 3.106.4 (objeção aos *fasces*); Plut. *Caes.* 48.2; *Pomp.* 77–80 sobre a cabeça de Pompeu, com D. Potter, "Dio e Pompeu: explicando o fracasso da República", em *O clima intelectual de Cássio Dio*, ed. A. Kemezis, C. Bailey e B. Poletti (Leiden, 2022), 34.
15. Caes. *B Civ.* 3.108 (oferta de mediação), 3.109.4–6 (assume a custódia de Ptolomeu), 3.111.6 (estaleiro), 3.112.1 (farol), 3.112.5–6 (solicita assistência), 3.112.12 (Potino). Sobre a questão de saber se o incêndio destruiu a biblioteca, ver Dio Cass. 42.38.2; Plut. *Caes.* 49.6; Gell. *NA* 7.17.3; Lívio em Sen. *Tranq.* 9.4–5; Luc. 10.486–505; Oros. 6.15.31–32. Para uma discussão aprofundada, concluindo que a biblioteca em si não foi destruída, ver L. Tiberi, "La biblioteca di Alessandria e l'incendio che non la distrusse, I: Riflessioni moderne fino a Giusto Lupsio", *Bibliothecae.it* 9 (2020): 4–100.
16. Dio Cass. 42.34.5–35.1; Plut. *Caes.* 49.8 (exigência de reembolso), com R. W. Westall, *Caesar's Civil War: Historical Reality and Fabrication* (Leiden, 2017), 297–298. A passagem citada é Plut. *Caes.* 49.1–3. Ver também Roller, *Cleopatra,* 61, favorecendo a versão de Plutarco.
17. A data deriva da Estela Demótica (Louvre 335): ver H. Heinen, "Cäsar und Kaesarion", *Historia* 18 (1969): 181–203, que faz um trabalho admirável ao resumir (e eliminar) as várias hipóteses alternativas; ver também Roller, *Cleopatra,* 64; e A. Goldsworthy, *Antony and Cleopatra* (New Haven, 2010), 192–193.
18. Suet. *Iul.* 52.
19. Ver Goldsworthy, *Antony and Cleopatra*, 174, para o paralelo com Servília.
20. Caes. *B Civ.* 3.108.4–5 (sem mencionar Chipre); Dio Cass. 42.35.2 (comportamento de Ptolomeu), 42.35.5 (termos do acordo, incluindo Chipre).
21. Ver também Goldsworthy, *Antony and Cleopatra*, 176, sobre o possível fator Catão na tomada de decisão de César.
22. Caes. *B Civ.* 3.110–111 (o início da guerra apresentado como um motim por parte de Áquila); Dio Cass. 42.36–7 (o início da guerra porque César favorece Cleópatra); Caes. *B Civ.* 3.112.10; Dio Cass. 42.39.1 (fuga de Arsínoe).
23. [Caes.] *B Alex.* 4.1–2: a referência cruzada em 4.1 a *B Civ.* 3.112.10–11 apoia a opinião de Gaertner e Hausburg (n. 13 acima) de que a seção inicial da obra se baseia em notas preparadas por César.
24. [César] *B Alex.* 9.3–11.
25. [Caes.] *B Alex.* 20.5–6; Plut. *Caes.* 49.7–8; Suet. *Iul.* 64 (nesta versão, ele salva sua capa arrastando-a com os dentes); Dio Cass. 42.40.3–5; App. *B Civ.* 2.90.
26. [César] *B Alex.* 23–24. Dio Cass. 42.42.1–2 afirma que Ptolomeu estava agora no comando.
27. [Caes.] *B Alex.* 26; José. *BJ* 14.127–137; Dio Cass. 41.41.1.
28. [Caes.] *B Alex.* 26–31 (batalha), 32 (rendição); Dio Cass. 42.42.2–6; Oros. 6.16.1–2.
29. [Caes.] *B Alex.* 33.2–4 (estadia curta); Suet. *Iul.* 52.1; App. *B Civ.* 2.90 (viagem longa); Dio Cass. 42.45.1 (estadia curta). Para a cronologia, ver K. A. Raaflaub e J. T. Ramsay, "The Chronology of Caesar's Campaigns", ensaio online BB para *The Landmark Júlio Caesar*, ed. K. A. Raaflaub (Nova York, 2017), 193 (https://thelandmarkcaesar.com/LandmarkCaesarWebEssays_5Jan2018.pdf). Ver Cic. *Att.* 11.25.2, mostrando que a afirmação de que César esteve no Egito por nove meses em App. *B Civ.* 2.90 prolonga sua estadia real em dois meses. Para a guarnição, ver [Caes.] *B Alex.* 33.3–4.

30. [Caes.] *B Alex.* 39.1. Calvino também apoiou Otávio com muita ênfase, o que está de acordo com a perspectiva do autor, que é crítica em relação a Antony. Para a data, ver Raaflaub e Ramsay, "Chronology", 192.
31. [Caes.] *B Alex.* 61.1. Dio Cass. 42.45.1 atribui sua partida às notícias sobre Fárnaces, mas o editor do *Bellum Alexandrinum* diz que ele só soube do que havia acontecido quando chegou a Antioquia.
32. [Caes.] *B Alex.* 12.65.1.
33. [Caes.] *B Alex.* 69; App. *B Civ.* 2.92 (acrescentando o detalhe de que Fárnaces ofereceu sua filha em casamento a César); [Caes.] *B Alex.* 69–70 (resposta de César).
34. [César] *B Alex.* 72.2.
35. [Caes.] *B Alex.* 75–76 (batalha); App. *Mith.* 120 (morte).
36. Dio Cass. 42.48.2 (troféu); [Caes.] *B Alex.* 77.1 (sobre a rapidez da vitória). Para a cronologia aqui aceita, ver Suet. *Iul.* 35.2 (cinco dias); ver também Raaflaub e Ramsay, "Chronology", 194; Suet. *Iul.* 37.2 ; Plut. *Caes.* 50; App. B *Civ.* 2.91 (*veni, vidi, vici).*

Capítulo 17

1. Caes, *B Civ.* 3.20.1–3; Dio Cass. 42.22.3–4 (primeira proposta de Célio); Caes. *B Civ.* 3. 21.21–3; Dio Cass. 42.23.2–3 (ações subsequentes de Célio e o *senatus consultum ultimum*).
2. Caes. *B Civ.* 3, 21. 4; ILS 8393 com J. Osgood, *Turia: A Guerra Civil de uma Mulher Romana* (Oxford, 2014), 38.
3. Dio Cass. 43.25; Vell. Pat. 2.26.2–3.
4. Plut. *Ant.* 9.4–5; ver também Cic. *Phil.* 2.24–25 e W. J. Tatum, *A Noble Ruin: Mark Antony, Civil War and the Collapse of the Republic* (Oxford, 2024), 86, 92 (a casa de Pompeu).
5. Plut. *Ant.* 9.1–2; Dio Cass. 42.29–32, com T. R. Holmes, *The Roman Republic and the Founder of the Empire*, vol. 3 (Oxford, 1923), 227–228; e Tatum, *A Noble Ruin*, 87–91.
6. [Caes.], *B Alex.* 65.1 (referindo-se à *indiligência* dos oficiais); Cic. *Att.* 11.20.2,11.22.2; [Caes.] *B Afr.* 54; Plut. *Caes.* 51.2; App. B *Civ.* 2.92; Dio Cass. 42.52, com S. G. Chrissanthos, "Caesar and the Mutiny of 47 bc," *JRS* 91 (2001): 63–75, esp. 69, sobre os oficiais envolvidos. Para Antony, ver Tatum, A *Noble Ruin,* 88.
7. Plut. *Caes.* 48.1; App. *B Civ.* 5.19; Dio Cass. 42.6 para 48 a.C. A afirmação de Plutarco e Apiano de que ele reduziu os pagamentos em um terço pode ser uma redução do dinheiro arrecadado por Pompeu: ver C. Pelling, *Plutarco*, César (Oxford, 2011), 379, mas a descrição de Dio faz parecer que essa foi uma redução permanente das somas arrecadadas pelos *publicani.* Ver também P. A. Brunt, *Roman Imperial Themes* (Oxford, 1990), 380, 388–389. Para extrações após Zela, ver Dio Cass. 43.49; Estrabão 14.1.42, com B. Woytek, Arma et Nummi: *Forschungen zur römischen Finanzgeschicte und Münzprägung der Jahre 49 bis 42 v. Chr.* (Viena, 2003), 162–171.
8. Dio Cass. 42.51.1–2.
9. Dio Cass. 42.50.2–5 (César levanta fundos). Para a propriedade pompeiana, ver Plut. *Ant.* 10.2. A única pessoa que parece não ter sido obrigada a pagar o preço total foi

Servília. Ver também C. Meier, *Caesar: A Biography*, trad. D. McLintock (Nova York, 1982), 418–419.

10. Dio Cass. 42.52.2 (A aventura de Salústio); Dio Cass. 42.52.2; Plut. *Caes.* 51 (as vítimas pretorianas), com Chrissanthos, "César e a Revolta", 72–73.
11. Suet. *Iul.* 70 (versão resumida); Plut. *Caes.* 51.2; App. *B Civ.* 2.93; Dio Cass. 42.53.3–54.2, 42.55.2 (acordo com o resto do exército). App. *B Civ.* 2.94 mostra César contrastando explicitamente sua política com a de Sula. Para as legiões que não foram para a África, ver Chrissanthos, "Caesar and the Mutiny", 74.
12. Para as características do autor, ver A. Bouvet, *Pseudo-César: Guerre d'Afrique* (Paris, 2002), xxi–xxx, xxxviii–xliii; ver também R. Cluett, "In Caesar's Wake: The Ideology of the Continuators", em *Caesar against Liberty: Perspectives on his Autocracy*, ed. F. Cairns e E. Fantham, Papers of the Langford Latin Seminar 11 (Cambridge, 2003), 118–131.
13. Para saber mais sobre a causa da antipatia, veja Plut. *Cat. Min.* 7.1–2; para saber mais sobre o livro de Metelo, veja Plut. *Cat. Min.* 57.2; veja Plut. *Cat. Min.* 58.5–6 para saber mais sobre a falta de confiança de Catão em Metelo.
14. [Caes.] *B Afr.* 2.5 (navios se perdem), 3.1 (desembarque em Susa), 11.2 (navios desaparecidos chegam a Susa).
15. [Caes.] *B Afr.* 34.4–5, 52.1.
16. [Caes.] *B Afr.* 3.77.3.
17. Suet. *Iul.* 59 (Cornelian); Dio Cass. 42.58.3 ("Eu te peguei, África!"). Veja Plut. *Cat. Min.* 57.3 para a crença de que Cipião seria bem-sucedido na África.
18. [Caes.] *B Afr.* 1.4; o número de elefantes é indicado aqui e em 19.5: há sessenta quando se diz que o exército real está completo em *B Afr.* 48.4 e sessenta e quatro em *B Afr.* 86.1. O número de legiões sob o comando de Cipião é estimado em dez em 1.4, juntamente com quatro legiões pertencentes a Juba. Ver também [Caes.] B *Afr.* 16.4 (novos recrutas dominados pelo medo), 19.2 (Labieno emprega táticas para confundir os novos soldados), 31.9–10 (César não queria sofrer pesadas perdas ao vencer com um exército inexperiente, por isso esperou pelos seus veteranos). Ver também [Caes.] B *Afr.* 35.1 (Cipião intrigado porque esperava que César tomasse a iniciativa), 18.4 (batalha com Labieno), 71.1 (César como *lanista),* 72.4 (elefantes).
19. [Caes.] *B Afr.* 86.1; Plut. *Caes.* 53.4 (baixas).
20. Para as reclamações dos veteranos, ver App. *B Civ.* 2.47; observe a reclamação anterior em Caes. *B Civ.* 1.72–3, 3.90 (agora talvez significativa). Ver também Chrissanthos, "Caesar and the Mutiny," 70. Para Fausto Sula e Afrânio, ver [Caes,] B *Afr.* 95.1–3, mas ver também Dio Cass. 43.12.2, que afirma que a ordem veio de César. Para Cipião e seus companheiros, ver B *Afr.* 95.1–2; Plut. *Cat. Min.* 60.3. App. B *Civ.* 100 afirma que ele morreu em combate.
21. Plut. *Cat. Min.* 68–70.
22. Plut. *Cat. Min.* 72. Para Lúcio César, ver Cic. *Fam.* 9.7.1; Suet. *Iul.* 75.3; Dio Cass. 43.12.3. [Caes.] *B Afr.* 89.4–5 afirma que César o poupou de acordo com sua "política habitual".
23. [Caes.] *Bell. Afr.* 94; App. *BC* 2.100.

24. Suet. *Iul.* 52.1 (Eunoé); ver também D. J. Mattingly, *Between Sahara and Sea: Africa in the Roman Empire* (Ann Arbor, 2023), 156, 229–230; e A. Goldsworthy, *Caesar: Life of a Colossus* (New Haven, 2006), 467. Para Sulci, ver [Caes]. B *Afr.* 98.
25. Ver Dio 43.14.3; *AE* 2005 n.º 1487; *SEG* 55.1452; S. Mitchell, "The Treaty between Rome and Lycia of 46 bc (MS 2070)", em *Papyri Graecae Schøyen*, ed. M. Pintaudi, Papyrologica Florentina 35 (Florença, 2005), 163–243; e G. Kantor, "Tratado Romano com a Lícia (SEG LV 1452) e a Data da Terceira Ditadura de César", *ZPE* 190 (2014): 135–136.
26. Cic. *Phil* 13.32 sobre a lei de Hírcio; Dio Cass. 43.15ff.; Plin. *NH* 7.94 sobre a correspondência. Ver também E. Meyer, *Caesars Monarchie und das Principat des Pompejus: Innere Geschichte Roms von 66 bis 44 v. Chr.* (Stuttgart, 1919), 382, 400.
27. Ditadura: ver Dio Cass. 43.14.4. *Cura morum*: ver Dio Cass. 43.14.4; Cic. *Fam.* 9.15.5, 26.3; *Att.* 12.35, 13.6.1, 7.1; Suet. *Iul.* 43.
28. M. Beard, *The Roman Triumph* (Cambridge, MA, 2007), 219–238.
29. Suet. *Iul.* 37.2 (roda quebrada e elefantes), 51 (adúltero careca), 49.4 (canção dos soldados sobre Nicomedes); Dio Cass. 43.21.1–2 (eixo quebrado e subida ao templo de joelhos), com Beard, *Roman Triumph*, 249; Dio Cass. 43.20.4 (juramento de César sobre Nicomedes e resposta).
30. Suet. *Iul.* 52.1; Dio Cass. 43.7.3; App. *B Civ.* 2.102. Presumo que o motivo oficial da visita dela tenha sido o triunfo; em Dio, a presença dela está associada à celebração de *Vênus Genetrix*; ver também D. W. Roller, *Cleopatra: A Biography* (Oxford, 2010), 71.
31. Dio Cass. 43.20.4 (resposta ao juramento de César).
32. Sobre a dedicação do templo de Vênus, ver Dio Cass. 43.21.1; App. *B Civ.* 2.102, acrescentando o detalhe de que César dedicou uma estátua de Vênus com as feições de Cleópatra, o que é uma confusão da sua parte, uma vez que a estátua foi colocada ali por Augusto após Ácio: ver Dio Cass. 51.22.3, com P. Goukowsky, *Appien: Histoire romaine*, vol. 14 (Paris, 2021), ccxxiii, 189 n. 473. Para a anedota de Labérius, ver Cic. *Fam.* 12.18.2; Macrob. *Sat.* 2.2.3, 2.10 (restauração). Ver também Meyer, *Caesars Monarchie*, 387; Holmes, *Roman Republic* 3:541; W. D. Lebek, "Moneymaking on the Roman Stage", em *Roman Theater and Society*, ed. W. J. Slater (Ann Arbor, 1996), 45–47; e D. Potter, *The Victor's Crown: A History of Ancient Sport from Homer to Byzantium* (Londres, 2011), 212–213.
33. Dio Cass. 43.22.3–23 (sobre os jogos), 43.24.1 (sobre o derramamento de sangue).
34. Suet. *Iul.* 38.1, indicando o valor de seis mil denários, mas ver Dio Cass. 43.21.3; App. *B Civ.* 2.102, indicando cinco mil. Para a versão apresentada no texto, rejeitando Suetônio, ver Woytek, Arma et Nummi, 183–184. Para os presentes e es ao povo nos rolos de grãos, ver Dio Cass. 43.21.3 (especificando que foi apenas este grupo); Suet. *Iul.* 38.1 é menos preciso. Sobre os números envolvidos, ver Woytek, Arma et Nummi, 188.
35. Dio Cass. 43.25.1 (reforma dos júris), 43.25.3 (limitação dos mandatos dos governadores), 43.47.2 (aumento do número de pretores e questores, erroneamente colocado após o retorno da Espanha, uma vez que os detalhes dos prefeitos que foram nomeados no início do ano seguem), 43.47.3 (aumento do Senado para novecentos). Ver também Suet. *Iul.* 41.1, 80.2 (origem não romana de alguns novos senadores); Cic. *Phil.* 11.12,

13.27; e R. Syme, *The Roman Revolution* (Oxford, 1939), 78–96. Sobre a divisão entre magistrados eleitos e nomeados, ver Suet. *Iul.* 41.2–3.

36. Para os agricultores arrendatários livres, ver Suet. *Iul.* 42.1; para Corinto e Cartago, ver Plut. *Caes.* 57.8; Dio 43.50.3–4. A data alternativa de 44 para Cartago em App. *Pun.* 136 é certamente errada e contradiz a sua história neste contexto, segundo a qual César propôs a refundação após ter tido um sonho quando estava acampado em Cartago. Diod. Sic. 37.27.1 ("cerca de cem anos") é simplesmente impreciso. Ver também B. D. Shaw, "The Elder Pliny's African Geography," *Historia* 30 (1981): 438–440. Para o programa em geral, ver P. A. Brunt, *Italian Manpower, 225 a.C.–14 d.C.* (Oxford, 1971), 255–259, 319–324, 589 (Narbo, Arles e Baeterrae), 593–594 (Cartago, Clupeo, Curubis, Carpis, Neápolis, Hippo Diarrhytus), 597–598 (Salonae, Narona e Epidaurum, fundadas como *municípios* por César), 598 (Corinto), 600 (Lampsacus, Sinope).
37. Sall. *Cat.* 54.2, com E. Wistrand, *César e a sociedade romana contemporânea* (Gotemburgo, 1978), 55–56.
38. Suet. *Iul.* 40; Dio Cass. 43.26; Goldsworthy, *Caesar*, 479; e D. Feeney, *Caesar's Calendar: Ancient Rome and the Beginning of History* (Berkeley e Los Angeles, 2007), 197–199.
39. Cic. *Marcell.* 7 (A sorte cede a César), 8, 12, 15, 17, 19 (A misericórdia de César), 18 (O comportamento pompeiano), 2–23 (Ameaças à vida de César), 23 (Fibra moral), 25 (César fez o suficiente pela glória ou pela natureza).
40. Cic. *Fam.* 6.6.10–11.
41. Quint. *Inst.* 11.178, sobre a acusação.
42. Cic. *Lig.* 15, 29, 32, 37, para os pontos levantados no texto.
43. Para a negociação, ver Cic. *Fam.* 6.14. Para a reação de César, ver Plut. *Caes.* 39.6–7. Para a publicação do discurso, ver p. 279 abaixo.
44. Sobre a campanha espanhola como pano de fundo para o julgamento de Ligário, ver Cic. *Fam.* 6.14; para a gestão da política, ver as reclamações de Cícero em Fam. 9.19 (*reges*), com 9.17, 7.20.
45. O debate subsequente sobre a paternidade de Cesário mostra que, mesmo que Cleópatra o chamasse de Cesário nessa época, César nunca reconheceu a paternidade: ver Suet. *Iul.* 52.1–2. Para a biografia contemporânea, ver Nic. Dam. *Aug.* 16–20, com M. Toher, *Nicolaus of Damsacus:* The Life of Augustus *and* The Autobiography (Cambridge, 2016), 192–203, esp. 195–196. Para o significado da decisão de César, ver R. Billows, *Júlio César: O Colosso de Roma* (Londres, 2009), 257.
46. A discussão aqui deriva de F. M. Galassi e H. Asrafian, *Júlio Caesar's Disease: A New Diagnosis* (Londres, 2016), 128–129, 149. Para a data da partida de César de Roma, 5 de novembro, ver Raaflaub e Ramsay, "Chronology", 200.
47. [Caes.] *B Alex.* 48–64.
48. Dio Cass. 43. 29–30; ver também Cic. *Fam.* 15.21 para o retorno de Trebônio à Espanha em dezembro de 46.
49. Para saber o número de tropas de Pompeu em janeiro, consulte Cic. *Fam.* 6.18.2, que repete informações do próprio César. As treze legiões em Munda podem refletir uma expansão posterior do exército: consulte [Caes.] *B Hisp.* 7.4, que menciona treze legiões no início da campanha e em Munda (30.1, 31.11). Veja a discussão em N. Diouron, *Pseudo-César: Guerre d'Espagne* (Paris, 1999), xxxiii–iv, sobre o exército pompeiano, e

lxii–lxiv, sobre os cesarianos. Para os veteranos de Afrânio e os sobreviventes africanos, consulte Dio Cass. 40.30.4.

50. Dio Cass. 43.33.1 sobre a eleição consular *contra* Plut. *Caes.* 56.1; Eutr. 6.24.1. Para a prioridade de Dio, ver M. Gelzer, *Caesar: Politician and Statesman*, trad. P. Needham (Oxford, 1969), 294 n. 5 e Pelling, *Plutarch*, Caesar, 416. Para Balbo gerenciando uma reforma do governo municipal, ver Cic. *Fam.* 6.18, com M. H. Crawford, *Roman Statutes*, vol. 1 (Londres, 1996), 361. Sobre a designação dos prefeitos, ver Suet. *Iul.* 76; Dio 43.28, 48. A confusão sobre o número de prefeitos, seis ou oito, deve-se provavelmente ao fato de dois deles, separados dos outros, terem recebido a tarefa de administrar o *aerarium:* para esta solução e a decisão de usar prefeitos em vez de funcionários eleitos, ver Meyer, *Caesars Monarchie,* 428–430. A carta ao prefeito citada é Cic. *Fam.* 13.7 (no outono de 45). Sobre Balbo como *rex*, ver Cic. *Fam.*9.19 (agosto de 46) e, sobre a *regia condicio* que ele estabelece como dote, Cic. *Att.* 12.12.1 (março de 45).
51. Suet. *Iul.* 56; Dio Cass. 43.32.1 (os homens de César surpreendidos), 43.32.6 (doença).
52. Para Cássio, ver Cic. *Fam.* 15.19.4. Sobre a perspectiva do autor, ver N. Diouron, *Pseudo-César: Guerre d'Espagne*, lx–lix.
53. A passagem citada é [Caes.] *B Hisp.* 30–31. Para Pompeu e César no campo de batalha, ver Dio Cass. 43.36.4, que apresenta a declaração de César citada aqui. Para uma versão mais elaborada, ver App. B *Civ.* 2. 104; Plut. *Caes.* 56.4; a declaração parece ter sido mal interpretada em Suet. *Iul.* 36.2. O autor do *Bellum Hispaniense* não menciona o papel pessoal de César na luta.
54. Dio Cass. 43.38.2–3; Flor. 2.81.2–3, sobre a manobra de Bogudes e a reação de Labieno; [Caes.] *B Hisp.* 31.4–5 afirma que a pressão da Décima Legião causou o movimento, e então a cavalaria contornou o flanco do exército pompeiano, causando o colapso. Ver também Holmes, *Roman Republic* 3:549–551. Para o corpo de Labieno, ver [Caes.] B *Hisp.* 31.9. Para a parede de cadáveres, ver [Caes.] B *Hisp.* 32.2.
55. [Caes.] *B Hisp.* 38–39 (morte de Pompeu), 41 (discurso em Sevilha).
56. Para César e a Espanha nesse período, consulte Dio Cass. 43.39, com A. T. Fear, *Rome and Baetica: Urbanization in Southern Spain, c. 50 a.C.–150 d.C.* (Oxford, 1996), 77–80, 117–119; e Brunt, *Italian Manpower*, 592. Para Octávio, ver Nic. Dam. *Aug.* 26, com Toher, *Nicolaus of Damascus,* 211.
57. Suet. *Iul.* 83.1; Nic. Dam. *Aug.* 30, com Toher, *Nicolaus of Damascus*, 103–104; e Holmes, *Roman Republic* 3:317–318.

Capítulo 18

1. Cic. *Phil.* 2.34, sobre a reunião em Narbo.
2. Ver R. Cluett, "In Caesar's Wake: The Ideology of the Continuators", em *Caesar against Liberty: Perspectives on His Autocracy*, ed. F. Cairns e E. Fantham, Papers of the Langford Latin Seminar 11 (Cambridge, 2003), 128, sobre o ponto emergente dos continuadores cesarianos de que todas as coisas descendem de César. Ver também H. Strasburger, *Caesar im Urteil seine Zeitgenossen,* 2ª ed. (Darmstadt, 1968), 62–63 (= H. Strasburger,

Studien zur Alten Geschichte, ed. W. Schmitthenner e R. Zoepffel [Berlim, 1982], 402–403).

3. Sall. *Cat.* 54.2–6.
4. R. Laffont, *Tout César: discours, traités correspondance et commentaire* (Paris, 2020): 92-7, L'Anti-Caton. (Cícero como Péricles e Terâmenes), fr. 1 (realização cultural de Cícero), fr. 4 (bebedeira de Catão), fr. 7 (vida sexual), fr. 6 (desagradável).
5. A resposta de César é lida pela primeira vez através de uma obra publicada por Hírcio em 11 de maio (Cic. *Att.* 12.41.4). A carta de conselho é mencionada em Cic. *Att.* 12. 51 em 20 de maio; depois em *Att.* 12.52 um dia depois; o papel de Ópio e Balbo, os *amici* de *Att.* 13.1.3, aparece, portanto, em 24 de maio; em *Att.* 13.27.1, Cícero teme que a carta seja vista como uma "oferta de paz" na esteira de *Catão.* Ver, além disso, Meyer, *Caesars Monarchie und das Principat des Pompejus: Innere Geschichte Roms von 66 bis 44 v. Chr.* (Stuttgart, 1919), 438.
6. Para os modelos gregos, ver Cic. *Att.* 12.40, 13.28.2–3 (26 de maio), com Meyer, *Caesars Monarchie*, 439–440; e Strasburger, *Caesar im Urteil seine Zeitgenossen*, 59 (= Strasburger, *Studien zur Alten Geschichte*, 399).
7. A guerra contra os partos é mencionada como um aspecto da carta em Cic. *Att.* 13.27.1, e Att. 13.31.3 (28 de maio) menciona uma carta de César afirmando que ele não irá à Pártia antes de "resolver os assuntos aqui", como Cícero diz que ele havia recomendado; veja também Cic. *Att* 12.5.1, sobre a dificuldade que Cícero enfrenta com o assunto. Para o comentário de César sobre Sula, ver Suet. *Iul.* 77.
8. Cic. *Att.* 13.19.2 (resposta ao *pro Ligario* em 24 de junho).
9. Caes. *B Gall.* 7.4, com p. 196 acima.
10. Cic. *Q Fr.* 1.7; *Att.* 6.2.9.
11. Dio Cass. 43.45.1 (consulado por dez anos e eleições); Cic. *Deiot.* 33; Dio Cass. 43.45.4 (estátua com os reis de Roma), 43.45.2; Cic. *Att.* 12.45.2, 48.1 (com nota de Shackleton Bailey ad loc. em *CLA*); Cic. *Att.* 13.28.3 (para os eventos da Parilia), 13.44 (sobre a procissão no *ludi Victoriae,* 28 de julho?, 45), com Shackleton Bailey, *CLA*, ad loc. Para as estátuas, ver S. Weinstock, *Divus Júlio* (Oxford, 1971), 185–186. Para a inscrição, ver Weinstock, *Divus Júlio,* 186–188.
12. Dio Cass. 43.42.1 (triunfo espanhol de mau gosto); Suet. *Iul.* 78 (Pôncio).
13. G. Sumi, *Ceremony and Power: Performing Politics in Rome between Republic and Empire* (Ann Arbor, 2005), 64–65.
14. Dio Cass. 43.42.2, com Sumi, *Ceremony and Power*, 65, sobre a data (triunfos para Fábio e Pédio); sobre a grande equipe e a falta de oportunidades para recém-chegados, ver Cic. *Fam.* 6.19.
15. Dio Cass. 43.43.1, 44.4.2 (traje triunfal), 44.2 (imperator), 43.43.2 (rei de Alba) com D. Potter, "Roma e Bovillae durante as primeiras décadas do Império", em P. Hatlie ed. *Bovillae Antiga: História, Arte e Arqueologia de uma Cidade Perdida no Interior Romano* (Ann Arbor, 2025): 25; Dio 44.4.3 (retornando da *feriae Latiniae* a cavalo), 43.44.1 (libertador), 43.44.2 (imperator). Sobre a rejeição de César aos privilégios, Dio Cass. 43.46.1 como abertamente monárquicos.
16. Dio Cass. 44.5.2 (Senado).

17. Cic. *Att.* 13.52; ver também *Deiot.* 21. Sobre a teoria emética, ver Celsus, *Med.* 1.3.19–23.
18. Cic. *Deiot.* 9–12 (pessoas que seguiram Pompeu), 14 (lutas com César em Zela), 17 (conspiração para matar César), 33 (crítica a César); *Fam.* 9.12 (para a data). Ver, em geral, H. C. Gotoff, *Cicero's Caesarian Speeches: A Stylistic Commentary* (Chapel Hill, 1993), xvii–xl.
19. Cic. *Att.* 14.1.2, citando Matius, que disse saber que era odiado por ter deixado Cícero esperando. Ver também Cic. *Fam.* 6.13.3, 14.2, com Strasburger, *Caesar im Urteil seine Zeitgenossen*, 57 (– Strasburger, *Studien zur Alten Geschichte*, 397).
20. Suet. *Iul.* 78.1; Plut. *Caes.* 60; Dio Cass. 44.8.1–4; App. *B Civ.* 2.107, com T. R. Holmes, *The Roman Republic and the Founder of Empire*, vol. 3 (Oxford, 1923), 333–334; A. Goldsworthy, *Caesar: Life of a Colossus* (New Haven, 2006), 502; e J. M. Madsen, "Between Dynast and Legitimate Monarch: Imperial Reflections of Júlio Caesar," em *Caesar's Past and Posterity's Caesar*, ed. T. A. Hass e R. Raja (Tunhout, 2021), 124–125 para a implicação do tratamento dado por Dio ao assunto. Há uma versão alternativa significativa em Nic. Dam. *Aug.* 78–79, que coloca este incidente após a Lupercália e dá a Antônio um papel significativo, liderando a embaixada senatorial. Minha suspeita é que essa versão foi criada para atribuir a culpa do assassinato a Antônio, mas veja também W. J. Tatum, *Um nobre romano: Marco Antônio, a Guerra Civil e o colapso da República Romana* (Oxford, 2024), 110.
21. Cic. *Fam.* 7.30. 1–2 (citado), 7.30.1 (sobre o consulado de Canínio, posteriormente repetido em SHA *Tyr. Trig.* 8.2); Macrob. *Sat.* 2.2.6, 7.3.10. Ver também Suet. *Iul.* 80.2, relatando comentários negativos sobre o breve consulado de Fábio, o que sugere que a opinião de Cícero era generalizada. Ver também Plut. *Caes.* 58.3. Para outra piada ciceroniana sobre Canínio, ver Macrob. *Sat.* 2.2.6, 7.3.10. Ver também Suet. *Iul.* 76.2; para a carta de César, ver Suet. *Iul.* 77.
22. Dio Cass. 44.9.2–10.4; Suet. *Iul.* 79, com Holmes, *Roman Republic* 3:334; e Sumi, *Ceremony and Power*, 69.
23. Para *parens patriae*, ver Cic. *Phil.* 13.33; Dio Cass. 44.4.4; *RRC* 480/19–20. Para as moedas com retratos da casa da moeda de Roma, ver *RRC* 480/2a–c, 3, 4, 5a–b, com César como ditador pela quarta vez, indicando uma data em janeiro; *RRC* 480/6–16, com *ditador(i) (in) perpetuo*, título assumido em algum momento entre 26 de janeiro e 15 de fevereiro; *RRC* 480/17–18, com a legenda *César imperator.* Ver também *RRC* 481, um *aureus* com um busto de Vênus. Para a renomeação de Quintilis como Júlio, ver Suet. *Iul.* 76.1; App. B *Civ.* 2.106; Dio Cass. 44.5.2; Censorinus, *DN* 22.16; Macrob. *Sat.* 1.12.34. Para César como único censor, ver Dio Cass. 44.5.3; Vell. Pat. 2.68.4; e Holmes, *Roman Republic,* 3:332n2. Para o juramento de defender as decisões de César, ver App. B *Civ.* 2.106. Para o juramento de proteger sua vida, ver Suet. *Iul.* 84.2, 86.1; Dio Cass. 44.7.4; App. B *Civ.* 2.124, 145. Para a deificação de César, ver Cic. *Phil.* 2.110, 13.41; Dio Cass. 44.6.4. Para honras como característica da conspiração, ver Cic. *Fam.* 11.28; Nic. Dam. *Aug.* 59, 67, 70, 80; Plut. *Caes.* 57.2–4; Dio Cass. 44.7.3–4.
24. Número de legiões: ver P. A. Brunt, *Italian Manpower, 225 a.C.–14 d.C.* (Oxford, 1971), 480. Plano de campanha: ver Suet. *Iul.* 44; e Goldsworthy, *Caesar*, 491, observando corretamente que outras versões do plano eram fantasias.

25. Nic. Dam. *Aug.* 75, conforme traduzido em M. Toher, *Nicolaus of Damsacus: The Life of Augustus and The Autobiography* (Cambridge, 2016). Quanto ao ponto em questão, concordo com Goldsworthy, *Caesar*, 499–500.
26. Plut. *Brut.* 10–12. Ver também Cic. *Off.* 2.23 (tirania de César), 42 (liderança), 78 (legislação), 3.19, 90 (assassinato de um tirano). Ver também G. Woolf, *Et Tu, Brute? A Short History of Political Murder* (Londres, 2007, 45–7).
27. Para grafites sobre Bruto, ver Suet. *Iul.* 80. Para outros comentários instando Bruto a fazer jus ao seu nome, ver Plut. *Brut.* 9.5–6; *Caes.* 62.7; App. *B Civ.* 2.112. Para a acusação de que Antônio e Dolabela estavam conspirando, ver Plut. *Brut.* 8.2; *Caes.* 62.10. A suspeita sobre Dolabela está implícita em Cic. *Att.* 13.52. Para a suposição de César de que era indispensável e a demissão de seu guarda-costas, ver Suet. *Iul.* 86.
28. Para o oráculo sibillino, ver Suet. *Iul.* 79; App. *B Civ* 2.110. Para a data em que a conspiração tomou forma, ver App. *B Civ.* 2.111; está implícito em Plut. *Caes.* 62, que a situa após a Lupercália, e é explicitamente afirmado por Nic. Dam. *Aug.* 75.
29. Suet. *Iul.* 87 (jantar com Lépido).
30. Plut. *Caes.* 63; Suet. *Iul.* 81 (presságios); Plut. *Caes.* 64.1; Suet. *Iul.* 81 (papel de Décimo Bruto).
31. Ver Dio Cass. 44.19.1 para Trebônio e Antônio. Plut. *Caes.* 66.4 coloca Décimo Bruto no papel, mas Trebônio em *Bruto* 17.1; ver também App. *B Civ.* 2.117; Cic. *Fam.* 10.28.
32. Suet. *Iul.* 82; Plut. *Caes.* 66.5–13; *Brut.* 4–7, com Woolf, *Et Tu, Brute*, 10–14.

Capítulo 19

1. G. Sumi, *Ceremony and Power: Performing Politics in Rome between Republic and Empire* (Ann Arbor, 2005), 97–112.
2. Para o período após a morte de César, ver Sumi, *Ceremony and Power*, 125–58; R. Syme, *The Roman Revolution* (Oxford, 1939): 112–22; para a reunião em Antium, ver Cic. *Att.* 15.11).
3. Cic. *Fam.* 11.28 (Matius a César sobre os *ludi Victoriae Caesaris*), com Sumi, *Ceremony and Power*, 150–153.
4. Para Lucano, consulte o resumo conveniente em C. Walde, "Caesar, Lucan's *Bellum Civile*, and Their Reception", em *Julius Caesar in Western Culture*, ed. M. Wyke (Oxford, 2006), 45–61. Para Suetônio, consulte G. W. Bowersock, "Suetonius and Trajan", em *Hommages à Marcel Renard*, vol. 1., ed. J. Bibauw, Collection Latomus 101 (Bruxelas, 1969), 119–125 (mostrando que a atitude de Trajano em relação a César provavelmente influenciou sua decisão). Para o primeiro César Julio-Claudiano, ver B. England, "Caesar's Place in the Course of Tiberian Historiography", em *Caesar's Past and Posterity's Caesar*, ed. T. A. Hass e R. Raja (Turnhout, 2021), 81–93. Para a tradição posterior, ver J. M. Madsen, "Between Dynast and Legitimate Monarch: Imperial Reflections of Julius Caesar", em Hass e Raja, *Caesar's Past and Posterity's Caesar*, 111–126.
5. Tácito, *Anais*, 12.60.4.
6. Suet. *Claud.* 10.4; Joseph. *AJ* 19.1.14 afirma que o povo estava feliz por recuperar sua democracia e que a guarda impôs Cláudio.
7. Dante, *Inferno*, canto 34.

8. 2.1.175, 182–183; 2.2.10–11, 34–35. Ver também M. Dimitrova, *Julius Caesar's Self-Created Image and Its Dramatic Afterlife* (Londres, 2018), 115–153.
9. R. Melrose, "Obama/Trump/Caesar", *Medium* (site), 14 de junho de 2017 (https://medium.com/@robmelrose/obama-trump-caesar-f81bf985ac67); e M. Paulson e S. Deb, "How Outrage Grew over a Shakespearian Depiction of Trump", *New York Times*, 12 de junho de 2017.
10. J. Osborne, "St. Peter's Needle and the Ashes of Julius Caesar: Invoking Rome's Imperial History at the Papal Court, ca. 1100–1300", em Wyke, *Julius Caesar*, 95–110 (Roma medieval).
11. T. Biskup, "História contemporânea antiga e filosofia iluminista da história: César e Voltaire como modelos para a historiografia de Frederico, o Grande", em Hass e Raja, *O passado de César e o César da posteridade*, 183–198. Para Napoleão, ver Cl. Nicolet. "César e os dois Napoleões", em A *Companion to Julius Caesar*, ed. M. T. Griffin (Oxford, 2009), 410–414; e N. Bonaparte, *Comentários de Napoleão sobre as guerras de Júlio César*, trad. R. A. Maguire (Barnsley, 2018).
12. Nicolet, "Caesar and the Two Napoleons", 414–417; e L. Canfora, "Caesar for Communists and Fascists", em Griffin, *Companion to Julius Caesar*, 432.
13. Canfora, "César para comunistas e fascistas", 432–434.
14. Canfora, "César para comunistas e fascistas", 436–437 (Mussolini); M. Wyke, "César, cinema e identidade nacional", em Wyke, *Júlio César*, 170–189 (cinema italiano); G. Pucci, "César, o inimigo: conquista romana e resistência nacional na cultura popular francesa", em Wyke, *Júlio César*, 190–201; M. Wyke, *César nos EUA* (Berkeley e Los Angeles, 2012), 167–202 (César, o vilão); e M. Wyke, "Lições de história: o César desconfortável de Bernard Shaw", em Hass e Raja, *O passado de César e o César da posteridade*, 199–212.

Bibliografia

Alexander, M. C. *Trials in the Late Roman Republic: 149 to 50 bc*. Toronto, 1990.

Allen, W. "The British Epics of Quintus and Marcus Cicero." *TAPA* 86 (1955): 143–159.

Allen-Hornblower, E. "Beasts and Barbarians in Caesar's *Bellum Gallicum* 6.21–8." *CQ* 64 (2014): 682–693.

Ando, C. "Aliens, Ambassadors and the Integrity of Empire." *Law and History Review* 26 (2008): 491–515.

Austin, R. G. *M. Tullii Ciceronis Pro M. Caelio oratio.* 3ª ed. Oxford, 1959.

Avery, H. C. "A Lost Episode in Caesar's Civil War." *Hermes* 121 (1993): 452–469.

Badian, E. "From the Iulii to Caesar." Em *A Companion to Julius Caesar*, editado por M. T. Griffin. Oxford, 2007.

Bagnall, R., and B. W. Frier. *The Demography of Roman Egypt.* Cambridge, 1994.

Balsdon, J. P. V. D. *Julius Caesar and Rome.* Londres, 1967.

Batstone, W. W., and C. Damon. *Caesar's Civil War.* Oxford, 2006.

Barlow, J. "Noble Gauls and Their Other in Caesar's Propaganda." Em *Julius Caesar as Artful Reporter: The War Commentaries as Political Instruments*, editado por K. Welch e A. Powell. Londres, 1988.

Barry, D. H. "Clodius, Milo and the Battle of Bovillae", em *Ancient Bovillae: History, Art and Archaeology of a Lost City in the Roman Hinterland*, editado por P. Hatlie. AnnArbor, 2025.

Beard, M. *The Roman Triumph.* Cambridge, MA, 2007.

Beness, J. L., and T. W. Hillard. "The Death of Lucius Equitius on 10 December 100 b.c." *CQ* 40 (1990): 269–272.

Bigloni, F. *The War Economy of the Roman Republic (406-100 BCE) Mnemosyne Supplement* 487. Leiden, 2025.

Billows, R. *Julius Caesar: The Colossus of Rome.* Londres, 2009.

Biskup, T. "Ancient Contemporary History and Enlightened Philosophy of History: Caesar and Voltaire as Models for Frederick the Great's Historiography." Em *Caesar's Past and Posterity's Caesar*, editado por T. A. Hass e R. Raja, 183–198. Turnhout, 2021.

Bonaparte, N. *Napoleon's Commentaries on the Wars of Julius Caesar.* Traduzido por R. A. Maguire. Barnsley, 2018.

Bonner, S. *Education in Ancient Rome: From the Elder Cato to the Younger Pliny*. 5ª ed. Abingdon, 2012.

Bouvet, A. *Pseudo-César: Guerre d'Afrique.* Paris, 2002.

Bowersock, G. W. "Suetonius and Trajan." Em *Hommages à Marcel Renard*, vol. 1, ed. J. Bibauw, 119–125. Coleção Latomus 101. Bruxelas, 1969.

Bradley, K. *Slavery and Society at Rome.* Cambridge, UK. 1995. Brunt, P. A. *Italian Manpower, 225 bc–ad 14.* Oxford, 1971.

Brunt, P. A. "Cicero's *Officium* in the Civil War." *JRS* 76 (1986): 12–32.

Brunt, P. A. *The Fall of the Roman Republic and Related Essays.* Oxford, 1988.

Brunt, P. A. *Roman Imperial Themes.* Oxford, 1990.

Canfora, L. *Julius Caesar: The Life and Times of the People's Dictator.* Traduzido por M. Hill e K. Windel. Berkeley e Los Angeles, 2007.

Canfora, L. "Caesar for Communists and Fascists." Em *A Companion to Julius Caesar*, editado por M. T. Griffin, 431–440. Oxford, 2009.

Carandini, A., e P. Carafa, eds. *The Atlas of Ancient Rome: Biography and Portraits of the City.* Traduzido por A. C. Halaveis. Princeton, 2017.

Carbone, L.F. "Financing Sulla's Wars." Em *Connected Histories of Roman Civil Wars (88–30 BCE)*, editado por D.G. Domíguez, J.G. González e F. Santangelo eds, 75–120. Berlim, 2024.

Carroll, M., *Infancy and Earliest Childhood in the Roman World: "A Fragment of Time."* Oxford, 2015.

Carter, J. M. *Julius Caesar:* The Civil War *Books I and II.* Warminster, 1990.

Cavelli, L. *Il Tesoro di Cipro: Clodio, Catone e la Conquista romana dell'isola.* Veneza, 2020.

Cercere, M.G.G. "Inscriptions from the Area of Bovillae", em *Ancient Bovillae: History, Art and Archaeology of a Lost City on the Roman Hinterland*, editado por P. Hatlie, 130–49. Ann Arbor, 2025.

Champlin, E. J. *Final Judgements: Duty and Emotion in Roman Wills, 200 b.c a.d. 250.* Berkeley e Los Angeles, 1991.

Cluett, R. "In Caesar's Wake: the Ideology of the Continuators." Em *Caesar against Liberty?: Perspectives on his Autocracy*, editado por F. Cairns e E. Fantham, 118–131. Papers of the Langford Latin Seminar 11. Cambridge, 2003.

Cooley, A. E., e M. G. L. Cooley. *Pompeii and Herculaneum.* 2ª ed. Cambridge, 2018.

Cornwell, H. "Negotiation as a Tool for Legitimacy in the Roman Civil War of 49–48 BCE: A New Policy for Achieving Victory." Em *New Perspectives on the Roman Civil Wars of 49–30 BCE*, editado por R. Westall e H. Cornwell, 13–31. Londres, 2024.

Courtney, E. *The Fragmentary Latin Poets.* Oxford, 1993.

Crawford, M. H. *Roman Laws and Statues*. Bulletin of the Institute of Classical Studies Supplement 64. Londres, 1996.

Creer, T. "Ethnography in Caesar's Gallic War and Its Implications for Composition." *CQ* 69 (2019): 246–263.

Crissanthos, S. G. "Caesar and the Mutiny of 47 bc." *JRS* 91 (2001): 63–75.

Crissanthos, S. G. *The Year of Julius and Caesar.* Baltimore, 2019.

Cuff, P. J. "The Terminal Date of Caesar's Command." *Historia* 7 (1958): 445–471.

Cunliffe, B. *The Celtic World.* Nova York, 1979.

Damon, C. *Studies in the Text of Caesar's* Bellum Civile. Oxford, 2015.

Debatty, B. "Les organs du politique chez les Sénons." Em *Les Sénons: Archéologie et histoire d'un peuple gaulois*, editado por L. Baray, 333–334. Gand, 2018.

Dimitrova, M. *Julius Caesar's Self-Created Image and Its Dramatic Afterlife.* Londres, 2018.

Diouron, N. *Pseudo-César: Guerre d'Espagne.* Paris, 1999.

D.G. Domínguez, "Pain and Gain. Violence against Provincial Cities in the Age of Civil War", em *Connected Histories of the Roman Civil Wars (88-30 BCE)* editado por D.G. García Domínguez, J. García González e F. Santangelo, 121–42. Berlim/Boston, 2024.

Donahue, J. F. "Sieges, Deception and Bioterrorism: Logistics and Strategy of Food and Drink during the Republic." Em *Brill's Companion to Diet and Logistics in Greek and Roman Warfare*, editado por J. F. Donahue e L. L. Brice, 287–310. Leiden, 2023.

Dunham, S. B. "Caesar's Perception of Iron Age Gallic Social Structures." Em *The Celtic World*, vol. 3, *Celtic History*, editado por R. Karl e D. Stifter, 161–172. Critical Concepts in Historical Studies. Londres, 2007.

Edwards, M. *A Coin for the Ferryman.* Las Vegas, 2022.

Ernout, A., A. Meillet. *Dictionnaire étymologique de la langue latine.* 4ª ed. Paris, 2001.

Erskine, A. *Troy between Greece and Rome: Local Tradition and Imperial Power.* Oxford, 2001.

Evans, R. *Questioning Reputations: Essays on Nine Roman Republican Politicians.* Pretória, 2003.

Evans, R. "The Sulpician Law on Debt: Implications for the Political Elite and Broader Ramifications." *Acta Classica* 50 (2007): 81–94.

Fear, A. T. *Rome and Baetica: Urbanization in Southern Spain, c. 50 bc–ad 150.* Oxford, 1996.

Feeney, D. *Caesar's Calendar: Ancient Time and the Beginning of History.* Berkeley e Los Angeles, 2007.

Fezzi, L. *Crossing the Rubicon.* Traduzido por R. Dixon. New Haven, 2019.

Fichtl, S. "Des campagnes gauloises largement hiérarchisées." Em *Les Sénons. Archéologie et histoire d'un peuple gaulois*, editado por L. Baray, 109–117. Gand, 2018.

Fitzpatrick, A. P. "Caesar's Landing Sites in Britain and Gaul in 55 and 54 bc: Critical Places, Natural Places." Em *Julius Caesar's Battle for Gaul: New Archaeological Perspectives*, editado por A. P. Fitzpatrick e C. Haselgrove, 135–158. Oxford, 2019.

Flower, H. *The Dancing Lares and the Serpent in the Garden: Religion at the Roman Street Corner.* Princeton, 2017.

Fraser, P. M. *Ptolemaic Alexandria.* Oxford, 1972.

Gaertner, J. F. e B. C. Hausburg. *Caesar and the* Bellum Alexandrinum: *An Analysis of Style, Narrative Technique, and the Reception of Greek Historiography.* Göttingen, 2013.

Galassi, F. M. e H. Asrafian. *Julius Caesar's Disease: A New Diagnosis.* Londres, 2016.

Garcea, A. *Caesar's* De Analogia: *Edition, Translation, and Commentary.* Oxford, 2012.

Garcea, A. *Tout César: discours, rtaites, corespondance et commentaires*. Paris, 2020.

Gaughan, J. E. *Murder Was Not a Crime: Homicide and Power in the Roman Republic.* Austin, 2010.

Gelzer, M. *Caesar: Politician and Statesman.* Traduzido por P. Needham. Oxford, 1969.

Girardet, K. M. "*Imperia* und *Provinciae* des Pompeius, 82 bis 48 v. Chr." *Chiron* 31 (2001): 153–209.

Girardet, K. M. *Januar 49 v. Chr.: Caesars Militärputsch; Vorgeschichte, Rechtslage, politische Aspekte.* Bonn, 2017.

Goldsworthy, A. *The Roman Army at War, 100 bc–ad 200.* Oxford, 1996.

Goldsworthy, A. *Caesar: Life of a Colossus.* New Haven, 2006.

Goldsworthy, A. *Antony and Cleopatra.* New Haven, 2010.

Gotoff, H. C. *Cicero's Caesarian Speeches: A Stylistic Commentary.* Chapel Hill, 1993.

Gotter, U. "Writing Down Uncivil Wars: Or: How Roman Generals Justified Themselves in the Wake of Civic Bloodshed." Em *A Culture of Civil War?* Bellum civile *and Political Communication in Late Republican Rome*, editado por H. Börm, U. Gotter e W. Havener, 177–196. Stuttgart, 2023.

Goukowsky, P., ed. *Appien: Histoire romaine.* 13 vols. Paris, 2008.

Grillo, L. *The Art of Caesar's* Bellum Civile: *Literature, Ideology and Community.* Cambridge, 2012.

Grillo, L. *Cicero's* De provinciis consularibus oratio. Oxford, 2015.

Gruen, E. *The Last Generation of the Roman Republic.* Berkeley e Los Angeles, 1974.

Günther, L.-M. "Caesar und die Seeräuber – Eine Quellenanalyse." *Chiron* 29 (1999): 321–338.

Hanson, A. E. "The Roman Family." Em *Life, Death, and Entertainment in the Roman Empire*, new and expanded edition, ed. D. Potter e D. J. Mattingly, 19–66. Ann Arbor, 2010.

Harmand, J. *L'armée et le soldat à Rome de 107 à 50 avant notre ère.* Paris, 1967.

Hartman, B. *The Scribes of Rome: A Cultural and Social History of the* Scribae. Cambridge, 2020.

Hartnett, J. *The Roman Street: Urban Life and Society in Pompeii, Herculaneum and Rome* Cambridge, 2017.

Haselgrove, C. "The Development of Iron Age Coinage in Belgic Gaul." *Num. Chron.* 159 (1999): 134–149.

Heinen, H. "Cäsar und Kaesarion." *Historia* 18 (1969): 181–203.

Hinard, F. *Les proscriptions de la Rome républicaine.* Paris, 1985.

Hingley, R. *Conquering the Ocean.* Oxford, 2022.

Holmes, T. R., ed. *C. Julii Caesaris Commentarii rerum in Gallia gestarum VII; A. Hirti Commentarius VIII.* Oxford, 1914.

Holmes, T. R. *The Roman Republic and the Founder of Empire.* 3 vols. Oxford, 1923.

Hopkins, K. "Novel Evidence for Roman Slavery." Em *Life, Death, and Entertainment in the Roman Empire*, nova edição, editada por D. Potter e D. J. Mattingly, 110–134. Ann Arbor, 2010.

Janko, R., "New Fragments of Epicurus, Metrodorus, Demetrius Laco, the *Carmen de Bello Actiaco* and Other Texts in Oxonian Disegni of 1788–1792." *Cronache Ercolanesi* 38 (2008): 5–95.

Kallet-Marx, R., *Hegemony to Empire: The Development of the Roman* Imperium *in the East from 148 to 62 b.c.* Berkeley, 1995.

Kantor, G. "Roman Treaty with Lycia (SEG LV 1452) and the Date of Caesar's Third Dictatorship." *ZPE* 190 (2014): 135–136.

Kay, P. *Rome's Economic Revolution.* Oxford, 2014.

Krebs, C. B. "Caesar, Lucretius and the Dates of *De rerum natura* and the *Commentaries.*" *CQ* 63 (2013): 772–779.

Krebs, C. B. *Caesar* Bellum Gallicum *Book 7.* Cambridge, 2023.

La Salvia, V. e M. Moderato. "Ghost Walls and Vanishing Towns: The Case of Caesar's Siege of Corfinium between Historical Sources and Archaeological-Topographical Data." Em *New Perspectives on the Roman Civil Wars of 49–30 BCE*, editado por R. Westall e H. Cornwell, 127–140. Londres, 2024.

Lebek, W. D. "Moneymaking on the Roman Stage." Em *Roman Theater and Society*, editado por W. J. Slater, 29–48. Ann Arbor, 1996.

Le Bohec, Y. *César, chef de guerre: Stratégie et tactique de la République romaine.* Mônaco, 2001.

Le Bohec, Y. "César et l'économie pendant la guerre des Gaules." Em *Krieg – Gesellschaft – Institutionen: Beitrage zur einer vergleichenden Kriegsgeschichte*, editado por B. Meßner, O. Schmitt e M. Somme, 317–333. Berlim, 2005.

Le Bohec, Y. "Le clergé celtique et la guerre des Gaules historiographie et politique." *Latomus* 64 (2005): 871–881.

Le Bohec, Y. *Peuples et fédérations en Gaule (58–51 avant J.-C.): Lecture socio-juridique du Bellum Gallicum; De l'archéologie à l'histoire.* Paris, 2009.

Lendon, J. E., "The Rhetoric of Combat: Greek Military Theory and Roman Culture in Julius Caesar's Battle Descriptions", *CA* 18 (1999): 273–329.

Lintott, A. *Cicero as Evidence: A Historian's Companion.* Oxford, 2008.

Macfarlane, R. "*Ab inimicis incitatus*: On Dating the Composition of Caesar's *Bellum Civile.*" *Syllecta Classica* 7 (1996): 107–132.

MacMullen, R. "Personal Power in the Roman Empire." *AJPhil.* 107 (1986): 512–524.

Madsen, J. M. "Between Dynast and Legitimate Monarch: Imperial Reflections of Julius Caesar." Em *Caesar's Past and Posterity's Caesar*, editado por T. A. Hass e R. Raja, 111–126. Turnhout, 2021.

Manuwald, G. *Cicero, Agrarian Speeches: Introduction, Text, Translation, and Commentary.* Oxford, 2018.

Marshall, B. A. *A Historical Commentary on Asconius.* Columbia, 1985.

Mattingly, D. J. *Between Sahara and Sea: Africa in the Roman Empire.* Ann Arbor, 2023.

McGing, B. *The Foreign Policy of Mithridates VI Eupator, King of Pontus.* Leiden, 1986.

Meier, C. *Caesar: A Biography.* Translated by D. McLintock. Nova York, 1982.

Melrose, R. "Obama/Trump/Caesar." *Medium* (site), 14.jun.2017. https://medium.com/@robmelrose/obama-trump-caesar-f81bf985ac67.

Meyer, E. *Caesars Monarchie und das Principat des Pompejus: Innere Geschichte Roms von 66 bis 44 v. Chr.* Stuttgart, 1919.

Mignone, L. *The Republican Aventine and Rome's Social Order.* Ann Arbor, 2016.

Millar, F. *The Crowd in Rome in the Late Republic.* Ann Arbor, 1998.

Mitchell, S. "The Treaty Between Rome and Lycia of 46 bc (MS 2070)." Em *Papyri Graecae Schøyen*, editado por M. Pintaudi, 163–243. Papyrologica Florentina 35. Florença, 2005.

Moesch, V. *La Villa dei Papiri.* Nápoles, 2009.

Mommsen, Th. *Römische Staatsrecht* 13 Berlim, 1871.

Moorstein-Marx, R. *Julius Caesar and the Roman People.* Cambridge, 2021.

Morgan, J. D. "PalaePharsalus – The Battle and Town." *AJArch.* 87 (1981): 23–54.

Morrell, K. "Caesar, Cato and the Germani." *Antichthon* 49 (2015): 73–93.

Morrell, K. *Pompey, Cato, and the Governance of the Roman Empire.* Oxford, 2017.

Morton, P. *Slavery and Rebellion in Second-Century bc Sicily: From* Bellum Servile *to* Sicilia Capta. Edimburgo, 2024.

Mouritson, H. *The Freedman in the Roman World.* Cambridge, 2011.

Mouritson, H. *The Roman Elite and the End of the Republic: The* Boni, *the Nobles and Cicero* Cambridge, 2024.

Mullen, A. *Southern Gaul and the Mediterranean: Multilingualism and Multiple Identities in the Iron Age and Roman Periods.* Cambridge, 2013.

Münzer, F. "Oppius." *RE* 18.1: 729–736

Münzer, F. *Roman Aristocratic Parties and Families.* Traduzido por Th. Ridely. Baltimore, 1999.

Nicolet, Cl. *The World of the Citizen in Republican Rome.* Traduzido por P. S. Falla. Berkeley, 1988.

Nicolet, Cl. "Caesar and the Two Napoleons." Em *A Companion to Julius Caesar*, editado por M. T. Griffin, 410–417. Oxford, 2009.

Nieto-Pelletier, S., A. Lefort e D. B. Foucray. "Les monnaies celtiques et les rouelles: Du sanctuaire celtique et gallo-romain du site des "Grèves" à la Villeneuve-au-Châtelot (10)." Em *Les Sénons: Archéologie et histoire d'un peuple gaulois*, editado por L. Baray, 172–193. Gand, 2018.

Nouvel, P. "Historiographie du monnayage sénon." Em *Les Sénons: Archéologie et histoire d'un people gaulois*, editado por L. Baray, 167–169. Gand, 2018.

Osborne, J. "St. Peter's Needle and the Ashes of Julius Caesar: Invoking Rome's Imperial History at the Papal Court, ca. 1100–1300." Em *Julius Caesar in Western Culture*, editado por M. Wyke, 95–110. Oxford, 2006.

Osgood, J. "Caesar and Nicomedes." *CQ* 58 (2008): 687–691.

Osgood, J. "The Pen and the Sword: Writing and Conquest in Caesar's Gaul." *Cl. Ant.* 28 (2009): 328–358.

Osgood, J. "Caesar and the Pirates: Or How to Make (and Break) an Ancient Life." *GRBS* 57 (2010): 319–336.

Osgood, J. *Turia: A Roman Woman's Civil War.* Oxford, 2014.

Ottmer, H. M. *Die Rubikon-Legende: Untersuchungen zu Caesar and Pompeius' Strategie vor und nach Ausbruch des Bürgerkreiges.* Boppard e Rhein, 1979.

Paulson, M. e S. Deb. "How Outrage Grew over a Shakespearian Depiction of Trump." *New York Times*, 12.jun.2017.

Pelling, C. B. R. "Caesar's Battle-Descriptions and the Defeat of Ariovistus." *Latomus* 40.4 (1981): 751–766.

Pelling, C. B. R. *Plutarch*, Caesar. Oxford, 2011.

Peer, A. *Julius Caesar's* Bellum Civile *and the Composition of a New Reality.* Abingdon, 2015.

Potter, D. "Caesar and the Helvetians." Em *New Perspectives on Ancient Warfare*, editado por G. Fagan e M. Trundle. Leiden, 2010.

Potter, D. *The Victor's Crown: A History of Ancient Sport from Homer to Byzantium.* Londres, 2011.

Potter, D. "Measuring the Power of the Roman Empire." Em *East and West in the Roman Empire of the Fourth Century: An End to Unity?*, editado por R. Dijkstra, S. Van Poppel e D. Slootjes, 26–48. Leiden, 2015.

Potter, D. *The Origin of Empire.* Londres, 2019.

Potter, D. "Caesar in the *Bellum Gallicum.*" Em *People and Institutions in the Roman Empire: Essays in Memory of Garrett G. Fagan*, editado por A. F. Gatzke, L. L. Brice e M. Trundle, 33–43. Leiden, 2020.

Potter, D. "Dio and Pompey: Explaining the Failure of the Republic." Em *The Intellectual Climate of Cassius Dio*, editado por A. Kemezis, C. Bailey e B. Poletti, 35–58. Leiden, 2022.

Potter, D. "Rome and Bovillae through the Early Decades of the Empire", in *Ancient Bovillae: History, Art and Archaeology of a Laost City on the Roman Hinterland*, editado por P. Hatlie, 13–34. Ann Arbor, 2025.

Poux, M. e M. Demierre. *Le sanctuaire de Corent (Puy-de-Dôme, Auvergene).* Paris, 2015.

Powell, A. "Julius Caesar and the Presentation of Massacre." Em *Julius Caesar as Artful Reporter: The War Commentaries as Political Instruments*, editado por K. Welch e A. Powell, 111–137. Londres, 1998.

Pucci, G. "Caesar the Foe: Roman Conquest and National Resistance in French Popular Culture." Em *Julius Caesar in Western Culture*, editado por M. Wyke, 190–201. Oxford, 2006.

Raaflaub, K. A. e J. T. Ramsay. "The Chronology of Caesar's Campaigns." Web Essay BB in *The Landmark Julius Caesar*, editado e traduzido por K. A. Raaflaub. Nova York, 2017. https://thelandmarkcaesar.com/LandmarkCaesarWebEssays_5Jan2018.pdf.

Raja, R. e J. Rüpke. "Creating Memories in and of Urban Rome: The Forum Iulium." Em *Caesar's Past and Posterity's Caesar*, editado por T. A, Hass e R. Raja, 53–66. Turnhout, 2021.

Ralston, I. "The Gauls on the Eve of the Roman Conquest." Em *Julius Caesar's Battle for Gaul: New Archaeological Perspectives*, editado por A. P. Fitzpatrick e C. Haselgrove, 19–47. Oxford, 2019.

Rambaud, M. *L'art de la deformation historique dans les Commentaires de César.* Paris, 1966.

Ramsey, J. T. "How and Why Was Pompey Made Sole Consul in 52 bc?" *Historia* 65 (2016): 298–324.

Rathbone, D. W. "The Control and Exploitation of *ager publicus* in Italy under the Roman Republic." Em *Tâches publiques et enterprise privée dans le monde romain*, editado por J.-J. Aubert, 135–178. Geneva, 2003.

Rawson, E. *Cicero: A Portrait.* Bristol, 1975.

Reynolds, J. "Cyrenaica, Pompey and Cn. Cornelius Lentulus Marcellinus." *JRS* 52 (1962): 97–103.

Rich, J. "Lex Licinia, Lex Sempronia, B. G. Niebuhr and the Limitation of Landholding in the Roman Republic." Em *People, Land and Politics: Demographic Developments and the Transformation of Roman Italy, 300 bc–ad 14*, editado por L. de Light e S. Northwood, 519–572. Leiden, 2008.

Richardot, Ph. *Les erreurs stratégiques des Gaulois face à César.* Paris, 2006.

Richlin, A. *Slave Theater in the Roman Republic: Plautus and Popular Comedy.* Cambridge, 2017.

Riggsby, A. M. *Caesar in Gaul and Rome: War in Words.* Austin, 2006.

Roller, D. *Cleopatra: A Biography.* Oxford, 2010.

Roselaar, S. T. *Public Land in the Roman Republic: A Societal and Economic History of Ager Publicus in Italy, 396–89 bc.* Oxford, 2010.

Rosenblitt, J. A. *Rome after Sulla.* Londres, 2019.

Rosillo-López, C. *Public Opinion and Politics in the Late Roman Republic.* Cambridge, 2017.

Rosillo-López, C. "Can a Dictator Reform an Electoral System?" Em *Sulla: Politics and Reception*, editado por A. Eckert ad A. Thein, 55–70. Berlin, 2019.

Roth, J. P. *The Logistics of the Roman Army at War, 264 bc–ad 235.* Leiden, 1995.

Rowan, C. *From Caesar to Augustus (c. 49 bc–ad 14): Using Coins as Sources.* Cambridge, 2019.

Roymans, N. "Caesar's Conquest and the Archaeology of Mass Violence in the Germanic Frontier Zone." Em *Julius Caesar's Battle for Gaul: New Archaeological Perspectives*, editado por A. P. Fitzpatrick e C. Haselgrove, 115–125. Oxford, 2019.

Roymans, N. e N. Fernádez-Goetz. "Caesar in Gaul: New Perspectives on the Archaeology of Mass Violence." Em *Proceedings of the Twenty-Fourth Annual Theoretical Roman Archaeology Conference*, editado por T. Brindle, M. Allen, E. Dunham e A. Smith, 70–80. Oxford, 2015.

Roymans, N. e S. Scheers. "Eight Gold Hoards from the Low-Countries: A Synthesis." Em *Gold Hoards from the Low Countries and the Caesarian Conquest of Northern Gaul*, editado por N. Roymans, G. Creemers e S. Scheers, 1–46. Amsterdam Archaeological Studies 18. Amsterdã, 2012.

Rudenko, O. "The Making of a Soviet Hero: The Case of Spartacus." *Soviet and Post-Soviet Review* 47 (2020): 333–356.

Rüpke, J. *Fasti Sacerdotum: A Prosopography of Pagan, Jewish and Christian Religious Officials in the City of Rome 300 bc to ad 499.* Traduzido por D. M. B. Richardson. Oxford, 2008.

Russo, F. "Caesar's *Pro Bithynis* and Heraclea Pontica." *Antichthon* 49 (2015): 94–109.

Ste. Croix, G. E. M. de. *The Class Struggle in the Ancient Greek World.* Londres, 1981.

Santangelo, F. *Sulla, the Elites and the Empire: A Study of Roman Policies in Italy and the Greek East.* Leiden, 2007.

Schwartz, E. *Griechische Gesichtschreiber.* Leipzig, 1957.

Seager, R. *Pompey the Great. A Political Biography* (2ª ed.). Oxford, 2002.

Shackleton Bailey, D. R. "Sextus Clodius-Sextius Cloelius", *CQ* 10 (1960): 41–42.

Shatzman, I. *Senatorial Wealth and Roman Politics.* Brussels, 1975.

Shaw, B. D. "The Elder Pliny's African Geography." *Historia* 30 (1981): 424–471.

Shaw, B. D. "The Company-State Model and the *societates publicanorum*." *Historia* 71 (2022): 78–127.

Sherwin-White, A. N. *Roman Foreign Policy in the East, 168 B.C. to A.D. 1.* Londres, 1984.

Siani-Davis, M. "Ptolemy XII Auletes and the Romans." *Historia* 46 (1997): 306–340.

Smith, C. "Caesar and the History of Early Rome." Em *Cesare: Precursore o Visionario? Atti del convegno internazionale Cividale del Friuli, 17–19 settembre 2009*, editado por G. Urso. Pisa, 2020.

Stockton, D. L. *The Gracchi.* Oxford, 1979.

Strasburger, H. *Caesars Eintritt in die Geschichte.* Munique, 1938. Republicado como H. Strasburger, *Studien zur Alten Geschichte*, editado por W. Schmitthenner e R. Zoepffel (Berlim, 1982), 181–323.

Strasburger, H. *Caesar im Urteil seine Zeitgenossen.* 2ª ed. Darmstadt, 1968. Republicado como H. Strasburger, *Studien zur Alten Geschichte*, editado por W. Schmitthenner e R. Zoepffel (Berlin, 1982), 345–405.

Sumi, G. "Power and Ritual: The Crowd at Clodius' Funeral." *Historia* 46 (1977): 80–92.

Sumi, G. *Ceremony and Power: Performing Politics in Rome between Republic and Empire.* Ann Arbor, 2005.

Syme, R. "The Allegiance of Labienus." *JRS* 38 (1938): 113–125. Republicado como R. Syme, *Roman Papers*, vol. 1 (Oxford, 1979), 62–75.

Syme, R. *The Roman Revolution.* Oxford, 1939.

Syme, R. *Sallust.* Berkeley, 1964.

Tatum, W. J. *The Patrician Tribune: Publius Clodius Pulcher.* Chapel Hill, 1999.

Tatum, W. J. *A Noble Ruin: Mark Antony, Civil War and the Collapse of the Republic.* Oxford, 2024.

Taylor, L. R. "Caesar's Early Career." *CPhil.* 36 (1941): 113–132.

Taylor, L. R. "The Election of the Pontifex Maximus in the Late Republic." *CPhil.* 37 (1942): 421–424.

Taylor, L. R. *Roman Voting Assemblies.* Ann Arbor, 1966.

Taylor, L. R. "Dating Major Legislation and Elections in Caesar's First Consulship." *Historia* 17 (1968): 173–193.

Taylor, L. R. *The Voting Districts of the Roman Republic: The Thirty-Five Urban and Rural Tribes*. 2ª ed. Editado por J. Linderski. Ann Arbor, 2013.

Thompson, H. "Iron Age and Roman Slave-Shackles." *Arch. Journ.* 150 (1983): 57–168.

Tiberi, L. "La biblioteca di Alessandria e l'incendio che non la distrusse, I: Riflessioni moderne fino a Giusto Lupsio." *Bibliothecae.it* 9 (2020): 4–100.

Treggiari, S. *Roman Freedmen during the Late Republic.* Oxford, 1969.

Treggiari, S. "Jobs in the Household of Livia." *PBSR* 43 (1975): 48–77.

Treggiari, S. *Roman Marriage:* Iusti Coniuges *from the Time of Cicero to the Time of Ulpian.* Oxford, 1991.

Treggiari, S. *Terentia, Tullia and Publilia: The Women of Cicero's Family.* Londres, 2007.

Treggiari, S. *Servilia and Her Family.* Oxford, 2019.

Turquin, P. "La Bataille de la Selle (du Sabis) en l'an 57 avant J.-C." Études Classiques 23, no. 2 (1955): 113–156.

Volk, K. "Caesar the Epicurean? A Matter of Life and Death." Em *Epicurus in Rome: Philosophical Perspectives in the Ciceronian Age*, editado por S. Yona and G. Davis, 72–86. Cambridge, 2022.

Vonder Mühll, F. "Hirtius." *RE* 8.2: 1956–1962.

Walde, C. "Caesar, Lucan's *Bellum Civile*, and their Reception." Em *Julius Caesar in Western Culture*, editado por M. Wyke, 45–61. Oxford, 2006.

Wardle, D. "Suetonius, Caesar and a Dream of World-Domination." *Athenaeum* 108 (2020): 72–88.

Welch, K. "Caesar and his Officers in the Gallic War Commentaries." Em *Julius Caesar as Artful Reporter: The War Commentaries as Political Instruments*, editado por K. Welch e A. Powell, 85–110. Londres, 1998.

Westall, R. W. *Caesar's Civil War: Historical Reality and Fabrication.* Leiden, 2017.

Weinstock, S. *Divus Julius.* Oxford, 1971.

Wiseman, T. P. "The Publication of *De Bello Gallico*." Em *Julius Caesar as Artful Reporter: The War Commentaries as Political Instruments*, editado por K. Welch e A. Powell, 1–9. Londres, 1998.

Wistrand, E. *Caesar and Contemporary Roman Society.* Göteborg, 1978.

Woolf, G. Et Tu, Brute? *A Short History of Political Murder.* Londres, 2007.

Woytek, B. Arma et Nummi*: Forschungen zur römischen Finanzgeschichte und Münzprägung der Jahre 49 bis 42 v. Chr*. Vienna, 2003.

Wyke, M. "Caesar, Cinema and National Identity", em *Julius Caesar in Western Culture*, editado por M. Wyke, 170–189. Oxford, 2006.

Wyke, M. *Caesar: A Life in Western Culture.* Londres, 2007.

Wyke, M. *Caesar in the USA.* Berkeley e Los Angeles, 2012.

Wyke, M. "Lessons in History: Bernard Shaw's Discomforting Caesar." Em *Caesar's Past and Posterity's Caesar*, editado por T. A. Hass e R. Raja, 199–212. Turnhout, 2021.

Agradecimentos

Este livro tomou forma no ambiente altamente agradável do Instituto de Estudos Avançados durante o período de uma bolsa de estudos no ano letivo de 2021-2022. Durante esse período, pude apresentar versões preliminares das seções principais do livro ao Departamento de Estudos Clássicos da Universidade da Virgínia, a uma reunião de oficiais do *Marine War College* e ao Instituto. Uma versão posterior de parte desse trabalho serviu de base para minha palestra Syme em Oxford, em outubro de 2023. Sou muito grato ao público dessas ocasiões por seus comentários.

Na verdade, este projeto remonta a um período ainda mais antigo do que o já mencionado. Por muitos anos, tive a oportunidade de lecionar sobre César na Universidade de Michigan, e me beneficiei enormemente dos meus alunos e da companhia dos meus colegas do Departamento de Estudos Clássicos, bem como do Departamento de História da UCLA em 2018. Também me beneficiei dos comentários de Paco Sze e Sarah Keith sobre uma versão anterior do manuscrito no verão de 2024. Sou grato à equipe da biblioteca do Instituto de Estudos Avançados e da Biblioteca Memorial Scoville em Salisbury, Connecticut, por criar ambientes acolhedores para trabalhar (não posso dizer o mesmo da biblioteca da minha instituição de origem).

Sou extremamente grato a Stefan Vranka, da OUP, por aceitar este livro, por sua paciência enquanto ele tomava forma e por suas críticas úteis. Também sou muito grato a Christopher Welser por sua cuidadosa revisão do manuscrito final.

Minha dívida mais substancial é com minha família, que tolerou o longo desenvolvimento deste livro, especialmente minha esposa, Ellen Bauerle. É um prazer agradecer a Ellen e nossas duas filhas, Claire e Natalie – "as três grandes".

No início de cada capítulo, há a reprodução de uma moeda diferente, conforme explicado a seguir.

Capítulo 1. Descendente de Vênus. Moeda 1: História da família Júlio. Esta moeda, emitida por César em 49 a.C., representa o elefante morto pelo ancestral de Júlio César (Crawford RRC 443/1, reverso, coleção particular).

Capítulo 2. Raiva. Moeda 2: Moeda emitida por Saturnino em 104 a.C. retratando o deus Saturno e sugerindo uma conexão entre o deus e o próprio Saturnino, cujo nome está inscrito abaixo da carruagem (Crawford *RRC* 317/3a, reverso, Sociedade Numismática Americana, 1941.131).

Capítulo 3. Pequeno César. Moeda 3: Enéas deixando Troia carregando seu pai e a imagem sagrada de Atena (o paládio); esse momento da história da família Juliana é retratado em uma moeda emitida pelos funcionários de César em 48 a.C. (Crawford RRC 458/1, reverso, coleção particular).

Capítulo 4. Adolescência. Moeda 4: Sula (Crawford RRC 434/1, reverso, coleção particular).

Capítulo 5. Primeiras aventuras. Moeda 5: Nicomedes IV, rei da Bitínia (Sociedade Numismática Americana, 1977.158.250).

Capítulo 6. Tornando-se César. Moeda 6: Edis em seus assentos oficiais (curules), retratados em uma moeda de 86 a.C. (Crawford RRC 351/1, reverso, coleção particular, Sociedade Numismática Americana, 1977.158.249).

Capítulo 7. Catilina. Moeda 7: Votação em Roma. O eleitor nesta moeda, cunhada em 63 a.C., está usando uma tabuinha marcada com a letra "U", indicando um voto a favor da legislação (Crawford RRC 413, reverso, coleção particular).

Capítulo 8. O monstro de três cabeças. Moeda 8: A Villa Publica, uma importante estrutura no Campo de Marte, perto de onde eram realizadas as eleições romanas (Sociedade Numismática Americana, 1941.131.261).

Capítulo 9. A terra das oportunidades. Moeda 9: Moeda emitida pelos éduos, refletindo o poder de Dumnórix (Sociedade Numismática Americana, 1957.78.2).

Capítulo 10. César sobre ser César. Moeda 10: Prisioneiros gauleses sentados sob um troféu, comemorando a conquista de César, em uma moeda de 46 a.C. (Sociedade Numismática Americana, 1944.100.3342).

Capítulo 11. Fases iniciais. Moeda 11: Moeda dos vênetos, que desempenharam um papel importante no comércio entre a Grã-Bretanha e o continente (*Wikipedia*).

Capítulo 12. Estabelecendo limites. Moeda 12. Moeda dos éduos (NumisCorner.com).

Capítulo 13. Rebelião e reconstrução. Moeda 13: Moeda emitida por Vercingétorix com seu retrato, 52 a.C. (www.ambiani.fr.).

Capítulo 14. O Rubicão. Moeda 14: Retrato de Pompeu em moeda de Sexto Pompeu (Sociedade Numismática Americana, 1944.100.3642).

Capítulo 15. Derrotando Pompeu. Moeda 15: Comemoração da conquista da Gália em uma moeda emitida para César em 48 a.C. (Sociedade Numismática Americana, 1948.19.225).

Capítulo 16. Cleópatra. Moeda 16: Moeda de Cleópatra (Sociedade Numismática Americana, 1977.158.621).

Capítulo 17. Ditador. Moeda 17: A deusa Vitória em uma moeda emitida para César em 45 a.C. (Sociedade Numismática Americana, 1944.100.3546).

Capítulo 18. Os idos de março. Moeda 18: César como ditador vitalício (Sociedade Numismática Americana, 1948.19.225).

Capítulo 19. O legado de César. Moeda 19: Otávio, retratado com barba, que deixou crescer para alterar sua aparência jovem (Crawford RRC 540/2, coleção particular).

Índice onomástico